비노, 아이 러브 유

Storie di coraggo. 12 incontri con i grandi italiani del vino
by Oscar Farinetti and Shigeru Hayashi

비노, 아이 러브 유

이탈리아, 와인, 그리고 용기에 대하여

오스카 파리네티·시게루 하야시 지음

BUON books 좋은 책 | 본북스

이탈리(Eataly) 대표 오스카 파리네티가 만난 이탈리아의 와인 명가 12곳

가야, 안티노리, 인치사 델라 로케타, 그라브너, 샤레레, 리날디, 마사, 알레그리니, 룬가로티, 부치, 플라네타, 랄로

나의 아버지이자 마테오티 제21여단의 사령관, 파올로에게 바친다.

이 책은 많은 아버지들에 대한 이야기다.

나의 아버지는 2009년 돌아가셨다.

그리고 어머니 비안카에게 바친다.

이 책에는 어머니들에 대한 언급이 거의 없지만 실은 그렇지 않다.

나의 어머니는 모든 페이지와 모든 행에 살아 계신다.

-오스카 파리네티

여행의 주인공들

오스카 파리네티

– 내 평소 어투 그대로 쓰겠다

나의 피에몬테스러움은 어디서나 드러난다. 나는 평소 어투 그대로 이 글을 쓰기로 했다. 결국에는 그러기로 했다. 최선을 다해도 글 쓰는 재주가 없어서 화자 역할밖에는 못 하겠지만, 없는 재주로 여러분을 놀래주겠다는 생각은 감히 하지 않겠다. 글을 멋들어지게 쓰는 작가 친구들을 흉내 내봤자 내 가랑이만 찢어질 것이다. 그러니 글의 문체보다는 내용을 보길 바란다. 틀림없이 그럴 만한 가치가 있을 것이다. 특별한 사람들을 만나서 듣게 된 특별한 이야기를 여러분에게 들려주고 싶은 마음에 이 책을 썼다. 시모나에게도 글 쓰는 것을 도와달라고 했다. 즐거운 독서가 되기를!

시게루 하야시

– 세계적 이슈

이탈리아 와인을 연구한 지도 어느덧 30년이 되었다. 이탈리아에 거주하면서부터 타오른 와인에 대한 열정은 결코 약해진 적이 없었다. 나와 오스카는 동갑이며 부모님들도 같은 해에 태어나셨다. 나도 시골 출생으로 후지산 자락의 작은 마을에서 태어났다. 나의 아버지는 농부였다. 이 책에서 나는 60개의 와인에 대해 설명하고 그 와인의 생산자들과 나눈 대화를 소개했다. 내 눈과 코와 입과 정신과 마음으로 보고 느낀 것을 썼다. 일본인의 눈과 코와 입과 정신과 마음으로 보고 느꼈다. 내가 아무리 이탈리아에 대해 많이 알고 공부한다 하더라도 나의 고향과 문화와 전통의 아들임을 부인할 수는 없을 것이다. 일본과 일본 음식을 사랑하는 오스카가 원한 게 바로 이것이다. 일본인이 말하는 이탈리아 와인. 이탈리아 와인은 점점 더 세계적 이슈가 될 운명이다.

시모나 밀보

– 난 부자가 되어 돌아왔다

오스카와 시게루와 함께 이탈리아 전국을 돌며 정말 멋진 일주일을 보냈다. 나는 이탈리아 와인을 세계적인 와인으로 만든 남자들과 여자들을 만나는 영광을 얻었다. 오스카는 내게 그들의 이야기를 글로 쓰는 것을 도와달라고 했다. 간결하고 담담하게 써달라기에 그렇게 했다. 그런 후에는 오스카가 필요한 부분은 추가하고 불필요한 부분은 뺐다. 여행이 끝난 후 나는 더 부자가 되어 많은 것을 깨닫고 돌아왔다. 이 책을 읽은 여러분 중 누군가에게 나와 같은 일이 생긴다면 무척 행복할 것이다!

일러두기

1. 미주는 모두 옮긴이 주이다.
2. 단행본은《 》로, 매체(신문, 잡지)와 단편소설이나 시 제목 등은 〈 〉로 표기했다.
3. 외래어는 국립국어원 외래어 표기법에 준했으나, 이탈리아어 표기는 원발음에 준하여 표기한 부분도 있다.

차례

용기를 낼 수 있는 삶에 대하여

용기를 낸다는 게 단순히 두려움을 극복하거나 강한 정신력, 단호한 실행력만을 의미하지는 않는다. 당면한 현실을 파악하고 분석하며 끊임없이 자문하지 않는 건 진정한 용기가 아니다. 건전하고 생산적인 용기는 의문도 수반한다. 예전부터 나는 확신보다 의문이 더 가치 있다는 걸 옹호해왔다. 의문이 있다는 것이 확신이 없다는 것을 의미하지는 않는다. 대신 호기심이 많으면서도 남의 말을 잘 듣고, 그 이유를 이해하고자 애쓰며, 또 그럴 만하다면 생각을 바꾸는 것을 의미한다. 이런 감각이 없다면 우리의 용기는 헛된 것에 지나지 않을 것이다.

용기는 타인을 존중하는 시민 의식뿐 아니라 자연과 조화를 이루려는 의지와도 함께해야 한다. 자존감과 타인에 대한 존중이 공존하도록 해야 한다. 아니, 공존해야 한다.

용기에는 늘 책임감이 따른다. 그것은 자신의 행동을 책임지는 것이다. "난 책임지지 않겠어"라는 말을 우리가 얼마나 자주 듣는가. 그리고 그 문장은 얼마나 끔찍스러운가. 자신의 행동에 무책임한 사람들로 이루어진 공동체는 실패할 수밖에 없다.

우정 없이는 용기도 없다. 진정한 친구들과 함께라면 어떤 일을 마주하더라도 용기를 내기 더 쉬울 것이다.

단순화할 능력 없이는 용기도 없다. 문제를 단순화하고 어떤 것이 우선하는지 아는 감각은 용기를 올바른 방향으로 이끄는 밑거름이 된다.

선 없이는 용기도 없다. 좋은 사람이 된다는 것은 정의로운 사람이 된다는 것이다. 의로운 것과 불의한 것이 있다. 악의란 언제나 불의이며, 만약 이것이 용기와 결합한다면 개인과 공동체의 삶을 파괴할 수도 있다.

수학 없이는 용기도 없다. 숫자는 기본이며, 모든 것의 상태를 알려주는 가장 정확한 지표이다. 항상 머릿속에 가능한 한 정확한 숫자들을 기억하고, 직접 간단한 계산도 할 줄 알아야 한다.

용기란 정직함과 영리함 사이에서 균형을 잡는 것이다. 이 둘이 공존하도록 해야 한다. 아니 늘 공존해야 한다.

긍지 없이는 용기도 없다. 긍지와 자존감을 혼동하지 않도록 조심하라. 자존감 또한 중요하지만 지나치지는 말라. 자신을 상징하는 땅, 공장, 자기 일(아무리 소박한 일일지라도 괜찮다), 가족, 조국, 역사에 대한 긍지가 있어야 한다.

낙관주의 없이는 용기도 없다. 낙관주의는 모든 것이 잘될 거라고 생각하는 게 아니라 모든 것은 해결할 수 있다고 여기는 것이다. 이러한 능동적 낙관주의는 자신이 가진 것을 즐길 줄 아는 원초적인 낙관주의를 수반해야 한다.

진정한 용기는 양적 성장뿐만 아니라 질적 성장 역시 수반한다. 때로는 성장하지 않으려는 용기도 필요하다. 하지만 그것이 품질이라면 반드시 성장시켜야 한다.

끝으로 양심 없이는 용기 또한 없다. 양심은 마음에서 들려오는 선과 악을 구별하는 노래이자 우리들이 가야 할 길을 알려준다.

물론, 규칙도 중요하지만 양심이 없다면 용기 있는 행위를 끌어내지 못한다.

결론적으로, 여기 열거한 모든 가치들을 조합한 복합적인 무언가가 용기처럼 보일지도 모르겠다. 하지만 그렇지 않다.

용기 내는 법을 배우기는 쉽다. 최고의 방법은 평범한 사람이 용기를 통해 특별한 사람이 된 이야기를 읽는 것이다. 타인의 경험, 즉 삶을 관찰하는 것이 종종 공부보다 더 유용할 때도 있다. 용기에 관해서라면 이 조언은 틀림없다. 왜 그런지 아나? 용기란 전염되기 때문이다.

우리에게 거창하고 놀라운 이야기를 기대하지 마시라. 투지를 기대하지 마시라. 내가 만난 포도원 농부들에게는 경쾌함과 조화로움이 있었다. 그들에게는 가족과 함께하는 과거와 미래가 있었고, 사랑과 이탈리아, 세계, 정치 그리고 희망이 있었다. 무엇보다도 용기가 가득했다. 믿어보시라. 여러분 또한 그 용기에 전염되어 스스로 다른 이들을 전염시키시라.

이 세상은 용기를 필요로 하니까.

나는 와인을 사랑한다

내가 4살도 채 되지 않았을 때 일이다. 외할아버지 마리오는 내가 어떻게 하나 보려고 테이블 위에 놓여 있던 내 쪽쪽이를 바르베라 와인이 담긴 잔에 담갔다가 외할머니의 야단에도 불구하고 내 입에 물렸다고 한다. 여러 해가 지난 후 외할머니는 이 이야기를 하면서, 그날 내가 끔찍스럽다는 듯 얼굴을 잔뜩 찌푸렸다고 했다.

그것이 와인과의 첫 만남이었다.

나는 란게(Langhe) 지역의 중심 도시인 알바에서 9월 24일, 다시 말해 포도 수확이 한창일 때 태어났다. 태어난 해는 1954년으로 최고의 빈티지였다. 게다가 아버지 파올로는 바르바레스코 출신이고, 어머니 비안카는 바롤로 출신이니 이미 나의 운명은 결정되어 있었다.

나의 사춘기는 와인에 대한 이야기와 늘 함께했다. 전쟁이 끝난 후에도 악천후와 포도나무에 번지던 악명 높은 병들과 맞서 싸우던 농민들의 마법 같은 이야기, 세계에 진출하기 시작한 와인 생산자들의 이야기, 손에 와인 잔을 든 채 와인 산지에 대해 벌이던 열띤 토론…….

"최고의 돌체토 와인이 생산되는 곳은 디아노 달바야." "아니, 코모 지역 중에서도 망고 근처의 와인이 최고지." "최고의 바르베라가 생산되는 곳은 고보네야." "무슨 말이야? 몬페라토보다 좋은 바르베라 생산지가 어디 있다고 그래?" "타나로 강 동쪽 지역의 와인이 최고지." "아니야, 강 건너의 서쪽 와인도 나쁘지 않아." "그럼 최고의 바롤로 와인이 나는 곳은 어디지?" "노인네들이 늘 세랄룬가라고 했잖아." "그렇지, 하지만 몬포르테 것도 한번 마셔봐." "뭘 전혀 모르네, 바롤로 와인 하면 뭐니 뭐니 해도 바롤로 것이 최고야."

내가 일상적으로 와인을 마시기 시작한 게 정확히 언제인지는 모르겠다. 16살 때부터 폰타나프레다 마을로 포도 수확 일을 하러 갔는데, 시간당 500리라를 벌었다. 저녁이면 영국으로 수출하는 알바의 작은 와이너리에 가서 포도주 병입과 라벨 작업을 하고는 또 500리라를 벌었다. 몇 푼 안 되지만 그렇게 번 돈으로 친구들과 외식을 했는데, 그렇게 보낸 시간들은 18살이 된 이후 내 삶에서 가장 멋진 저녁으로 남았다.

고등학교에 진학할 때는 알바에 있는 최고의 양조 학교에 들어가고 싶기도 했지만, 당시에는 양조학을 별로 중요하게 취급하지 않는 분위기여서 결국에는 인문계 고등학교를 선택했다. 다행히 외식 모임을 함께하는 친구 중에 그 양조 학교에 들어간 녀석들이 있었다. 와인은 저녁 식탁의 가장 중요한 주제였다. 물론 20살 남짓의 호르몬이 흘러넘치는 사내애들이 가장 좋아하는 주제를 제외하고서.

1970년대 초에는, 와인 생산이 양적으로는 풍족했지만 질은 썩 좋지 않았다. 그렇지만 진지한 생산자들도 있었다. 양조를 전공한 친구들은 그리스어와 라틴어를 공부하던 나에게 와인 구별법을 가르쳐주었다.

얼마나 마셔댔던지! '케 피옴베!', '피옴바'라는 말은 '만취하다'의 피에몬테 방언이다. 그런데 이 사투리가 피에몬테 주뿐만 아니라 베네토 주와 트렌티노 주에도 있다는 걸 알게 되었다. 모두 대단한 술꾼들의 땅이다. 그 어원은 고대로 거슬러 올라가는 것 같다. 고대 로마인들의 부주의로 와인이 납에 오염되어 여러 부작용이 있었는데, 심지어 로마 제국의 멸망을 납중독에서 찾는 이들도 있다. 아무튼 다행히 내가 마신 와인들은 좋은 와인이어서 '납중독'으로부터 살아남을 수 있었다.

당시 나는 와인 업계에서 빨리 일할 수 있기를 희망했다. 하지만 부모님은 땅이 없었고, 삶은 나를 전혀 다른 방향으로 이끌었다. 먼저 대학을 다녔다(졸업은 안 했다). 이후로는 아버지와 함께 일을 했다. 아버지는 식품을 생산하고 판매했지만 와인은 물론 술을 거의 하지 않는 분이었다. 그다음에는 가전제품에 푹 빠져 '우니에우로', '트로니'라는 회사를 차리고 가전 사업을 했으니, 와인과는 완전히 동떨어진 일을 하게 되었다.

하지만 친구들과의 식사 모임은 중단한 적이 없었다. 친구들과 좋은 와인이 함께하는 시간이었다. 우리가 쓸 수 있는 돈이 점차 많아지면서 마시는 와인의 질도 높아졌다. 어린 시절 친구들인 풀비오, 루치아노, 미켈레, 파올로 외에도 우니에우로의 동업자인 브루노 피에노와 슬로푸드의 다섯 번째 멤버인 세르조 카팔도도 합류했다. 이 둘은 이탈리아와 세계를 우리보다 더 많이 여행한 친구들이었다. 우리는 타지로도 자주 갔다. 이탈리아에는 포도 품종도 많고 좋은 와인도 많았으니까. 그렇지만 우리는 모두 최고의 와인은 피에몬테 와인이라고 맹세할 수 있었다. 우리의 뿌리가 피에몬테이기에 그런 편파성을 지니게 된다는 것을 잘 알면서도 그랬다.

이탈리아 밖에는 프랑스가 있었고 또 세계가 있었다. 우리는 프랑스 밖에서도 훌륭한 리슬링 와인을 발견했으며, 부르고뉴의 피노 누아르와 스페인 최고의 레드 와인들을 발견했다. 우리는 재배지와 최고의 생산지와 전통에 대해 이야기를 나누곤 했다. 더는 만취하는 일도 없었다. 자리에서 일어날 때 우리는 모두 늘 쾌활한 상태였다. 사람을 쾌활하게 만들어주는 것, 그것도 내가 와인을 사랑하는 이유 중 하나였다.

1990년대 후반이 되면서 나는 가전 분야를 떠날 생각을 한다. 나는 최선을 다했지만 더는 재미가 없었다. 그리고 와인 업계로 와서 처음 입사한 직장이 아르네이스, 바르베라, 네비올로를 생산하는 '칸티네 델 카스텔로 디 산타 비토리아'였다. 그곳에서 일하면서 나는 비로소 와인 생산자로서 와인에 대한 나의 의견을 낼 수 있었다.

하지만 그건 명백한 실수였다. 나는 아직 와인이 변화하려면 오랜 시간이 걸린다는 것을 몰랐다. 인간의 손과 땅과 태양과 바람과 계절 간의 황홀하고도 마술적인 균형을 이해하기까지 여러 번의 포도 수확기를 거쳐야 했다.

농부인 안젤로와 양조가인 벱페는 순전히 내가 다른 업계에서 이루어낸 성과를 존중하는 의미로 나의 장광설을 견뎌냈지만 그들의 표정에서 나는 어떤 측은지심을 엿볼 수 있었다. "내년에는 더 산뜻하게 해봐요" "알코올 도수가 너무 높아요, 높지 않게 해봐요" "아황산은 더 적게 넣어요"라고 딱 잘라 말하는 내게 그들은 좋은 와인이란 밭에서부터 만들어지며 그 과정 자체가 아주 느리므로 와인의 스타일을 바꾸고자 한다면 포도밭에서부터 일을 시작해야 한다는 것을 설명하고자 애썼다.

하지만 나는 성급했고 내 습관대로 행동했다. 마치 과거 세탁기 납품 업체에 메뉴 버튼은 이렇게 바꾸고 기능은 저렇게 늘리라고 요구하던 것처럼 그들 앞에서도 똑같이 행동했다.

양조 전문가 벱페 카비올라는 대단하고 특별한 사람이었기에, 나는 애초부터 그를 컨설턴트로 고용하는 선견지명을 발휘할 수 있었는데, 그는 지금도 내 와이너리에서 많은 일을 감독하고 있다. 그는 내 손을 잡고 와인의 세계가 어떻게 돌아가는지 끈기 있게 설명했다. 그 세계는 더 느리게 돌아간다고, 아니, 아주 많이 느리게 돌아간다고.

2003년에는 우니에우로를 팔았다. 그리고 나중에 크면 식품과 와인 일을 하겠다고 결심했다(나는 50살 먹은 어린아이였으니까). 그렇게 '이탈리(Eataly)'의 계절이 시작된다.

2004년에는 '세라피니 에 비도토'라는 와이너리의 지분 50퍼센트를 매입한다. 이 업체는 20헥타르의 땅에서 훌륭한 카베르네 소비뇽, 카베르네 프랑, 메를로를 생산하는데, 포도원은 베네토 주 몬텔로, 네르베사 델라 바탈리아 지역에 있었다. 피아베 강의 속삭임[1]이 들려오는 바로 그곳이다.

와이너리의 동업자인 프란체스코 세라피니는 정말 뛰어난 사람이다. 그가 신뢰할 만한 양조 전문가라서가 아니다. 포도나무와 와인에 대해 그처럼 잘 아는 사람은 전 세계에 몇 없다. 또 그는 하는 일에 시적인 서정성을 부여하는 능력이 있다. 그는 내게 와인에 대해 정말 멋진 것들을 많이 가르쳤다. 그 지역은 180년이 넘는 세월 동안 포도나무 뿌리 진딧물이 토착 포도종과 경작지를 파괴해버렸지만 프랑스 포도 품종을 재배하기에 이상적인 환경이었다. 그의 와인들은 최고의 보르도 와인들과 비교해도 손색없으며, 특히 로소 델라바치아 와인은 지난 15년 동안 줄곧 모두가 선망하는 상들을 받아왔다. 당연히 바리크에서 숙성시킨다.

나는 2005년 부활절 무렵의 그날을 잊지 못한다. 그때 나는 란게의 바롤로로 바르톨로 마스카렐로 아저씨를 만나러 가면서 프란체스코를 데려갔다. 지금은 이 세상에 없는 바르톨로 아저씨는 파르티잔[2] 출신으로 아버지의 절친이었는데, 항상 란게의 가장 전통적인 양조법, 즉 슬라보니아산 '로부르 오크'로 만든 대형 보테[3]에서 포도주를 숙성하는 방식으로 와인을 만들었다. 그리고 이 지역의 젊은 와인 생산자 몇이 바리크[4]에서 와인을 숙성한다는 걸 이해하지 못했다. 그 나무에서 나는 맛을 얼마나 끔찍하게 여겼는지 'No Barrique No Berlusconi(바리크도 반대하고 이탈리아 총리로 베

1 1918년 피아베 강에서 벌어진 오스트리아-헝가리 제국과의 전투에서 이탈리아가 승리했는데 이후 이를 찬양하는 노래가 지어졌다.

2 Partigiano. 제2차 세계대전 말 나치에 맞서 고국을 지키고자 했던 비정규군.

3 Botte. 배럴, 약 1000리터 용량의 오크통.

4 Barrique. 약 225리터 용량의 오크통.

를루스코니도 반대한다)'라는 라벨을 만들어 생산하던 와인에 붙이기도 했다.

프란체스코 세라피니는 베를루스코니를 지지하는 북부 동맹 지역 출신인 데다 바리크를 사용하기까지 했으니 한번 상상해보라. 바르톨로 아저씨가 자신을 어찌 볼지에 대해 프란체스코가 얼마나 걱정을 했을지. 나는 구릉을 넘어 바롤로로 가는 내내 그를 안심시키려고 애썼다. 그를 훌륭한 와인 생산자로 소개할 것이고 그가 바리크를 사용한다는 것은 절대 밝히지 않겠다고 했다. 하지만 바르톨로 아저씨가 고객을 맞는 작은 사무실로 들어갔을 때 나는 많은 책들 사이에 파묻혀 있는 아저씨에게 이렇게 말했다. "바르톨로 아저씨, 이 친구는 프란체스코 세라피니입니다. 그는 피아베 강 기슭에서 대단히 훌륭한 와인을 만들고 있는데 오로지 바리크만 사용한답니다."

프란체스코의 뺨은 와인처럼 붉어졌다. 사정없이 날 째려보는 그는 마치 기절할 것처럼 보였다. 하지만 바르톨로 아저씨는 꿈쩍도 안 하고 이렇게 말했다. "거기서는 써도 돼. 바리크가 절대 안 되는 곳은 이곳 란게고. 이제 진짜 바롤로를 맛보게 해주자꾸나."

2006년 말에는 피에몬테 주 돌리아니의, 돌체토를 생산하는 작은 와이너리 '산 로마노'를 사들였다. 10헥타르의 대지에는 '비냐 델 필로네(탑의 포도밭)'라고 부르는 아주 멋진 장소가 포함되어 있었다. 돌리아니의 포도밭들 사이로 꼭 파네토네[5]처럼 솟은 한 언덕을 가리키는 말로, 그 언덕 정상에는 탑이 하나 있었다. 이제는 사라지고 없는 작은 교회의 종탑인데 탑이 있는 언덕을 다른 언덕과 구분하기 위해 그런 이름이 붙었다. 사방에서 불어오는 바람을 고스란히 맞고 있는 포도밭을 바라볼 수만 있어도 그 여행은 가치가 있다. 그리고 만약 8월 말에 그곳을 방문하면 네 경사면에서 자란 돌체토 포도알을 맛볼 수 있다. 포도 열매가 익어가는 데 태양이 얼

5 Panetone. 이탈리아의 전통 크리스마스 케이크.

마나 큰 영향을 미치는지 이해할 수만 있다면 모든 것은 더 온전한 의미를 획득할 것이다.

그 시기에 딱 맞추어 친구 줄리아노 나폴리가 나를 돌리아니로 초대한 덕에 바로 그 여행을 할 수 있었다. 그래서 그가 그 언덕을 소유한 자신의 회사를 사라고 날 설득하는 게 별로 어렵지가 않았다. 줄리오는 최고 품질의 공산품을 생산하는 기업가였고, 와인은 그냥 좋아서 만들기 시작했는데 이제는 농사꾼 노릇에 지쳐 있었다. 그는 내게도 그 일을 지겨워하지 않겠느냐고 물어왔고 나는 "아니, 난 지겨워하지 않을 거야"라고 대답했다. 와인을 만드는 일은 내가 남은 생을 사는 주된 이유 중 하나였다.

하지만 아직 내게 없는 와인이 있었다. 그건 우리 고향 와인 중의 와인, 내가 가장 좋아하던 세계적 와인인 바롤로였다. 작가 체사레 파베세는 이렇게 썼다. "바롤로는 겨울날 사랑을 나누기 위한 와인이지만, 그것을 이해하는 이는 여인들밖에 없다." 내가 파베세의 시를 인용할 줄은 몰랐지만, 바롤로가 없었다면 와인을 내 삶의 이유로 삼는 일은 결코 없었을 것이다.

2007년 10월 어머니가 전화로 "네 아버지가 너와 이야기하고 싶다는구나" 하고 말했다. 아버지가 어머니를 통해 내게 전화를 하는 건 뭔가 중요한 일이 있다는 것이었다. '심각한 일이니 빨리 와라'라는 의미가 담겨 있었다.

나는 급히 달려갔다. 아버지는 손에 일간지 〈라 스탐파〉를 들고 있었다. "이것 좀 읽어봐라 몬테 데이 파스키 은행 그룹이 안톤베네타 은행을 사들인다는구나. 그러면서 전략 사업이 아닌 것은 다 팔기로 결정했단다. 그 중 폰타나프레다도 있으니 이 기회를 놓치지 말아라."

기회를 놓치지 말아라, 기회를 놓치지 말아라…… 그 문장이 밤사이 머릿속에서 윙윙거렸다. 아버지가 뭘 하라고 하면 그건 해야 했다. 아버지는 파르티잔 투쟁 시절부터 파올로 사령관으로 지냈고 명령을 내리는 데 익숙하다. 아주 부드러운 명령이었지만.

문제는 바로 그 당시 내가 바롤로 지역의 '보르고뇨'를 매수하기 위해 협상하고 있었다는 사실이다. 보르고뇨는 1761년 창업한 역사적인 와이너리로 바롤로의 성지나 마찬가지였다. 칸누비, 리스테 같은 신화적 이름의 언덕들 위로 펼쳐진 22헥타르의 대지와, 설립년인 1761년에 그 지역 심장부에 지은 5000평방미터에 달하는 와인 저장고를 보유하고 있었다. 어두움과 부드러운 습도가 유지되는 와인 저장고 내부에는 1961년에서 1990년에 걸쳐 역사적인 빈티지에 생산된 바롤로 와인 5만 병 이상이 휴식을 취하고 있었다.

그에 비해 폰타나프레다는 1858년에 설립되었으니 어린 소녀나 진배없었다. 하지만 소녀는 무슨 소녀! 천연의 원형극장에 펼쳐진 122헥타르의 대지에 비견할 곳은 세상에 없었다. 마을 전체가 이탈리아가 통일되기 3년 전인 비토리오 에마누엘레 2세[6] 시대에 위대한 러브 스토리를 기념하기 위해 세워졌다.

폰타나프레다는 러브 스토리의 열매다. 이탈리아를 통일한 비토리오 왕과 그가 사랑한 여인이자 정부인 로사 베르첼라나는 여름을 지내기 위해 그들의 두 자녀 에마누엘레 알베르토와 마리아 비토리아와 함께 이곳에 왔다. 이들은 왕의 자식이었으나 왕자나 공주가 될 수는 없었고 기껏해야 백작이 될 수 있었다. 미라피오레 백작.

성장하면서 와인에 푹 빠진 에마누엘레 알베르토는 좋은 와인을 어떻게 만드는지 배우기 위해 프랑스 보르도, 랭스, 부르고뉴를 방문한 뒤 1878년 폰타나프레다를 와인 회사로 탈바꿈시킨다. 바로 그해에 아버지인 국왕이 서거한다. 그의 와인에는 '카사 에마누엘레 디 미라피오레'라는 이름이 붙

6 Vittorio Emanuele. 1861~1878년에 재위했던 이탈리아의 초대 국왕.

었으며, 금방 전 세계적으로 유명세를 떨친다. 그리고 오늘날의 우리는 바롤로가 탄생하고 세계적으로 명성을 떨치는 데 공헌한 주역 중 하나가 바로 에마누엘레 알베르토라고 말할 수 있게 되었다. 그는 고귀한 영혼을 지녔으며 농민들을 사랑했다. 어린이집 크랄을 설립하고 교회와 학교도 지었다. 당시 250여 명이 살던 폰타나프레다는 란게 지역의 심장부에 자리한 축복받은 오아시스로 모든 것이 멋지게 돌아가던 곳이었다. 와인은 맛있고 시골의 삶 또한 지나치게 혼란스럽지 않았다. 보수도 좋고, 아이들은 뛰어 놀고, 여인들은 요리를 하는 평화로운 공동체의 삶이었다.

하지만 때때로 그렇듯 좋은 것은 얼마 못 간다. 1894년 에마누엘레 알베르토가 43살의 나이에 의문의 병으로 사망한다. 아들인 가스토네가 사업을 물려받는다. 그는 아버지처럼 자애로웠으나 아버지만큼의 능력도 운도 없었다. 20세기 초가 되면 필록세라[7]가 상륙하여 포도나무를 먹어 치운다. 그리고 1929년에는 대공황이 시장을 먹어 치운다. 가스토네는 결국 법원으로 회사 장부를 가져간다. 이탈리아의 국왕 비토리오 에마누엘레 2세가 세랄룬가 달바 지역의 폰타나프레다에 세운 신화적인 '카사 에마누엘레 디 미라피오레'는 파산한다.

그리고 당시 가장 중요한 은행이었던 몬테 데이 파스키 은행이 도착한다. 은행은 1931년 와이너리와 함께 14만 평방미터에 달하는 와인 저장고와 소왕궁, 거주지를 비롯한 소유물 모두를 사들인다. 은행이 사들인 122헥타르의 대지에는 세랄룬가 달바 지역의 신화적인 포도밭인 '비냐 라 로자', '비냐 라차리토', 그리고 칸누비 지역과 이어지는 파이아갈로 언덕에 있는 바롤로의 다른 포도밭 네 곳도 포함되어 있었다. 은행은 모두 사들인다. 브랜드명만 빼놓고.

'미라피오레'라는 브랜드는 너무나도 중요했다. 스틸 와인도 판매할 계

7 philoxera. 포도나무 뿌리에 기생하는 진딧물. 당시 이탈리아 포도밭들을 황폐화시켰다.

획이던 카넬리 지역의 가장 부유한 발포 와인 생산 가문 '간차'는 그 브랜드를 놓칠 수 없었다. 미라피오레라는 이름은 가장 강력한 브랜드였다. 법원 입찰이 진행될 때 간차 가문은 모든 이성과 논리를 넘어 60만 리라라는 거금을 부른다. 당시로서는 너무나 엄청난 금액이었기에 간차는 결국 미라피오레 브랜드를 얻어낸다. 몬테 데이 파스키 은행은 할 수 없이 지명을 따서 '폰타나프레다'라는 브랜드를 만든다. 그 후 76년에 걸쳐 간차로부터 이 역사 깊은 브랜드를 되사기 위해 노력하지만 결국 성공하지 못한다.

2007년 12월, 나와 '이탈리'의 동업자인 루카 바피고는 몬테 데이 파스키 은행과의 협상을 진행했다. '기회를 놓치지 말아라'라는 아버지의 말이 계속해서 머릿속을 울렸다. 그리고 몇 달 간의 밀고 당기기 끝에 협상은 성공적으로 마무리된다. 믿을 수 없게도 내가 '폰타나프레다'의 대표이사가 된 것이다. 38년 전 아르바이트생으로 시간당 500리라를 받고 그 와이너리에서 포도 수확을 했었는데 말이다. 하지만 이번에는 보수가 0원이었다. 와이너리를 사느라 늘어난 빚을 갚기 위해서는 아껴야 했다. 그리고 얼마 후에는 간차를 설득해 미라피오레 브랜드까지 가져오게 된다.

하지만 그렇다고 해서 보르고뇨 와이너리를 포기한 건 아니었다. 많은 희생을 치를 것은 알고 있었다. 하지만 란게에서 이런 기회가 언제 또 올지 몰랐다. 우리 고향에서는 아무도 뭘 팔지 않았다.

그래서 사실상 폰타나프레다를 매수하면서 바롤로에 있는 '칸티나 자코모 보르고뇨 에 필리'도 사들인다. 내 가랑이가 찢어지지 않기를 바라면서 말이다. 그리고 지난 30년간 함께 일해온 피에로 바냐스코에게 와이너리를 맡아달라고 했다. 그제야 비로소 편히 잠들 수 있었다.

내가 진정한 와인 생산자로서의 최초의 온전한 포도 수확을 했던 해는 2008년이었다.

바롤로에서는 보르고뇨 와이너리의 이전 소유주인 보스키스 가문 사람들이 2008년과 2009년 수확기에도 계속 일해주겠다고 약속한다. 나의 세 자녀 중 막내 안드레아는 양조 학교를 마친 직후였는데, 그때 그들과 함께 일하며 미래를 위한 좋은 경험을 쌓게 된다.

나는 양조학을 공부하라고 안드레아를 설득했다. 아내 그라치엘라가 기꺼이 공범이 되어주었다. 그러나 다른 두 아이를 설득하는 건 불가능했다. 첫째 프란체스코는 인문계 고등학교를 졸업하고 커뮤니케이션학을 전공했고, 둘째 니콜라는 과학계 고등학교를 졸업하고 정치학을 전공했다. 물론, 현재는 둘 다 '이탈리'의 대표이사로 일하고 있다. 또 다른 대표이사인 루카 바피고는 처음부터 함께한 젊은 동업자였다. 2008년과 2009년, 축복 있을 그 두 해의 경험으로 안드레아는 지금 와인을 만든다.

'폰타나프레다'에서 나는 고등학교 친구를 다시 만났다. 잔 미네티는 부장으로서 일을 아주 잘했다. 핵심 파트를 감독하는 경영진에는 3명의 멋진 인물이 있었다. 알베르토 그라소는 농사 책임자, 다닐로 드로코는 와이너리 책임자, 로베르토 브루노는 영업부장이다. 그 외에도 포도밭과 와인 저장고와 제조장, 그리고 사무실에서 120여 명의 사람들이 회사에 크나큰 애정을 품고 일한다. 이들 모두에게 우리는 모두 똑같으며 다 함께 일하자고 말했다.

내가 첫 와이너리 직장에서 했던 어리석은 말과 행동들을 기억하며 이제는 많이 들으려 했고, 무언가 말하고 싶을 때는 가능한 가장 시적으로 내가 상상하는 와인의 미래를 묘사했다. 《어린왕자》를 다시 읽은 지가 얼마 안 되었던 터라 나는 이렇게 말했다. "만약 어떻게 배를 만들어야 하는지 여러분에게 설명해야 한다면, 나는 나무를 어디서 구하고 그 나무를 어떻게 구부리는 지에 대해서는 말하지 않겠습니다. 다만 항해하는 것이 얼마나 아름답고 감동적인지만 말하겠습니다." 내가 말한 문장이 딱 이렇지는 않았지만 요지는 그랬다.

'폰타나프레다'는 이미 좋은 와인을, 그것도 아주 좋은 와인을 생산하고 있었다. 포도밭이 그렇게 좋으니 당연했다. 하지만 와인이 훌륭하다는 사실을 아는 건 우리뿐이고 정작 직원들은 모르는 것 같았는데, 로베르토와 내 생각에 그건 순전히 지난 76년간 와이너리를 경영했던 이전 경영진이 그 말을 하는 걸 잊었기 때문인 것 같았다.

알베르토와 다닐로는 '폰타나프레다' 와인만의 특별한 아이덴티티 스타일을 만드는 데 착수했다. 고집하는 건 단 하나, '깨끗함'이었다. 우리는 운 좋게도 포도나무로 둘러싸인 천연의 원형극장을 보유하고 있었고 그곳을 오염 없이 유지하면 되었다. 화학비료와 제초제를 없애고, 해충을 없애기 위해 줄지어 선 포도나무 사이에 교미교란제를 걸고, 공장에서 생산된 효모 대신 우리 라차리토 포도원 고유의 효모를 사용하고, 와이너리에서는 아황산의 사용을 극단적으로 낮춤으로써, 한때 그랬듯이 더 순수하고 맛은 지금 그대로인, 아니 더 좋은 와인을 만들고자 했다. 한마디로 말하자면 보다 진정성 있는 와인을 만들고자 했다.

우리의 이 와인 프로젝트에 이름을 붙였던 2008년의 그날이 기억난다. 명칭은 '리세르바 비오나투랄레 디 폰타나프레다'였다. 목표를 달성하면 우리 와인을 '비노 리베로(Vino libero)'라고 부르기로 했다. 내가 파르티잔의 아들이라는 사실은 도움이 되었다. 자유는 내 아버지를 투쟁하게 만든 근본 가치였다. 자유란 생의 절대적 가치이다. 그러니 우리가 살면서 마주하는 모든 분야에서 그 가치를 찾고자 한다면 좋지 않을까?

화학비료로부터의 자유, 제초제로부터의 자유, 아황산으로부터의 자유. 우리 와인은 자유로운 와인이 되어갔다. 그리고 자유의 가치는 끊임없이 진보했다. 환경을 오염시키는 포장제로부터의 자유, 중세적 유통 시스템으로서의 자유, 유행, 과도한 가격, 과도한 관능 평가 분석으로부터의 자유. 과거에도 지금도 내게는 자유가 와인의 미래다.

이 프로젝트를 완성하는 데 5년이면 충분하다고 생각했다. 고단한 5년이겠지만 너무나 아름다운 목표가 있기에 결코 지치지는 않을 것이었다.

내게 이 프로젝트는, 반드시 필요한 시간임을 알면서도 때로는 너무나 느리게 돌아가는 이 와인의 세계에 조금은 저항하고 재촉하는 방식이었다.

그 당시 읽던 로스차일드의 책에는 "와인은 최고의 사업이다. 다만 첫 200년이 좀 어려울 뿐이다"라고 적혀 있었다. 그리고 바로 그 시기, 나는 란게의 중요한 와인 생산자로부터 축복의 말을 듣는다. "나는 포도 수확을 50번 했다네, 자네가 수확을 25번 하고 나면 그제야 비로소 뭔가를 좀 알아갈 걸세." 그 말이 얼마나 용기를 주던지! 당시 나는 54살이었다. 그 말을 들으면 당장 그 자리에서 때려치울지, 아니면 한번 반항해볼지를 결정할 수밖에 없다. '비노 리베로'를 만드는 것은 내가 저항하는 방식이었다. 다시 말하지만 파르티잔의 아들이란 것은 쓸모가 있다.

그때로부터 5년이 지났다. 5번이나 수확했다. '리세르바 비오나투랄레 디 폰타나프레다'는 세랄룬가의 태양빛 아래서 빛나고, 안개 속에서도 빛났다. 매주 수천의 사람들이 포도원과 '생각의 숲'[8]을 방문했다. '비노 리베로' 프로젝트는 완전히 무르익었다. 우리가 온전히 노력한 만큼 그 결과도 보였다. 두 사람을 더 회사의 경영진으로 맞았다. 로베르토 브루노는 46살로 그중 22년을 폰타나프레다에서 일했다. 38살의 안드레아 마키오네는 새로운 에너지를 주었다. 이들은 각각 '지속성'과 '혁신'의 책임자로, 그것은 내가 외적인 대조를 좋아하기 때문이다. 그리고 나는 지속성과 혁신 사이를 항해하면서 즐겁게 사장 노릇을 했다. 나란 사람이 말을 덜 하면 덜 할수록 회사에는 이로웠다.

2009년에는 '이탈리'의 동업자 및 친구들과 프란차코르타의 '몬테 로사' 와이너리의 지분 33.3퍼센트를, 2010년에는 프리울리 지방 동쪽 구릉

8 폰타나프레다 경지 내에 있는 사색을 위한 산책길.

에 있는 '레 비네 디 차모(Le vigne di Zamo)' 와이너리의 지분 50퍼센트를 매입했다. 그곳에는 훌륭한 와인이 있었지만, 에마누엘레 라보티와 피에르루이지 차모를 알게 된 것만으로도 그 값어치를 충분히 했다. 매해 8월이면 코스타 아주라 지방에서 나는 그들과 휴가를 즐긴다. 좋은 사람들이 좋은 와인을 만든다.

당시 또 다른 작은 와이너리도 놓치지 않을 수 있었다. 라 모라에 있는 9헥타르짜리 포도원으로 바롤로 와인용 네비올로와, 돌체토, 바르베라 품종을 유기농법으로 재배하는 곳이었다. 피에로 바냐스코와 지분의 80퍼센트를 매입했고 20퍼센트는 창업자인 카를로 카바네로(Carlo Cavagnero)가 계속 가졌는데 진보 성향의 농민인 그는 지금도 '아그리콜라 브란디니' 와이너리를 철저한 유기농법으로 경영하며 최고의 결과를 내고 있다.

그리고 오늘에 이르렀다. 100퍼센트 혹은 일부 지분 참여로 우리는 8개의 와이너리를 소유하고 있으며, 이들은 재배, 생산, 와인 스타일에 있어서 서로 독립적이지만, '순수한' 품질 연구와 판매에서는 적절한 시너지를 내고 있다. 수치는 말하지 않겠지만 내가 중요하게 생각하는 단 하나의 수치만은 말하고 싶다. 300여 명 이상의 사람들이 행복하게 일하고 있다는 것이다. 그리고 이 모든 것은 나의 동업자들의 결정적 기여 없이는 불가능했다. 그들 덕분에 '우니에우로'가 이렇게 성장할 수 있었고, 이후로는 '이탈리'를 창립할 수 있었다. 그룹에 들어온 순서대로 이름을 나열하자면 1970년에서 1999년에 걸쳐, 마리오 바르베로, 브루노 피에노, 안젤로 모스카, 지지 마르켈리, 피에로 바냐스코, 아드리아노 그라네리스, 다닐로 코티노와 피오렐라 코티모, 파올로 노치벨리가 있다. 이들은 지금도 그룹 내 회사에서 활발히 일하며 그들의 자식 대부분도 이미 내 자식들과 일하고 있다. 나는 이 사실이 미치도록 좋다. 또 누구보다 기억하고 싶은 사람은 다리오 다냐, 일리오 피소레다. 두 사람은 이제 이 세상에 없지만 우리 마음속에 있기에 아직 살아 있는 거나 마찬가지다. 아버지는 물건이 아닌 사람에 애정을 느끼라고 가르쳤다. 내가 혹시 하는 일을 바꾸더라도 내 곁에는 이들이 늘 함께 있을 것이다.

2013년 4월에 잡지 〈와인 스펙테이터〉가 나를 표지에 실었다. 안젤로 가야는 내게 "축하하네, 나는 그 표지를 정복하는 데 50년이나 걸렸다네"라고 써서 보냈다. 그는 내게 있어 신화적 존재다. 미소로서 나를 와인의 세계로 맞아주었고, 자신이 경험한 수확 철 숫자를 내 앞에 들이대기보다는 진실되게 행운을 빌어준 점은 아무리 감사해도 부족할 것이다.

사실 〈와인 스펙테이터〉 표지에 내가 실린 것은 와인보다는 '이탈리' 때문이었다. 하지만 잡지를 펴면 나의 첫 포도 수확물인 '폰타나프레다'의 '비냐 라 로사 2008'이 95점을 얻었으며, 그런데도 가격이 100달러가 안 된다는 내용의 기사를 볼 수 있을 것이다. 훌륭한 바롤로 와인치고는 미국에서도 아주 낮은 가격이다. 얼마나 기쁜 일인지. 게다가 저장고에 있다가 2014년 밖으로 나온 보르고뇨의 '칸누비 2008'은 또 얼마나 훌륭한지! 이 와인은 내 아들 안드레아가 만들었고 나는 참견도 별로 안 했다.

> 땅은 하늘과, 두려움은 희망과, 패배는 성공과 맞닿게 해주는 것이 있다. 인간을 자신의 삶과, 과학을 정신과, 믿음을 선과 만나게 해주는 것이 있다. 궁지는 해학과, 권위는 비격식성과, 정직은 영리함과 맞닿게 해주는 것이 있다. 그것은 와인이다. 와인은 포도나무이고 포도나무는 생명이다. 아침 일찍 일어나 창문을 열고 하늘을 보며 당신의 와인이 어떨까 하고 생각하는 것이다. 나는 와인을 사랑한다.

내가 위의 문구를 쓴 것은 2012년 12월 8일, '지아 2012'를 시음하면서다. '지아'는 3년 전 내 머리에서 탄생했다. 포도 수확이 끝나고 몇 달 이내에 마실 수 있으면서도 누보(Nouveau)는 아닌, 무언가 새로운 와인을 만들고 싶었다. 이미 와인이 된 와인, 이미 마실 수 있는 그런 와인을 원했다. 그래서 'Già(이미)'가 아닌 다른 이름은 붙일 수 없었다. '지아'는 피에몬테의 3가지 주요 포도 품종인 돌체토, 바르베라, 네비올로를 결합했다. 신선하면서 알코올 함량은 낮다. 코에서는 포도 머스트와 수확기 와이너리의 향내가 느껴지고, 입에서는 신선한 과일의 풍미가 폭발하고, 그 맛의 정점에는 청춘이 있는 와인. 3년의 시도 끝에 나온 와인은 나쁘진 않았지만 내 기대에는 못 미쳤다. 2012년에야 비로소 내가 상상하던 완벽한 와인이 나왔다. 게다가 다닐로 드로코는 아황산을 첨가하지 않고 와인을 만드는 데 성공했다. 진정한 0퍼센트에 도달한 것이다.

나는 기대치와 최종 결과 사이의 마술적 관계에 대해 숙고했다. 그러다가 나보다 훨씬 중요한 와인 업계의 사람들을 생각했다. 그들은 그 균형점에 도달하기까지 얼마나 많은 세월을 얼마나 많은 노력으로 기대와 결과 사이를 오갔을까. 나는 그들이 얼마나 많이 포도 수확을 했으며 그 수확에서 얼마나 많은 것을 배웠을지 생각했다. 그들을 삶의 마에스트로로, 와인의 마에스트로로 만든 여러 해에 걸친 그 경험의 흔적들에 대해 생각했다. 나는 그들이 진정 놀라운 세련된 대가라고 생각한다. 그들은 와인 안에 포도 외의 것도 담았다. 바로 자기 자신을.

나는 이들의 가치가 우리에게 이 혼란한 나라를 바로잡고픈 마음이 들게 하는 데 기여하지 않을까 생각했다.

그래서 종이에 12명의 이름을 적었다. 그리고 그들을 만나러 가 이야기를 듣고 글을 써 책으로 만들자고 생각했다. 이 책은 그렇게 탄생했다.

와인 소비자로 40년, 와인 생산자로 13년을 살면서 와인 업계의 멋진 사람들을 많이 알게 되었다. 사실 인터뷰할 가치가 있는 사람들은 더 많았다. 하지만 그들을 다 인터뷰하기에는 시간이 부족했다. 그래서 일주일이라는 시간을 정하고 이탈리아를 상하 좌우로 돌아다녔다. 12번의 방문이 내가 할 수 있는 최대였다.

와이너리를 방문할 때마다 다른 생산자들의 와인 4개를 가져가서 함께 시음하며 의견을 나누기도 했다. 여기 더해 인터뷰 주인공이 자신의 와인 저장고에서 한 병을 가지고 오도록 해 결국에는 매번 5병의 와인을 마셨다.

일이 커지자 보다 신뢰가 가는 미각이 필요했다. 내가 몇십 년을 훈련했지만 결국 갖지 못한 그 미각이. 정말 속상했다. 모든 노력을 다해 공부하고 혀의 돌기를 활짝 열고 콧구멍을 벌름거려도 방법이 없다. 나의 시음 능력은 괜찮은 수준이지 대단하지는 않다.

위대한 미각은 타고 난다. 내가 아는 위대한 미각의 소유자는 일본 도쿄에서 150킬로미터 떨어진 후지산 자락의 어느 촌구석에서 나와 같은 해인 1954년에 태어났다.

그의 이름은 시게루 하야시이고, 이탈리아인 중에도 그만큼 이탈리아 와인을 잘 아는 이가 몇 없다. 내가 그를 놓칠 리 없었다. 현재 그는 '이탈리 재팬'의 대표다. 내가 그를 알게 된 건 9년 전으로, 당시 그는 일본에서 이탈리아 와인 컨설턴트로 일하고 있었다. 나는 그에게 와인을 더 많이 팔 수 있도록 도와달라고 했다. 그 후 9년이 흐르는 동안 우리는 친구가 되었고 그는 내가 일본을 이해할 수 있게 도와주었다.

내게 있어 일본은 그 자체다. 내가 일본을 사랑하는 모든 이유가 그 안에 총망라되어 있다. 시민 의식, 예의 바름, 시간 엄수, 정확성, 의무감, 이웃에 대한 존중, 원 재료 존중, 호기심, 자기계발과 지식을 향한 갈망. 물론 그는 일본의 단점들도 갖고 있지만 여기서 그것을 열거하지는 않겠다. 어쨌든 단점보다는 장점이 훨씬 많다. 단지 깜짝 놀랄 만한 한 가지는 그가 유머감각이 부족하다는 것이다. 하지만 나와 가까이 지내면서 시게루가 수줍게나마 농담을 하기 시작한 것도 사실이다.

그리하여 2013년, 시게루와 나의 홍보 담당자인 시모나 밀보와 함께 발레다오스타 주에서 시칠리아 주에 이르는 이탈리아 일주를 시작했다. 12번의 강렬한 만남 끝에 삶에서 결코 잊을 수 없는 경험을 쌓은 우리는 더 부유하고 더 용기 있는 모습으로 돌아왔다. 그래서 이 책의 이탈리아 출판본 제목을 '용기 이야기'로 하고자 했다.

시게루는 인터뷰 주인공들의 와인을 함께 시음했고, 나는 그들의 와인에 대한 토론에 끼어들어 겉으로는 와인과 상관없어 보이는 질문이나 의견을 던지곤 했다. 가족, 사랑, 정치, 희망, 비전, 이탈리아, 세상, 그리고 삶에 대해서. 시모나는 대화를 녹음하고 받아 적고 사진을 찍었다.

발레다오스타 주에서는 코스탄티노 샤레레가 마치 그곳의 산들을 연상케하는 엄격한 부드러움을 지닌 천국으로 우리를 데려가 거기서 와인을 시음하고 수다를 떨었다. 피에몬테 주에서는 안젤로 가야가 아버지와 아들의 관계에 대해 들려주며 우리를 경탄하게 만들었다. 구연산이라는 별명을 지닌 벱페 리날디와는 전통과 역사, 보존과 혁신에 대해서 이야기를 나눴다. 발터 마사는 친구들도 초대하고 우리를 위해 요리도 준비하면서 우리를 '광기를 넘어선 균형'의 세계로 데려갔다. 베네토 주에서는, 와인 영업을 위해 1년 중 8개월을 해외에서 보내는 마릴리사 알레그리니가 자신의 러브 스토리를 들려주었다. 몰론 러브 스토리는 모두 아마로네를 마신 후 시작되었다. 슬로베니아와의 국경 지대인 프리울리 주에서는 요스코 그라브너가 우리의 손을 잡고 진실의 본질 속으로 안내했다. 진짜 와인과 진짜 사람들 속으로. 토스카나 주에서는 피에로 안티노리가 우리를 자신의 환상적인 새 와이너리로 데려갔고, 일을 즐기면서도 어떻게 50헥타르에서 2000헥타르로 성장할 수 있었는지, 시간이 흐른 뒤엔 무엇이 되고 싶은지 이야기했다. 그리고 그의 사촌 니콜로 인치사 델라 로케타는 반짝이는 눈으로 명마 중의 명마 '리보'에 대해 이야기해 우리에게 감동을 주었다. 사실 우리는 사시카이아 와인에 대해 이야기하려 했는데……. 움브리아 주에서는 테레사 세베리니, 키아라 룬가로티 자매가 상호 보완성이 성공에 얼마나 중요한지 체감시켜주었다. 마르케 주에서는 암펠리오 부치 교수가 마치 그곳의 구릉처럼 아주 부드러운 사람이라는 것을 알게 되었다. 시칠리아에서는 조세 랄로가 바리크 저장고 안에서 노래를 해 우리를 소름 돋게 만들었다. 프란체스카와 알레시오 플라네타는 젊은 나이에도 불구하고 선조들의 경험이 그들의 핏속에 흐르고 있다는 것을 증명했다.

다음 장부터는 북서쪽에서 출발하여 지리적 순서에 따라 여행을 할 것이다.

여러분도 우리와 함께 즐거운 독서를 할 수 있기를……. 물론 앞에 좋은 와인을 한 잔 놓아두고.

출발

2013년 4월 10일(수)부터 16일(화)까지

"우리는 언제나 셋. 삼인조 떼강도, 세 마리 당나귀." 도메니코 모두뇨라는 가수의 노랫말이다. 우리 또한 셋이다. 떼강도도 맞다(내 고향에서는 말썽쟁이 아이들을 '떼강도'라고 부른다). 짓궂고 쾌활하고 낙관적이기 때문이다. 당나귀도 맞다. 우리가 관찰하려는 이 세상에 대해 무지하기 때문이다. 시게루도 마찬가지다. 이탈리아 와인에 대해서는 다 알지만 이탈리아 가족 기업들의 작고도 큰 세상이 얼마나 복잡하고 감동적인지는 상상조차 못 할 것이다. 직접 겪어보면 놀라리라 확신한다. 잠시 후면 우리의 첫 콘서트가 시작될 것이다.

나의 부모 모두 란게 출신이기에 나는 100퍼센트 란게 사람이다. 나는 이탈리를 만들고 전 세계에 이를 소개하는 일을 한다. 내 모험의 동반자들을 데리고 다니는 자도 나다. 그들을 자동차에 태워 우리를 기다리는 2000 킬로미터의 거리를 운전하는 사람이 바로 나다. 함께 가는 시모나 밀보는 친가 쪽으로 50퍼센트만 란게 사람이다. 이탈리의 창립일부터 내 홍보 담당자로 일하면서 린고토에 있는 이탈리 본사를 방문하는 모든 학교와 학생을 전담하고 있다. 이탈리에서는 보통 2개의 직책을 맡는다. 커다랗고 밝은 그녀의 눈은 장난기와 놀라움 사이를 왔다 갔다 한다. 시게루 하야시는 이탈리아의 지방색 논쟁으로부터 완전히 자유롭다. 100퍼센트 일본인이기 때문이다. 나는 큰 애정과 존경을 담아 그를 소개하고 싶다. 와인 생산자들을 인터뷰하는 이 여행 전체를 우리와 함께하지만 와인의 시음 평을 하는 순간이 아니라면 결코 그가 입을 여는 것을 보지 못할 것이다. 언제나 불굴의 의지로 온전히 와인에만 집중하며, 두 콧구멍으로는 와인 향을 맡고, 와인을 꿀꺽 삼키지도 않는다. 시음 후에는 메모를 한다. 그는 눈을 감고 이상한 소리를 내며 입안에서 와인을 굴린다. 그러고는 탁 뱉어낸다. 나는 아까워서 도저히 그렇게는 못 한다! 그는 나와 동갑이지만 늘 10년은 더 젊어 보인다. 저 얼굴은 늙지도 않는다. 작은 키에 머리는 약간 헝클어져 있으며 검은 눈동자는 주의 깊고 이마는 약간 찌푸렸다. 항상 지나치게 신중하다. 입은 늘 꾹 다물고 있는데 언젠가는 아이들처럼 입 사이로 혀를 쏙 내미는 모습을 보고 싶다. 시모나와 나는 그의 이탈리아어 발음을 놀리곤 하지만 그건 단지 그를 시기하기 때문이다. 그가 이탈리아어를 하는 만큼 우리도 일본어를 하면 좋을 텐데. 시게루는 이탈리아어를 믿을 수 없을 만큼 잘한다. 정관사를 빼먹기는 하지만.

시모나, 오스카, 시게루, 이제 여행을 시작할까요?

1장

가난한 문화의 부자 아들

와인 명가: 레 크레테(les Crêtes)

대표: 코스탄티노 샤레레(Costantino Charrère)

천국에서의 인터뷰

아오스타에서 몽블랑산으로 가다 보면 곧 코뉴 골짜기의 초입인, 인구 2000여 명이 거주하는 아이마빌레스에 다다른다. 높은 산 위의 마을 같아 보이지만 실제 높이는 640미터니 내 고향 알타 란게의 벨베데레 란게나 파롤도 정도의 높이밖에 안 된다. 하지만 풍광은 완전히 다르다. 고개를 들면 이탈리아에서 가장 높은 산들의 만년설이 눈앞의 삼면을 에워싸고 있다. 오른쪽으로는 내가 특별히 사랑하는 몬테로사 대산괴(大山塊)가, 정면과 왼쪽으로는 몽블랑산이 있다. 새파란 하늘을 보고 봄 내음 가득한 공기를 들이마시면, 이곳에 있다는 게 진정 운 좋게 느껴진다.

오스카 시게루, 후지산은 이곳과 상대도 안 되지?

사실 이건 그냥 약 올리려고 하는 소리다. 그에게서 "맞아"라는 답변만 나와도 엄청난 발전이다.

시게루 그래, 후지산이 더 낮긴 한데 활화산이라 그 안엔 불이 타오르고 있어. 우리가 다시 강해지는 데 필요한 에너지를 50년 안에 후지산에서 모두 얻을 수 있을 거야.

그럼 그렇지. 달콤한 유토피아는 언제나 환영이다.

시내에서 코스탄티노 샤레레를 만났는데 그가 가장 먼저 꺼낸 말이 "나를 따라오시겠습니까? 천국에서의 시음을 시켜드리죠"였다.

오스카 그럼요, 당연히 가야죠. 굉장해, 시작이 너무 좋은데!

그가 일생을 보낸 주변 산들 만큼이나 그 또한 단호하다는 것이 금세 나타난다. 그는 길쭉한 얼굴에 매부리코, 심지 굳은 턱, 깊은 눈빛, 유연한 몸을 지녔다. 그건 그가 평생 스포츠를 즐겨왔기 때문이겠지만, 지금 그의 육체는 도덕적 엄격함과 내면의 에너지 또한 반영하고 있을 게 틀림없었다. 이것이 그의 첫인상이었고 진짜 그러한지는 차차 알게 될 터였다.

그가 빨리 자신의 딸들도 소개하고 싶어 했기 때문에 먼저 와이너리로 갔다. 그는 차 안에서, 계단을 오르면서, 사무실에 들어가면서도 시간을 허비하지 않고 열정적으로 이야기했다. 숨도 한번 쉬지 않았다.

코스탄티노 우리 가족은 19세기에 지금 프랑스의 오트사부아에서 이주해와 이곳 물린 지역에 자리 잡았어요. 원래 이곳엔 우리 가족의 첫 호두 오일 착유소가 있었고, 곡물과 호밀을 빻던 방앗간도 있었습니다.

곧바로 엘레나와 엘레오노라를 소개받았다. 엘레나는 1977년생으로 법학을 전공한 뒤 회사의 영업 파트를 담당하고 있고, 엘레오노라는 1980년생으로 농경학을 전공한 뒤 양조장을 책임지고 있다. 엘레오노라는 현재 임신 5개월로 코스탄티노에게 첫 번째 손주를 안겨줄 예정이다.

오스카 혹시 남자아이인가요?

이모가 될 엘레나가 빠르게 대답한다.

엘레나 네, 할아버지에게 큰 기쁨을 안기겠죠.
코스탄티노 그래요, 지금까지는 저 혼자 여자들 사이에 껴서 복 받고 살

있는데 말이죠.

엘레나 거짓말이에요. 항상 여자들 틈에서 포기하며 산다고 하셨거든요.

오스카 두 따님이 모두 결혼했나요?

엘레나 아니요, 둘 다 결혼은 안 했지만 둘 다 약혼자는 있어요.

코스탄티노 엘레오노라가 좋은 선례를 보여줘서 엘레나 또한 아이를 갖겠다고 약속했답니다.

오스카 엘레나도 남자아이를 원하나요?

코스탄티노 당연하죠! 내가 이 모든 걸 이루기 위해 얼마나 고생을 했는데요!

오스카 딸들의 약혼자들은 마음에 드세요? 그들도 산사람인가요?

코스탄티노 한 사람은 이곳 발레다오스타 출신이고, 또 한 사람은 칼라브리아[9] 출신이지만 이곳에서 나고 자랐어요.

코스탄티노의 마지막 말에 모두 웃었다. 그가 친근하면서도 장난스럽게 말했기 때문이다. 엘레나와 엘레오노라는 아버지를 존중하는 예의 있고 사려 깊은 딸들 같았다. 서로 사랑하는 화목한 가족이라는 인상을 받았다. 내 생각이 맞는지 확인할 기회가 있으리라. 그것만으로도 이 여행은 할 만한 가치가 있었다. 책을 읽으며 우리를 따라오는 여러분에게도 마찬가지일 거라고 감히 말하겠다. 이 책에서 말하는 가장 중요한 가치는 다양한 사람들의 진실한 이야기를 듣고 그들로부터 힌트를 얻어 우리 스스로 용기를 얻고 더 나은 사람이 되는 것이니까.

오스카 부인도 발레다오스타 출신인가요?

코스탄티노 아니요, 피에몬테 주 아스티 현의 산 마르자노 올리베토 출

9 Calabria. 이탈리아 서남부 끝에 위치한 주.

신이랍니다. 우리는 체육 대학에서 만나 사랑에 빠졌답니다. 우리 둘 다 예전에 체육 선생이었어요.

오스카 따님들, 회사 일은 어떤가요? 와인은 잘 팔리나요?

역시나 엘레나가 더 활발하게 대답했고 엘레오노라도 바로 뒤따라 말했다. 그들은 똑같이 대답했다.

엘레나, 엘레오노라 네, 경제 위기에도 불구하고 잘되고 있어요.

오스카 해외에서도요? 해외 판매 비율이 얼마나 되죠?

엘레나 (아니면 엘레오노라, 아무튼 답변은 같았다) 30퍼센트예요.

오스카 미래는 해외 성장에 달려 있죠. 매일 아침마다 이 숫자를 기억하세요. 0.83. 세계 인구 중 이탈리아인이 차지하는 비율이 0.83퍼센트밖에 안 돼요! 저 밖의 나머지 99.17퍼센트가 이탈리아 음식과 와인을 맛보길 기다리고 있어요. 이렇게 생각하면 여러분의 자녀들과 또 그 자녀들도 할 일이 아주 많을 겁니다.

엘레나 우리는 현재 20만 병을 생산하는데 모두 문제없이 소진시키고 있어요. 앞으로도 시장에서의 적정한 위치를 유지하고 싶어요.

오스카 물론이지요, 맞아요!

레 크레테의 와인 가격이 낮지는 않지만, 두 딸의 야망이 크니 더 성장하리라 생각했다.

엘레나와 엘레오노라에게 작별 인사를 하고 '천국'으로 올라가기 전에 1947년생인 코스탄티노는 우리에게 부모, 조부모, 증조부모의 사진을 보여주었다. 그분들도 농식품업에 종사하셨는데 호두 오일과 과실주를 생산했다고 한다. 삼대째 와인을 만들고 있는 셈이었다. 우리를 '천국'으로 신고 갈 자동차로 걸어가면서 그는 칠성무당벌레 이야기를 들려주었다. 산 위 초원에서 무당벌레들을 채집해 와 포도원에 풀어놓고 포도에 해로운 응애들을 먹어치우도록 한다는 이야기였다. 이는 생물의 다양성과 천연의 자연 순환 사이클을 보존하는 놀라운 방법이다. 인간의 손은 무당벌레들을 채집하는 데만 개입했을 뿐이다. 데 안드레 같은 가수가 그 사실을 알았더라면 최소한 노래 한 곡은 썼을 것이다. 무당벌레들도 오염 없는 곳을 더 좋아한다.

천국에 가려면 늘 좀 기다려야 한다. 코스탄티노는 손님을 초대한 완벽한 주인 역할을 하느라 최근에 완공한 새 와인 생산장으로 우리를 데려갔다. 지하에는 새 바리크 저장고와 아직 공사 중인 '감성 시음실', 그리고 와인을 일상에서 소비하게끔 다시 회복시키는 데 기여할 '와인의 피난처'가 있었다. 현재 코스탄티노의 와이너리는 화이트 와인과 레드 와인을 50 대 50으로 생산한다.

코스탄티노 이제 '감성 시음'을 이해할 수 있는 장소로 여러분을 데려갈 겁니다. 그곳에서는 와인뿐만 아니라 그 와인이 탄생한 대지와 풍경까지도 마실 수 있습니다. 이런 시음을 하면 미각적, 후각적 감각이 마음속에 영원히 각인됩니다. 와인이 직접 당신의 손을 잡고 자신의 대지로 데려가는 환상적인 여행을 하게 되는 거죠.

우리는 할 말을 잃었다. 시게루는 부끄러워하면서도 "글라치에(glazie)"[10]라고 인사한다.

와이너리 밖에 햇살이 눈부시게 빛나고 있었다. 다시 산으로 출발했다.

10 Grazie(그라치에)는 이탈리아어로 감사하다는 뜻이다. 시게루는 'r'을 'l'로 잘못 발음하고 있다.

코스탄티노는 아침에 집을 나설 때마다 이런 믿을 수 없이 멋진 광경을 보는 것이다. 이런 곳에 산다면 머리와 심장이 조금만 제대로 박혀 있어도 특별한 와인을 만들어낼 수밖에 없다.

코스탄티노는 끝없이 이야기했다. 그의 말은 마치 악보의 음표처럼 이어져서 꼭 노래처럼 들렸다. 그의 이야기는 아름다운 교향곡처럼 우리를 고양시켰다. 코토라투르 산은 자연이 만든 진정한 걸작이다. 우리는 포도나무가 줄지어 서 있는 그의 포도원들 한가운데 와 있었다. 코스탄티노는 끊임없이 말하면서도 차가 도저히 지나갈 수 없어 보이는 길을 능숙한 운전 솜씨로 빠져나갔다. 시게루와 시모나는 놀라면서도 그가 도대체 어디까지 자신들을 데려갈지 말없이 지켜봤다.

코스탄티노 저 꼭대기까지 올라갈 겁니다.

나는 그에게 길에서 차가 뒤로 구른 적이 한 번도 없는지 물으며 조심해서 운전하라고 말했다. 나는 시게루가 혹여 불운을 막으려는 어떤 몸짓을 할까 봐 그를 쳐다봤다. 이탈리아 사람이라면 틀림없이 그랬겠지만 그는 하지 않았다. 나는 다른 이들을 신뢰하는 일본인의 그런 점이 참 좋다.

드디어 꼭대기에 있는 '천국'에 도착했다. 이 산의 포도는 1년 내내 얼음을 보고 자랄 것이었다. 늘 보는 풍경으로 나쁘지 않았다. 바다가 요오드와 짭짤한 소금기를 가져다주듯이 얼음도 무언가 좋은 것을 가져다줄 것이다. 우리의 시음 장소는 산 전체가 내려다보이는 이 지역의 상징인 중세 탑의 가장 꼭대기이다. 아우구스투스 황제의 명으로 아오스타(아우구스타 프라에토리아)와 프랑스를 잇던 고대의 길 비아프란치제나[11]에 있는 망루였다. 현재 탑에는 작은 게스트하우스가 있었다. 스파르타 양식이었지만 안

11 Via Francigena. 영국 캔터베리, 프랑스, 로마를 잇는 순례길.

락했다. 침대와 장작 난로, 욕실이 있었고 2층에는 경치를 즐길 수 있도록 창문이 많은 둥근 홀이 있었다. 우리 모두 놀라서 말을 잃었다. 우리가 가져온 와인 4병을 꺼낼 동안 코스탄티노도 자신의 와인을 꺼냈다. 시게루는 병과 잔 그리고 와인 따개를 죽 늘어놓고 작업을 시작했다. 우리는 이어서 이야기를 나누었다.

나는 이탈리아 와인의 지역 경쟁 구도에 대한 대안을 보여주었습니다

오스카 왜 와인을 만드나요?

코스탄티노 그건 내 고향 발레다오스타와 산지 공동체의 가치를 되살리기로 결심했기 때문입니다. 아버지가 오랫동안 내게 전달했던 잠재의식 속 메시지가 천천히 밖으로 드러나면서 결국 받아들이게 됐죠. 나는 고향을 떠나 대학을 졸업할 때까지 발레다오스타 밖에서 지냈는데 그 시절은 믿을 수 없을 만큼 고통스러웠습니다. 하지만 그런 외지 생활이 나를 세상 밖으로 이끌어주었습니다. 기숙학교에서 축구 시합이 있는 날이면 발레다오스타 학생끼리 뭉쳐 모두와 싸웠습니다. 수적으로 불리했지만 고향에 대한 애착으로 무슨 대가를 치르더라도 고향을 대표하려 노력했습니다.

오스카 친구는 많이 사귀었나요?

코스탄티노 네, 아주 많이요!

오스카 사교적인 걸 보니, 내성적인 산사람은 아닌 것 같군요.

코스탄티노 나는 내가 아주 내성적인 산사람이라고 생각해요. 하지만 호기심이 많아서 세상과 다른 사람들에게 나를 열어 보일 수 있었어요. 1980년대에는 와인 '벵 델라 사블라'를 팔러 타지로 다니곤 했는데, 베로나에서 로마노 달 포르노를 만났어요. 그의 손은 내 손처럼 많이 상해 있고 굳은살이 박여 있었죠. 그는 아마로네를, 나는 벵 델라 사블라를 가지고 있었는데 당시에는 둘 다 유명하지 않았어요. 우리는 진취적이었고 새로운 길을 개척하는 데 있어서 열심이었어요.

코스탄티노는 마치 끝없는 음악을 연주하듯 계속 말을 이어갔고, 나는 한 번씩 그의 말을 끊으며 그가 화제를 전환하도록 도왔다.

오스카 아버지와는 사이가 좋았나요?

코스탄티노 아니요!

오스카 왜요?

코스탄티노 성격이 너무 달랐어요. 또 나는 20살부터 35살까지 스키 강사 일을 했는데, 스키 강사 과정의 국내 책임자라서 늘 세상 밖으로 나가 더욱 성장하고 싶었죠.

오스카 당신은 다른 이들을 대표하는 일을 잘했군요. 초등학생 때는 반장이었을 것 같은데요.

코스탄티노 기억이 안 나는군요. 하지만 늘 약한 사람, 또 뭔가 다른 사람들을 보호하려고 했어요. 쉬운 길을 택한 적은 결코 없습니다. 그리고 여기 발레다오스타에는 쉬운 길이란 없기도 하고요. 그래서 나는 늘 고향 사람들이 겪었던 어려움을 짊어져야 한다고 느꼈습니다. 나는 프랑스 사부아와 스위스 발레 사이에 살기 때문에 스스로를 변경의 개척자라고 느끼고 있습니다. 내가 이탈리아 독립 포도 재배자 연맹(FIVI)의 회장으로 선출된 것은 이탈리아 와인의 지역 경쟁 구도의 대안으로 내가 서 있기 때문입니다. 피에몬테 주는 베네토 주와, 베네토 주는 토스카나 주와, 토스카나 주는 나머지 모든 주와 경쟁합니다. 다른 이들이 스스로의 발전을 위해 무엇을 하는지 관찰하는 것이 중요한데 많은 포도 재배자들이 그러는 대신 타조처럼 머리를 모래 속에 처박고 있어요. 이것이 같은 업계 사람들에 대한, 그리고 우리 이탈리아인들에 대한 가장 중요한 비판입니다. 우리는 네트워크를 만들 수 있는 능력이 있어요. FIVI는 2008년, 카를로 페트리니[12]의 멋진 아이디어에 의해 몽펠리에에서 탄생했습니다. 더 거대한 가족이 될 수 있었지만 현재 700여 회원에 머물러 있습니다. 훨씬 더 커질 수 있는데도 성장하는 데 고생하고 있죠. 이번이 두 번째 임기인데 2014년까지 일할 거고 그다음에는 바통을 넘길 겁니다. 프랑스에 유사한 단체가 있는데 회원사가 4000곳이 넘어요. 어찌 되었건 우리는 이탈리아와 유럽의 와인 업계에 건설적이고도 검증된 기여와 비판을 제공하고 있답니다.

오스카 나의 아버지는 어려운 것들에 더 길게 힘을 쏟으라고 가르치셨죠. 다른 사람들은 먼저 포기하니까요. 하지만 불가능한 것들에는 시간을 너무 허비하지 말라고도 하셨어요. 때로 나는 네트워크를 만드는 것이 이탈리아인들에겐 불가능한 것이 아닐까 하고 생각합니다. 그런 일엔 소질이 없는 것 같거든요.

코스탄티노 내가 허망한 짓을 하고 있는지도 모르지요.

오스카 아니요, 그래도 성장은 하고 있으니까요. 문제는 동종업계 사람들에게 우리가 서로의 경쟁자가 아니라는 것을 이해시키는 겁니다. 세상은 크고, 우리가 함께 세상을 마주한다면 훨씬 쉽고

12 슬로푸드를 창시한 인물.

훨씬 멋지지 않겠습니까.

코스탄티노 우리의 진정한 목표는 브뤼셀[13]에 정직한 로비를 하는 것이며 차츰 성과도 내고 있습니다.

그사이 시게루는 늘 그랬듯 시음 준비에 골몰하고 있다. 첫 번째 와인으로 메사에서 생산된 '오팔레 2011'을 시음하고는 우리 잔에도 따라주었다. 사르데냐 지역의 베르멘티노 품종이었다. 시게루가 시음 평을 준비하는 동안, 나는 이 와인을 만든 사람에 대해 이야기하고 싶었다.

오스카 이 화이트 와인은 나의 절친한 친구인 가비노 산나가 만드는 것입니다. 전 시대를 통틀어 가장 위대한 광고인이에요.

나를 모르는 사람은 이 말을 듣고 놀라겠지만 나를 아는 사람은 분명 미소를 지을 것이다. '전 시대를 통틀어'라는 표현은 내가 늘 쓰는 과장된 강조 어법이다. 이 표현은 나를 즐겁게 하고, 특히 사람들의 관심을 집중시킨다. 나는 내가 아는 사람들과 그 삶에서 최상의 모습을 발견하는 것이 좋다. 그리고 가비노의 경우 사실 그리 과장된 표현도 아니다. 가비노 산나는 사르데냐 출신으로, 세계에서 가장 큰 광고 회사들 중 하나이며 뉴욕에 거대한 사무실을 가진 영앤드루비컴의 회장에까지 올랐다. 경영자로서 성공의 정점에 서 있던 그는 어느 날 항상 거대한 회의들이 열리는 뉴욕의 한 고층 빌딩에서 화장실을 갔다. 화장실 또한 거대했다. 그는 거울을 보고 "내가 도대체 여기서 뭘 하고 있는 거지?"라고 질문을 던지고 자신의 거대한 책상으로 돌아가 사표를 썼다. 그러고는 비행기를 타고 사르데냐로 돌아왔다. 멋지지 않은가! 그 뒤 카르보니아의 술치스 이글레시엔테에

13 유럽연합 본부가 브뤼셀에 있다.

멋진 와이너리를 짓고는 메사(Mesa)라 이름 지었다. 메사는 식탁이란 뜻으로 함께 음식을 먹고 음료를 마시는 곳이다. 그리고 가장 좋은 땅을 사서 뛰어난 양조학 전문가와 농경학 전문가를 찾아내 지금은 와인을 만들고 있다. 자식도 없이 혼자 모든 걸 다 했다. 그는 아내와 단둘이 산다. 가비노는 정말 멋진 친구다!

오스카 베르멘티노로 만든 이 오팔레의 병과 라벨을 한번 보시죠. 둘 다 그가 디자인한 겁니다. 가비노 산나가 어떤 사람인지 알겠죠?

우리가 여기 도착한 뒤 처음으로 침묵이 흐른다. 코스탄티노는 매우 주의 깊게 와인을 시음하고, 시게루는 시음을 마치고 와인을 묘사하기 위한 적절한 말을 찾고 있다. 그런데 코스탄티노가 우리를 당혹케 한다. 우리가 데려온 일본의 시음 전문가 시게루가 숨도 채 고르기 전에 코스탄티노가 먼저 시작해버린 것이다.

코스탄티노 이 와인은 아름다운 볏짚색을 지녔고 초록빛이 감도는군요. 이것은 산도와 과일 맛 모두가 잘 유지된 포도를 의미하지요. 풍부한 꽃 향에 미네랄 노트가 느껴지는군요. 사르데냐는 바다와 바위의 땅이니 이 포도나무의 뿌리 또한 그러한 땅의 개성을 온전히 담고 있는 기층으로부터 물을 흡수하겠죠.

오스카 여기서 산이 보이듯이 그 포도원에서는 바다가 보여요.

코스탄티노 후각적으로는 그 스타일이 전적으로 완벽하며 흐트러짐 없는 정직함이 느껴집니다.

오스카 동감입니다. 맛은 어떤가요?

코스탄티노 첫맛은 강한데 부드러움과 달콤함도 있습니다. 그 지방에서도 2011년은 무더운 한 해였던 것 같군요. 또 14도임에도 불구하고 그렇게 느껴지지 않는 것은 고유한 향과 맛 때문입니다. 미네랄 맛과 풍미의 균형이 좋아요. 입안에서 과육질이 표현되는 단계에 이르면 비로소 그것을 느낄 수 있을 겁니다. 그래서 균형이 아주 잘 잡혔다고 말한 겁니다. 분명 헥타르당 와인 생산성이 대단히 낮을 거예요. 더 말하자면 끝 맛이 아주 오래 남네요.

오스카 시게루, 동의하나?

시게루 전부 다 말해버렸군요! 보통 와인 생산자는 와인에 대해 이렇게 잘 설명하지 못하는데. 정말 훌륭해요! 이 와인에서는 먼저 미네랄이 느껴집니다. 베르멘티노 포도 품종은 향이 강해요. 건과일, 바닐라, 카밀러(chamomile), 꿀 향이 느껴집니다. 숙성된 풍미와 부드러움이 느껴지고 균형이 잡혀 있어요. 14도인데도 무겁지 않고 신선하고 여운이 길게 남아요. 참치 스튜, 보타르가[14] 스파게티, 프로볼로네 치즈, 숙성 기간이 짧은 페코리노[15] 치즈 그리고 회 중에서는 쑤기미나 돔발상어, 가다랑어와 잘 어울리겠군요. 가다랑어는—일본 가정에서는 보통 훈제 가다랑어를 많이 쓴다—커다란 등푸른 생선으로 참치와는 다릅니다. 거기에 약간의 간장과 생강을 곁들이면 좋겠네요.

코스탄티노에게 물었다.

오스카 동의하세요?

14 Bottarga. 숭어 알집 전체를 소금에 절여 말린 것. 한국의 어란과 유사.
15 Pecorino. 양젖 치즈.

코스탄티노 네!

시게루가 와인을 대충 묘사하지 않는다는 것을 코스탄티노 또한 알게 된 것 같다. 그는 감탄의 눈빛으로 시게루를 바라보고 있었다. 와인을 묘사하는 두 사람의 경쟁이 상당히 흥미로울 것 같았다.

나는 가난한 문화의 아들입니다

다시 코스탄티노의 '콘서트'로 돌아가보자. 운을 띄우자 그가 '다시 노래'를 부른다.

오스카 아버지에 대해 더 이야기해볼까요? 언제 돌아가셨죠?

코스탄티노 1979년에 76살의 나이로 돌아가셨어요. 그는 물물교환을 주로 하던 가난한 문화의 아들이었죠. 아주 열심히 일하셨고 아들인 나는 당신처럼 힘든 삶을 살지 않길 바라셨어요. 내가 태어나기 전에 이미 어린 두 아이를 잃으셨죠. 그러니까 2번의 죽음을 겪은 다음에 나와 여동생이 태어난 거죠. 먼저 간 형제들을 보진 못했지만 늘 부모님으로부터 그 크나큰 고통에 대해서 듣고 자랐기에, 그 고통을 내 것으로 체화했어요. 아버지는 내가 고정적인 일자리를 얻을 수 있도록 공부시키는 게 목표셨죠. 그래서 내가 싫어하는데도 집에서 먼 피에몬테 이브레아의 기계기술 학교로 보내 공부를 시키셨어요. 공부를 마치고 아오스타에 있는 특수철강제철 회사인 '코녜'에 들어갔지만 한 달밖에 다니지 못했어요. 회사를 그만두고 토리노의 체육 대학에 들어갔죠. 거기서 이멜다를 만났어요. 나는 언제나 온 마음을 다해 아내를 사랑해왔습니다. 벌써 결혼한 지 40년이나 되었군요. 대학을 마친 다음에는 바로 일자리를 찾았어요. 20년간 체육 교사로 일했죠. 하지만 일을 그만둘 기회가 왔을 때 바로 뛰쳐나왔어요. 지금은 젊은 연금 수령자인 셈이죠.

오스카 32살에 아버지가 돌아가셨군요. 아버님 생전에 많이 싸우셨나요?

코스탄티노 격렬하게 싸웠어요!

오스카 부인과는 뜻이 잘 맞나요?

코스탄티노 아주 잘 맞아요. 그래서 온 마음을 다해 사랑한다고 한 겁니다. 나는 일생에 결혼은 한 번만 해야 한다는 주의입니다. 이런 고지식함이 나를 좀 융통성 없게 만드는데, 2003년에 암에 걸리면서 이런 내 모습을 다시 점검해야만 했죠.

이 대목에서 코스탄티노는 자신의 병에 대해, 그리고 자신의 투지 넘치는 성격과 아내와 딸들의 도움 덕분에 몇 년 전 병을 이겨낼 수 있었다는 이야기를 했다. 나는 그가 운 또한 좋았다고 덧붙였다. 특별한 사람들은 운 또한 좋은 경우가 많다. 병을 이겨낸 그는 삶에 대한 태도가 보다 유연하게 바뀌었다. 코스탄티노는 마치 다시 태어난 것처럼 이전보다 훨씬 이해심이 많아졌다. 잠깐 다시 가족과 자식들 이야기로 돌아간다.

오스카 와인보다 가족과 자녀들을 더 사랑하는 것이 확실한가요?

그는 바로 대답하지 않고 생각에 잠겼다. 하지만 곧 그는 너무나 확신에 차 말했고 자신이 무슨 말을 하는지 잘 알고 있었기에 그 진실성에 대해

의심하지 않았다.

코스탄티노 그럼요!

코스탄티노는 자신이 만든 와인보다 가족과 아이들을 더 사랑한다. 늘 그럴 수 있는 것은 아니기에 나는 그 대답을 듣고 기뻤다. 많은 이들이 가족이 더 소중하다고 말하지만 실제로 행동에 옮기지 않는다.

오스카 딸들이 당신의 일을 잇겠다고 했을 때 기뻤나요? 어떻게 결심하게 된 거죠?

코스탄티노 둘째인 엘레오노라는 자연스럽게 그렇게 결정했습니다. 그 아이는 감수성이 풍부해서 대지의 부름을 느껴요. 그래서 농경학을 공부했고 바로 나와 함께 일을 시작했죠. 엘레나는 법학을 전공하고 한동안 상공회의소에서 일했어요.

오스카 그럼 엘레나는 한동안은 아버지와 일을 하지 않겠다고 생각했었군요. 그런 딸을 보고 어떤 기분이었나요?

코스탄티노 아주 서운했어요. 왜냐하면 두 딸이 회사를 경영하는 모습을 상상해왔었고 다른 장점을 가진 둘이 서로를 보완해가며 일을 잘 나누어 하리라 생각했거든요.

오스카 엘레나가 태어나던 순간이 기억나세요?

코스탄티노 그럼요, 하지만 난 그 자리에 없었어요. 밭에서 일하고 있었죠. 당시 나는 일에 매진하고 있었기 때문에 이멜다는 내 친구한테 병원에 데려다 달라고 했어요.

오스카 부인이 용서해주던가요?

코스탄티노 네, 이멜다는 너그러운 마음씨를 지녔어요. 아내가 임신했을 당시에는 제대로 기뻐하지 못했는데 딸이 임신한 지금은 마음껏 기뻐하고 있습니다.

오스카 그렇군요. 딸이 태어났을 때 이미 딸인 걸 알고 있었나요?

코스탄티노 태어났을 때 알았어요.

오스카 기분이 어땠나요?

코스탄티노 아주 좋았어요!

오스카 확실해요?

코스탄티노 그때는 시간이 많다고 생각했어요. 두 번째는 아들을 원했는데 딸인 엘레오노라가 태어났죠. 그걸 아이에게 느끼게 했던 것 같아요. 모르는 사이에요. 아이들은 꼭 스펀지 같아서 많은 말을 할 필요가 없어요. 적절히 공감하는 마음으로 교육한다면 아이들은 그것을 받아들입니다. 엘레오노라는 내가 회사 일을 잇길 원한다는 걸 이해한 거죠. 그래서 농과 대학에 들어갔어요.

그렇다. 아이들은 잘 받아들인다. 사실이다.

이제 두 번째로 시칠리아 와인인 돈나푸가타의 '밀레 에 우나 노테 2007'[16]로 넘어간다. 코스탄티노는 전문 소믈리에로서 학문적으로 와인에 대해 평가했다. 나는 누군가가 와인에 대해 너무도 잘 설명하는 것을 보면, 열정적인 술꾼으로 훈련하며 살아온 내 인생이 내게 놀라운 감동은 선물했지만 와인에 대해 멋지게 표현하는 즐거움은 주지 않았다는 생각이 든다. 게다가 나는 그들처럼 와인을 뱉지도 못한다. 사랑하는 와인은 마셔야지. 다행히 과거의 훈련 덕에 알코올에 강하다. 그렇지 않았으면 큰일 났을 것이다! 시칠리아 와인에 대해 이야기하면서 코스탄티노는 그 지방

16 Mille e una notte. 이탈리아어로 1000일 동안의 이야기라는 뜻.

의 '뜨거운 태양'을 발레다오스타의 '차가운 태양'에 대비시켰다.

오스카 현재 일어나고 있는 기후변화가 당신의 와인에 더 긍정적으로 작용하나요?

코스탄티노 최근 몇 년간 그로 인한 변화를 겪어왔습니다. 이런 현상에는 저항할 수 없어요. 그러니 우리 포도도 거기 맞출 수밖에요. 최근 적포도는 잘 익고 있지만 청포도는 신선함과 산도를 점점 잃어가는 위기에 처했습니다. 다행히 우리 생산장이 750미터 고도에 있기 때문에 이런 문제에서 좀 도움이 됩니다. 이곳은 밤낮의 기온 차가 큰데, 특히 포도가 여무는 마지막 시기에는 더 크죠. 그것이 발레다오스타 와인에 강렬하고 즉시 와 닿는 과일향과 아로마를 부여해줘요. 지금 같은 시대에는 사실 베네토나 피에몬테, 토스카나보다 발레다오스타에 포도밭을 갖고 있다는 사실이 기쁩니다. 와인 업계에서 소외된 변두리에 있었다는 사실이 오늘날 우리에게 이점이 되는 거죠.

오스카 물론이에요. 역사적으로도 인간은 기후에서 가장 적합하게 사는 길을 찾아내왔어요.

이 말을 하면서 시게루를 쳐다봤다. 이제 그가 두 번째 와인을 묘사할 차례다. 시게루가 '젠장, 코스탄티노가 내가 할 일을 다 해버리네!'라고 생각할 것 같다.

시게루 이 와인에서는 빌베리, 타르, 감초의 맛이 나는군요. 기분 좋고 강렬한 발삼 성분으로 인해 알코올 14도도 강하게 느껴지지 않아요. 입안에서는 부드러운 타닌의 훌륭한 바디감이 느껴지는군요. 멋진 개성을 지닌, 그 자체로 완성된 와인으로 음식 없이 이것만 마셔도 좋겠어요.

오스카 포만감을 주는 와인인가?

시게루 맞아! 이 네로 다볼라는 육질이 풍부하다는 표현을 써도 좋겠군. 그래도 이 와인을 식사와 함께 한다면 고기 팬에 구운 알등심에 핑크 페퍼콘을 곁들이거나 그릴에 구운 양고기에 디종 머스터드와 간장을 곁들여 먹겠네.

시게루가 너무 멋지다! 밀라노의 첫 번째 일본 레스토랑인 순토리에서 오랫동안 책임자로 일했던 경험 덕에, 일본 요리와 이탈리아 요리를 이탈리아 최고의 와인들과 조합하는 훌륭한 취향을 갖게 되었다.

내가 양조 전문가가 된 것은 거울 앞이었습니다

오스카 코스탄티노, 이제 당신 이야기로 돌아가죠. 아버지와는 닮은 점이 없었나요?

코스탄티노 별로 안 닮았어요. 아버지와의 관계가 너무 힘들었기 때문에 아버지를 사랑하기가 쉽지 않았죠. 하지만 언젠가 경제적으로 무척 어려웠을 때, 가족의 오래된 집을 지키려고 아버지가 많은 희생을 하는 모습은 매우 존경스러웠습니다. 너무 이것저것 하시느라 잘못된 투자를 하셨거든요. 아무튼 집을 팔지 않고도 그 상황을 헤쳐 나올 수 있었고 내게 모든 걸 남겨주셨어요. 참 너그러운 분이셨죠. 오늘날 내가 가진 것은 보물 같은 아주 멋진 유산이라고 생각합니다. 그 집은 발레다오스타의 소박한 문화를 보여주는 문화유산이에요. 와이너리 증축 작업이 끝나면 하고 싶은 프로젝트가 있는데 거기에 대해서도 말하고 싶군요.

오스카 그럼 당신은 누구를 닮았죠? 당신 자신과 닮았나요?

코스탄티노 그래요, 나 자신을 거울로 보면서 닮으려 했어요!(웃음)

오스카 커서 와인을 만들겠다고 결심했던 결정적인 때가 언제인지 기억하나요?

코스탄티노 아니요, 아주 느린 과정 속에서 깨달았거든요. 내 출신, 직접 뵌 적 없는 할아버지, 방앗간이었던 오래된 집을 물려받은 일까지 다시 생각하게 되었죠. 1970년대 말, 그때 나는 29인가 30살이었고, 아오스타의 과학계 고등학교에서 체육 교사로 있으면서 스키 강사 일도 하고 있었어요. 하루는 손수레를 하나 사서 집의 지하 창고 바닥에 한때 가축을 키우느라 쌓여 있던 흙을 싹 비웠습니다. 그러고 나서 지하 창고를 보니 와인을 숙성하는 데 완벽한 환경이라는 걸 알게 되었습니다.

오스카 레 크레테 와이너리를 설립한 건 언제인가요?

코스탄티노 1983년에서 1984년이에요. 선생 일은 계속했지만 와인은 벌써 만들고 있었죠. 그러다가 그때 아이마빌레스에 있는 코토 라투르 포도원을 샀습니다.

오스카 아까 말했던 방앗간 말인데요, 방앗간이 돌아가던 때가 기억나세요?

코스탄티노 그럼요. 9살 때까지 어머니가 직접 운영하셨어요. 이 근처 골짜기 전체에서 호두가 왔었죠. 사람들이 돈을 내면 방앗간을 사용할 수 있었어요. 어머니는 방앗간 임대 장부를 관리하셨지요. 그 장부를 아직도 보관하고 있습니다.

이 천국의 모퉁이에서의 시간은 정말로 빨리 흘렀기에 나는 이 만남의 박자를 조절하려 노력했다. 빠르게 흘러가는 하루를 조금도 낭비하고 싶지 않아서였다.

이제 '마스트로얀니'의 '브루넬로 디 몬탈치노 2007' 차례다. 2008년에 몬탈치노에 있는 이 역사적인 와이너리를 트리에스테에 근거지를 둔 일리 가문이 사들였다. 그 커피 집안 말이다. 그래서 이 와인을 골랐다. 리카르도 일리와 안드레아 일리는 내가 무척 존경하는 친구들이기도 하다. 그들은 자신이 만드는 것 안에 사랑과 시를 담을 줄 안다. 그들의 커피가 그렇다는 것은 누구나 아는 사실. 하지만 와인, 초콜릿, 밤, 차도 마찬가지다. 그들은 양질의 식품을 생산하는 업체들에 많은 투자를 한다.

코스탄티노가 와인을 맛보더니 다시 한 번 시를 읊는다. 훌륭해! 이것은 세 번째 와인이다. 그는 지금이 이 브루넬로의 맛을 최대로 음미할 수 있는 딱 좋은 시기라고 말했다. 동의한다. 나 또한 무조건 묵히는 것이 좋다는 숙성 마니아는 아니다. 와인 셀러를 최고의 와인들로 가득 채워놓고 숙성만 시키고는 마시지 않는 사람들이 얼마나 많은지. 와인은 마셔야 한다. 숙성이 잘되는 와인들도 있으니 그런 것들은 가지고 있어야 하지만, 적절한 순간이 오면 그것들도 마셔야 한다. 그러고는 빈 병만 놓아두면 어떠한가, 오히려 더 좋지. 그 병을 보면서 그 와인을 마시던 때를 생각하는 기쁨을 다시금 누릴 수 있지 않은가.

오스카 시게루, 이 와인이 마음에 드나?

시게루 그래, 이 와인에서는 발삼, 감초, 가죽, 커피 등 최고의 맛이 느껴지는군. 아주 기분 좋고 벨벳같이 부드러운 지속력이 있어. 입 안을 채우는 풍미가 느껴지네. 말린 붉은 과일, 그리고 완전하고 우아한 타닌이 느껴져. 바로 마실 시점이로군. 토스카나식 고기 스튜나 팬에 구운 소고기에 와사비로 양념을 하고 미소 국을 곁들여도 되고, 60개월 정도 길게 숙성시킨 파르미자노 치즈와 함께 마셔도 좋겠어.

오스카 시게루, 멋지네! 이번에도 자네의 고향 맛으로 조화시켜 표현하려고 애썼군. 이제 다시 1980년대와 포도원으로 돌아가보죠.

코스탄티노 나는 선택해야 할 시기라고 생각했습니다. 그리고 와인에 투자하기로 했어요. 내 꿈은 발레다오스타에서 가장 큰 와이너리를 만드는 것이었습니다. 1983년이었어요. 당시 우리 주에는 협동조합 방식의 와이너리만 있었고 시장의 주도자는 없었어요. 나는 와인 생산에 적합하다고 알려진 레 크레테 지역을 사기로 했죠. 쉽지는 않았어요. 발레다오스타의 평균적인 포도원 크기가 1200평방미터밖에 안 되었거든요. 전체가 다 상속된 유산을 기반으로 나뉘어져 있었죠. 당시엔 운이 무척 좋았어요. 빚도 안 지고 한 번에 1만 4000평방미터의 붙어 있는 땅을 샀으니까요. 빚은 나중에 와이너리 증축 작업을 하면서 졌죠.

오스카 제대로 잘 샀군요?

코스탄티노 네, 그리고 농사에 투자하는 돈은 언제나 제대로 투자하는 돈이에요. 절대 금융 상품들을 통해 쉽게 돈을 벌겠다는 착각에 빠지게 나를 방치한 적이 없습니다.

오스카 당신 재산 중 얼마를 투자했나요?

코스탄티노 전부 다요! 100퍼센트를!

오스카 투자하기 전에 아내와 이야기했나요?

코스탄티노 아니요, 한 다음에요. 그것도 내가 거울 앞에서 한 결정 중 하나였거든요.

오스카 아내가 이해하던가요?

코스탄티노 그럼요, 그녀는 특별한 여자이기도 하고 내가 사람들에게나 일에서 헌신적이라는 것도 잘 알거든요. 내 딸들에게 그러한 가치관을 성공적으로 물려주었다는 것이 저의 큰 기쁨입니다.

오스카 너그러움을 물려준 당신 아버지처럼요.

코스탄티노 네, 그건 사실이에요. 그리고 조금씩 땅을 계속 사들였습니다. 현재 20헥타르를 소유하고 있고 발레다오스타의 다섯 마을에 흩어져 있는 5헥타르의 땅에서 포도를 제공받고 있습니다.

오스카 25헥타르에서 나온 포도로 몇 병을 생산하죠?

코스탄티노 20만 병이요.

오스카 직원은 몇 명인가요?

코스탄티노 18명이요. 회사의 또 다른 자산이 그들입니다.

오스카 와이너리를 짓기 시작한 건 언제인가요?

코스탄티노 1990년, 내가 체육 선생을 그만두었을 때예요.

오스카 그러면, 내가 맞춰볼까요? 이번에도 거울 앞에서 양조가가 되기로 한 건가요?

코스탄티노 어떤 의미에서는 그렇죠. 양조는 이미 하고 있었고 다만 더 잘해야 했어요. 나는 무슨 일을 시작하면 항상 끝까지 합니다. 어느 때는 내가 정한 시간 내에 못 해내기도 하지만 결국 끝까지 완수합니다. 어떤 일이 있어도요.

거울을 들여다보며 자신의 삶에 있어 중요한 결정을 내리는 이 사내에겐 위대한 용기가 있다. 그는 선택하고 바꾸고 틀리고, 또 모든 것을 정직과 솔직함 속에서 해낼 용기가 있으며, 내가 보기에는 자제력도 있다. 그런 장점이 그의 회사를 짧은 시간 안에 성장하게 만들었다.

네 번째 와인으로 기념비적인 인물 조르조 룬가로티의 두 '딸' 테레사와 키아라가 만든 '루베스코 비냐 몬티키오 리세르바 2005'를 맛본다. 그들의 이야기는 너무나도 멋진데 움브리아 주의 페루자 현에 있는 토르자노에 가서 이야기할 것이다. 루베스코는 산조베세 70퍼센트, 카나이올로 30퍼센트로 만든다. 코스탄티노는 호기심을 갖고 와인을 분석하고는 이 와인이 8년이나 되었는데도 매우 신선하다는 것에 시게루와 의견을 같이했다. 시게루는 그것이 기후 때문임을 상기시켰다. 2005년은 추운 해여서 포도가 덜 여물었기 때문이다. 시게루 생각에 이렇게 우아한 와인과 가장 이상적으로 어울리는 것은 흑송로버섯을 곁들인 비둘기 요리나 와사비를 곁들인 로스트비프, 혹은 숙성된 토마 치즈다.

난 항상 내가 멋지다고 생각했습니다

오스카 1990년에는 몇 병을 생산했나요?

코스탄티노 1만 2000병이요.

오스카 지금 20만 병을 생산한다고 했죠. 인생의 어느 순간 본인이 멋진 사람이라는 걸 깨달은 적 없나요? 지금은 미국, 일본 등 발레다오스타가 뭔지조차 모르는 나라들에서도 당신 와인을 찾고 있지 않습니까?

'본질 마케팅'의 옹호자인 내게는 '멋진' 사람이 되는 것이 최고의 성공이다. 왜냐하면 콘텐츠의 품질과 이미지를 통합하는 데 성공한다는 것은 소수만이 할 수 있는 대단한 일이기 때문이다.

코스탄티노 어쩌면 기대한 답이 아닐지도 모르지만, 나는 항상 내가 멋진 사람이라고 생각해왔습니다.

그는 자신이 한 말과 너무나 상반된, 거의 속삭이는 듯한 목소리와 겸손한 태도로 말했다.

오스카 실망은커녕 그 말이 너무나 마음에 드네요! 악수를 하지 않을 수 없습니다!

코스탄티노 항상 어느 정도의 자부심은 느끼고 있습니다. 예를 들어 내가 섹시한 남성이라고 항상 믿어왔어요.

그 자리에 있던 우리는 젊고, 그을리고, 수많은 젊은 팬에 둘러싸인 스키 강사, 우리가 앞에서 말한 바 있는 신뢰에 대한 자신의 신념을 받아들이려고 애쓰는 그를 상상해보지 않을 수 없었다. 코스탄티노는 자신의 악보를 계속 연주한다. 음표 하나하나, 이야기를 계속해간다.

코스탄티노 항상 믿어왔던 최선의 꿈은 내가 하는 게 멋진 일이 될 수 있고 내 땅이 소비자들에게 영감을 줄 수 있다는 거예요.

그 같은 연주자와 함께라면 나는 오케스트라 지휘자도 할 수 있을 것 같다. 그에게서 아름다운 소리를 끌어내는 것은 너무나 쉽다.

오스카 본인은 스스로가 멋진 사람이라는 것을 알고 있었다 하더라도 로마나 뉴욕 같은 도시에서는 당신을 전혀 알지 못했는데, 물론 지금은 잘 알지만요. 어떻게 그렇게 될 수 있었죠?

코스탄티노 말로 표현하기는 어렵습니다. 항상 나의 스타일과 내 와인의 스타일을 알리려고 노력했지요. 예를 들어 모든 공식적인 자리에서 볼로 타이를 맸습니다.

그것은 잘 알려진 사실이다. 코스탄티노는 언제나 셔츠에 마운틴 카우보이처럼 가죽 끈을 매고 나무와 돌로 만들어진 메달을 단다. 그는 다른 이들이 자신을 알아볼 수 있도록, 무엇보다 자신을 알리기 위해서 그렇게 한다.

그동안 시게루는 코스탄티노가 가져온 와인을 잔에 따랐다. 그는 시음 와인으로 '푸민 2008'을 골랐다. 시게루는 와인을 맛보고는 언제나처럼 조용하고 주의 깊게 연구하고 있다. 반면 나는 와인을 마시자마자 곧바로 이렇게 말했다.

오스카 환상적이군요! 아니 이렇게 만들려면 어떻게 해야 하죠? 도스발도가 프로슈토 만들 때처럼 하나요? 그가 프로슈토를 벽난로에 훈제하는 걸 아시나요? 어떻게 이런 와인을 만들 수 있죠? 혹시 와인 병을 훈제하는 건 아니죠?

모두가 웃었다.

코스탄티노 아버지가 푸민으로 와인을 만들면서 이 품종은 배럴에서 2년간 숙성해야 된다는 걸 알게 되셨죠. 아버지는 우리 고향의 토착 포도 품종 중 프레메타와 푸민 이 2가지를 멸종 위기에서 구해냈다고 믿으셨어요. 현재 푸민은 약 2헥타르 남짓한 땅에서 산출되며, 우리는 이 품종으로 1만 5000병 정도를 생산하고 있습니다. 와인은 부드러운 타닌감을 부여해주는 화이트 와인용 대형 배럴로 옮겨 숙성시킵니다. 푸민은 가죽 향과 야생적인 동물성 향을 지니고 있습니다. 이런 향은 너무 과하지만 않는다면 와인을 더 좋게 만들어줍니다. 숙성에 가장 적합한 나무 종을 찾아내는 것도 쉽지 않았습니다.

오스카 당신이 1980년대에 생산하던 와인은 별로였나요?

코스탄티노 내 와인이 나빴던 적은 없어요. 항상 내 생각을 담았습니다. 하지만 생각이라는 것이 시간이 지나면서 바뀌는 것 또한 사실이지요. 그래도 와인 만드는 방식을 바꾼 적은 결코 없어요. 앞서 말한 것처럼, 엄격함이야말로 내 와인을 차별화시키죠.

오스카 당신은 완벽한 와인을 추구하나요?

코스탄티노 아니요! 나는 사람들이 가장 즐겁게 마실 수 있는 와인을 추구합니다.

오스카 당신은 포도 수확을 몇 번이나 했나요?

이 질문은 모두에게 할 것이다. 내가 매우 관심을 갖고 있는 주제이기 때문이다. 마지막에는 합계를 내서 내가 12번의 만남을 진행하며 총 몇 번의 수확기에 대해 이야기했는지 세어볼 것이다.

코스탄티노 개인적으로 감독했던 것은 1983년부터 지금까지 30번입니다. 하지만 수확에 참여한 것만 따지면 훨씬 많죠, 첫걸음마를 뗄 때부터 도왔으니까요.

오스카 기억에 남는 해가 있나요?

코스탄티노 1980년이 기억에 남는군요. 아버지, 어머니를 도와 함께 수확하던 시대가 끝나가던 시기였습니다. 너무 추운 해였는데 9월 말에 눈이 왔어요. 꽁꽁 언 포도를 수확해서 집으로 가져가시던 늙은 부모님이 여전히 눈앞에 선하군요. 그 빈티지 와인은 아직 보관하고 있습니다.

아직은 그 병을 함께 열자고 할 만큼 그와 친하지도 않고 또 그럴 만한 적절한 순간도 아니다. 하지만 언젠가 1980년산 와인을 함께 마시자고 그가 날 초대할 날이 오기를 소망해본다. 그날이 오면 모든 것을 다 제쳐놓고 당장 아이마빌레스로 달려가리라.

이제 시게루가 오늘의 마지막 와인인 레 크레테의 '푸민 2008'에 대해 말할 차례다. 나는 시모나에게 이 와인은 아주 훌륭하니 꼭 마셔봐야 한다고 했다. 시모나도 나처럼 와인을 뱉지 않는다. 술을 많이 마시지 않는데도 잔을 비웠다. 시게루가 자신의 느낌을 이야기한다. 루비색의 와인에는 자줏빛이 감돌고 가죽 향과 향신료 향이 난다. 입안에서는 블랙베리, 빌베리, 와일드베리, 덤불, 흑연, 익은 자두, 바닐라가 느껴진다. 우아하고 부드러운 타닌, 그리고 신선함이 느껴진다. 부싯돌 향도 느껴지는 아주 독특한 와인이다. 이 와인은 살라미와도 잘 어울리겠지만 콩 수프에 올리브유와 흑후추를 곁들이면 잘 어울릴 것이다.

시게루 일본이라면 나는 지방이 많은 흑돼지에 와사비를 살짝 곁들이겠습니다. 여기 발레다오스타의 폰티나 치즈와도 최고의 궁합일 것 같아요.

어느덧 점심시간이다. 시게루의 마지막 말이 우리를 배고프게 했다. 코스탄티노가 우리를 집에 데려가 아내에게 소개하고 함께 식당으로 가 식사를 하기 전에 마지막으로 몇 가지 질문을 더 하고 싶다.

오스카 푸민이라고 부르는 이유가 뭐죠?

코스탄티노 이 포도는 과분이 풍부해서 포도알이 완전히 숙성했을 때 손가락으로 표면을 만지면 과분이 묻어납니다. 그 색깔이 회색빛 연기(fumo)와 비슷해서 그렇게 부릅니다.

다시 와이너리로 돌아가고 싶습니다

오스카 지금 나이가 66살인데, 본인의 나이가 실감 나나요?

코스탄티노 아니요, 운이 정말 좋은 거죠! 아직도 얼마든지 스키를 즐길 수 있거든요.

오스카 66살인데, 나중이 되면 와인 만드는 것을 좋아하고 있을까요, 아니면 정치를 하고 싶으세요. 여기서 정치란 물론 어원인 '폴리스(polis)'처럼 FIVI 혹은 유럽 와인 조합 같은 데 참여하는 것을 말합니다.

코스탄티노 다시 와이너리로 돌아가겠습니다.

오스카 정말요? 내기를 했으면 질 뻔했네요. 그럼 지금은 '정치'에 얼마의 시간을 할애하고 있나요?

코스탄티노 많이요. 딸들이 회사 내에서 내 부재를 실감할 정도죠. 하지만 와인 만드는 일은 내가 정말 좋아하는 일입니다.

오스카 다시 회사 일을 많이 하게 되면, 회사에 방해가 되지 않을까 걱정되지 않으세요?

코스탄티노 딸들이 그동안 만들어놓은 공간을 도로 빼앗지 않도록 조심해야죠.

오스카 다시 정치 얘기로 돌아가보죠. 이번에는 진짜 정치 얘기요. 가장 최근 선거에서 본인이 투표한 결과에 만족하고 있나요?

코스탄티노 네, 나는 지방분권주의자라는 핑곗거리도 있기 때문에 늘 그래왔던 것처럼 발레다오스타 연합에 투표했고 만족합니다. 오스카, 나는 '폴리스'를 믿어요.

오스카 알아요. 그러니 그것 때문에라도 일을 계속해야 해요! 정치는 현명한 사람들이 해야죠. 그들만이 공익을 위한 선택으로 상황을 개선할 수 있으니까요.

코스탄티노 나의 아버지는 사보이아 가문의 모토인 '제대로 하라, 그리고 떠들게 내버려두라'라는 말을 즐겨 하셨고 나는 그 말을 늘 염두에 두고 있습니다. 언제나요.

나는 그가 장래에 와이너리에만 전념하겠다고 한 말을 그리 믿지 않는다. 그가 진정한 정치도 좋아한다는 사실은 분명하니까. 그는 자신의 고향을 위해서 훌륭한 자원이 될 수 있을 것이다. 혹시 아는가, 내가 그에게 그런 생각이 조금이라도 들게 했을지. 대화는 거의 마무리되었다. 방앗간이었던 집에 있을 코스탄티노의 아내와 딸들에게 가기 위해 자리에서 일어나는 동안 내가 생각한 것은, 별로 닮지 않았다고 했던 그의 아버지가 결국 그에게 강렬한 흔적을 남겼다는 사실이다. 그의 말을 들으면 느껴진다. 다시 차에 타 가파른 비포장도로를 반대 방향으로 달려가며, 나는 올 때와 마찬가지로 그에게 길 좀 제대로 보며 가라고 말한다. 그가 안전띠도 안 매고 이어폰도 없이 전화를 받는 등 할 일을 다 해가며 운전하기 때문이다. 그는 늦는다고 레스토랑에 전화했다.

코스탄티노 여기 발레다오스타에서는 모두 약속을 정확히 지키거든요.

정확하다고? 그렇다면 나도 이번에는 안전띠 따위는 매지 않고 그의 차가 붕붕거리며 우릴 목적지에 데려다 놓을 때까지 가만히 있어보겠다. '천국'에서 내려가면서도 주변 둘러보기를 멈추지 않았다. 내 고향 란게의 풍경이 아무리 그림 같아도, 이런 아름다운 풍경과 경쟁한다면 쉽지 않을 거라는 생각이 든다. 순위 매기는 것을 좋아하지만 이번에는 생각하고 싶지 않다.

오스카 유기농법이나 생물역학농법에 대해 어떻게 생각하세요?

코스탄티노 그것은 생산자의 선택입니다. 나 또한 공감하는 방향인데 지속 가능성 같은 것이 특히 그렇습니다. 다만 개인적으로 인증서를 받으려 하지는 않습니다. 나의 직업윤리를 통해 스스로를 인증할 뿐, 누군가가 내 집에 와서 무엇을 하라고 지시하는 것은 좋아하지 않거든요.

오스카 말 잘했어요. 나도 동의합니다! 그것이 도덕적인 무정부주의의 살아 있는 형태라 생각합니다.

코스탄티노 오늘날 '내추럴 와인' 혹은 당신이 말하는 '프리 와인'에 대한 논의가 와인의 향기를 바꾸어놓았어요. 선택을 해야겠죠. DOC 규정도 바뀌어야 합니다. 그렇지 않으면 어떤 와인들은 훌륭한데도 불구하고 규정 내에 포함될 수 없거든요. 예를 들어 아황산을 사용하지 않겠다는 결정은 와인의 표현력을 시각적으로뿐만 아니라 후각, 미각적으로 바꾸어놓았습니다.

오스카 바나나 냄새를 맡을 수 있는 시대도 끝난 거겠죠?

코스탄티노 네, 그것도 마찬가지죠. 이제는 규정이 너무나 엄격해져서 그 테두리 안에 머무는 것을 힘겨워하는 와인들이 있습니다. 나는 다음 FIVI 회의에서 서로 다른 스타일을 추구하는 생산자들 간에 토론의 장을 열어보려 합니다. 이런 논의가 시작될 수 있기를 바랍니다. 새로운 도약만이 혁신을 일으키니까요. 이대로 간다면 어쩌면 한 30년 후 당신과 내가 지금보다 훨씬 늙어 있을 때, 달콤하고 과일 향이 나고 즉각적인 만족감을 주는 와인이 더는 존재하지 않을 수도 있거든요.

그동안 코스탄티노의 집에 당도했다. 그의 아내 이멜다는 꾸밈없는 미소의 아름다운 여성이었다.

오스카 피에몬테 사람이라 그런 거야.

시게루에게 강조했다. 그녀는 처음에 포도밭으로 가득 찬 자신의 고향 땅 아스티를 떠나, 와인 만들 생각을 하고 있는 남자와 함께 다른 지역에 가서 살아야 된다는 생각은 하고 싶지도 않았다고 말했다. 하지만 마음에 명령을 내릴 수는 없다는 말이 있는 것처럼, 어느 순간 발레다오스타는 그녀의 또 다른 고향이 되었다.

이멜다 운명인 거죠.

그녀가 말했다.

딸들도 도착한다. 코스탄티노는 세 여인들 사이에서 행복해한다. 정말 아름다운 가족이다. 식전주를 들고는 시게루를 위해 건배를 외친다. 마침내 무슨 말을 해야 할지 고민하지 않고 맛을 음미해도 되는 첫 번째 와인이 나왔으니까. 하지만 어쩔 수 없나 보다. 레 크레테의 '메토도 클라시코[17] 네블루'를 위해 건배하며 시게루는 시작한다.

시게루 매우 훌륭하군요. 기포는 지속성이 좋고…….

그를 말렸다. 배가 너무 고프다.

17 Metodo classico. 스파클링 와인을 만드는 방식 중 하나로, 병에 당과 선별한 효모를 첨가해 2차 발효를 한다.

행동하는 대로 말하고 말하는 대로 행동하고

잠시 후, 우리는 한 가족이 운영하는 지역 식당의 테이블에 앉았다. 금세 그 장소가 마음에 들었다. 이 지역에서만 맛볼 수 있는 전채 요리가 차가운 것과 따뜻한 것 하나씩 꽤 큰 접시에 담겨 나왔다. 우리는 음식을 먹으며 다시 대화로 돌아갔다.

오스카 매우 진지한 주제에 대해 말하고 있었죠. '깨끗함'의 문제요. 한때는 아무것도 넣지 않은 깨끗한 와인을 만들었어요. 하지만 맛이 없을 때가 많았죠. 그러다가 메탄올 파동[18]이 일어난 후엔 맛은 있지만 화학 성분을 거부하지 않는 와인을 추구했어요. 지금은 분명히 바뀌고 있죠. 아황산, 살충제, 화학비료, 제초제를 덜 쓰면서 뭔가 새로운 균형, 깨끗하지만 맛도 있는 와인을 추구하게 된 거죠.

코스탄티노 내 생각에 그 균형은 포도밭에서 만드는 거예요. 우리가 20년 전부터 살충제를 쓰지 않은 건 포도를 공격하는 해충을 없애는 데는 교미 교란 방식만으로 충분하기 때문입니다. 땅엔 질산 화학비료 대신 외양간두엄을 뿌려왔고요. 미생물농법으로 부엽토가 생성된 땅은 양분이 풍부해져서 질 좋은 포도가 자란다는 것도 알게 되었습니다. 1990년대에는 아무도 이런 모험을 하지 않으려 했고 화학비료와 농업 약품만이 모든 문제의 만병통치약인 것처럼 보였습니다. 다행인 건 지금은 그렇지 않다는 거죠. 하지만 다시 예전으로 돌아가기까지 화학약품은 식물과 대지에

18 1986년 3월, 이탈리아 피에몬테의 한 와이너리에서 알코올 도수를 올리기 위해 와인에 메탄올을 첨가했고, 이를 마신 사람들 중 심각한 장애가 발생했으며 20여 명이 사망했다.

많은 피해를 끼쳤습니다.

오스카 나는 운이 좋게도 라 그란다의 외양간 65곳의 암소들이 잘 먹고 잘 싸서 만들어낸 두엄을 폰타나프레다와 보르고뇨에 있는 포도밭에서 쓰고 있습니다. 이제 정말 마지막 질문입니다. 포도 품종에 대해 이야기해보죠. 토착 품종이나 국제 품종에 대해 어떻게 생각하시나요.

코스탄티노 나는 프티 루즈, 푸민, 프티 아르빈, 그로 루즈, 코날랭, 마욜레, 프레메타 등의 다양한 토착 품종뿐 아니라 국제 품종인 피노 누아르, 샤르도네 클라시코, 샤르도네 쿠베 부아, 시라를 재배하고 있습니다. 나는 포도 품종은 별로 중요하지 않다고 생각합니다. 난 포도나무를 사랑합니다. 포도나무는 주도 없고, 국적도 없는, 이주하는 나무예요. 나는 발레다오스타 산지라는 험한 지역에서 포도나무를 재배하고 있습니다. 보살피고 존중하며 나무 스스로 특색 있는 포도를 키워내도록 맡겨놓습니다. 그렇게 자란 포도들은 그 원산지만의 맛과 향을 가진 와인을 만들어내겠죠. 물론 멸종 위기의 토착 품종을 살려내는 내 행동이 생물 다양성을 보존하고 지역 문화에 작게나마 이바지한다는 것도 잊지 않고 있습니다. 나는 이곳 발레다오스타에서 내가 말한 것들을 지키려고 노력합니다. 아는 것을 말하는 것은 어렵지 않습니다. 하지만 아무리 솔직하게 말한다 하더라도 그것을 행동으로 옮기는 것은 참 어려운 일입니다.

시게루는 코스탄티노의 생각을 뒷받침할 말을 하기 위한 순간을 기다리고 있었다. 우리는 품종이 다른 샤르도네와 프티 아르빈을 마시고 있었다. 시게루는 두 와인 모두에서 발레다오스타를 느꼈다. 이 화이트 와인들의 산도와 신선함을 찬탄하며 와인이 그런 특색을 지닌 것은 코스탄티노의 밭이 있는 산지와 기후, 그리고 지형 때문이라고 말했다. 프랑스 최고의 화이트 와인들과도 비견할 만하다고. 발레다오스타는 프랑스와 가까이 있다. 하지만 어쨌든 이탈리아다. 이 얼마나 아름다운 이탈리아의 한 모퉁이인지! 우리는 자부심과 만족감에 차서 작별 인사를 한다.

나는 마지막으로 와인들이 그에겐 아들이나 마찬가지라고 말했다. 그러니까 그에게는 딸 둘에 아들이 열하나 있는 셈이라고. 하지만 코스탄티노는 다시 한 번 와인보다 딸들을 더 사랑한다고 강조했다. 사랑을 자식과 일에 나누어 쏟는다는 사업가 이야기가 그에게 충격을 준 것 같다. 그는 솔직하니 그의 말을 믿는다.

시게루의 와인 시음 노트

코스탄티노 샤레레와 함께

베르멘티노 디 사르데냐 오팔레 2011(메사)

Vermentino di Sardegna Opale 2011(Mesa)

종류	화이트 와인
포도 품종	베르멘티노 100%
양조/숙성	16 °C에서 발효, 쉬르 리[20] 침용, 스틸 탱크에서 숙성 후 다시 병에서 숙성
생산지	사르데냐

금빛이 도는 황색이다. 식물성 노트(토마토 잎)와 지중해 관목림의 아로마가 느껴지고 그 후 카밀러, 꿀, 바닐라 향이 살짝 풍긴다. 둥글고 오일리하면서도 신선하고 매끄러운 맛이다.

참치 스튜, 보타르가 스파게티, 훈제한 황새치, 미디엄 숙성의 토스카노 페코리노 치즈, 혹은 간장과 생강을 곁들인 돔발상어 회를 함께 즐기면 좋다.

베르멘티노는 대단한 와인이다! 지중해의 맛이 나는 와인으로, 멋진 사르데냐 섬으로 휴가를 떠나고 싶게 만든다. 또한 직선적인 맛을 지녔기에 누구나 이해하고 좋아할 수 있는, 세계로 열려 있는 와인이기도 하다.

19 Sur lie. 발효 탱크에서 발효가 끝난 와인 밑에는 죽은 효모 세포, 포도 껍질, 씨 같은 침전물이 가라앉아 있는데, 이를 걸러내지 않고 그대로 두어 일정 기간 숙성시키는 양조법.

콘테사 엔텔리나 밀레 에 우나 노테 2007(돈나푸가타)

Contessa Entellina Mille e una notte 2007(Donnafugata)

종류	레드 와인
포도 품종	네로 다볼라 외
양조/숙성	스틸 탱크에서 12일간 26~30℃에서 포도 껍질과 함께 발효, 프랑스산 오크 바리크에서 15~16개월간 숙성한 뒤 병에서 30개월 숙성
생산지	시칠리아

짙은 루비색이다. 농익은 과일, 제비꽃, 담배, 커피, 미네랄 성분의 향이 난다. 맛은 매우 강한데, 또 매우 우아하다. 부드럽고 감싸는 듯한 타닌이 느껴진다.

고기 팬에 구운 알등심에 소금과 핑크 페퍼콘을 곁들이면 잘 어울린다. 또 그릴에 구운 양고기에 디종 머스터드를 곁들여도 맛있게 조화를 이룬다.

라벨명으로부터 시작하여 와인의 산지에 이르기까지 이 와인 안에 내포된 모든 것이 어떤 동화나, 뭔가 이국적이고 감각적이며 뜨거운 뭔가를 생각나게 한다. 이 레드 와인은 다양한 역사와 민족의 교차로인 시칠리아와 지중해에 대한 찬미가이다. 나와 같은 일본인에게 이 와인은 '모든 것을 다 담고 있는' 와인이라 할 수 있다.

브루넬로 디 몬탈치노 2007(마스트로얀니)

Brunello di Montalcino 2007(Mastrojanni)

종류	레드 와인
포도 품종	브루넬로(산조베세) 100%
양조/숙성	다양한 크기(15.33~54헥토리터)의 알리에산 오크통에서 3년간 숙성 후, 병에서 6~8개월간 숙성
생산지	토스카나

석류빛이 감도는 짙은 루비색이다. 후각에서는 제비꽃, 담배, 커피, 카카오,

가죽, 감초의 향이 난다. 입안에서는 신경질적으로까지 느껴지는 엄격함이 강하게 와 닿았다가, 매끄럽게 감싸 안으며 부드럽고 우아하게 녹아든다.

그릴에 구운 붉은 고기와 늘 잘 어울리지만, 고기 팬에 구운 고베 비프에 와사비를 곁들여도 잘 맞는다. 48개월 이상 숙성한 그라나 파다노 치즈는 어떨까?

이 와인을 음미하면 강렬한 눈동자에, 친절하지만 엄격하고 강한 개성을 지닌, 우아하고 확신에 찬 중년 남성이 떠오른다. 이것이 마스트로얀니의 브루넬로가 떠올리게 하는 이미지다. 2007년산이 지금도 벌써 너무나 훌륭한데 10~20년 후에는 얼마나 더 좋아질까!

토르자노 로소 루베스코 비냐 몬티키오 리세르바 2005(룬가로티)

Torgiano Rosso Rubesco Vigna Monticchio Riserva 2005(Lungarotti)

종류	레드 와인
포도 품종	산조베세 70%, 카나이올로 30%
양조/숙성	스틸 탱크에서 포도 껍질과 함께 15~20일간 발효. 1년간 바리크에서 숙성하고 다시 몇 해에 걸쳐 병에서 최종 숙성
생산지	움브리아

짙은 루비색에 보랏빛이 감돈다. 제비꽃, 와일드베리, 향신료, 커피, 카카오 향이 분명하며 미네랄 향이 살짝 감돈다. 매우 복합적이고 우아한 맛이며, 여운이 있는 발삼 향미가 기분 좋다. 실크처럼 부드럽고 오래 지속된다.

소고기 안심에 후추, 와사비를 곁들여 함께 한다. 비둘기 고기에 흑송로버섯을 곁들여도 최고의 궁합이 될 것이며 로스트비프에 와사비를 곁들여도 된다. 포사 치즈[20]와도 함께 음미해보고 싶다.

20 formaggio di fossa. 북부 에밀리아로마냐 주의 특산품으로, 양젖 치즈를 지푸라기에 싸서 깊은 구덩이에 보관하며 숙성한 향과 맛이 강하다. 포사는 구덩이라는 뜻이다.

조르조 룬가로티라는 한 남자의 열정이 이 와인을 탄생시켰다. 나는 그를 1980년대 후반에 처음 만났는데 당시 내가 갔을 때, 그는 자신의 와이너리에서 가장 아름다운 포도원인 비냐 몬티키오로 나를 데려갔다. 토르자노 마을의 와인 박물관, 오일 박물관, 별 5개 호텔, 각종 문화 행사 등이 모두 그 덕분에 존재한다. 오늘날에는 멋진 딸들이 그의 꿈을 이어가고 있다.

발레다오스타 푸민 2008(레 크레테)

Valle d'Aosta Fumin 2008(Les Crêtes)

종류	레드 와인
포도 품종	푸민 100%
양조/숙성	스틸 탱크에서 발효, 장시간 침용하고 작은 프랑스산 나무 배럴에서 1년간 숙성, 다시 1년간 병에서 휴지
생산지	발레다오스타

루비색에 보랏빛이 감돈다. 과일 향과 블랙베리, 빌베리 같은 와일드베리의 향이 느껴진다. 향신료, 농익은 자두, 바닐라 향도 기분 좋게 살짝 감돈다. 타닌의 떫은맛이며 부드럽고 과즙이 느껴진다.

펠리노 살라미, 피아첸티나 코파(염장 돼지고기)와 잘 어울린다. 포르치니 버섯 수프에 올리브유, 흑후추를 뿌리면 최고다. 로스트비프에 셀러리 소스와 빌베리 소스를 곁들여 함께 먹거나 토마 치즈, 폰티나 치즈와 함께 마셔도 좋다.

발레다오스타 주민들처럼 뼈대가 잘 잡힌 풍요롭고 훌륭한 레드 와인이다. 그 구조와 우아함은 마르케 지역의 몬테풀차노 포도로 만든 와인도 떠오르게 하는데, 우리의 친구 암펠리오 부치가 만든 와인이 그중 하나다.

2장

품질의 화신

와인 명가: 가야(Gaja)

대표: 안젤로 가야(Angelo Gaja)

삶에서 성공과 행운을 거둔 사람은 그 빚을 갚아야 한다

우리를 둘러싸고 있는 자연 풍경은 우리 마음속을 그 풍경과 같은 모습으로 변화시킨다. 둥그스름한 언덕들 사이에서 태어난 사람은 식탁을 상상할 때도 둥근 것을, 집을 상상할 때도 둥글게 물결치는 지붕을 떠올린다는 게 나의 변함없는 생각이다. 반면 돌로미티 산에 사는 이들은 각진 것들을 선호할 것이다. 나는 란게의 둥그레한 구릉들에서 자란 것을 무척이나 기쁘게 생각한다. 그 뒤로는 바다와 우리를 갈라놓는 높은 산들도 있다. 마리팀 알프스산맥의 최고봉은 몬비소 산이다. 어린아이가 완전한 산을 표현할 때 그릴 법한 산, 심지어 LA의 파라마운트사의 선택을 받은 산이기도 하다. 영화관이나 TV 화면에서 파라마운트사의 블록버스터 영화의 제목이 나오기도 전에 몬비소 산은 얼마나 많이 등장하는가.

내 성격에 란게 사람들의 모순성이 각인된 것도 좋다. 내 고향 땅은 강한 개성뿐 아니라 둥글둥글함 또한 갖고 있기 때문이다. 어느 곳을 보아도 눈에 들어오는 포도밭들이 헤이즐넛 숲과 만나 어우러지면서 여인의 넉넉한 젖가슴을 떠오르게 한다. 타나로 강 유역과 알프스산맥의 봉우리는 젊었을 때 수학여행으로 자주 찾던 곳이었다. 바롤로와 바르바레스코의 고장인 란게의 물결치고 이어지는 구릉들에는 성채나 종탑이 뾰족하게 솟아 있다. 이런 멋진 풍경 속에서 태어난 것은 정말 큰 행운이다.

바롤로에서 알바로 가는 길에 내가 생각한 게 바로 이것이다. 안젤로 가야도 바르바레스코를 떠나 알바로 오면서 같은 생각을 하리라 상상해본다. 아주 화창하고 색채들 또한 너무나 선명하며, 하늘은 구름 한 점 없이 파랗다 못해 감청에 가까운 날이다. 태양이 밝게 빛나는, 숨이 멎을 듯한 광경이다. 우리는 폴렌조에 위치한 식문화학 대학에서 만나기로 했기에, 그는 동쪽에서 나는 서쪽에서 출발했다. 그래, 풍경에 대한 질문으로 시작해야겠다. 바르바레스코와 바롤로의 구릉에는 어떤 차이점이 있는가? 인터뷰의 첫 번째 질문이 될 것이다.

시게루와 시모나를 태우려고 세랄룬가에 들렀다. 시게루에게 일본의 하늘도 이렇게 파랄 수 있는지 물어보지 않을 수 없었다. 하지만 시게루는 자신이 후지산 근처의 시골 출신이란 걸 상기시키며, 일본도 때로는 이곳처럼 하늘이 파랗다고 말했다.

오스카 아, 좋아, 이렇게 파란 하늘이 일본에도 있다고 치세. 그래도 이곳의 경치가 얼마나 아름다운지 자네에게 보여줄 수 있어서 너무 기쁘다네. 자네는 내가 일본에 가도 좋은 데라곤 어디도 안 데려가지 않나!

결국 시게루가 웃었다. 그래, 적어도 하루 한 번은 시게루를 웃겨야 하는데, 오늘은 성공했다.

폴렌조에 도착했다. 잠깐 커피 한잔 할 여유가 있었지만 안젤로는 싫다고 한다.

안젤로 와인 시음해야 하는 거 잊지 않았지?

늘 그렇듯이 엄격하다. 나는 그가 우리처럼 때로는 모순에 이끌린 적은 없는지 궁금하다. 인터뷰하면서 알아보리라 생각하며 약간의 부끄러움을 무릅쓰고 커피를 홀짝 들이마신다.

오스카 바르바레스코와 바롤로의 경치에 차이가 있나요?

안젤로 아니, 두 곳의 경치와 산세는 비슷하지. 특히 올해는 눈이 많이 와서 더 아름다워. 2003년인가에는 눈이 안 왔던 걸로 기억하는데 그건 기후가 바뀐다는 징조였어. 우리 고장의 네비올로 포도가 잘 익어서 이득을 보긴 했지만, 그 외에 다른 좋은 점은 없었어. 아무튼 난 눈이 오면 행복하다네!

우리 사이에 소개는 필요 없다. 인사를 나누고 이 동네의 습관대로 그냥 농담만 좀 주고받으면 된다. 그중 내가 늘 하는 말은 "그런데 돈은 이제 좀 그만 벌죠?"이다. 그러고는 본론으로 들어간다.

안젤로 가야는 왕이다. 이탈리아에서 가장 유명하고 해외에서도 가장 칭송받는 와인 생산자 중 하나로 고품질 이탈리아 와인의 왕이며, 미국인들이 말하는 소위 가장 '쿨'한 사람이다. 지금도 여전히 와인 시음회를 직접 주관하고, 영어를 아주 잘하는데도 우리 고향 란게 특유의 개모음 억양을 굳이 없애지 않으면서 가장 우아한 자리에서조차 출생에 대한 자부심을 드러낸다. 정말 멋지지 않은가!

이제 73살이 된 그는(하지만 10살은 더 젊어 보인다) 카리스마 넘치는 성공한 사람으로 일에 대한 그의 열정은 너무나 잘 알려져서 이탈리아 와이너리 협회에선 그를 대통령 후보로 올리고자 할 정도였다. 2013년 4월에 있었던 지난했던 이탈리아 대통령 선거 중 정말로 일어났던 일이다. 그를 통해 와이너리 협회는 일종의 메시지를 전달하고자 한 것인데 물론 그게 다는 아니었다. 나도 모르게 이런 생각이 든다. 루이지 에이나우디가 대통령이 되자마자 그랬듯이, 그도 대통령이 되자마자 퀴리날레 대통령궁의 와인 리스트에서 자신의 와인들을 빼버리지 않았을까. 그것은 이전 시대 지성인들이 자신의 도덕적 청렴함을 보여주는 방법이었다. 그라면 틀림없이 그랬을 것이다. 가야와 정치 이야기를 많이 해서 그가 어떤 생각을 하는지 잘 안다.

오스카 내게 가장 인상적이었던 건 당신이 저널리스트인 엔조 비아지의 말을 빌려 '인생에서 성공과 행운을 얻은 사람은 생 일부를 용서받는 데 보내야 한다'라고 한 것이에요.

안젤로 그건 자식들에게도 당연히 가르쳐야 해. 내가 직접 겪은 것이라네. 영농인들은 자기 일에 자부심을 느끼고 있는데, 때로는 타인들이 그것을 질투해서 그가 지닌 가치만큼 인정해주는 것을 주저할 때가 있어. 그러니 성공은 과시하는 게 아니라 오히려 용서받아야 하는 거야. 나의 가장 큰 행운은 내가 피에몬테 와인 업계에서 가장 완전한 장인이라고 생각하는 분을 내 아버지로 두었다는 거지. 아버지는 내가 쟁기질하고 접붙이는 법을 배우길 원하셨어. 아버지는 어제를 '세이라'라고 하셨지. '세이라'는 우리 지방 사투리로 '저녁'이라는 뜻이지. 그러니 어제저녁이라고 하실 때는 '세이라세이라'라고 하셨어. 이곳 내 고향에서는 항상 늦었다고 생각하는 경향이 있는데 그런 생각을 담은 멋진 표현이 아닌가 싶네. 벌써 지나가버린 어제를 '저녁'이라고 부르는 건 과거가 늘 우리 뒤를 따른다는 걸 뜻하기도 하지. 아버지는 '빵에 다리가 달렸으면 너는 굶어 죽을 거다'라고 하셨어. 시간을 허투루 낭비하는 분이 아니셨거든.

안젤로의 특별한 칭찬

그 아버지에 그 아들이기에 안젤로와는 시간을 낭비하면 안 된다. 그래서 바로 시음을 시작했다.

먼저 맛볼 와인은 '레 크레테 샤르도네 2009'다. 안젤로는 코스탄티노 샤레레와 오래전부터 잘 아는 사이라서 그의 이야기가 자연스럽게 흘러나왔다.

안젤로 코스탄티노는 내가 정말 좋아하는 사람이야. 그가 만든 와인을 마실 때면 항상 그가 내게 무슨 메시지를 주려는 건지 알고 싶어진다네. 그는 발레다오스타에서 토착 품종과 국제 품종 모두를 재배하겠다는 아주 중요한 결정을 내렸지. 생각해보게. 이탈리아에서 주로 재배되는 포도들이 토착과 국제 품종을 통틀어 350여 개가 있는데, 왜 굳이 토착 품종만을 고집해야 하나? 정말 필요한 건 이런 혼란을 완전히 근절하는 것이라네. 어떤 품종을 재배하는가의 문제는 전적으로 기업가의 선택에 달려 있지. 코스탄티노의 와인에서는 그의 생각과 환경의 특징이 드러나지. 힘들고 혹독하고 아린 것이 그곳 테루아의 특징이야. 그는 또 자신의 지역에 다가올 기후변화의 영향도 염두에 둔다네. 예를 들어 여기 피에몬테에서는 더위가 우리가 생산하는 와인의 수명에 어떤 결과를 가져올지 아직 몰라. 사람은 언제나 환경 변화에 적응하는 법을 배워야 하는데, 그것을 이해하고 항로를 바꾸기 위해서는 많은 연구가 필요하지. 긍정적인 면이 있다면 오늘날의 우리는 과학의 도움을 받을 수 있다는 것이지.

오스카 기후변화 이야기가 나왔으니 말인데요. 내가 조반니 솔디니와 함께 요트로 '북서항로'를 건너려 한다는 걸 아세요? 빙하가 줄어들면서 북극 아래를 지나는 뉴욕과 도쿄를 잇는 가장 빠른 길이 열리고 있답니다. 우리가 알고 있던 세상이 아주 빨리 바뀌고 있죠.

안젤로 자네 정신 나갔군!

오스카 시게루, 이 와인은 어떤가?

시게루 미네랄이 많이 느껴지고, 허브와 바나나, 파인애플, 바닐라 향이 나는군. 부드럽고 지속적이고 미네랄리티가 있는 와인이야. 비첸차 요리인 바칼라 만테카토[21]나 레몬을 곁들인 밀라노 커틀릿과 잘 어울릴 거야.

오스카 안젤로, 동의하세요?

안젤로 그래, 모두 다 동의해. 시게루가 묘사는 나보다 더 잘 하는군. 나는 잘 생각해내지 못하는 말들을 잘도 찾아 쓰는군.

칭찬, 그것이 안젤로의 두드러진 특징이다. 그는 절대 칭찬을 아끼는 법 없이 아주 많이 사용한다. 그는 누가 됐건 칭찬거리를 찾아내며 그 내용을 현명하게 전달해서 듣는 사람이 스스로에 대해 긍지를 지니도록 만든다. 잠깐, 여기서 주의할 점은 '당신네 피에몬테인들, 친절하지만 가식적이지'라는 유명한 문구를 떠올리기 쉽다는 것이다. 하지만 안젤로는 그 문구와 다르다고 장담한다. 나 또한 그를 조금이나마 닮으려 노력하고 있다. 그가 솔직한 건 누구에게나 있는 좋은 점을(진짜니까 믿으라) 그가 잘 찾아내기 때문이다. 만약 선량함을 영리함과 잘 섞고 싶다면 칭찬거리가 있을 때 그것을 즉시 말하라. 말하면서 살짝 과장하라. 왜 당신 앞에 있는 사람의 단점을 찾느라 시간을 허비하는가? 만약 당신보다 나은 뭔가가 보이면 그것에 집중하라. 그것을 찾아보고 이야기한 다음, 다른 이야기들을 끌어내라. 항상 배울 점이 있다. 또한 다른 이들과 잘 지내는 것이 얼마나 멋지고 달콤하고 즐거운 일인지 아는가? 다른 사람들은 세상의 모든 동물 중에서 우리가 동등하게 사귈 수 있는 유일한 존재다. 더 나은 삶을 위해서는 조

21 Baccalà Mantecato. 염장 대구를 삶아 감자와 함께 으깨서 오일, 소금 등으로 간을 한 부드러운 식감의 퓌레 타입 요리.

화롭게 살아야 한다. 칭찬은 도움이 되며, 당신이 타인의 존중을 받을 때만큼이나 기쁨을 준다.

오스카 코스탄티노의 이야기로 돌아가보죠.

안젤로 이탈리아 독립 포도 재배자 연맹(FIVI)의 회장인 그를 나는 매우 존경하네. 코스탄티노는 이탈리아에서 발언권이 전혀 없는 대부분의 장인들의 존엄성을 위해 싸우고 있으니까.

오스카 난 조합이 이해가 안 갑니다. 와인 조합을 비롯한 그 많은 조합 말이에요. 내 생각에 그 많은 연맹, 동맹, 연합, 협회 등등의 조합들과 그곳의 회장, 부회장, 이사 등 자기 단체의 이익을 위해서만 싸우는 그들이 우리나라의 악 중 하나라고 생각합니다.

안젤로 물론, 정치화된 로비가 참 많긴 하지. 하지만 FIVI는 마음에 들어. 만약 브뤼셀에 대리인을 세울 수만 있다면 꽤나 유용할 거야. 하지만 먼저 그에 맞는 사람을 찾아야겠지.

오스카 브뤼셀에서 무엇을 얻으려고요?

안젤로 장인 생산자들을 위한 덜 억압적인 와인 규정을 이끌어내야지. 현재 장인의 일을 인정해주는 법령은 존재하지 않지 않나. 공장 양산 방식의 와인 생산과 차별화하는 것이 그 목표라네.

하는 것, 할 줄 아는 것, 남이 하게 할 줄 아는 것, 남이 알게 하는 것

오스카 와인을 만들겠다고 결심한 건 언젠가요?

안젤로 그 일밖에는 할 수 없을 것 같았지. 어릴 때 나는 할머니랑 지낼 때가 많았어. 할머니 이름은 클로틸데 레이였지만 다들 틸딘이라고 불렀어. 프랑스 샹베리에서 초등학교 선생을 하시다가 1905년에 할아버지와 결혼하셨지. 할아버지는 당시 벌써 포도를 재배하고 계셨다네. 할머니는 정복자와도 같은 정말 대단한 성격을 지닌 분이셨는데, 안타깝게도 내가 21살 때 세상을 뜨셨지. 난 할머니 댁에 자주 가서 숙제도 하고 공부도 하고 밥도 먹었어. 할머니는 성공을 하려면 '하는 것, 할 줄 아는 것, 남이 하게 할 줄 아는 것, 남이 알게 하는 것' 이 네 단계를 모두 거쳐야 한다고 자주 말씀하셨지. 이런 비전이 얼마나 근대적이고 강한 힘을 지니고 있는지 알겠나? 대단히 현명하고 똑똑한 분이셨어. 하루는 내게 이렇게 물으셨지. "넌 커서 뭐가 될 거니?" 그때 나는 똑똑하게도 입을 다물고 가만히 있었어. 그러자 할머니는 "네 할아버지와 아버지가 하는 일을 계속해야 한다. 그러면 그 일이 네게 돈과 희망과 영광을 3배로 대갚음해줄 거야." 그때 내가 10살이었지.

오스카 시작은 어땠나요?

안젤로 아버지를 도와 일을 시작한 게 1961년이었어. 처음 7년간은 아버지가 포도밭만 허락하고 와이너리 안으로는 들어가지도 못하게 하셨지. 그리고 토리노 대학에서 경제무역학과를 나왔어. 당시 우리 포도밭 책임자는 지노 카발로였는데 그분께 정말 많은 것을 배웠다네. 1964년 중도 좌파인 모로 총리의 정부 때 소작법이 철폐되었지. 와인 업계에서는 더는 존속될 이유가 없는 오래된 올가미 같은 계약이었어. 그런데 아버지는 이미 1948년, 그러니까 16년 전에 이미 모든 소작제를 봉급제로 바꾸셨었지. 소작농에게 제일 중요한 건 생산량인데 아버지는 생산량이 아닌 다른 것을 목표로 삼으셨기 때문에 그렇게 하는 게 맞는다고 느끼셨어. 봉급자들은 보수가 보장되니 좋은 거고, 아버지는 무슨 일을 어떻게 해야 하는지 자기 뜻대로 결정할 수 있게 되었지. 아버지의 목표는 품질이었어. 자유주의자였던 아버지는 참을성도 많았고 확실한 생각도 갖고 계셨지. 결코 중심을 잃지 않으면서 온 힘을 다해 일하셨어. 당시 란게의 와인 업계에서 중요한 기준이 되던 사람은 바르톨로 마스카렐로였어. 재능은 있었지만 불평을 늘어놓는 성격이었지. 어쩌면 당시엔 일을 제대로 하던 유일한 사람이었을 거야. 아버지는 그와는 많이 다르셨어. 당시 탱크 트럭에 남쪽 와인을 싣고 북쪽으로 가져와 돈을 벌던 사업가들이 있었는데, 그들에 대해 악의를 담아 비꼬는 경향이 있었다네. 그런데 아버지는 다른 사람들을 비판하는 법이 결코 없으셨어. 절대로! 소통하는 법을 가르쳐준 분이 바로 내 아버지라네.

드디어 가야에게서 모순점과 약점이 발견되었다. 바르톨로 마스카렐로 아저씨에 대해서는 '재능이 있다'는 칭찬만이 아니라 '불평을 늘어놓는다'는 비판도 말한 것이다. 동종 업계 사람을 이야기하면서 좋은 점만 말하지 않은 건 이번이 처음이다. 그리고 그 대상이 심지어 마스카렐로 아저씨다! 바르톨로 마스카렐로 아저씨는 파르티잔이자 지성인, 가장 엄격한 전통과 고유한 규칙에 따라 포도를 재배하여 양조하는 진정한 바롤로 와인의 기치이며 란게 와인을 대표하는 신화적 인물이자 'No Barrique, No Berlusconi!' 라벨의 창조자이기도 하다. 하지만 정치적 견해가 그 두 사람의 차이는 아니다. 물론 안젤로가 바르톨로 아저씨처럼 사회주의자는 아니지만 그렇다고 광적인 베를루스코니파인 것도 아니다. 그는 다만 의사소통 방식의 차이를 강조하고자 한 것이고—물론 농사짓는 곳이라면 어디나 불평거리가 풍부하리라 생각하지만—이곳 랑게 사람들이 불평불만을 하는 경향이 있다는 걸 지적하고자 한 것일 거다. 그 생각에는 동감한다. 하지만 바르톨로 아저씨의 경우에는 분석력, 농지와 전통에 관한 풍부한 지식, 자신의 뿌리에 대한 시적이기까지 한 해석력이 탁월해서 그에게 불평하는 성향이 있다는 것은 거의 알아채지도 못할 정도다. 가야가 바롤로 와인을 만들고는 아버지가 터뜨린 감탄사를 따라 '스페르스'라고 이름 붙이자, 바르톨로 아저씨는 바롤로에 세제 이름을 붙일 수는 없다고 말하셨다. 만약 지금도 살아 계셨더라면, 와인 업계에 만연한 탁상행정에 항의하기 위해서 내가 2012년 바롤로 보르고뇨 2008 와인을 'No Name'이라고 이름 붙인 것을 보고 뭐라고 하셨을까. 분명 '탁상행정이라는 말은 맞다. 하지만 아무리 그래도 바롤로는 바롤로지 네 마음대로 이름을 바꾸어선 안 된다. 게다가 또 웬 영어 이름이냐? 최소한 가야는 피에몬테 말을 썼지 않느냐?'라고 하셨을지도 모른다.

오스카 소통이 중요한가요?

안젤로 당연하지! 1965년 밀라노에서 이탈리아 소믈리에 협회(AIS)가 탄생했어. 나의 아버지는 창단 회원이셨지. 거기서 사비니 레스토랑의 경영자를 알게 되셨지. 우리는 1966년에 1961년산 빈티지를 출하했는데 일반적인 바롤로 가격의 4배를 받았다네. 사비니는 그 와인을 15박스나 사 갔네! 당시 내가 아버지와 함께 그 자리에 있었는데 처음 보는 노란 '무언가'가 접시에 가득 담겨 나왔네. 그건 밀라노 리소토였는데 할머니가 해주던 끈적한 죽 같은 리소토와는 완전히 달랐지.

오스카 소통 얘기로 다시 돌아가죠.

안젤로 알바에 있는 소셜 클럽에서 어떤 일이 있었는지 말해주지. 그 클럽은 알바의 중산층 남성들이 회원인 곳이었는데, 하루는 스포츠 저널리스트인 잔니 브레라가 초대되어 강의를 했다네. 누군가가 "우리 알바 와인의 명성을 높이려면 어떻게 해야 하죠?"라고 물었다네. 그랬더니 브레라가 "가야처럼 하십시오!"라고 대답한 거야. 그 자리에 있던 아버지는 그 얘기에 엄청 부끄러워하셨지!

내 아버지의 직업을 훔칠 수밖에 없었네

오스카 회사 내에서 목소리를 내기 시작한 건 언젠가요?

안젤로 1960년대 후반이었지. 아버지는 1958년에서 1983년까지 바르바레스코 자치 시[22]의 시장이셨는데 25년이나 와인과 정치 일을 병행하셨지. 아버지는 내게 말이 아니라 오직 경험으로만 가르침을 주셨어. 이를테면 난 아버지의 직업을 훔칠 수밖에 없었다네.

오스카 아버지에 대한 사랑은 뒤늦게 느꼈나요?

안젤로 당시에도 느끼긴 했지. 하지만 대립도 심했어. 보통 아들들은 자기 생각대로 하려고 하지 아버지와 의논하는 건 별로 좋아하지 않잖나. 당시 아버지가 갈레리아 산 페데리코 쇼핑센터 공중전화에서 밀라노로 전화하실 때면 난 옆에서 동전을 들고 있다

22 이탈리아 행정구역은 2005년 기준 20개의 주(regione), 93개의 현(provincia), 7978개의 자치 시(코무네, Comune)로 구성된다. 이 중 자치 시는 기초 자치단체로 자치 시의 장을 시장이라고 부른다. 이 코무네는 밀라노와 같은 대도시가 서울의 '구'처럼 세분화된 것일 수도 있고 인구 1000명 이하의 작은 시골 마을일 수도 있다. 바르바레스코 자치 시는 주민등록 인구가 660여 명이었다.

가 잽싸게 집어넣어야 했다네. 제대로 못 하면 난리가 났지! 당시 일반 소비자에겐 병 와인을 팔았는데 식당들은 우리를 완전히 무시했거든. 알바에서 사보나 호텔을 운영하던 유명인인 자코모 모라의 아들 마리오 모라에게도 와인을 파셨는데, 당시 두 사람이 가격 때문에 격한 토론을 벌이던 게 기억나. 모라는 와인을 주문할 때 와인 가격에 대해 말하기를 꺼렸어. 아버지가 가격이 올랐다며 새 가격을 말해도 모라는 와인을 사전에 팔았기 때문에 돈을 더 줄 순 없다고 했지.

오스카 해외 출장을 처음 간 건 언제인가요?

안젤로 1961년으로 꽤 빨리 시작했지. 처음엔 스위스를 갔다네. 1972년에는 독일과 미국으로 진출하기로 했는데 이후 그것이 최고의 선택이었다는 게 드러나지. 살아오면서 우연적인 선택을 한 적이 많았는데 그때는 매우 운 좋은 결정을 한 거야. 지금도 미국과 독일은 가장 중요한 와인 수출국이라네. 당시 미국은 캘리포니아 와인 비즈니스를 성장시키려는 목표가 있어서 커뮤니케이션에도 영향이 있었지. 미국인들은 프랑스에 대적할 수 있는 와인 생산자들을 육성하기 위해서 다른 나라의 와인 리더들이 누구인지 알아보려는 전략을 취하고 있었거든. 당시 미국 출장을 자주 가면서 영어를 배웠다네. 젊은이들은 영어 덕분에 아버지들의 자리를 이어받을 수 있었어. 아버지는 다른 사람들보다 그것을 먼저 이해하신 분이고 내게 해외로 가라고 말씀하셨지. 물론 나는 그렇게 했고.

오스카 시게루가 두 번째 와인인 '티냐넬로 2009'에 대한 평을 준비하는 동안 당신의 바롤로 와인인 스페르스에 대해 얘기해주시겠어요? 와인명에 고향 사투리를 쓰다니 독특하네요. 피에몬테 방언으로 향수란 뜻인가요?

안젤로 그렇지, 우리를 회상에 젖게 하는, 현재로부터 먼 거리감을 의미하지. 말해줄 게 있는데, 아버지는 알바의 세랄룬가에 있는 정남향의 그 포도밭을 꼭 가지고 싶어 하셨지. 꼭 그곳이라야 한다고 하셨어. 그 때문에 다른 멋진 땅들을 얼마나 많이 포기했는지……! 당시에는 그래도 바롤로 와인용 포도밭을 사는 것이 가능한 시대였다네. 바롤로용 네비올로보다 돌체토가 더 비쌌던 시대도 있었으니까. 1988년에 세랄룬가 마렌카에 있는 그 땅을 살 기회가 왔을 때, 난 주저하지 않고 사들였다네. 실제로도 그런 위치는 정말 찾아보기 힘들었고, 지금도 그 땅에서 나온 와인을 맛보면 그 테루아만의 독특한 맛이 난다네. 아버지는 그 작은 땅뙈기에서 나온 바롤로를 맛보고는 "이에라 프로프리 스페르스!"라고 하셨어. 힘들긴 하지만 표준말로 옮기자면, '정말 이것이 그리웠다' 정도의 뜻이라네. 그래서 스페르스가 아닌 다른 이름을 붙일 수가 없었지. 양조 전문가 귀도 리벨라가 정교하고 훌륭히 작업해준 덕에 아버지가 원하던 가치를 실현할 수 있었다네.

오스카 1980년대는 어땠나요? 이 질문을 하는 건 그 당시, 그 자체로는 해 없는 위화제였던 설탕을 많은 와이너리에서 사용했기 때문입니다.

안젤로 맞아! 전문지 〈음료 문명(Civiltà del bere)〉에 글을 쓰던 레나토 라티 선생이 1983년 알바에서 설탕 첨가를 지지하는 상징적인 항의 시위를 조직했던 게 생각나네. 당시 그 자리에는 베로넬리[23]도 있었다네. 설탕 그 자체는 순수하고 해롭지 않은 위화제지.

23 Luigi Veronelli. 양조학자, 미식학자, 요리사, 작가. 이탈리아 식문화의 가치를 높인 인물.

몇 년 후 터진 메탄올 파동은 완전히 다른 사건이고.

오스카 이제 와인을 맛본 후에 의견을 말해주세요. 아니, 먼저 시게루의 의견을 듣고 싶군요.

시게루 시간을 조금 더 주게, 아직 준비가 안 됐어.

6만 병에서 100만 병으로

오스카 안젤로, 피에로 안티노리를 아세요?

안젤로 당연하지! 안티노리와 그가 이룩한 일을 매우 존경한다네. 대단한 사람이야. 1963년 파올로 데사나 상원의원이 이탈리아 DOC 와인을 정리하고 1963년에 930호 법령을 통과시키는 데 성공했을 때, 토스카나 지역은 곤경에 처하지. 키안티 클라시코에 주된 비율로 들어가는 산조베세 품종 외에 품질이 좋지 않은 품종도 함께 넣어야 했거든. 심지어는 토스카나 트레비아노 같은 청포도 품종을 넣어야 할 때도 있었어. 피에로 안티노리와 자코모 타키스는 규정을 지키지 않고, 1970년에 단일 포도밭에서 나온 포도로 생산하고 바리크에서 숙성시킨 키안티 클라시코 리세르바 출하를 계획했다네. 그 와인이 다음 해 출하되면서 난리가 나지. 포도밭의 이름을 딴 그들의 와인 티냐넬로가 단순한 테이블 와인 등급으로 출시된 거야. 키안티 클라시코라는 원산지명을 안 쓰기로 한 거지. 피에로가 정말 엄청난 용기를 낸 거야. 그는 법령 안에서 정체성을 찾지 않았어. 또 산조베세 외에 카베르네 같은 국제 품종을 최초로 사용한 사람이기도 하지. 이러한 작업에서 담대하게 그를 도와준 사람이 바로 블렌딩의 대가 자코모 타키스라네. 당시 그는 믿을 수 없을 만큼의 대단한 와이너리 경험을 지닌 넘버원이었어. 하지만 티냐넬로를 테이블 와인으로 부르기로 한 건 전적으로 피에로의 직관에 따른 것이었네. 타키스의 창조성과 창의성이 안티노리의 담대함과 만나 토스카나의 기적과도 같은 와인이 탄생한 거지.

시게루는 집중하여 와인을 음미하고 있다. 겉보기에는 우리 이야기를 듣지 않는 것 같다. 나는 '티냐넬로 2009'에 대한 안젤로의 의견이 궁금하다. 그다음 와인으로 '세라피니 에 비도토'의 '로소 델라바치아'도 맛보게 할 것이기 때문이다.

오스카 시게루, 준비되었나?

시게루 이제 준비됐어. 이 와인에서는 카카오, 커피, 제비꽃, 감초, 바닐라, 후추 향이 느껴지는군. 타닌이 섬세해서 마치 벨벳 같은 풀바디 와인이야. 이 와인에 잘 어울리는 음식은 소고기 안심이야. 소금과 흑후추, 와사비를 곁들이면 좋겠어. 숙성한 비토 치즈와도 궁합이 아주 좋겠군.

안젤로 그래, 나도 타닌이 섬세하고 벨벳 같다는 점에 동의하네만, 사실 내가 음식 궁합은 잘 모른다는 것을 인정해야겠네. 시게루처럼 와인에 대해 묘사할 줄은 몰라도 그의 묘사가 매우 재미있다는 건 알겠네. 나는 이 티냐넬로에서 다섯 번째 맛인 '우마미'가 좀 느껴지는군. 왜 그런지는 모르겠는데 나만 느끼는 건지도 모르지.

안젤로는 정말 대단하다. 20세기 초 한 일본인이 찾아낸 제5의 맛인 우마미(감칠맛)를 언급하다니. 시게루가 자랑스러워한다. 이미 가야의 와인이라면 미친 듯 좋아하는데 이 인터뷰가 끝나면 그치지 않고 찬사를 보낼 것 같다. 안젤로는 시게루가 이탈리아 와인에 대한 권위자라는 것을 금방 알아차렸고, 어떻게 하면 그를 기분 좋게 할 수 있는지도 잘 아는 것이다. 그는 시음용으로 자신의 와인 중 '바르바레스코 2008'을 가져왔는데, 시게루가 그 와인의 마개를 열 때 평소보다 훨씬 더 조심스러워하는 듯한 인상을 받았다. 그의 두 눈은 금빛 아몬드처럼 반짝거리고 있었다.

오스카 솔직히 말해보세요. 아버지한테 먼저 의견을 구하지 않고 본인이 결정을 내리기 시작한 게 언제부터인가요?

안젤로 내가 32살이던 1972년에서 1973년 사이였다네. 하늘의 도우심으로 귀도 리벨라가 이미 와이너리에서 중요한 직책을 맡아 일하고 있었지. 그 때문에 어머니가 "너는 뭐 할 거니?"라고 물을 정도였다네. 회사 안에 두 사람 모두를 위한 자리는 없으리라 생각하신 거야.

오스카 숫자로 회사를 좀 설명해주세요.

안젤로 1973년에는 21헥타르의 포도밭을 소유하고 있었고 6만에서 6만 5000병의 와인을 생산했다네. 양이 그것밖에 안 된 것은 병입을 전체 다 한 게 아니라 일부는 대용량 통에 담은 채 판매했기 때문이지. 현재 피에몬테에서 우리는 100헥타르의 땅에서 35만 병을 생산하지. 1994년부터는 바르바레스코 지역에만 한정하지 않고 토스카나의 몬탈치노와 볼게리 지역에도 투자했어. 정말 멋진 땅이라네. 현재 볼게리의 카 마르칸다 마을의 100헥타르 포도밭에선 약 50만 병을 얻어내고, 몬탈치노의 피에베 산타 레스티투이타 마을의 27헥타르 포도밭에선 약 10만 병을 얻어낸다네.

오스카 그러면 약 20헥타르에서 220헥타르로, 6만 병에서 100만 병으로 늘어난 거군요.

안젤로 그래, 하지만 자네처럼 모든 걸 다 급하게 이루어낸 건 아닐세. 그렇게 되기까지 네 세대가 흘렀지!

오스카 세 번째로 시음할 와인은 세라피니 에 비도토의 '로소 델라바치아 2006'이랍니다. 시게루, 묘사해보겠나? 부탁인데 말 잘해야 하네!

시게루 라즈베리, 바닐라, 카카오, 커피, 후추, 블랙 커런트 향이 잘 느껴지는군. 풀 바디 와인이고, 깔끔하고 우아해. 그러니 명료한 맛을 내는 요리들과 어울릴 거야. 폴로 알라 카차토레[24], 매운 고르곤졸라 치즈, 숙성한 탈레조 치즈와 잘 맞겠어.

시게루는 탈레조를 '타레죠'라고 발음해서 우리를 웃게 만들었다. 시게루는 'r'을 늘 'l'로 잘못 발음하는데, 이번에는 자신이 잘 발음할 수 있는 'r'을 'l'로 발음해버렸다. 어떻게 이런 일이!

오스카 안젤로, 마음에 드나요?

안젤로 환상적이군, 대단한 와인이야. 베네토에서 이 와인을 만드는 자네 동료들에게도 전해주게. 이 와인은 우리 이탈리아에서도 이런 '세계적 수준의' 훌륭한 레드 와인을 잘 만들 수 있다는 걸 보여주는 하나의 본보기라네. 이 와인을 만들기까지 정말 많은 수확기를 보내며 경험을 쌓았을 거라는 게 느껴지는군.

프란체스코 세라피니에게 이 말을 전해야겠다. 아니, 메일을 보내야겠

24 Pollo alla cacciatore. 토마토소스에 푹 익힌 매콤한 국물 닭찜.

다. 그래야 믿지.

코끼리와 각다귀는 사랑을 나눌 수 없다

오스카 안젤로, 당신 회사는 어떤 단계를 지나 성공에 이르게 됐나요?

안젤로 1977년 가야 유통을 통해 '로마네 콩티'를 팔기 시작했지. 그때가 아주 중요한 순간이었어. 왜냐하면 와인 영업 사원으로서 생산자들을 방문하자 그들이 내게 마음을 열고 자신들의 가치관이나 철학에 대해서 이야기하기 시작했기 때문이네. 1985년에 로버트 몬다비의 와인을 이탈리아로 수입하기 시작했는데 그 덕분에 회사가 아주 많이 성장했지. 로버트가 란게에 며칠 온 적이 있는데 경치를 보여주려고 라 모라의 벨베데레 전망대에 그를 데려갔어. 그곳 경치에 놀라서는 계속해서 "소리가 들리는군, 소리가 들리는군"이라고 하더군. 그리고 또 다른 매혹적인 풍경을 자랑하는 세랄룬가로 데려갔는데 로버트가 또 "소리가 들리는군"이라고 하는 거야. 마지막에는 내 눈을 똑바로 보면서 이렇게 말하기도 했지. "코 고는 소리가 들려, 당신 란게 사람들은 잠자고 있군. 이런 땅을 갖고 있으면 세계 와인 업계의 주인이 되어야 해." 그는 훌륭한 와인을 대량생산할 수 있을 거라고 생각했다네. 몇 년 후 모든 사람들이 그를 흉내 내기 시작했고 그 덕에 와인 관광이 시작되었지. 그가 얼마나 깨어 있는 사람이던지 1980년대 광고에서 "적당히 마셔라"라고 말했다네. 그런 말을 들어본 적이 없었거든. 어느 순간 그는 나와 '가야-몬다비' 벤처 협력 사업을 하고자 했다네. 나는 의심이 많아서 기회를 잃었지. "자네가 선택하게." 그는 말했다네. "남반구로 가세, 남미가 될 수도 있고 남아프리카가 될 수도 있고 호주도 괜찮지. 자네가 원하는 곳으로 가세. 중요한 건 함께 간다는 거야. 50 대 50으로." 나는 안 하겠다는 말을 좋게 전하는 방법을 찾아야만 했지. 그는 자신의 변호사들이 있는 뉴욕으로 나를 불러서 40여 분간 계획에 대해 열정적으로 말했어. 나는 그에게 우리 이탈리아인들이 다른 사람과 함께한다는 건 상대를 존경한다는 것을 의미하는데 존경심은 있다, 함께 꿈을 꾼다는 것을 의미하는데 그것도 가능하다, 서로 성격이 맞아야 하는데 성격도 맞는다고 말했어. 다만 또 중요한 것이 서로의 속궁합인데—영어로 'sex compatible'이라는 표현을 썼다네—나는 각다귀이고 당신은 코끼리인데, 각다귀가 어떻게 코끼리와 사랑을 나눌 수 있겠습니까? 하고 말했지. 그때 이후 우리 관계는 바뀌었지만 서로 존중한다는 표시는 남아 있었지. 이후 그는 프레스코발디와 벤처 협력을 했어. 나는 내 결정을 후회했지만 또 달리 생각해보면 아버지도 나와 똑같이 하셨을 거 같아. 또 다른 중요한 순간은 1987년에 왔지. 당시 우리는 와인과 가장 잘 맞는 와인 잔 브랜드인 리델의 독점 유통업자가 되었다네.

오스카 당신은 왜 아버지처럼 정치를 안 하십니까?

안젤로 왜냐하면 아버지를 통해서 정치를 해도 너무 많이 했거든. 이후 많은 사람들이 나한테 정치를 하라고 했지만, 언젠가는 뒤로 물러서야 하는 순간이 온다네. 나는 공화국 기사 훈장을 비롯한 모든 명예를 거절했지. 그로 인해 거만한 사람으로 찍히기 쉬워서 거절하기 힘들 때도 있다네.

이것이 내가 특히 좋아하는 가야의 면모다. 드러나기를 원하지 않는 그의 미니멀리즘. 때로는 그를 연사로 초청하기 위해 금이라도 줬을 학회에 단순한 청강자로 참석하기도 한다. 그러고는 관객석 뒤쪽에 앉아 경청하며 노트에 받아 적는다. 그는 기사 훈장을 거절한 전설이다! 정말 나 자신에게 다짐하건대, 내게도 같은 일이 생기면 똑같이 하겠다. 얼마나 많은 사람들이 오만으로 가득해서 공익보다 개인적 영달에 더 관심을 기울이며, 양복 단춧구멍에 그 훈장의 상징인 배지를 달고 다니는가. 그래서 나는 양복을 절대 입지 않는다.

가족은 재능 수집가라네

오스카 당신 가족에 대해 말씀해주세요, 지금 가족이요…….

안젤로 1976년 나는 가야 회사의 비서였던 루치아와 결혼했다네, 그녀는 바르바레스코 출신이니 진정한 DOCG야.(웃음) 우리가 가까워진 계기는 그녀가 오스발디노의 요리 과정을 다니기 위해 제노바로 이사했을 때였네. 우연히 그녀를 요리 학교 주방에서 보게 되면서 그녀가 내게 맞는 사람이라고 생각했다네. 그 이후 우리 관계는 바뀌었지. 나는 36살이었어. 그때까지 이루어놓은 것이 거의 없었지(여자 얘기를 하면서도 겸손하게 보이려 한다. 하지만 얼굴에서 웃음기가 삐죽 튀어나오는 것을 보고 우리는 그 말을 믿지 않았다). 어느 시기가 되자 나는 가족을 일구고 싶다는 소망(이라 말하고 과제라 읽는다)을 느끼게 되었다네. 이때도 나는 운이 좋았네. 내 아내는 지금 나와 함께 일하고 있지. 지칠 줄 모르는 여인이라네.

오스카 자식들 얘기도 해주세요.

안젤로 첫째는 가이아라네. 동사무소에 가니 그렇게 부르지 말라고 하더군. 그 이름에는 수호성인이 없다고 하면서. 하지만 나는 밀어붙였지. 가이아는 아주 밝고 소박하고 악의가 없고, 나보다 사람들과 관계를 더 잘 맺는데 그것이 참 마음에 든다네. 나와 반대되는 사람이 필요하거든. 그리고 로사나가 태어났다네. 가이아보다 더 못된 데가 있는데 좋은 의미로 하는 말이라네. 그리고 막내는 조반니인데 이제 20살이 되었지. 엄마와 많이 닮은 게 마음에 든다네. 생각이 많고 조심스럽고 섬세하다네. 그에게는 원하는 것을 찾을 시간이 필요해. 딸들은 회사에서 일하면서 영업을 하는데 둘 다 미각이 뛰어나네.

오스카 회사는 언제 자식들에게 물려주실 겁니까?

안젤로 수출은 이미 가이아가 전체를 책임지고 있다네. 이제는 날 기껏해야 모잠비크에나 보내준다네(안 믿는다). 로사나는 커뮤니케이션과 이탈리아 국내 시장 담당이라네. 조반니가 빨리 들어오길 기다리고 있지. 딸들이 있어서 운이 좋았어. 나도 아들이기 때문에 아는데, 남자아이들은 항상 독립적이길 원하는 반면 딸들은 기꺼이 남에게 조언을 구하거든. 특히 아버지인 나에게 말이야. 가이아와 로사나는 내게 흥미로운 것들을 많이 알려준다네. 가족은 재능과 성격과 스타일과 개성의 가치를 높일 수 있는 수집가여야 한다네. 이 모든 요소가 와인에도 담겨야 하고.

그의 아주 훌륭한 인터넷 홈페이지를 생각해본다. 가야 로고가 보이고 정보는 최소한이다. 비디오도 없고 특수 효과도 없다. 내 생각엔 그것이 진정한 멋이다. 디지털 세상에서는 사이트를 만든 지 3일만 지나도 사람들은 그것이 구식이라 말한다. 가야의 선택은 숭고해 보이기까지 한다. 돈도 안 들고 언제나 모던하다. 나도 내 자식들과 그렇게 해보려 했다. 딱 하나의 페이지 위에 이탈리의 로고가 뜬 다음 그 아래로는 간단히 '우리는 온라인(on-line)보다는 땅 위(on-land)의 사람들이니 우리를 보러 오세요.' 하는 문구가 있고 그 아래 주소가 나오도록. 하지만 아이들을 설득하는 데 실패해서 어쩔 수가 없었다. 우리 회사는 당연히 인터넷 네트워크에도 돈을 쓴다. 심지어 그 일만 전담하는 회사도 만들었다. 그래서 나는 안젤로의 이런 아날로그적인 생각에 대해 딸들도 동의한 건지 아니면 그가 강요한 건지 궁금했다. 참지 않고 물어봤다.

안젤로 처음에는 강요를 했는데 쉽지가 않았다네. 그리고 시간이 가면서는 귀찮아서였는지 깨달아서 그랬는지 모르지만, 아무튼 내 생각에 공감을 해준 것 같아. 하지만 얼마나 갈지는 모르겠네.

네 번째 와인인 보르고뇨의 '바롤로 리세르바 1982'를 맛볼 차례다. 이번에는 안젤로가 시게루보다 먼저 의견을 밝혔는데, 매우 섹시한 성분이 느껴진다고 한다.

안젤로 뭔가 아주 강한 감동의 전조같이 느껴진다네. 더 좋은 것이 뒤에 천천히 오는 거지. 기다림의 즐거움은 아주 강렬하지. 왜냐하면 이 와인은 와인 잔에 있을 때와 입안에 있을 때가 다르거든. 천천히 알아가야 하는 성숙하고 우아한 여성이라네. 우아함은 완벽함을 필요로 하지 않아.

시게루 또한 이어서 와인을 여인에 비유해 묘사하려 하지만, 전형적인 일본인답게 당혹스러워한다. 그렇게 부끄러움 속에서 뭔가 이해할 수 없는 말들을 횡설수설하더니, 결국은 다시 벨벳과 같은 타닌, 우아함, 풍미의 언어로 돌아갔다. 그는 엉겅퀴, 젖은 울, 스모크, 감초 향을 느꼈다. 그리고 바롤로 와인에 찐 소고기 브라사토나 카스텔마뇨 치즈를 곁들이겠다고 한다.

자네가 제안해주길 기다리고 있겠네

오스카 누구한테 투표했나요?

안젤로 잘 알고 있지 않나. 우리가 그 얘기를 꽤 길게 했으니.

내가 잘 알고 존경하는 많은 똑똑한 인물들이 그릴로[25]에게 표를 던졌다는 사실에 대해 다시 한 번 생각해본다. 베르사니가 이끄는 민주당이 한 가장 멍청한 짓 중 하나가 비용 문제, 효율, 정직성, 정치적 대표성이라는 주제를 공개적으로 평가 절하한 것이다. 때로는 그들이 그런 주제를 선한 의도에서 평가 절하한 것인지 의도적으로 망각한 것인지 궁금하다.

오스카 그러고 나서 후회했나요?

안젤로 아니, 하지만 자랑스럽지도 않았다네. 우리는 심도 있는 도덕적 혁명이 필요한 매우 민감한 상황에 놓여 있지. 우리나라는 선례가 필요하다네. 와인을 예로 들어보세. 유럽연합의 공동 시장 조직(CMO)은 와인 업계에 연간 3억 5000만 유로를 할당하고 있

25 Giuseppe Piero Grillo. 이탈리아의 코미디언. 부패한 정치를 비판해 퇴출당한 후 정치 블로그를 운영하다가 2009년 오성운동당을 창설했다.

다네. 그게 꼭 필요한 돈인가? 그렇게 많이 필요하지 않을 수도 있어. 그 돈이 어디에 쓰이는지 제대로 그리고 공개적으로 추적할 수 있기를 바라네. 그 돈은 누가 가지고 있으며, 누가 무슨 일에 쓰는지 알고 싶어. 공적 자금에 본래의 가치를 찾아줘야 해.

오스카 사장으로서 40번의 수확기를 거쳤는데 어떤 해가 가장 기억에 남나요?

안젤로 1982년이라네. 아주 운이 좋은 해였거든. 우연히 맞아 들어가기도 했지만 좋은 프로젝트들이 있었고 무엇보다 시작이 좋았지. 그나저나 자네의 이 바롤로 와인이 그해의 특별함을 온전히 반영하고 있는걸!

마지막 와인이다. 경주가 거의 마무리 단계로 접어들었다. 이제 가야의 '바르바레스코 2008'의 차례다. 시게루는 조용히 와인을 시음한다. 늘 그렇듯이 대단히 집중하는데 이번에는 그 정도가 더 심하다. 이 일본인 친구가 고결한 척 연기하는 안젤로에게 이미 푹 빠진 것 같다. 와인이 그의 잔에 담겨 빙글 돌아갈 때마다 와인 향이 공기를 채운다. 이제 점심시간이 가까워지고 있어서인지 바르바레스코 향은 가족들과 식탁에 둘러앉아 바삭바삭하고 얇은 달걀 반죽의 탈리에리니 파스타를 먹고 싶게 한다. 시게루가 어떤 요리와 어울린다고 할지 궁금하다. 나는 계속해서 우리가 가져온 와인에 관계의 요리를 곁들이지 않는다고 뭐라 하고 있다.

오스카 시게루, 어서 마지막 와인에 대해 말해보게.

난 요리 궁합이 궁금하다.

시게루 그래, 이 와인에서는 제비꽃, 장미, 잉크, 그리고 약간의 가죽 향이 느껴지는군. 부드럽고 섬세해. 매우 우아한 와인이로군! 나라면 그릴에 구운 소고기 안심 스테이크에 백후추를 뿌려 함께 먹으라고 권하겠네. 또 48개월 숙성된 파르미자노 레자노 치즈와 마셔도 좋을 거야.

오스카 그 소고기는 적어도 카루[26]산으로 해도 되겠지? 그런데 플린 라비올리[27]를 함께 먹으면 안 되겠나?

시게루 자네가 원한다면 물론 된다네……. 그런데 이 바르바레스코는 사색용 와인으로도 좋을 거야. 아주 느리게 마시면서 중요한 문제들에 대해 이야기할 수도 있겠지.

오스카 그래, 좋은 생각이야! 생각과도 궁합이 맞을 수 있겠군. 와인마다 거기에 맞는 대화나 주제나 상황이 있을 수 있지. 안젤로, 이 와인에 어울리는 중요한 문제에 대해 이야기해보죠. 당신은 기업가로 살아오면서 최소한 네 세대를 겪으셨죠. 전쟁 세대, 해방운동 참가 세대, 경제 기적을 일으킨 당신의 세대, 이탈리아를 채무국으로 전락시킨 유감스럽지만 내가 속한 세대, 또 일자리를 찾지 못하는 지금 2000년대의 세대요. 이탈리아의 어떤 세대를 가장 존경하나요?

안젤로 나는 컵의 물이 절반이 비었다고 하기보다 절반이 찼다고 하는 사람이기 때문에 우리나라에 계속해서 신뢰를 갖고 있네. 우리 청년들을 믿고 그들에게 신뢰를 보내야 해. 나이가 많은 사람들은 폐차되기 전에 그들에게 경험을 전수해야 한다네.

오스카 좋아요, 청년들에 대한 낙관주의를 끝으로 마무리하면 되겠군

26 Carrù. 소 축제로 유명한 피에몬테의 마을.
27 Agnolotti al plin. 란게의 전통 음식. 손가락으로 꼬집은 것처럼 속이 들어가는 파스타.

요. 청년 이야기가 나왔으니 말인데요. 당신은 나중에 커서 하고 싶은 게 뭔가요?

안젤로는 자리에서 일어나 미소를 지으면서 내 눈을 똑바로 쳐다봤다. 아주 긴 10초 정도의 시간이 침묵 속에서 멈춘 채 지나간다. 할 말은 이미 있지만 어떻게 말할지 생각 중인 것 같다. 예상치 못한 당황스러운 질문이 아니고 오히려 반가운 질문이었나 보다. 그가 육체적으로도 여전히 정력이 넘치고, 정신적으로도 여전히 미래를 지향하는 것을 우리가 이해했다는 게 매우 반가운 것처럼 보인다. 그의 머릿속에는 얼마나 많은 계획이 들어 있을까. 그가 오늘 친밀감을 보여줬기에 나는 그가 어떤 엉뚱한 말을 하더라도 다 들을 준비가 되어 있었다. 예를 들자면 '난 가야 스파클링 와인을 만들 거라네. 그리고 '볼리치나가야(가야 거품)'라고 이름 붙일 거야. 어디서 만들 거냐고? 영국에서.' 뭐 이런 식을 상상하고 있었다. 하지만 그의 대답은 허를 찔렀다.

안젤로 자네가 제안하길 기다리겠네. 함께 회사를 만드는 거지. 이번에는 몬다비에게 했던 것처럼은 안 할 거야. 자네가 뭘 제안하더라도 다 받아들이지.

나는 저절로 미소가 지어졌다. 그는 더는 각다귀가 아니고 나 또한 코끼리가 아니다. 그러니 함께 사랑을 나눌 방법을 찾을 수 있으리라……. 가장 멋진 것은 우리의 용기를 합치는 일일 게다.

시게루의 와인 시음 노트

안젤로 가야와 함께

발레다오스타 샤르도네 쿠베 부아 2009(레 크레테)

Valle d'Aosta Chardonnay Cuvée Bois 2009(Les Crêtes)

종류	화이트 와인
포도 품종	샤르도네 100%
양조/숙성	300리터 용량의 프랑스산 나무 배럴에서 발효, 10개월간 지속적인 바토나주[28]를 한 쉬르 리 숙성, 병에서 8개월간 휴지
생산지	발레다오스타

밝은 황금색이다. 배, 파파야, 망고, 파인애플 같은 과일 향과 함께 매우 복합적인 아로마를 지녔다. 살짝 느껴지는 아로마 허브 향과 미네랄이 기분 좋다. 향미가 있고 부드러우며 지속성이 있고 우아한 맛이다.

피아첸차식의 바칼라 만테카토나 레몬을 곁들인 밀라노 커틀릿과 잘 어울릴 것이다. 혹은 약한 숯불에 은근히 익힌 고등어구이에 소금과 생강을 살짝 곁들일 수도 있다. 일본이라면 13가지 요리로 구성되는 교토 전통 가정식인 카이세키 요리와 함께 먹겠다. 사케 대신 이 와인을 곁들이면 될 것이다.

높은 데 올라가서 현기증을 느끼는 사람이라면 이 화이트 와인을 마실 때 조심하시길. 세계에서 가장 높은 포도밭에서 나오니까! 꼭 산에서 태어난 것 같은 와인이다. 미네랄이 있고, 가파르고, 바위처럼 날카롭고, 수직적이며 깊이감이 있다. 정말 맛있다!

28 bâtonnage. 가라앉은 포도 찌꺼기를 막대로 휘저어 다시 떠오르게 하는 방법.

티냐넬로 2009(마르케시 안티노리)

Tignanello 2009(Marchesi Antinori)

종류	레드 와인
포도 품종	산조베세, 카베르네 소비뇽, 카베르네 프랑
양조/숙성	부드럽게 압착, 포도 껍질과 함께 발효, 12~14개월간 나무통에서 숙성
생산지	토스카나

보랏빛이 감도는 짙은 루비색이다. 체리, 제비꽃, 바닐라, 카카오, 커피, 감초, 후추에 이르는 매우 폭넓고 다면적인 향기를 지녔다. 풀 바디하고 향미가 있으며 벨벳같이 부드러운 타닌이 혀를 감싼다. 여운이 길다.

소금과 후추를 곁들인 안심 스테이크와 어울린다. 혹은 여러 종류의 구운 고기에 간장, 양파를 곁들여도 좋다. 내 생각에는 모든 종류의 이탈리아 숙성 치즈와 다 잘 어울린다.

뛰어난 '국제적 이탈리아 와인'이고 최초의 슈퍼투스칸 와인이다. 원래는 키안티였는데 피에로 안티노리가 양조학자 자코모 타키스와 함께 큰 모험을 했다. '레드 와인에 청포도를 넣는 짓은 그만! 원래의 전통처럼 하자!' 이렇게 해서 키안티가 될 수도 없었고 되기를 원치도 않은 와인이 탄생하여 토스카나의 양조법을 완전히 바꾸어놓았다.

몬텔로 에 콜리 아솔라니 일 로소 델라바치아 2006(세라피니 에 비도토)

Montello e Colli Asolani Il Rosso dell'Abazia 2006(Serafini & Vidotto)

종류	레드 와인
포도 품종	카베르네 소비뇽, 카베르네 프랑, 메를로
양조/숙성	최소 30개월간 숙성시킨 오크통에서 15~24개월간 침용, 병에서 1~2년간 최종 숙성
생산지	베네토

석릇빛이 살짝 도는 루비색이다. 라즈베리, 블랙 커런트와 같은 붉은 과일의 향기가 폭발한 다음 바닐라, 후추, 커피, 카카오 향이 스치고 지나간다. 풀바디하고 입안에서 풍미가 넓게 퍼진다. 타닌이 매우 섬세하다.

닭고기 스튜(폴로 알라 카차토라), 와사비를 곁들인 스테이크, 탈레조나 고르곤졸라 같은 숙성 치즈와 잘 어울린다. 그릴에 구운 일본 소고기에 간장과 무를 곁들여도 이상적이다.

개인적으로는 이탈리아에서 생산된 보르도 스타일 와인 중 가장 훌륭하다! 베네토 주에서 프랑스 포도 품종을 재배한 지 200년이 넘었기 때문에 이젠 거의 베네토 품종이라고도 할 수 있다(어쩌면 베네토 사투리를 쓸지도 모른다). 2006년산이 방금 태어난 아기처럼 신선하게 느껴진다. 로소 델라바치아는 오래 숙성할 수 있는 와인이다!

바롤로 리세르바 1982(보르고뇨)

Barolo Riserva 1982(Borgogno)

종류	레드 와인
포도 품종	네비올로 100%
양조/숙성	12일간 발효, 이후 15일간 포도 껍질을 가라앉혀 침용, 최소 4년간 60헥토리터 용량의 슬라보니아 대형 오크 배럴에서 숙성
생산지	피에몬테

어두운 석류석의 붉은색이다. 와일드베리, 이끼, 달콤한 향이 나는 향신료, 가죽, 담배, 커피, 흑연 향기가 풍부하고 분명하다. 따뜻하게 감싸주는, 우아하고 오래 지속되는 맛이다. 마치 교향곡과 같은 와인이다.

바롤로는 당연히 브라사토[29]와 함께 마셔야 한다! 또 숙성한 카스텔마뇨[30] 치즈와도 완벽히 어울린다. 팬에 구운 고베 소고기에 간장, 쌀 식초, 와사비로

29 Brasato. 소고기를 팬에 구운 뒤 채소와 레드 와인을 넣고 졸인 요리.
30 Castelmagno. 피에몬테 주의 특산 치즈. 숙성을 하면 할수록 매운맛과 향이 강해진다.

드레싱하면 어떨까?

1982년산 바롤로 보르고뇨인데 무슨 말이 더 필요할까? 올해에도 세계 대회에서 수상했는데 말이다! 보르고뇨는 와인계의 옥스퍼드나 마찬가지다. 그러니까 영원히 존재할 와인이다! 나는 이탈리아 거주 30주년을 자축하며 이 와인을 마셨다. 50주년이 되는 2032년에도 이 와인으로 자축하고 싶다.

바르바레스코 2008(가야)

Barbaresco 2008(Gaja)

종류	레드 와인
포도 품종	네비올로 100%
양조/숙성	바리크에서 12개월, 대형 배럴에서 12개월 숙성 후 병에서 최종 숙성
생산지	피에몬테

거의 속이 들여다보이지 않을 정도로 진한 석류석의 붉은색이다. 붉은 과일, 와일드베리, 향신료, 가죽 향의 짙은 아로마가 느껴진다. 최종적으로 기분 좋은 감초 향이 남는다. 따뜻하고, 풍미 있고, 드라이하며, 타닌이 벨벳같이 감싸주는 느낌이다. 긴 여운이 남는 와인이다.

그릴에 구운 소고기 안심에 백후추를 뿌리거나, 푹 익힌 소고기 스튜에 와사비를 곁들이면 잘 맞는다. 48개월 이상 숙성한 (붉은 암소 젖으로 만든) 파르미자노 레자노 치즈와도 완벽한 궁합을 보여준다. 사색에 잠기고 싶을 때 이상적이다.

안젤로 가야가 이 '바르바레스코 2008' 와인을 들고 오는 것을 보고 나는 감동해서 거의 울 뻔했다. 너무 멋지고 로맨틱한 장면이었다! 와인은 언제나 그것을 만든 사람을 비추는데, 이 레드 와인에는 가야의 역사와 카리스마가 특히나 잘 나타나 있다.

3장

여인들의 축복을 받은 남자

와인 명가: 리날디(Rinaldi)

대표: 벱페 리날디(Beppe Rinaldi)

품질의 바탕에는 희소성이 있다

이곳 란게에서 벱페 리날디는 '구연산'으로 불린다. 양조 학교 시절부터의 별명이다. 그는 칠판에 포도밭을 우스꽝스럽게 그리곤 했는데 그것을 여러 번 지켜본 교수가 "리날디 학생은 톡 쏘는군요" 하고 말했다. 반 친구들이 거기에 '구연산처럼'이라는 말을 덧붙였다. 그때부터 모두 그를 구연산이라고 불렀다. 벱페는 45년이 지난 지금도 여전히 우리 모두에게 구연산 같은 사람이다. 그는 떠들썩한 스타 같은 사람으로 그와의 시간은 너무나 즐겁다. 그가 쏟아내는 말들이 즐겁기도 하지만 의미 있게 다가오는 순간들도 있다. 40년도 더 전에 우리가 함께 몬테로사를 하이킹할 때부터 그랬다. 한번은 18시간을 행군한 끝에 겨우 해발 4100미터인 카스토레 봉우리를 300미터쯤 남겨놓게 되었는데, 거대한 균열 때문에 정상에 오르지 못했던 적이 있었다. 그는 지쳐서 피켈 위로 몸을 숙이고는 소리쳤다. "돌아가자, 때로는 끝내지 못한 게 더 아름답기도 하니까." 그때 그는 20살이었다.

우리는 바롤로에 있는 벱페의 집 정원에 들어섰다. 먼저 리날디 하우스 뒤의 언덕 풍경을 바라본다. 우리는 란게 사람이고, 사투리로 말하자면 '란게티'다. 우리는 이 멋진 풍경에 익숙하지만 이 지역을 거쳐간 작가들에게는 애잔하거나 활기찬 영감을 주었다. 나의 세대에는 체사레 파베세나 벱페 페놀리오라는 작가가 있는데, 이런 장관 앞에서는 누구나 감동받을 것이다. 물론 특정 관망 포인트를 찾아갈 필요는 있다. 왜냐하면 1960년에서 1970년대에 풍경을 파괴하고 전통, 역사, 자연과의 조화를 무시한 주택들이 많이 세워졌기 때문이다. 하지만 운이 좋게도 벱페의 집 정원에서 보이는 구릉은 나무나 포도밭, 이제는 보기 드문 목초지를 멀리 배경 삼아 아름다운 그림을 그려내고 있었다.

우리는 벱페가 시키는 대로 정원용 테이블 주변에 둘러앉았는데, 집 앞 도로로 지나가는 자동차들의 소음이 그대로 들려왔다. 그래서 그날 오후 주고받은 이야기가 제대로 녹음되지 않아 대화를 재구성하는 데 어려움을 겪었다. 하지만 문제 될 건 없었다! 태양이 있고 오랜 친구들이 곁에 있다. 벱페, 시게루, 시모나, 벱페의 아내이자 그에게 '암호랑이'라고 불리는 안날리사가 있다. 그리고 얼마 지나지 않아 다른 이들도 도착할 예정이었다. 구연산의 집은 친구들과 동네 사람들, 고객들이 모이는 접선지니까.

우리는 바로 높이 날아올랐다. 경제학자인 친갈레스가 폰타나프레다 재단의 손님으로 오늘 저녁 내 집에 머물 예정인데, 덕분에 자유 시장이 사회에 끼친 손해와 자본주의 재건의 필요성에 대해 말해볼 핑곗거리가 생겼다. 분위기를 달구기 위해 샴페인을 "뻥!" 하고 크게 터뜨렸다.

오스카 벱페, 자네는 자본주의의 재건이 가능하다고 보나? 자네가 바라는 건 뭔가? 우리는 젊을 때부터 사회주의를 꿈꿔오지 않았나?

벱페 그래, 하지만 사회주의 모델은 명백히 실패했지. 우리 세대가 마르크스주의와 레닌주의에 근거한 사회의 탄생을 볼 수 있다고 생각하는 게 이제는 매우 어려워졌다네…….

그는 마치 지성인들이 이야기하듯이 적절한 단어를 찾아 아주 천천히 이야기한다. 마치 모든 동사에서 지혜를 증류해낸 것 같은 말들을 어떻게 선택해서 쓰는지 모르겠다. 여기다 그의 입술을 들락거리는 멋진 토스카노 시가와 시가 흡연자들의 고유 동작을 더하고, 목까지 내려오는 살짝 헝클어지고 희끗희끗한 머리와 앞으로 흘러내린 목도리(그러니까 목도리의 본래 목적에선 완전히 벗어나 있는)까지 더하면 우리 앞에 있는 사람이 어떤 모습인지 짐작할 수 있을 것이다. 깊게 생각하고, 이야기를 잘하고, 아이디어를 모으고, 할 말도 많고, 또 그에 대한 반응이 궁금해서 우리를 빤히 쳐다보는 한 남자를.

벱페 사회주의 이상이 다시 태어나는 걸 기대하느니 자본주의를 개혁하는 게 더 쉽다고 보네. 나는 사회주의 전통을 가진 집안에서 태어났지만 가장 최근까지 겪었던 실패들이 너무나 무참했지 않나? 우리 세대를 지배했던 격동적인 이상을 내 딸 세대에서는 이제 더는 볼 수가 없네. 과거 그런 격동적인 이상은 가톨릭 안에서도 나타났었는데 말이야. 자네 '가톨릭 공산주의자'들 기억하나? 이상이 없다는 건 너무나 슬픈 일이야, 꿈은 풍요함의 근원인데 말이야.

오스카 신뢰와 희망, 그리고 꿈이 없지. 우리 세대에는 있었는데. 평등하고 정의로우며 자유로운 세상을 꿈꿨지. 그리고 거기 도달할 수 있으리라 확신도 했어. 오늘날 젊은이들은 꿈꾸는 게 더 어려워졌지.

벱페의 매력적인 부인이자 암호랑이인 안날리사가 당도한다. 그녀는 줄을 당겨 우리를 구름 위에서 내려오게 했다.

안날리사 잔은 어디다 놓을까? 몇 개나 준비할까?

그렇게 마법이 깨진다.

낮게 날고 싶다는 벱페는 다시 날아오르며 하던 말을 계속한다.

벱페 우리 세대의 위대한 이상은 개인적이고 집단적인 열정의 근원이었어. 반면 가장 최근의 세대는 작가 파솔리니가 《해적의 글》에서 예견한 것처럼 우리 세대가 알지 못했던 '소비주의 독재'를 겪고 소비주의가 약속한 편안함과 편리함에 현혹됐지. 그렇게 해서 끝난 거야. 이상에 열광하던 시대는 죽었어.

이 시점에서 본래 주제에서 엇나가, 다재다능한 아티스트 산드로 루포리니와 토리노 왕립 극장에서 열린 사망 10주기 행사의 주인공이면서 루포리니의 절친한 벗이자 작사가, 싱어송라이터였던 조르조 가베르에 대한 긴 이야기가 시작되었다. 당시 극장에 있던 벱페는 청년들과 아주 어린 친구들까지도 자리한 것을 보고 무척 기뻐했으며, 그것을 다시 희망의 불을 밝힐 기회로 삼았다. 아무리 약한 신호라도 찾아내 긍정적으로 해석하는 습관을 절대 버리지 못하는 사람들이 있는 법이다. 하지만 맞다! 그동안 안날리사는 친절하게도 잔과 화이트 와인을 얼음에 담아 밖으로 가져왔다. 이 집의 진짜 주인은 그녀다.

오스카 시모나, 벱페 아내의 이름을 적어놔요, 벱페가 그녀를 암호랑이라고 부르지만 진짜 이름은 안날리사거든요. 그는 부인, 두 딸인 마르타와 카를로타, 암캐, 암고양이 사이에서 살고 있는 복 받은 남자예요! 벱페, 이제 내가 여기 온 이유를 설명할…….

그리고 이유에 대해 설명했다.

오스카 ……그래서 오늘 아침에는 안젤로 가야를 만났어.

벱페 와아아!

오스카 시모나, 고함 소리도 적어놔요! 포도밭 사이에 와이파이를 설치

하려 한다는 것을 어디서 읽었는데…… 그래도 와인은 잘 만들어요.

벱페는 바르톨로 마스카렐로 아저씨의 친척으로, 아저씨의 딸인 마리아 테레사와 함께 그의 이상을 자연스럽게 물려받았다.

오스카 모든 란게 사람은 안젤로와 바르톨로의 시각차를 알고 있지. 안젤로는 란게 사람들이 다들 좀 불평이 많다고 했어. 마치 장례식 때처럼 말이네. 처음에 장례식 행진을 한 다음엔 모두들 고인에 대한 찬사를 늘어놓지. 그러다가 우연히 한 사람이 '그가 살아 있었을 때 말인데……'라는 치명적인 운을 띄우면 바로 그게 신호가 되지. 그때부터는 예의 바른 찬사의 말 뒤에 세심하게 숨겨놓았던 단점을 모두 다 드러내는 거지. 그래도 사실 오늘 가야는 바르톨로 아저씨에 대해 좋게 말했다네.

벱페 그럴 수밖에 없지. 바르톨로는 무한한 가치를 지닌 위대한 예지자였어. 가야 또한 우리 고향을 위해 많은 일을 했지. 특히 해외에서 말이야. 하지만 나는 바르톨로와 마찬가지로 국제 포도 품종과 바리크 사용에는 반대하네. 그것들은 란게와 아무 관련도 없는 것들이야.

요스코가 준 대형 통에서 와인을 발효한다네

나는 오늘 오후가 어떻게 흘러갈지 벌써 눈치챘다. 주제로부터 엇나가도 아주 크게 엇나가게 될 것이다. 나는 요스코 그라브너를 만나러 고리치아에도 갈 거라는 말을 꺼냈다가 문장도 다 마치지 못했다.

벱페 나와 대단히 친한 친구라네! 내 와이너리에 대형 와인 발효 통이 있는데 그게 요스코가 암포라[31]를 사용하기로 하면서 내게 준 거라네. 나는 지금도 그 통에서 발효를 하지.

오스카 어쩌다 그걸 받게 되었나?

벱페 요스코가 암포라를 쓰면서 대형 통은 쓸모가 없어졌다고 하길래 내가 달라고 했더니 그냥 주더군.

이야기를 들으며 나 혼자 미소를 지었다. 아직 우리나라는 주요 가치를 중심으로 공동의 이익 네트워크를 구축하는 법을 잘 배우지 못했고 그건 와인 업계도 마찬가지인데, 이런 원거리 협력, 서로 간에 너무나 다른 특성을 가진 와인 생산자들을 묶어줄 문화적이고 본질적인 관계 네트워크가 언젠가는 일반화되는 것을 보고팠기 때문이다. 그동안 그는 자신의 와이너리에 대해서 계속 이야기했다.

벱페 나는 모든 와인을 나무통에서 발효시키는데 그게 제일 좋아서가 아니라 그냥 일종의 강박증 때문이라네.

말은 그렇게 해도 사실은 그가 그 방법이 가장 좋다고 생각한다는 것을 나는 안다.

벱페 이유는 수수께끼야. 마치 남녀의 성에 대해 말해야 하는 것처럼 너무 어려운 일이야.

31 Amphora. 긴 타원형의 배가 불룩 나온 토기 항아리. 와인이나 올리브유 등을 저장한다.

그는 추가적인 설명은 하지 않는다. 그 정도로 만족할 수밖에. 지금 그가 중요하게 생각하는 게 요스코에게 얻은 대형 배럴 이야기이기 때문이다.

벱페 내 포도를 그 통에서 처음으로 발효시키곤 요스코가 걱정할까 봐 바로 연락을 했네. 실제로 통에서의 발효는 매우 효율적이었고 나는 그 사실도 그에게 알렸지. 그러면서 살짝 심술도 부렸네. "이 통들이 팔자에도 없이 귀족적인 와인도 발효해보는군" 하고 말이야.

오스카 그러네! 리볼라 잘라에서 네비올로로 갈아탔으니까 말이야!

고향에 대한 자부심, 동류의식과 다른 지방에 대한 경쟁심으로 우리는 함께 웃음을 터뜨렸다. 물론 친구 요스코에 대한 존경심도 담겨 있었다.

이번 인터뷰 프로젝트 얘기로 다시 돌아갔다. 이번에 내가 만나게 될 사람들은 그도 모두 잘 알고 있었다. 내가 그를 매우 존경하고 와인 업계에서 가장 위대한 인물 중 하나라고 생각한다는 걸 이해시키고자 했다. 그리고 미래에 그의 와이너리가 그럴 것처럼 지금 이미 여성들이 운영하는 와이너리가 있다는 것도 이야기했다. 그리고 여성 할당제와 그로 인해 연역적으로 추론할 수 있는 '퀴리날레 대통령 궁의 여주인, 여기의 여성 회장, 저기의 여성 회장……' 등등의 이야기도 풀어놓았다. 안날리사는 나와 같은 의견으로, 사람을 뽑을 때는 먼저 공로를 보고, 능력을 보고, 정직성을 봐야지, 여자냐 남자냐는 중요치 않다고 말했다. 그녀 또한 남편처럼 매우 예리하고 분별력이 있다. 다르게 보자면 그들이 결혼한 이유가 있을 것이다. 그들이 끊임없이 서로에게 하는 '그녀는 암호랑이야', '그는 항상 정신이 나가 있어' 같은 말들은 분명 사랑과 이해를 감추어둔 애교 어린 말임이 틀림없다.

우리는 우연에 기대어 살지

다시 본래의 내 의도로 돌아갔다. 이 질문은 모두에게 던지는 질문이 될 것이다.

오스카 자네는 왜 와인을 만드나?

긴 침묵이 흘렀다. 그는 지나치게 섬세한 이야기꾼이다. 질문에 대답하기 위해 이렇게나 길게 생각해야 하다니 말 다 했다!

벱페 아버지나 나에게나 모두 우연히 일어난 일이라네. 아버지에게는 벽돌 집착증이 있으셨어. 건물 짓는 걸 좋아하셨거든. 그런데 아버지의 아버지, 할아버지, 증조할아버지 모두 와인을 만드셨어. 집안의 전통은 영향력이 크지. 한때는 가족이 하는 일을 자식들이 이어나가는 것이 거의 당연시되지 않았나. 포도나무 재배나 와인에 재미를 느끼기란 쉬운 일인데, 게다가 그런 세상에서 태어나면 더 쉬워지지. 우리는 많은 일에서 우연성에 기대어 살지. 무엇보다도 탄생 자체가 우연이거든. 사실 나는 16년 동안 수의사를 했다네. 나는 저 유리창 너머에 있는 방에서 태어났어. 이 집은 할아버지가 1916년에 지은 집이고.

모두들 그의 집을 쳐다보았다. 아름답고 견고하고 오래된 벽돌로 지어진, 여기서 자주 짓는 L 자 모양의 집으로 굴뚝의 모양은 제각각이다. 지붕 위 태양열 패널은 유용하긴 하지만 그래도 그 위에 자리한 것이 부끄러운지 저 위쪽에 숨어 있다. 그에 더해 와인 언덕이 내려다보이는 멋진 천연의 전망대가 있다. 기억의 수문이 열린다. 가족의 역사, 조부와 증조부, 숙부, 증조부의 형제들은 바롤로 와인용 포도 재배를 위해 전략적 요충지에 있는 농가들을 매매했다. 당시에는 아직 바롤로가 아니었지만 말이다. 벱페의 이야기를 듣고 있자면 그가 큰 특혜를 누렸다는 생각이 든다. 그가 태어났을 때는 이 집이 이미 지어져 있었으니까. 집안 이야기에는 아내들 때문에 서로 싸우는 형제들의 이야기도 빠질 수 없었다(아차! 테이블에 둘러앉은 여자들의 표정이 안 좋아 보인다).

벱페 여자들은 질투가 심해서 다른 여자들보다 반지, 모피 코트, 특별한 선물을 더 받으려고 늘 신경을 곤두세우지. 피에몬테 사투리로 여자들은 '알 랑 고이 드루세(말싸움하는 걸 좋아한다)'라고.

유리잔 부딪는 소리가 난다. 안날리사가 함께 와인 시음을 준비 중이다.

오스카 그나저나 왜 이탈리에 자네 와인이 없을 때가 많지? 잠깐, 어디 내가 맞춰보지. 와인이 떨어져서 그렇지? 와인이 금세 다 팔리는데도 더 안 만들어서 그런 거지? 게을러.

벱페 사실 영업은 내 담당이 아니야, 그리고 나는 게으른 걸 좋아해. 게으름뿐만 아니라 지루함, 무료함, 명상이나 나른함에 빠질 수 있는 상태를 좋아한다네. 그것을 우울함이라 부르기도 하지. 나는 이것들이 풍요를 준다고 생각하네.

장인으로 남아야 해!

다시 와인 이야기로 돌아간다.

오스카 왜 그렇게 적게 만드나? 자네 와인은 정말 맛있는데…….

벱페 그것은 내 분석 때문이네, 우리는 기업가 노릇은 할 줄 몰라. 우리는 와인을 장인의 방식으로 만들기 때문에 우리 회사는 장인적인 영농 기업이지. 다른 말로 하면, 병의 수량을 늘리지 않겠다고 결정했네.

오스카 우리라니, 그러면 자네와 자네 아버지가 함께 결정했다는 건가?

벱페 물론이지! 그건 당연한 거야! 우라는 장인으로 남기로 했지. 아버지는 이 지역에서 대단히 중요한 분이고 고향의 공공 문제, 사회문제를 위해 항상 많은 일을 하셨다네. 바롤로 자치 시 시장, 자치 의회 부회장 및 의원을 지내셨고, 주립 바롤로 와인 하우스를 설립해 초대 회장까지 역임하셨지. 자기 밭만 돌보기보다 마을 전체를 생각하는 건 분명 훌륭한 일이고 사람을 지적으로도 더 활기차게 만들지만, 그만큼 개인 사업에 쏟는 시간이 엄청나게 소모되는 것 또한 사실이라네.

오스카 자네도 15년 동안 자치 의회의 부회장과 의원을 지냈지만 아버지보다는 대중 앞에 덜 나서는 편 아닌가? 맞지?

벱페 나는 아버지 같은 말주변이 없네. 아버지는 재능이 참 많으셨어.

오스카 그런데 당시의 경제성장과 호황의 시대에 역행하는 장인으로 남겠다는 그 선택은 도대체 어떻게 해서 나온 건가? 심지어 북향의 경사지에도 포도나무를 심던 시절이 아닌가?

벱페 1995년에서 2000년 사이에 바롤로 붐이 일었지. 그것은 극빈자처럼 살아오던 사람들이 갑자기 손에 큰돈을 쥐었다는 걸 의미했어. 그래서 절제를 못 했지. 더 자세히 설명하지. 1932년에 바롤로 바르바레스코 보호 조합이 탄생했고 이를 이루어낸 대단한 어르신들이 국회에도 자극을 주어 DOCG 원산지 보호 제도(1966년)의 토대를 닦은 데사나 상원 의원의 주목을 받는 데 성공했어. 그러니까 보호 조합이 원산지 명칭의 지도와 관리에 결정적인 역할을 한 거지. 여기서 '보호'의 의미는 대단히 광범하다네. 생산자들의 경제적 이익만이 아니라 포도원이 있는 구릉지와 와이너리와 지역까지 보살핀다는 뜻이야. 그러니 와인의 순수함과 품질에도 투자를 해야 하고, 또…….

오스카 와인 수량도 보호하고 말이지? 결국 그 말을 하려고 한 건가?

벱페 맞아! 와인 병의 수량에도 제한을 두어야 하지. 제품 품질의 바탕에는 희소성도 있는 법이거든! 돈을 많이 번다고 개암나무밭도, 복숭아밭도, 목초지도, 더 나아가 숲도 포도원으로 만들어버리면 결국 끝이 안 좋아지지! 우리 어르신들이라면 절대 피했을 북향 면에다 포도밭을 만들어 득을 본 사람들은 기후변화 덕분에 운 좋게 얻어걸린 것뿐이라네!

오스카 선견지명이 있어서가 아니라 탐욕 때문에 그렇게 한 거군! 그나저나 1990년대 후반에 바롤로가 돌풍을 일으킨 이유가 뭔가?

벱페 500만 병이던 생산량이 1200만 병에서 1300만 병으로 늘었고, 머지않아 더 늘어날 거라네. 가장 최근에 심어진 포도나무가 포도를 생산하기 시작하면 말이야.

질문에 대한 답은 아니었지만, 그가 하던 얘기를 꼭 마무리하지 않고 이런 식으로 이야기하길 즐긴다는 걸 이미 이해했다.

암컷이 종족을 보존하는 동안 수컷은 폐기 처리될 수도 있다

대화를 나누던 중에 나는 아내와 애들 얘기를 하느라 재빨리 문자를 주고받았다. 그러다 보니 잠깐 다른 주제에 대해 이야기하고 싶어졌다. 나는 벱페의 아내에게 질문했다.

오스카 왜 여자들은 남편보다 자식들을 더 사랑하는 걸까요?

사실이라는 듯 안날리사가 망설이지 않고 대답한다.

안날리사 자연스러운 일이죠! 남자들도 아내보다는 자식들을 더 사랑하는걸요.

오스카 진짜야 벱페? 자네도 아내보다 딸들을 더 사랑해?

이번에는 구연산도 망설이지 않는다.

벱페 당연하지!

오스카 시모나, 그대로 적어요, '당연하지'라고 했다고!

그리고 그가 판결을 내린다.

벱페 많은 종에서 일어나는 일인데 암컷이 일단 자식을 낳으면 수컷들은 구분 없이 폐기 처리되기도 한다네…….

마침 내 아들 안드레아가 도착했기에, 그를 도발할 기회가 생겼다.

오스카 내 아들 중의 하나가 자네 딸 중의 하나와 결혼해서 리날디 생산량을 30만 병으로 올리는 것을 보는 게 내 꿈이라네. 그때가 되면 우리 둘은 늙어서 노인이 되어 있을 테고, 자네는 장인 신화를 내가 망쳐버렸다고 지팡이로 날 패겠지. 그래도 자네의 기존 와인들이, 리날디 라벨이 붙은 그리놀리노, 아스티 스푸만테와 함께 대형 유통 매장에서 판매되는 것을 보고 싶군.

안날리사는 웃었지만 벱페는 웃지 않는다.

벱페 그날이 오면 난 파리네티가 폐기되는 꼴을 꼭 보고 말 거야!

모두 다 웃음을 터뜨렸다. 벱페는 내가 약 올리려고 그랬다는 것을 잘 안다. 내가 포도 재배 장인들에 대해 크나큰 존경심을 갖고 있다는 것도 잘 알기 때문이다.

벱페 내 가족의 역사는 우리의 귀족적인 와인인 네비올로 그리고 바롤로와 함께 공존해왔다네.

오스카 쉽게 이해가 되진 않지만, 돌체토 포도 품종이 네비올로보다 더 비싸던 시대도 있지 않았나?

벱페 팔레티 가문의 시대인 18세기 후반부터 19세기 초에 이미 이 와인의 귀족성이 잘 알려져 있었다네. 물론 당시에는 아직 바롤로로 불리지는 않았지만 말이야. 그리고 줄리엣 콜버트 후작 부인 시절, 토리노에 있는 바롤로 궁의 와인 저장고 장부에 이렇게 적히지. "오래된, 또는 아주 오래된 최고 품질의 씁쓸한 네비올로." 후작 부인의 죽음 이후, 그러니까 1864년 이후 바롤로라는 라벨이 붙은 병이 최초로 나온다네. 바롤로는 토리노에 있는 팔레티 가문의 와인 저장고에서 탄생했어. 당시에는 '드라이'하다는 용어는 사용하지 않았고, 와인은 달거나 쓰거나 둘 중 하나였어. 특이하게도 당시 피에몬테와 발레다오스타에서 생산되던 대부분의 포도 품종이 바르베라가 아닌 네비올로였는데도 불구하고 생산되는 와인은 달콤했지. 당시에는 기름진 음식을 주로 먹었기에 혀 돌기를 씻어줄 거품이 이는 와인이 필요했거든.

오스카 이제 내가 가져온 와인에 대해 이야기하세. 내 생각에 와인은 4가지 특징을 갖추어야 해. 먼저 카를로 페트리니가 말한 대로 맛있고, 깨끗하고, 적절해야 하지. 그에 더해 호감을 주는 사람이 만든 와인이어야 해. 저 사람이 만든 와인은 절대 마시고 싶지 않다는 생각이 드는 생산자들도 있거든. 그래서 내가 우선시하는 건 호감도라네. 처음 맛볼 와인은 라치오 주에서 온 세르조 모투라의 와인이라네. 그는 괜찮은 사람이야. 이 유기농 와인의 이름은 '치비텔라 로소'. 시게루, 포도 품종이 뭐지?

시게루 메를로와 몬테풀차노야!

유행은 비위에 거슬려

오스카 이 와인은 유기농이야. 자네 유기농이라는 말을 좋아하나, 안 좋아하나?

벱페 좋아하네.

오스카 그런데 왜 그 말을 안 쓰지? 자넨 일평생 유기농업을 했잖아?

벱페 유행은 비위에 거슬리거든. 지금은 유기농, 바이오다이내믹, 천연이 유행이잖아. 가수 가베르가 노래한 대로 유행이 유행이라면, 내 비위에 거슬린다네. 유행은 다 천편일률적으로 만들어버리잖나.

오스카 100퍼센트 동감이네. 유행은 상상력과 창조력을 없애지.

벱페 하지만 어쨌거나, '유기농 만세, 바이오다이내믹 만세, 천연 만세'일세! 이것이 땅과 제품 존중으로 돌아가는 하나의 전환점이자 동력이 되기를 바라네. 이 지역이 그것을 시작하는 첫 번째 지역이 될 수도 있을 거야. 조합을 통해 뿌리까지 죽이는 제초제와 살충제를 쓰지 않도록 하고, 더 나아가 잎을 말려 죽이는 제초제와 화학비료의 사용량을 규제하는 규정을 최초로 만들어낼 수도 있을 거야. 그리고 영농 가족이 포도 재배만으로도 존엄한 삶을 살 수 있도록 포도 가격도 재검토해야겠지. 제초제를 쓰지 않으면 포도밭을 관리하는 비용이 상당히 오르리라는 것도 염두에 두어야 하네.

오스카 내가 수치를 알려주지. 폰타나프레다는 제초제와 화학비료를 없애고 작업비가 10퍼센트 상승했다네.

벱페 그리고 살충제 문제는 포도나무를 살충제로 처리하도록 강제하는 다국적 기업들로부터 파생한다네. 우리는 필요하지도 않은데 말이야. 두세 가지 처리를 법령으로 규정하고 있거든.

오스카 이제 이탈리아 와인의 최고 전문가 중 한 사람인 시게루가 이 와인에서 느낀 것을 묘사할 테니 자네는 거기에 대해 설명을 하면 되네.

시게루 화이트 와인 생산 지역에서 이렇게 중요한 레드 와인을 만들어낼 줄 아는 세르조 모투라가 정말 놀랍군. 여기는 메를로가 80퍼센트, 몬테풀차노가 20퍼센트 들어 있다네. 후각에서는 자두,

후추, 커피, 담배, 감초 향이 느껴지는군. 입안에서는 풍미가 있고 따뜻하고 바디가 좋고 강건하며 여운이 훌륭히 지속되네. 타닌도 부드럽고 성숙해 있어. 주니퍼베리로 양념을 한 돼지 다리살과 함께 먹거나 로스트한 앙어깻살에 흑후추를 곁들여 먹겠네. 특별한 날에 마실 수 있는 와인이군. 예를 들어 자네들 두 사람이 함께 저 산 위에 올라갈 때 같은 경우 말이야.

오스카 시게루가 이 와인과 무슨 음식을 같이 먹고 싶은지 말할 때가 나는 무척 마음에 든다네. 와인은 특정한 음식이 먹고 싶어지게 하니까. 벱페, 자네는 시게루가 말한 음식 궁합에 동의하나?

벱페 별로. 나라면 강한 맛이 나는 고기와는 먹지 않고 란게의 투마 치즈와 함께 먹겠어. 아주 맛있는 와인이지만 내게는 산도가 약간 낮아 보이거든. 나는 산도가 높은 와인을 좋아해.

오스카 그럼 바르베라를 좋아하겠네.

벱페 그래, 네비올로 다음으로 좋아하는 것이 바르베라야. 큰 병 와인이니, 주정뱅이들의 와인이니 하며 하찮게 여겨졌지만 바르베라는 아주 대단한 와인이야. 네비올로나 돌체토처럼 어려운 품종이 아니라 기후와 토양에 적응을 아주 잘하지. 그리고 숙성을 오래 할 수도 있고 말이야. 나는 바르베라를 5000병 생산하네.

오스카 다른 와인은 얼마나 되나?

벱페 돌체토는 3000병, 바롤로는 1만 5000병에서 1만 6000병, 네비올로는 5000병에서 6000병이네.

여자들은 쓰여 있지 않은 것도 읽어낸다네

오스카 어쨌든 결국은 모두 3만 병을 생산하는군. 미래 계획은 뭔가?

벱페 4만 병.

오스카 그럼 약 30퍼센트의 성장을 예상하고 있군.

나는 웃으며 말했다.

오스카 다국적 기업만큼의 성장률이군. 왜 생산량을 늘리려 하나?

벱페 그게 옳기 때문이야. 와이너리를 줄이고 싶지만 기계가 너무 많거든. 모든 걸 다 갖추고 자급하려는 강박이 있어서 그래. 옳지 않은 걸 잘 알면서도 확실성을 위해 자꾸 그렇게 하거든!

오스카 딸들과 이 이야기를 한 적 있나?

벱페 그럴 필요가 없네, 직접 눈으로 보니까. 여자들은 쓰여 있지 않아도 읽을 줄 안다네! 아주 촉이 예민하거든.

오스카 자네가 하는 대로 하나, 아니면 전혀 다르게 하나?

벱페 아직까진 날 잘 따라오는 편이네.

오스카 오늘 자네가 첫 잔에 벌써 아버지 얘기를 한 거 아나? 보통은 취했을 때 나오는 이야기인데 말이야, 그러니까 한 82잔쯤 마셨을 때나 하던 말인데.

내가 이런 말까지 할 수 있는 것은, 벱페가 내가 사랑하는 진정 가까운 친구이기 때문이다.

오스카 오늘 보니 자네가 아버지를 무척이나 사랑하는 것 같다는 낭만적인 생각이 드는군. 무척이나 기쁘다네…….

벱페 그건 아니야.

그도 자기 대답이 사실이 아니란 걸 안다.

오스카 내가 카를로를 비롯한 많은 사람들에게 물어봤는데 모든 사람이 자네 아버지가 정말 대단한 분이라고 단언하더군. 자네는 왜 아버지와 사이가 안 좋았나?

벱페 아버지 성격이 좀 까다로웠어. 군대식 교육을 받아 위계와 질서의 신봉자였고 민주주의자이기도 했지. 산악 포병대 대위셨는데 그중에 특별히 더 권위적이셨어. 지배적인 성격은 분명 할머니가 물려주신 유산일 거라고 생각하네.

오스카 처음 싸운 것은 언제인가? 어릴 때? 아니면 사춘기가 되어서?

벱페 어렸을 때부터. 전쟁에서 돌아온 아버지는 육체적, 도덕적으로 황폐해져 계셨다네. 정말 심하게 싸우고 아버지한테 욕도 퍼부었지. 한번은 토론이 격해지자 아버지가 테이블 위에 전쟁 사진을 내팽개치며 이러셨어. "내가 네 나이에 무엇을 해야 했는지 봐라!"

전쟁, 그 전쟁은 여전히 우리 현재의 뿌리다. 여기 란게에서는 파시스트 체제와 그 군대의 현실에 타협해야만 했던 군인들의 고통스러운 경험담을 아직도 많이 들을 수 있다. 개인적인 트라우마가 그들의 아이들의 삶에도 흔적을 남겼고, 또 벱페의 이야기처럼 행동에도 영향을 미쳤다.

벱페 아버지는 알바니아에서 복무하셨는데, 당시에는 그들을 전쟁터로 내몬 우리 군대의 나태와 무능력의 희생자들인 탈영병이 많았네. 붙잡히면 바로 총살을 당했어! 아버지는 그들이 총살당하기 전과 후에 사진을 찍어야 했다네. 이 사진은 정부로 보내졌는데 가족에게는 그들이 전투 중에 사망했다고 알렸지. 이 일 이후 아버지는 깊은 환멸감을 느끼게 되었고 자신이 경험한 모든 것을 부정적으로 보기에 이르렀지. 그 사진을 보며 아버지는 말씀하셨어. "우리는 미친놈들이었어. 이 사람은 내 수하였는데."

오스카 그런 일들이 있고 난 뒤에 수의사가 되기로 한 거로군?

벱페 그렇지는 않아. 어쨌든 양조 학교를 졸업했고 그것에 대해서도 만족하네. 그러다가…….

그리고 벱페는 앞집에 살던 한 수의사를 자신이 얼마나 존경했는지에 대해서 말하기 시작했다. 그 수의사는 1905년에 송아지 거세 기구를 발명하여 전 세계에 팔았고, 그 특허로 무한한 부를 쌓았다. 그 돈을 구호에 아낌없이 썼는데 특히 라 모라 병원에 많이 기부했다. 란게의 잊힌 진주와도 같은 그를, 벱페는 다시 기억해보고 싶어 했다. 그 수의사의 이름은 부르디초였다. 벱페는 이런 사람이다. 어떤 생각이 머리를 스치면 그것이 아무 상관 없는 이야기라도 반드시 해야 한다. 그런데도 사람들의 주의력이 흐트러지지 않는다. 그런 재주를 지닌 사람은 많지 않다.

사투리가 뒤섞인 그의 멋진 이야기를 들으며, 그를 수의과에 들어가게 만든 동물 사랑이 어디서 왔는지 이해하게 되었다. 수다를 주고받는 사이, 바롤로가 다 팔려서 빈손으로 돌아가는 고객들을 보았다. 이 근방에서는 바롤로가 금방 동난다. 한 독일인 커플이 지나가자 벱페가 웃으며 인사를 했다. 그리고 나를 바라보며 이렇게 말했다.

벱페 한때 란게에서는 독일 말만 들려도 산 위로 도망치곤 했었는데.

아버지는 인내심이 없어서 병입 작업을 한 적이 한 번도 없으셨다네

벱페 하지만 나는 수의사 노릇을 하면서도 여기에 살며 와이너리에서 일했다네. 아버지는 인내심이 부족해 병에 라벨을 붙인 적도 없으셔서 내가 할 수밖에 없었지. 아버지는 병입 작업, 라벨 작업 같은 일들은 하기 싫어하셨거든. 그런 일은 이마가 쓸데없이 높고 넓은 인간들이나 하는 것이라 생각하셨지.

난 크게 웃었다.

오스카 아버지는 와인 만드는 것만 좋아하시고 파는 것엔 관심이 없으셨군?

벱페 와인만 만드신 건 아니야. 외양간에서 가축도 키우셨고 밀도 좀 경작하셨어. 돼지가 두 마리 있었고, 토끼도 키웠지……. 지금처럼 거의 자급이 가능했다네.

오스카 멋지군!

벱페 나는 다시 그때로 돌아가고 싶어! 양봉도 다시 하고 싶네.

오스카 와인 만드는 건 좋아하셨지만 나머지 일은 전혀 신경 쓰지 않았다는 아버지가 너무 멋지신데. 수의사를 그만두고 와인 일에만 전념하기로 한 계기는 뭔가?

벱페 그럴 수밖에 없었던 게 아버지가 심하게 아프셨어. 아버지는 항상 저 야자수 아래에 고객들과 앉아서 몇 시간씩 이야기를 나누셨지. 할아버지 세대까지만 해도 바롤로를 제외하고는 벌크로 만 팔았지. 할아버지는 수십 리터 용량의 데미존 유리병을, 지금은 없어진 몬키에로 기차역에서 리구리아 주까지 보내셨어. 할아버지가 와인을 팔러 다니면서 할머니에게 보낸 편지를 지금도 갖고 있다네. 고객 중에는 몬테카를로의 호텔 파리스도 있었어!

뜬금없는 주제들로 잘도 왔다 갔다 하는 벱페를 보니, 꼭 이 나무 저 나무로 펄쩍펄쩍 날아다니는 원숭이 같다.

오스카 아버지께서 아프신 와중에도 와이너리가 변모하는 걸 목격하셨나?

벱페 사실 난 수의사 일을 하면서도 와인 만드는 걸 그만둔 적이 없어.

와인 잔을 맞부딪는 소리가 난다. 플라네타의 샤르도네다.

오스카 그를 아나?

벱페 물론, 그는 한때 바리크 숙성을 더 많이 했는데 이제는 좀 덜 하고 있어. 나무 향이 별로 느껴지지 않는군. 자네들은 느껴지나?

오스카 시게루가 대답할 거야. 여기서 가장 뛰어난 전문가니까.

시게루는 이 와인을 좋아했다.

시게루 이 와인은 시칠리아의 이미지를 달콤한 즐거움으로 바꾸어놓은 와인이라네. 1985년부터 샤르도네 100퍼센트로 생산하는 이 와인은 초록빛이 감도는 짙은 황색이야. 후각적으로는 복숭아, 살구, 골든 애플, 파인애플 같은 과일 향이 느껴지는군. 그리고 오렌지 꽃꿀의 깊은 향도 느껴져. 입안에서는 부드럽고 신선하고 균형이 좋아. 나라면 닭튀김에 파파야 리코타를 곁들여 먹거나, 파르마식 양파 수프와 먹겠어. 아니면 송아지 스칼로피네[32] 요리에 열대 과일 소스도 괜찮고, 오븐에 구운 생선에 허브를 곁들여도 좋겠군. 숙성이 많이 되지 않은 브라 치즈와도 잘 어울리고. 정리하자면 대부분의 음식과 잘 어울리는 특별한 와인이네. 이 와인을 일본에서 가장 높은 643미터의 도쿄 스카이 트리 타워에서 마시는 그림이 그려지는군.

오스카 자네 동의하나?

벱페 내가 보기에 이 일본인 친구는 제정신이 아니네만. 아무튼 향이나 맛에 관해서는 맞아. 정확하게 느꼈네.

시게루 거참 이상하네!

시게루가 유들유들하게 말했다. 시게루도 닮아가고 있다!

벱페는 다시 이웃과 맞바꿨거나 매입한 땅 이야기로 빠져들었다. 그러나 중요한 사건은 별로 없었다. 벱페가 경영을 맡으면서 회사 규모를 키우지 않겠다고 한 아버지와의 약속을 지켰기 때문이다. 평생토록 3만 병!

이제 아주 고통스러운 이야기로 접어들었다. 바로 벱페의 유일한 형제 파올로 이야기인데, 그는 20살 무렵에 요트 사고로 죽었다. 사건이 일어난 건 리구리아였고, 1974년 부활절이었다. 작은 돛단배에는 파올로, 벱페, 다른 두 친구가 함께 타고 있었는데 갑자기 바다가 험해지면서 배가 뒤집

32 Scaloppine. 저민 송아지 살에 밀가루를 묻혀 버터를 두른 팬에 튀기듯 굽다가 열대 과일 등으로 만든 소스를 곁들이는 요리.

혔다. 파올로만 빼고 모두 살아남았다. 벱페는 그를 구해내기 위해 절망적으로 애썼지만 구하지 못했다. 결국 구조대가 올 때까지 모두 배에 매달려 있을 수밖에 없었다. 벱페의 눈에 눈물이 고였고 말을 멈췄다.

오스카 살아 있었다면 자네와 여기서 와인을 만들고 있었겠지?

벱페 물론이지. 그래, 그가 있었더라면 회사를 키웠겠지. 적어도 5만 병은 생산했을 걸세.

화제를 바꿨다.

오스카 자네는 결혼을 2번 했지. 첫 결혼에서는 아이가 없이 헤어졌어. 그리고 안날리사를 알게 되어 그녀와 재혼했고.

벱페 그녀가 나와 결혼한 거지.

시모나가 작게 말했다.

시모나 꼭 우리 아버지 같은 말씀을 하시네요. 여기 란게 남자들은 스스로 꽤나 특별하다고 생각하나 봐요. 모든 여자가 자기들하고 결혼하기를 꿈꾼다고 생각하는 걸까요!

벱페 여자들은 어떤 시기가 되면 아이를 갖고 싶어 하지. 나는 애를 낳아야겠다는 특별한 충동은 느낀 적이 없어.

오스카 무슨 소리야? 회사를 물려줄 생각도 안 했어?

벱페 젊었거든…….

오스카 마르타가 태어났을 때가 서른일곱이었는데, 그게 무슨 소리야!

벱페 아니야, 그렇게 많지는 않았는데…….

나이를 세느라 한 5분을 소모했다. 하지만 나는 숫자를 좋아하는 걸로 유명한지라, 몇 번이나 벱페의 나이에서 마르타의 나이를 빼서 그것을 확인시켜줬다. 결국은 내가 맞았다는 걸 억지로라도 인정할 수밖에 없었다. 그가 썩 믿음직스럽지가 못하자 안날리사가 가족사의 진실을 재구성해주었다. 두 딸의 탄생이 아빠에게는 기쁨을 안겼으나, 할아버지는 실망을 제대로 감추지 못했었다고 말이다. 옛날 분답게 와인의 미래는 장남이 더 잘 지킬 거라고 생각하신 것이다.

오스카 자네도 그렇게 생각했나?

벱페 아니!

오스카 자네 딸들이 가족의 전통을 이어가기로 한 것에 만족하나?

벱페 아주 많이!

불쑥 나온 그 대답이 무척 듣기 좋다! 나는 늘 가족의 변화상에 관심이 많다. 자식의 탄생과 함께 바뀌는 미래 전망, 가치관의 변화에 대한 농촌 사회와 전통 사회의 반응, 혁명이 일상의 삶과 사건에 반사 영향을 끼치는 방식, 가장 기초적인 것에서 힘들게 얻은 아들과 딸 사이의 기회균등.

오스카 딸들이 회사 경영에 대해 자네와 같은 생각을 한다는 것에 무척 만족할 것 같은데, 그건 이 지역의 가치와도 일치하지 않나.

벱페 나는 그 아이들이 나보다도 훨씬 잘할 거라 확신한다네.

오스카 나도 내 아이들이 나보다 더 잘할 거라고 확신해. 자식들에 대해 그런 생각을 하지 않는 아버지는 좋은 아버지가 아니지!

벱페 게다가 자식들은 우리가 솔직한지, 우리가 자신들을 존중하는지 금방 안다네, 특히 딸들은 더해!

나는 기술의 계승이라는 개념에 대해 더 탐색해보려 한다. 그를 유기농 양조 방식으로 이끈, 선명하고 깨끗한 가치관이 어떻게 보존되고 생존을 위해 진화하는지 더 잘 이해하고 싶다.

벱페 와인을 잘 만들려면 양조, 농업 등 전문적인 공부를 먼저 해야 한다고 생각하네. 하지만 과학이 지식을 죽이지 않도록 조심하면서 해야 하지. 과거의 풍요한 경험을 잃어버리지 않아야 하네.

그리고 내가 추가했다.

오스카 또 과학과 지식이 양심을 죽이지 않게 해야 하지!

벱페 포도 경작, 와인 제조, 배럴 보관과 관련된 특정 관례나 습관 등 오랜 세월에 걸쳐 축적된 경험을 무시하는 건 대단한 교만이야. 우리 앞의 세대들이 바친 노력과 그들이 이룬 성취가 위험에 처해 있네.

와인의 역사는 최소 5000년의 세월 동안 완벽함을 위해 경주해왔다. 이탈리아 와인의 이미지를 새로 만들어가고 있는 사람들은 사실 그러한 세월을 어깨 위에 짊어지고 있다. 지금까지 계승되어온 역사나 관습과 완전히 동떨어진 혁신은, 그들의 노력을 개인적 발전을 위한 도전으로 한정하는 것이나 마찬가지다. 우리는 이 여행을 통해 최고를 향해 가는 2개의 다른 여정이 있으며, 그 두 '유파'가 양조 방법, 가공, 시음 방식, 또 서로 다른 와인 유파에 속하는 위대한 와인 장인 간의 관계에 어떤 특징과 영향을 주었는지 알게 될 것이다.

벱페 과거에는 이미 일어난 사건을 관찰하고 숙고하는 것이 나아질 수 있는 유일한 방법이었지. 선조들은 현미경이 없었으니까. 우리의 증조할아버지들은 와인이 발효된다는 것은 알았지만, 파스퇴르가 효모를 발견하기 전까지 발효가 왜 일어나는지는 알지 못했어.

오스카 과학의 숙제는 수수께끼를 해결하는 거지. (이제 화제를 좀 가볍게 바꿔보기로 했다.) 이번에는 맨날 네비올로, 돌체토, 바르베라 같은 레드 와인만 마시느라 지겨워할 안날리사를 위해 내가 가져온 스푸만테[33] 와인을 시음하고 시계루표 생각의 미스터리를 풀어보도록 하자고.

이번에 시음할 것은 메토도 클라시코 스푸만테다. 란게에서 이 방법으로 와인을 만들기 시작한 건 140여 년 전이다. 최초는 간차로, 프랑스 랭스로부터 이 방법을 들여온다. 그리고 수십 년 후 폰타나프레다도 이 방법을 채택한다. 그러니 샤르도네와 피노 누아르로 병 발효를 통해 기포를 얻어내는 노하우가 우리에게도 어느 정도 있는 셈이다.

오스카 벱페 자네는 이 와인이 어떤가?

내 와인인 '알타 란가 콘테사 로사 브뤼 리세르바 2008'을 맛보고 물었다.

벱페 아주 좋군!

오스카 이것은 아주 새로운 와인이네. 내가 알타 란가에 개성을 부여하기 위해 개인적으로 연구를 했다네. 샴페인 생산자들의 비밀은

33 Spumante. 스파클링 와인.

'리큐어 덱스페디시옹'[34]에 있지. 어떤 이는 아르마냑이나 코냑, 아니면 다른 것을 첨가해. 우리는 바롤로 1967년산을 넣는다네. 맛과 향과 색에서 그것이 느껴지나?

벱페 나는 샴페인을 아주 좋아한다네. 게다가 누가 여인을 침대로 데려갈 때 모스카토나 바롤로를 마실 생각을 하겠나? 샴페인밖에 없어! 페피노 디 카프리의 노래에서 나오듯이 샴페인과 기포는 좋아하지 않으려야 안 좋아할 수가 없지!

그래, 바로 이거다! 우리는 지금 란게 사투리로 세계적 가치를 지닌 확실한 마케팅 작업을 묘사한 것이다. 프랑스인들은 사랑, 기념일, 구애 등 강력한 형이상학적 가치들에 와인을 결합시킬 줄 안다. 하지만 우리 이탈리아인들은…… 물론 우리의 작가인 파베세는 이렇게 말한 바 있다. "바롤로는 겨울날 사랑을 나누기 위한 와인이지만, 이것을 이해하는 건 여인들밖에 없다!" 가야 또한 바롤로를 마시며 "섹시한 와인이다!"라고 말하긴 했다. 하지만 불가능하다. 지금으로서는 자신의 제품에 무형의 가치를 담는 능력에서 프랑스인들은 천하무적이다.

벱페 다시 기포 이야기로 돌아가서…… 리큐어 덱스페디시옹은 작황이 좋지 않은 해에도 와인의 품질 수준을 유지하기 위해 첨가하던 것이지. 그러다가 제품의 정체성을 명확히 하기 위한 와이너리만의 특징이 되었어.

오스카 그래서 리큐어 덱스페디시옹으로 바롤로를 첨가하는 것이 시간이 지나면 정체성의 멋진 요소가 될 수 있다고 생각한다네.

34 Liqueur d'expédition. 샴페인 제조 마지막 단계에서 빠져나가는 와인을 보충하기 위해 첨가하는 사탕수수당과 스파클링 와인의 혼합물.

여기서 벱페는 다시 한 번 옆길로 새서 19세기에 네비올로 포도로 샴페인을 만들려던 시도가 있었다고 말했다. 본래부터 원재료의 품질이 낮다는 것을 증명하기 위해서다. 팔레티 후작, 스탈리에노 장군, 제노바에서 샴페인을 만들던 프랑스 컨설턴트 등 거창한 이름들이 언급되었다. 우리가 시음하면서 좀 과하게 마신 것이 아닌가 싶다. 내친김에 내 친구의 그 유명한 객관성을 시험해보려 한다.

오스카 프랑스인들이 우리보다 더 가진 게 뭔데?

벱페 프랑스는 잔 다르크와 함께 탄생했고, 최초의 샴페인 보호 법령이 탄생한 게 18세기네. 이탈리아는 19세기인 1861년에 탄생했지만 어쩌면 아직 그 탄생이 완성되지 않았는지도 몰라. 이탈리아인들은 아직 잡아내지 못한 품위와 긍지가 그들에게는 있지. 자신들의 땅과 와인에 진정한 가치가 있다는 강한 확신과 인식 말일세.

오스카 우리로서는 결코 도달할 수 없는 목표를 프랑스인들이 달성한 건 그들의 자부심 때문이네. 우리에게 오는 관광객이 4700만인데 반해 그들은 8000만이야. 루브르 박물관 단독으로만 이탈리아 박물관을 다 합친 것보다 더 많은 수익을 올린다네. 그들의 와인 수출액은 110억 유로인데 우리의 수출액은 50억 유로라네.

이제 시게루가 이 스파클링 와인에 대해 이야기할 준비를 마쳤고 나는 그의 묘사를 듣고 싶다.

시게루가 스파클링 와인을 마실 때면, 눈이 감기고 표정이 바뀐다. 와인을 음미할 줄 아는 모든 사람처럼 그 또한 샴페인을 좋아한다.

시게루 선명한 황색에 아주 살짝 분홍빛이 감도네. 바롤로가 혼합되어서 그런 거야. 후각적으로는 샤르도네보다 피노 누아르가 더 강하고, 꼭 레드 와인의 향을 맡는 것처럼 말린 과일 향과 미네랄이 많이 느껴지네. 빵 토스트의 달콤한 향도 중요도를 차지하는군. 입안에서는 향기롭고, 기포가 입안을 꽉 채워. 풍미와 신선함이 있고 특히 여운이 매우 기네. 아티초크와 함께 마실 수 있는 흔치 않은 와인 중 하나야. 아티초크 요리 중에서도 속을 채운 것을 추천하네. 해물과 살라미 전채 요리와 잘 어울리고 훈제한 물소 젖 모차렐라와도 좋겠어. 하지만 내가 이 와인과 가장 같이 먹고 싶은 요리는 연어알과 멍게 초밥이야. 간장을 너무 많이 찍지 말고 말이야.

모든 사람의 입안에 침이 고였지만 가장 황홀경에 빠진 얼굴을 한 건 안날리사다. 그녀를 위해 이 와인을 가져왔다. 가장 좋아하는 와인 중 하나라는 것을 알기 때문이다.

섹스? 너무 힘들어!

안날리사는 우리가 정신없이 즐거워하는 것을 유심히 살피다가 그다음 시음을 위해 칸누비를 가지러 갔다. 그때를 틈타 와인을 여러 병 마신 효과를 볼 수 있기를 기대하며 가려운 주제를 꺼냈다.

오스카 한번은 아주 중요한 인터뷰 중에 신문기자가 와인에 대한 질문을 수십 개 던진 다음 자네에게 섹스에 대해 어떻게 생각하느냐고 물었지. 자네는 "섹스요? 너무 힘들죠!"라고 대답했어. 그게 무슨 뜻이었는지 지금 말해줄 수 있겠나?

벱페 그 생각은 미완으로 남아야 하네. 각자가 자신의 결론을 찾아내야지.

그리고 웃는다. 이 동네에서 와인과 성(性)이 뒤섞였을 때 나오는 웃음, 그런 웃음이다.

벱페 종의 보존이 성과 연결되어 있지. 매우 무거울 수도 매우 가벼울 수도 있어. 성도 그 같은 특징을 갖네. 매우 즐거울 수도 매우 힘들 수도 있어.

이제 시모나를 놀려보았다.

오스카 시모나, 무슨 소리인지 알겠어요?

그녀는 당황해서 날 도와주지 않는다. 얼굴만 붉힌다.

벱페 종을 보존한다는 것은 매우 힘든 일일 수 있지…….

오스카 그 결과로 어떤 종이 생기느냐에 따라 다른 거 아닌가?

벱페 ……그에 따라 섹스도 아주 힘들 수 있어. 덧붙일 다른 말은 없네.

미완이 아름답다

나는 그 뜻을 유추해보려 한다. 온 세상 사람들은 마음과 정신에 3가지 중요한 생각을 품고 있다. 하나는 유토피아의 탐색, 다시 말하면 미래를 위한 계획이다. 둘째는 죽음의 공포, 그리고 그것을 극복하려는 노력이다. 셋째는 성(性)이라는 진부한 말로 정리되는 번식이라는 큰 문제다. 이 3가지의 끈질긴 고민거리 중 마지막 것은 어느 층에 내릴지도 모른 채 엘리베이터를 타는 것과 같다. 저층에서 내린다면 침실의 모습이 보이면서 쾌락을 주고받기 위해 수반되는 물리적, 기술적 (때로는 직업적) 노력이 떠오를 것이다. 어떤 이들에게 그것은 힘든 노동이 된다. 만약 중간층에 내린다면 구애의 팬터마임을 볼 수 있다. 자신이 사냥꾼인 줄 아는 사냥감들이 있는가 하면, 여성의 '좋다'라는 말이 사실상 미래 세대의 질을 결정짓는 책임을 수반하기도 한다. 주제가 주제인 만큼 강이 되어 흐르는 샴페인도 떠오를 것이다. 만약 높은 층에서 내린다면 '섹스는 힘들다'는 선언이 우리 앞에 놓인 결과와 자식과 미래를 보고 난 후의 평가이자 삶의 균형감인 것처럼 보일 것이다. 눈물과 혈기가 완숙의 단계에 이르고 환상에서 깨어난 사람이 이 모든 것의 근원인 성이 쓸데없는 노고일 수도 있다고 선언하는 말처럼 보인다. 내가 그의 말을 제대로 해석한 건지 모르겠다.

그래서 벱페의 생각은 낭만적이게도 미완으로 남았다. 위대한 시인 토니노 구에라의 말씀이셨더라!

벱페 완성을 추구하는 건 일종의 오만이라네. 신만이 완벽하고 완성되셨지. 신앙 자체도 어떤 형태로는 의심이라네.

맞다! 하지만 엘리베이터가 너무 높이 올라간 것 같다. 다시 아래로 내려와 잔을 부딪친다. 이번에 시음하는 것은 '테오 무소'의 맥주로 레드 와인용 배럴에서 숙성한 '테레 2010'이다.

오스카 어떤가?

벱페 이건 맥주가 아니군. 또 다른 종류야. 맘에 드는데. 맥주는 아주 복잡한 과정을 거쳐야 하지만 보리라는 전혀 다른 원료로부터 출발하니까 나는 맥주를 음료로 치거든.

그가 '보리'라고 했을 때의 어투를 글로 표현하기는 어렵다. 그는 마치 기껏해야 커피 대용품이나 만들 수 있는 하급의 원료라고 하는 듯하다.

오스카 우리 와인의 미래 이야기로 돌아가지. 조합에 대해 말해보자고. 언젠가 자네가 조합 회장 선출이 있던 회의에 날 데려간 적 있는데, 내 생애에서 가장 지겹고 쓸데없는 저녁 시간 중 하나였다네. 다 자네 책임이야. 나는 그들의 계획안을 듣고 투표를 할 수 있을 줄 알았는데 아무것도 없이 바로 투표로 들어가더군. 우리 와인의 미래를 위해 둘 중 누가 더 나은지 내가 어떻게 결정할 수 있었겠나? 거기서 그냥 수동적으로 앉아서 토의도 없이 그냥 투표하는 사람이 많았어. 도대체 왜? 얼마 후면 회장을 다시 뽑는데, 자네 생각은 어떤가?

벱페 변화를 기대하네. 우리 지역은 장기적 관점의 계획이 필요해.

오스카 이탈리아에 제대로 돌아가는 조합이 있나?

벱페 없지!

이 점에서도 프랑스인들은 더 신중하다. 우리 이탈리아인들은 단체를 구성할 줄 모른다. 우리나라에는 세상에 알려지기만 기다리고 있는 유산이 무한하다. 그 일을 할 줄 아는 개개인의 선례가 부족한 것도 절대 아니다. 하지만 단체들은 자기네 대표를 뽑을 때마저 잠들어 있다!

벱페 능력 있는 사람들은 다 뒤로 물러서네. 어쩌면 회사가 처리할 행정적 문제들이 과도하게 많아서 기업가들이 헛된 일에 시간과 노력을 허비하기 때문인지도 몰라. 그러니 지역이나 공동의 이익에 관심을 쏟을 자유가 없는 거지. 거기에 더해 조합 내에는 항상 소매상들의 로비와 생산자들의 개인주의라는 두 요소가 대결하고 있다네. 소매상들은 대량생산과 글로벌화를 목표로 하지. 장인 생산자들에게는 자신들이 지역 공동체의 골격을 이루고 있는데도 불구하고 질투와 가난 속에 살아가면서 사회적 고립을 자처하는 악습이 있지. 이 지역의 가치를 재고시킨 게 소기업들인 것은 맞지만 개별로 움직이는 것은 좋지 않아.

오스카 우리가 협동에 약한 건 과거로부터의 구습 아닌가?

벱페 봉건제의 유산이야. 실제로 조합 내의 정보교환이 원활하지 않고 네트워크나 민주주의가 부족하지. 사람들이 조합에서 나가는 건 바로 그런 이유 때문이라네. 사람들이 무식할수록 지배하기가 더 쉬워서 그러는 거라네. 역사가 가르치는 게 바로 그거야.

조합은 나라의 축소판이다! 뛰어난 가치를 지닌 외부인이 회장이 되는 걸 받아들인다면 어떨까. 예를 들어 카를로 페트리니 같은 인물 말이다. 그는 더 중요한 다른 할 일이 있겠지만…… 그가 한다면 대단할 텐데.

이제 정치로 넘어간다.

오스카 이제 이후 상황을 알고 있으니까 말인데, 다음 투표에서는 다른 당을 찍을 건가?

벱페 그래, 렌치에게 투표할 거야.

벱페와 안날리사가 거의 한목소리로 대답했다. 내가 이야기한 것은 총선인데, 그들은 민주당 경선에서 누굴 찍을지를 이야기했다. 아무튼 의미는 알겠다. 너무 늦은 것은 없다. 그래서 만족한다.

오스카 이제 어떻게 될 거 같나?

벱페 지금 정신없는 상황이지 않나, 그걸 왜 나한테 묻나?

오스카 자네가 포도 수확을 더 많이 해봤으니 남보다 잘 알 것 같아서. 포도 수확을 많이 해본 사람이 남보다 뭔가 더 잘 알지.

벱페 아버지는 가족이면서 일을 돕지 않는 건 있을 수 없는 일이라고 생각하셨다네. 내가 손을 움직일 수 있을 때부터 아버지가 일하라고 날 포도원에 데려다놓으셨지. 수확도 해야 했고…….

오스카 그럼 14살부터 시작해서 수확을 51번 했다고 치세나. 그중 25번은 회사 사장이 되어 한 거고. 계산이 맞나?

벱페 그렇다고 쳐. 숫자 계산은 자네가 하게.

시게루가 '발라딘 테레 2010' 맥주에 대한 이야기를 시작했다.

시게루 테오 무소가 나에게 스페인 음악 CD를 선물했던 것이 기억나는군. 그게 2008년 9월 9일이었어(일본인들은 말도 안 되게 정확하다). 이 와인 맥주처럼 매우 뜨겁고 섹시한 음악이었지…….

하지만 우리는 그 이야기를 끊었다. 맥주가 너무 맛있고 시원해서 단숨에 다 마셔버리느라 맥주가 더 없었기 때문이다. 이번엔 바롤로가 마시고 싶었다.

오스카 시게루, 이 맥주에 대한 묘사는 멋진 글로 써주게. 바로 벱페의 바롤로를 마시자고.

안날리사가 저장고에 가서 '칸누비 2009'를 가지고 왔는데 막 병입을 한 상태라 아직 라벨도 안 붙어 있었다. 당연히 그보다 앞선 빈티지의 와인들은 그림자조차 찾아볼 수 없다. 구연산이 진정한 친구들과의 특별한 저녁에 마시기 위해 아끼고 아껴둔 대단한 빈티지 몇 개를 빼고는 모두 완판되었기 때문이다. 대단히 영광스럽게도 나 또한 그 특별한 모임에 몇 번 참여한 적이 있는데 찬탄을 금치 못할 와인들이었다. 그의 '바롤로 2009'를 미리 맛볼 수 있다는 사실이 너무나 흥미진진하다. 이렇게 젊은 리날디 와인은 처음 마셔본다.

벱페 이봐, 이제 막 병입한 거라 아직 숙성이 안 되었어. 그건 놔두자고.

결단코 이 기회를 놓칠 수 없다.

오스카 안날리사, 병을 따요, 벱페 말은 듣지 말고…… 늘 그렇듯이요.

늘 그렇듯 벱페의 바롤로는 환상적이다. 나는 내 콧수염도 핥아 먹었다. 운 좋게도 핥아 먹을 콧수염이 있으므로. 맛있다! 난 구연산의 와인을 무척 좋아한다. 너무 적게 만들어 안타까울 뿐! 이번에는 시게루에게 칸누비를 묘사할 시간을 주었다. 그도 도저히 찬탄을 참을 수가 없나 보다.

시게루 이 구릉지는 정말로 완벽한 남향이군. 그래서 비견할 수 없는 우아함을 와인에 부여해주네. 후각적으로는 장미와 제비꽃 향이 느껴지고, 체리, 다양한 허브, 후추, 감초 향이 느껴져. 또 란게의 암석 향도 나는군. 입안에서는 풍미가 있고 따뜻하고 바디가 훌륭해. 하지만 병에서 조금 더 숙성할 필요가 있겠군. 이런 벨벳과 같은 타닌은 칸누비 와인의 전형적인 특징이야. 난 이 와인을 동일한 바롤로 와인에 삶은 소고기 브라사토 요리와 함께 마시겠어. 혹은 그린 페퍼콘을 곁들인 토끼고기 스튜, 숙성 치즈도 잘 어울리겠어. 여기 피에몬테에서는 선택의 폭이 아주 넓겠는데.

'칸누비 2009'에 대한 대화는 미래에 대한 이야기로 마무리 짓는다.

오스카 딸들은 어떤가? 둘이 비슷한가?
벱페 그럼!

그리고

안날리사 둘 다 나나 이이보다 더 똑똑해요!
오스카 솔직하게 딸들을 인정하다니, 보기 좋은 가족이군요!

이제 이곳을 떠난다. 그에게 하지 않은 질문이 하나 있다. 나중에 해야겠다. 이 책을 읽고 그가 집 전화로 내게 연락할 수도 있다. 그는 휴대폰을 버렸다.

결과물인 두 딸에 대해 그리도 자랑스러워하면서 왜 섹스가 힘든 것이라 했을까? 그리고 무엇보다 궁금한 것이 하나 있다. 와인을 만들면서 완벽을 추구하고, 좋지 않은 작황을 극복하느라 애쓰고, 결과에 대해 끊임없이 고민하고, 매해 수확 때마다 고생하고, 이 땅에서 만든 와인, 그리고 전반적인 와인의 의미가 무엇인지 숙고하느라 평생을 다 보내고, 가족사를 이야기하노라면 몇 시간씩 해야 하는데도 왜 구연산은 단 한 순간도, '와인? 너무 힘들어!'라는 말은 안 하는 것인지…….

시게루의 와인 시음 노트

벱페 리날디와 함께

치비텔라 로소 2010(세르조 모투라)

Civitella Rosso 2010(Sergio Mottura)

종류	레드 와인
포도 품종	메를로 80%, 몬테풀차노 20%
양조/숙성	스틸 탱크에서 발효, 스틸 탱크에서 6개월간 숙성
생산지	라치오

짙은 루비색이다. 처음에는 과일(자두) 향이 나고 흑후추, 와일드베리, 감초 향이 뒤를 따른다. 뚜렷한 산미가 골격을 이루고 있으며, 풍미가 있고 드라이하고 둥근 맛을 지녔다. 타닌은 성숙하고, 여운은 길고 조화롭다.

여러 가지 고기 튀김, 주니퍼베리로 양념한 돼지고기 스튜, 흑후추를 곁들인 양어깻살 로스트와 잘 어울린다. 숙성된 파르미자노 레자노 치즈나 그라나 파다노 치즈와 함께 맛보시길.

좋은 와인을 만드는 것도 어려운데, 심지어 화이트 와인 산지에서 훌륭한 레드 와인을 만든다는 것은 큰 도전이다. 세르조 모투라는 성공했다. 국제 품종과 토착 품종을 혼합하여 만든 이 와인을 마실 때마다, 나는 매번 처음 마실 때처럼 감동한다!

샤르도네 2009(플라네타)

Chardonnay 2009(Planeta)

종류	화이트 와인
포도 품종	샤르도네 100%
양조/숙성	절반은 새 바리크에서, 절반은 재사용 바리크에서 발효 및 숙성
생산지	시칠리아

초록빛을 띤 황금색이다. 복숭아, 살구, 골든 애플, 파인애플의 과일 향이 먼저 발산된다. 그리고 꿀 향으로 마무리된다. 맛은 부드럽고 신선하고 매끄러우며 균형이 좋다.

닭튀김, 파파야 리코타 치즈, 파르마식 양파 수프, 열대 과일 소스를 곁들인 송아지 스칼로피네와 잘 어울린다. 오븐에 구운 생선에 허브를 곁들여도 완벽하다.

1980년대에 시칠리아 와인의 이미지를 바꾸어놓은 환상적인 화이트 와인이다. 결코 질리지 않는 와인으로, 일본에서 가장 높은 643미터의 도쿄 스카이 트리 타워에서 이 와인을 마시고 싶다. 이 와인 또한 시칠리아의 최고점이기 때문이다.

알타 란가 콘테사 로사 브뤼 리세르바 2008(폰타나프레다)

Alta Langa Contessa Rosa Brut Riserva 2008(Fontanafredda)

종류	스파클링 와인
포도 품종	피노 누아르, 샤르도네
양조/숙성	절반은 스틸 탱크, 절반은 바리크에서 1차 발효 후 쿠베[35]를 한다. 병입하여 2차 발효를 하는데 스파클링 와인 자체의 효모로 긴 숙성의 과정을 거친다.
생산지	피에몬테

짙은 벚꽃색에 기포가 조밀하고 아름답다. 말린 과일 향과 함께 구운 빵과 효모 냄새가 복합적이고 풍성하게 어우러진다. 입안에서 향기, 풍미, 신선함

35 Cuvée. 나누어서 1차 발효한 와인들을 합치는 것.

이 느껴지며 여운이 오래 간다.

해산물 전채 요리, 살라미와 잘 어울린다. 또 훈제한 물소 젖 모차렐라 치즈, 속을 채운 아티초크 요리, 연어알과 멍게 초밥에 간장을 곁들여도 최고다. 이 스푸만테는 식사와 함께 해도, 아니면 단독으로 마셔도 정말 환상적이라는 것을 끊임없이 강조하고 싶다.

폰타나프레다와 간차는 피에몬테에서 메토도 클라시코, 즉 샴페인 제조 방식과 동일한 방식으로 스푸만테를 생산하기 시작한 최초의 와이너리들이다. 내게 콘테사 로사는 슈퍼 섹시한 와인이다. 그 비밀은 리큐어 덱스페디시옹인 '바롤로 보르고뇨 1967'에 있다!

발라딘 테레 2010
Baladin Terre 2010

종류	발리 와인 맥주
원료	카시나 벨베데레산 흑미, 자체 경지에서 생산하는 보리
양조/숙성	발라딘 양조장의 배럴과 바리크에서 길게 숙성
생산지	피에몬테

짙은 호박색이다. 보리, 체리, 자두, 바닐라, 커피, 담배, 호두의 강렬한 향이 퍼져 나온다. 따뜻하고 부드럽고 달콤하며 구조감이 있는 맛이다. 길고 조화로운 뒷맛에서 볶은 보리와 캐러멜 향이 느껴진다.

피에몬테 퐁뒤, 장어 튀김에 마라스카 열매 소스와 볶은 보리를 함께 곁들이거나, 돼지 정강이 요리에 쪽파와 발사믹 식초를 곁들인다. 사색용 맥주로도 완벽하다.

테오 무소가 부린 또 다른 마법이며, 그가 피에몬테의 대지에 주는 선물이다. 늘 한 병 정도는 소장하고 싶은 그런 맥주인데, 안심되고 기분이 좋아지기 때문이다. 2008년 9월 9일, 테오가 내게 CD를 한 장 선물했는데 그 음악을 들을 때마다 매번 그의 맥주가 생각나면서 행복해진다!

바롤로 칸누비 산 로렌초-라베라 2009(주세페 리날디)

Barolo Cannubi San Lorenzo-Ravera 2009(Giuseppe Rinaldi)

종류	레드 와인
포도 품종	네비올로 100%
양조/숙성	장시간 침용, 대형 배럴에서 3년간 숙성하고 병에서 다시 1년간 숙성
생산지	피에몬테

석류빛의 루비색에 살짝 오렌지빛이 감돈다. 장미와 제비꽃, 체리, 허브 식물, 흑후추, 부싯돌, 감초 향이 난다. 풍미가 있고 따뜻하며, 풀 바디의 와인이지만 거칠지 않은 맛이다. 타닌이 섬세하다.

바롤로에 익힌 소고기 브라사토, 그린 페퍼콘을 곁들인 토끼고기 스튜, 혹은 팬에 구운 소고기 안심에 핑크 페퍼콘과 와사비를 곁들이면 잘 어울린다. 또 야생동물 고기 모둠, 토마 치즈나 매운 고르곤졸라처럼 숙성시킨 치즈와 잘 어울린다.

각각의 바롤로는 하나의 스타일, 하나의 땅이다. 이 바롤로는 벱페 리날디라는 한 남자다. 그는 멀리 보는 예지자이다. 그의 와인은 세계 제일의 슬로우 와인이다. 오늘 와인 병을 따고, 하와이로 휴가를 가서 한 달 후 돌아오면 이제 겨우겨우 마실 수 있을 정도가 되어 있을 것이다. 그러나 그 기다림 끝의 즐거움은 또 얼마나 크겠는가!

4장
눈은 미소 짓고 팔은 포옹하네

와인 명가: 비녜티 마사(Vigneti Massa)

대표: 발터 마사(Walter Massa)

다음 이야기는 발터 마사라는 한 사람의 이야기가 아니다. 그가 건강한 포도나무로 다시 만들어낸 티모라소라는 와인의 이야기다. 그리고 주와 주, 현과 현이 맞닿아 있는 이탈리아 북서부 어느 변경 지역이 정체성을 찾아가는 이야기다. 그리고 아주 작은 마을의 광장에서 특별한 사람들과 함께한, 발터 마사가 우리를 위해 준비한 펠리니[36]식 식사 이야기다.

와인은 광기를 넘어선 균형이다

몬레알레(Monleale)는 쉽사리 지나게 되는 장소가 아니다. 앞에서 코스탄티노가 말한 바 있는 옛 갈리아 지방으로 연결된 비아프란치제나와는 아무 상관 없는 곳이다. 몬레알레는 일부러 들러야 하는 곳이다. 토르토나 쪽에서 온다면 알레산드리아와 파비아 사이의 빙퇴석 언덕으로부터 뻗어 있는 구릉 쪽으로 방향을 잡으면 된다. 남쪽을 바라보면 제노바 앞바다에서 불어오는 미풍에 길을 내주는 작은 골짜기와 산들이 보인다. 변경의 바람이 숭고한 향기와 맛을 선물해준, 잃어버렸던 티모라소를 통해 평범하지 않은 만남이 이루어질 것이다. 이 근처에는 화가 주세페 펠리차의 고향이자 맛있는 복숭아로 유명한 볼페도가 있다. 그리고 몬레알레 알토에는 와인으로 유명한 발터 마사가 산다. 그의 와인은 바롤로만큼이나 장기간 숙성시킬 수 있는 화이트 와인이다.

몬-레-알-레(Monleale), 시칠리아 팔레르모의 보석 같은 도시 몬레알레(Monreale)에서 'r'을 'l'로 시게루가 잘못 발음하면 이곳의 이름이 된다. 우리는 차에서 내리며 이것을 가지고 농담을 한다. 아름다운 봄날이다. 우리의 기분은 최고고, 마을도 금세 마음에 든다.

36 Federico Fellini. 이탈리아의 영화감독.

가장 처음 마주친 발터의 친구는 '발굽'이다. 오전의 중간쯤 되는 시간, 그는 돌로 포장된 바닥에 무릎을 대고 앉아 간이 가스 불 위에 놓인 커다란 곰솥 위로 허리를 굽히고 있다. 그의 별명이 '발굽'인 이유는 1년 중 여덟 달은 신발을 안 신고 다니기 때문이다. 오늘도 역시 신발을 안 신었다. 요리사인 그는 점심에 먹을 닭 요리를 준비하고 있다. 솥 안에는 닭이 최소한 다섯 마리는 들어 있는 것 같다. 여기서 가까운 농장에서 키우는, 사료는 본 적도 없이 천연의 먹이만 먹고 자란 닭들이라고 한다. 와, 운이 정말 좋다! 오늘 여기서 보내는 시간이 우리에게 큰 선물이 될 것 같다.

발터의 눈은 웃는 상이고, 인사를 할 때면 포옹을 한다. 먼저 그와 포옹을 하고 집 안으로 들어가 우리가 들고 온 4병의 와인을 놔두었다. 골짜기 쪽으로 난 창문들이 활짝 열려 있어 아주 시원한 바람이 들어왔다. 이곳은 그와 온 가족의 사랑을 받는 위대한 그의 어머니, 여동생, 여동생의 남편과 3명의 조카(하나는 공주님, 둘은 사내아이이다)가 사는 집이다. 발터의 아들은 엄마와 함께 토르토나에 살고 있다. 그들의 특별한 이야기는 나중에 다시 할 것이다. 발터가 우리에게 포도원을 구경시켜주려 해서 집 안에는 아주 잠깐만 머물렀다. 포도원은 집에서 '백 걸음 떨어진' 곳에 있다고 했다. 백 걸음은 정말 얼마 안 되는 거리인데 가는 길에 트랙터를 몰고 있는 발터의 조카 에도아르도를 만났다.

오스카 그런데 너 면허증은 있니?

당연히 없다. 13살밖에 안 되었으니.

포도원 농부 발터에 대해 말하기에 앞서 발터의 트랙터에 대해서 먼저 말해야겠다는 생각이 든다. 영농 기업에서 트랙터가 얼마나 중요한 역할을 하는지 이해하지 못한다면 그의 역사를 제대로 이야기할 수 없다. 트랙터는 어디를 가나 있다. 심지어는 공중에도 있다. 일하고 있을 때면 바람을 타고 소리를 통해 존재감을 드러내며, 땅 위에 세워져 있으면 색상 포인트가 된다. 열린 차고 안에서는 살짝 고개를 내밀곤 자신의 아름다움을 뽐낸다. 아이들의 상상 속에서 트랙터를 모는 사람은 어른이다. 트랙터는 농민들의 팔과 다리로서, 트랙터를 잘 모는 것은 땅과 조화로이 일하는 기술을 지녔다는 것을 의미한다. 진정한 농민은 마치 전설의 항해사 솔디니가 대양의 파도를 자유롭게 항해하듯, 구릉 위를 누비고 다니며 땅을 손상하지 않고도 트랙터를 지혜롭고 가볍게 운전할 줄 안다.

백 걸음을 걸어 포도나무로 가득한 풍경 앞에 서자, 이 지역이 풍부한 과일뿐만 아니라 와인 생산에도 적합한 땅이라는 것이 떠올랐다.

포도나무로 완전히 둘러싸인 천연의 원형극장은 꼭 란게의 풍경 같다. 이것을 여기서도 볼 수 있으리라고는 예상하지 못했다. 위에서 바라보니 현재가 아닌 다른 시대를 떠올리기가 힘들다. 발터는 이곳의 와인 전통이 란게만큼이나 오래되었다고 했다.

발터 더 길면 길었지.

이 땅에 대한 발터의 자부심은 한이 없다.

오스카 일은 아버지에게 배웠나, 아니면 혼자 익혔나?
발터 이 땅에 의미를 부여할 수 있다는 자부심에 이끌려서 거울을 보며 혼자 일을 배웠네.

믿을 수가 없다! 코스탄티노 샤레레와 똑같이 말하다니. 도대체 이 사람들은 거울을 얼마나 많이 들여다보는 걸까!? 이런 의구심을 갖다가, 지금 우리가 알고 있는 와인의 품질을 얻기 위해 포도밭과의 관계를 완전히 재정립해야 했던 것이 바로 이들 세대라는 사실이 생각났다. 그제야 그들의 말을 이해할 수 있었다.

발터 내가 태어났을 때만 해도 이 고장은 포도밭으로 둘러싸여 있었어. 약 8000헥타르의 포도밭이 있었지. 지금은 2000여 헥타르야. 토르토나는 1930년대까지만 해도 이탈리아에서 가장 중요한 와인 시장이었지. 청포도와 적포도가 다 있었으니까. 그런데 필록세라가 휩쓸던 시기에는 포도밭을 돌볼 일손도 부족했다네. 농부들은 과수 재배로 방향을 돌렸고 서서히 포도밭이 사라졌지. 내가 어렸을 때는 모두 아스티, 밀라노, 스트라델라에서 와인을 파는 것이 목표였지. 포도 수확기가 되면 우리 집 앞 길가로 포도 압착기 네 대가 놓였고 대부분의 와인이 벌크 상태로 팔려나갔어. 그 당시 주로 만들던 와인은 두 종류의 바르베라였어.

발터는 이 말을 하면서 벌써 웃기 시작했다.

발터 하나는 A타입(신 것), 다른 하나는 B타입(브루스크 타입)이었지.

우리도 웃음을 터뜨렸다! 피에몬테 사투리로 '브루스크'가 시다는 뜻이기 때문이다.

발터 1970년대에 우리를 포함한 몇몇은 코르테세 품종도 재배했다네. 이곳은 코르테세 와인을 생산하는 가비에서 30킬로미터밖에 안 떨어져 있거든.

오스카 그러니까 자네 가족은 이미 와인을 생산하고 있었군?

발터 그래, 그랬지, 1879년에 할아버지가 이곳으로 터전을 옮겨와 땅을 많이 사들이셨네. 이 골짜기에 내 땅이 6헥타르가 있어. 가장 마지막으로 땅을 더 산 것이 2006년인데 저 아래쪽에 남동쪽을 향하는 아주 이상적인 땅이 있다네! 그곳에서부터 코르테세를 뽑아버리고 티모라소를 심기 시작했어. 내가 전에 그랬지? 클라우디아 시퍼가 있어도 부엌에서 설거지나 하고 있으면 무슨 소용이냐고. 앞에서 사람들을 맞이해야 소용이 있지…….

오스카 아버지도 할아버지처럼 농부셨나?

발터 그 앞의 이야기부터 하겠네. 아버지와 삼촌은 일도 항상 함께하시고 텔레비전도 세탁기도 함께 나누어 쓰셨지. 어머니와 숙모님 사이도 무척 좋았어. 그 덕에 저축을 하실 수 있었지. 과수 재배에 미래가 있다고 여겼기 때문에 1960년대에 노란 과육 색을 띠는 미국 복숭아 품종 '레드 헤븐'을 400여 그루 심으셨고 토착 품종인 '구이드 분'보다 4배 비싼 값에 파셨네. 그 복숭아 덕에 아버지와 삼촌은 6층 건물을 지을 수 있었어. 그 집에서 내가 태어났지. 나는 가족이 무척 자랑스러워. 우리 식구는 다 괜찮은 사람들이야. 우리 외할아버지 바르톨로메오는 1930년대에 이 마을 최초로 집에 욕실을 만든 분이셨는데, 80살에 재혼을 하면서 하신 말이 "자식이 더는 안 태어나도 그게 내 잘못은 아니다"였네. 이미 아들은 넷, 딸은 둘이나 두셨었거든.

우리는 발터가 누구를 닮았는지 알겠다면서 웃었다.

발터 나는 우리 가족이 일구어놓은 일이 허투루 돌아가게 할 수 없었기에 와인을 만들기로 했지, 물론 내 방식대로 말이야! 우리 부모님은 꽉 막힌 사람이라 변화를 싫어하셨어. 그래서 초기에는 몰래 나가서 포도나무를 뽑아버리곤 했지! 그 덕에 결국 좋은 와인을 만들기 시작했고. 내가 처음으로 포도를 수확한 것이 1978년이었는데 군 복무를 하고 있을 때였어. 당시 바르베라를 10헥타르, 청포도 품종을 2헥타르 재배했는데 티모라소의 양은 아주 적었어.

화이트 와인은 토르토나 포도 재배의 보석으로, 빛나는 미래가 예견된다

발터의 집으로 돌아가면서 그는 볼로냐의 사법 판사 피에르 데 크레셴치에 대해 이야기했다. 그는 14세기에 아스티에서 잠시 살았고 그로 인해 농업에 푹 빠져서 〈농업의 실제〉라는 논문을 저술했다. 거기서 그는 "화이트 와인은 토르토나 포도 재배의 보석으로, 빛나는 미래가 예견된다"라고 썼다. 이 논문이 임자를 만나지 못한 게 분명하다. 왜냐하면 토르토나 포도 재배농들은 화이트 와인에 기대를 걸지 않았기 때문이다. 발터가 와인을 만들기 시작했을 때, 그나마 있던 적은 양의 티모라소는 모두 '토르볼리노'[37]라는 이름의 벌크 상태로 스위스 시장에 팔려나가고 있었다. 이름이 그랬던 건 11월에 불순물이 섞인 상태로 팔려나가 스위스에서 여과 작업을 거쳤기 때문이다. 아니면 유일한 화이트 와인인 코르테세와 혼합해서 판매했다.

오스카 그런데 티모라소가 다루기 쉽지 않은 포도인가?

37 Torbolino. 혼탁하다는 의미.

발터 생산도 잘 안 되고 규칙성도 없고 쉽게 상하고…… 신경을 많이 써야 하는 포도지. 자네 고장의 네비올로처럼 말이야. 다루기 힘들긴 해도 방법만 알면 독특한 와인이 나온다네.

걸어가다가 또 다른 조카인 필리포를 만났다. 그 또한 트랙터를 몰고 있다. 이 집안 사람들은 옛날처럼 일요일에도 일을 한다. 발터는 조카들을 사랑하고 조카들은 삼촌을 사랑한다. 틀림없다. 나는 발터에게 물었다.

오스카 자네도 양조학을 공부했지?

발터 그래.

오스카 자네가 결정했나?

발터 아니, 아버지가 강요했고 할머니가 이해시켜주셨지.

오스카 자네의 미래가 포도 재배에 있다고 생각하셨나?

발터 아버지 아우구스토는 대단한 민주주의자지만 또 뼛속 깊은 반파시즘주의자로, 독선적인 반공주의자셨어. 내가 알레산드리아[38]에서 한자리를 차지하고 친구들과 가족의 문제를 해결할 수 있기를 원하셨어. 그 이상은 생각도 못 하셨지.

그사이 우리는 집 안에 들어섰고 그의 처남인 벱페와 인사를 나눴다. 발터는 그가 대단한 지적 후원자라고 소개했다. 벱페는 술을 못 마셔서 나가는 중이라고 말했다.

발터 내 조카들은 벌써 조금씩 마실 줄 알아. 아버지를 닮지 않아 다행이야!

38 Alessandria. 알레산드리아 현(縣)의 현청 소재지. 몬레알레도 이 현에 속해 있다.

처남을 비롯해 우리 모두가 웃었다.

오스카 다시 양조학 공부 얘기로 돌아가서…….

우리는 이야기를 나누며 테이블 주변에 둘러앉았다. 집 안은 아까처럼 시원했다. 발터는 시음용 잔을 식탁 위에 늘어놓았고 시게루는 언제나처럼 신중하게 와인 병을 따서 준비한다.

발터 1973년, 식구들이 날 설득해서 알바로 공부를 하러 갔어. 양조학교를 마치고 집으로 돌아온 후에는 머리를 굽히고 바르베라를 경작했네. 1979년이 되었을 때 마침내 10헥타르의 땅에 크로아티나 포도 품종을 심었네. 외삼촌 레나토와 의논해가면서 말이야. 외삼촌은 지금 90살이 넘었는데 자신이 항상 옳다고 믿는 타입이시지. 반면 아버지는 항상 포도와 정치 양쪽에 관심을 쏟으셨고. 자치 시 시장을 지내던 2000년에 돌아가셨어. 나는 와이너리 경험의 대부분을 삼촌인 주세페와 함께 쌓았어. 나는 코르테세 말고도 다른 화이트 와인을 만들고 싶었지. 1987년에 처음으로 1000킬로그램이 안 되는 양을 가지고 와인 560병을 만들어서는 산 조르조에서 열린 전시회에 가지고 나갔어. 이름은 '티무아스'라고 붙였지.

오스카 '데르토나'라는 이름은 아직 쓰지 않았군?

발터 응, 좋은 생각은 한참 일에 빠져 있을 때 나는 법이거든.

이제 첫 번째 와인으로 풀리아 주 살렌토 지역에서 만들어진 '로이첼로 2010 토르마레스카'를 맛볼 순간이었다. 토르마레스카는 풀리아 주에서 가장 멋진 와이너리 중 하나로 피에로 안티노리가 사들여서 경영하고 있다. 살렌토는 풀리아의 란게라고 보면 된다. 발터는 이 와인이 '매우 잘 만들어진 와인'이고, 남부 와인들이 때로는 너무 무거운데 이것은 남부 와인 같지 않고 현대적인 피아노 와인이라고 평했다.

시게루는 언제나처럼 정확하고 섬세하게 와인을 묘사했다.

시게루 아카시아 같은 하얀 꽃의 향기, 허브, 노란 복숭아, 자두, 건초 향기가 나는군. 입안에서 느껴지는 풍미는 진하지 않고 말린 과일의 맛이 살짝 나. 산도는 약하고 바디감은 중간 정도야. 매우 부드럽고 기분 좋은 맛이야. 어느 때라도 마실 수 있는, 마시기 쉬운 와인이야. 가장 이상적인 궁합의 음식은 야채 퓌레, 생선회, 소금과 레몬을 곁들인 아스파라거스 튀김이고, 아쿠아 파치[39]와도 잘 어울리겠어.

살렌토의 피아노 포도 품종으로 만든 와인을 이곳 티모라소 골짜기에서 맛본다는 것은 사프란 리소토[40]를 나폴리에서 먹는 것과 비슷하다는 생각이 든다. 하지만 이것 또한 이탈리아 와인 업계의 위대한 인물들을 찾아다니는 이번 여행의 즐거움이 아니겠는가. 이들이 다른 이들의 와인을 마시고 어떤 관심을 보이는지 지켜보는 것도 상당히 즐겁다. 위대한 인물들은 보통 다른 동료들이 일군 결과 역시 존중한다.

39 Acqua pazza. 나폴리의 생선 요리.
40 Risotto allo zafferano. 이탈리아 북부 롬바르디아 주의 대표적인 쌀 요리.

가격 책정

오스카 처음 티모라소 와인을 만든 다음, 가격은 어떻게 정했나?

발터 내가 전시회에 참가했을 때 그곳 밀라노 나빌리오에서 바를 경영하는 사람이 지나다 들렀네. 자기 바에서 피에몬테와 베네토 주의 와인만 내놓고 싶다면서 여러 병을 샀어.

오스카 가격은? 바로 높이 매겼나?

발터 합당한 가격을 매겼어! 설명해주겠네. 보통 하는 대로 수요와 공급이라는 오래된 경제 원리에 의해 가격을 정한다면 나는 그 와인을 그냥 공짜로 줘야겠지. 그래서 다른 방식을 적용했네. 나는 솔직하게 털어놓았어. 만약 생산 원가를 생각한다면 엄청 높은 가격에 팔아야 할 거라고. 그러면서 늘 하던 대로 실용주의를 택했지. 1980년대 당시 좋은 가비 와인의 가격이 5000리라에서 1만 4000리라 정도 했다네. 그래서 1987년인 그해에 내 최초의 티모라소 와인을 병당 7800리라, 그러니까 가비 와인의 평균 가격에 팔았다네.

발터가 26년 전의 가격을 완벽하게 기억한다는 것은 숫자를 좋아한다는 걸 뜻하므로 좋은 징조다.

오스카 첫 티모라소를 맛보고 어떤 생각이 들었나?

발터 "해낸 것 같아" 하고 말했다네.

오스카 대단히 중요한 순간이었을 텐데, 자네 인생이 걸렸었지 않나.

발터 그래, 나는 운 좋게도 양조 학교에서 최고의 선생님들을 만났었네. 화학을 가르친 리소네 교수님, 양조학을 가르친 모란도 교수님 등. 물론 그분들의 가르침도 중요했지만 특히 법학을 지도한 지지 보르고뇨 교수님의 가르침을 따라 와인을 만들었다네. 그분은 "판사는 한 가족의 훌륭한 가장처럼 근면을 실천해야 한다"라고 말씀하셨어. 나는 티모라소를 만들 때 근면을 실천했어. 분별력을 따랐지. 그리고 누구 말이 맞는지도 알고 싶었다네. 이 포도로 만든 와인이 세상에서 가장 맛있는 와인이라고 한 사람이 있는가 하면, 포도가 정말 형편없다고 한 사람도 있었거든.

오스카 사실상 자네는 과학과 지식과 정신 사이의 관계에 대해 말하고 있군. 기존 규칙을 따른다는 것은 과학과 지식만 적용한다는 걸 뜻하거든. 하지만 때로는 자네의 마음이 어느 길이 옳은 길인지 더 잘 알려줄 때도 있지.

정신은 품질의 도약을 이루어내고 유인원이 동물에서 인간으로 거듭나게 만든다.

발터 그래, 그것이 바로 내가 한 거였어. 1988년의 와인은 더 좋았는데 그해에 내가 와인을 맛본 건 7월, 즉 병입을 하기 전이었다네. 그런데 여전히 당도가 너무 높다는 생각이 들더군. 티모라소는 다른 와인보다 시간을 더 필요로 한다는 걸 그때 깨닫네. 수확을 하고도 18개월은 지나야 하는 와인이었던 거지.

오스카 하지만 당시엔 화이트 와인을 숙성시키지 않았잖아?

발터 그래, 숙성 와인은 없었어!

오스카 그리고 그사이 자네는 와이너리의 사장이 되었지?

발터 그래, 1982년에서 1983년 사이였지. 여느 농가들이 그러듯이 자연스럽게 내게로 넘어왔어.

발터는 이야기할 때 흔치 않은 에너지와 생명력을 발산한다. 그의 눈은 미소 짓고 손은 넓고 크게 움직이며 뺨은 붉게 물든다. 와인도 음미한다. 그도 나처럼 와인을 테스트하기보다는 마시는 걸 좋아하는 사람이다. 두 번째로 맛볼 와인은 요스코 그라브너의 브레그 안포라다. 이 와인을 가져온 건 두 사람이 서로를 존경하기 때문이다. 발터는 와인을 맛보고는 심지어 황홀경에 빠질 지경이라면서 에라스뮈스의 유명한 문구인 "와인은 영혼의 거울이다"를 인용했다.

심지어 시게루는 이 와인 앞에 무릎을 꿇고 앉다시피 했다. 일본에서는 이해하지 못할 수도 있지만 이 와인은 특별한 와인이라고 했다. 그가 암포라의 와인 숙성 방법에 대해 설명하려고 입을 열자 발터가 그를 딱하다는 듯 쳐다본다. 마치, '내가 요스코와 암포라를 어떻게 쓸지 이야기하고 있을 때 아직 콩밭에 앉아 녹차나 마시고 있던 풋내기가 어디서 아는 척을 하는가……'라고 말하는 듯했다. 물론 그런 말을 하지는 않았지만 눈빛에서 읽을 수 있었다. 우리의 시게루도 그것을 눈치채고는 입을 다물었다. 다만 숭고한 단 한마디를 내뱉었다.

시게루 이 와인은 상어 고환 요리와 함께 먹겠네.

그래, 나는 그 고환 이야기를 좀 잊어버리기 위해서 이 와인을 마셔야겠다. 발터는 이 충격적인 피날레는 듣지 못했다. 왜냐하면 계속해서 전화하는 친구들에게 짧은 사투리로 명령을 내리고 있었기 때문이다. "벤수코티(자네도 이리 와!)." 점심 먹으러 오라고 모두를 초대하고 있었다. 사실상 파티가 계획되고 있는 것이다. 도대체 밥을 먹으러 얼마나 많은 사람이 올지…….

오스카 티모라소 이야기로 돌아가세. 시간이 필요하다는 것을 알게 되었고, 그다음에는?

발터 1992년에 수확한 포도는 대단했어. 그 포도를 티모라소의 첫 번째 크뤼와 함께 섞고 '코스타 델 벤토'라고 이름 붙였지. 그 작업을 할 때 아버지의 도움을 받았어. 그 당시 아버지와는 싸우지 않을 때면 뜻이 아주 잘 맞았거든! 아버지는 날 이해하셨고 다행히 내가 만든 유토피아의 맛을 볼 때까지 충분히 오래 사셨네. 생산량은 500리터에서 600리터이던 게 2만 1000병에서 2만 5000병으로 늘어났네. 그렇게 해서 만든 와인은 훌륭했고 내 마음에 들었네! 그런데 밀라노에 있는 중개상이 내게 와인을 너무 비싸게 판다고 하더군. 그렇지 않다는 걸 증명하기 위해 오히려 블랑제 와인의 병당 가격인 1만 2000리라로 올려 팔기로 했다네! 생산량도 늘었으니 나 스스로 가격을 올려도 되겠다고 느낀 거지. 보다시피 나는 경제 원리를 제대로 적용한 적이 없어.

오스카 애덤 스미스가 주창한 시장 원리와 반대로 갔군.

발터 그래, 하지만 나같이 정신 나간 사람 말고 제정신인 사람들이 대상이라면 애덤 스미스가 맞을 거야.

내 고향 알바에서는 '가빌로'라는 말을 쓰는데, 그 말은 '재미있고 매력 있고 성공한 미친놈'이라는 뜻이다. 발터 마사는 진정한 '가빌로'다.

오스카 다 팔았나?

발터 다 팔았지! 중개상들이 도와줬지.

오스카 그런 전략은 혼자 결정한 건가 아니면 아버지와 함께했나?

발터 아버지를 무척이나 존경하지만 이런 결정은 늘 거울 앞에서 혼자 내린다네. 아버지는 그 세대 사람들이 다 그렇듯, 전쟁에서 너무 끔찍한 폭력을 겪어서인지 이런 생각은 해내지 못하셨지.

전쟁 이야기를 많이 하지는 않았지만 우리가 여기 도착하자마자 발터는, 삼촌이 독일군들에게 끌려갔고(그리고 다시 돌아오셨다) 아버지는 트라우마로 인해 몬레알레에서 한 발짝도 나가지 않았다고 했다. 심지어는 신혼여행도 안 가셨다고! 정말 결속이 굳은 가족이다.

위대한 와인 생산자들 사이에는 유사점이 참 많다. 코스탄티노의 거울, 전쟁으로 인해 트라우마를 겪는 벱페 리날디의 아버지……. 이런 생각을 하는 동안 '발굽'이 빵과 2009년 12월 만들어졌다는 판체타[41]를 가지고 왔다. 이 지역 살라미는 랑게의 것보다 훨씬 맛있다. 우리가 먹는 판체타 또한 무척 향기롭고 바삭바삭하고 신선해서 눈물이 다 나올 지경이다! 절대 2009년산일 리가 없다. 그냥 믿지 않기로 했다. 아무튼 그것이 중요한가, 맛이 환상적인데. 점심 식사는 어느덧 파티가 되었다. 이 배의 노를 잡고 있기란 너무 힘들어서 그냥 손을 놓아버리고 바다 위를 자유롭게 떠다니고 싶다. 어차피 이 바다는 나와 친하다.

발터는 바르베라 와인을 두 병 땄다. 안 되는데…… 적어도 지금은 안 되는데……. 그는 와인을 마시려고 한 것이 아니라 마개를 보여주려고 땄다고 말했다. 똑같은 마개였는데 두 병의 코르크 색깔이 달랐다. 하나는 더 밝은 적색으로 물이 들었고, 다른 하나는 더 어두운색이다. 왜? 왜냐하면 둘 중 하나는 완전히 중화되지 않았기 때문이다. 코르크 마개는 염기성을 띠었다가, 산성을 띠었다가 다시 염기로 갔다가, 이렇게 여러 번 화학

41 Pancetta. 이탈리아의 베이컨.

적 변화를 거친다. 그래서 마개는 완벽해야 한다. 완벽하지 않으면 와인을 제대로 보관하지 못한다. 코르크는 그가 상당히 중요하게 생각하는 문제다. 아무튼 모인 김에 바르베라도 맛보자고 한다. 빵과 판체타도 완벽하고 흡족하다. 코르크 얘기는 그냥 핑계일 뿐.

오스카 발터, 미안한데 다시 가격 이야기로 돌아가도 되겠나? 1992년 이후 가격을 또 올리나?

발터 맞아. 내 목표는 예르만의 빈티지 투니나 가격까지 올리는 것이었네. 결국 그 가격까지 올렸지. 1995년에는 내 와이너리에 혁명이 일어나지. 내가 프리울리 주에 가서 마리오 스키오페토, 잔프랑코 갈로, 실비오 예르만, 그리고 덜 유명하지만 아주 대단한 사람인 가스파레 부셰미를 만나거든. 그들 덕에 아황산을 첨가하지 않고도 와인을 만들 수 있다는 것을 배우네. 그리고 쉬르 리 침용을 길게 하기 시작하고, 내 티모라소 와인을 병에서 적어도 1년은 휴지시켜야 한다는 것도 배우지. 5000병의 티모라소 와인 병을 1년 동안 놔두겠다는 결단을 내려야 했지. 그렇지 않으면 실패자가 되는 거였어! 그래서 1995년산 티모라소가 1997년에 출시되네. 바로 거기서 내 와인의 법칙이 탄생했다네.

양조가 바스코 로시를 고용하다

조카 필리포가 들어오자마자 발터는 아이를 불러서 자기 무릎에 앉혔다. 그리고 와인의 법칙이 뭔지 한번 말해보라고 했는데 숫기가 없는 아이는 부끄럼을 탄다. 게다가 오늘은 낯선 손님들이 많이 와서 그 틈에 앉고 싶지 않아 보였다……. 시계루를 쳐다본다.

발터는 필리포가 외국어 고등학교에 들어갈 거라고 말했다. 와인을 만드는 데 필요한 농익은 포도, 분별력, 시간—그렇다. 이것이 발터 마사의 와인의 법칙이다—은 그가 가르칠 수 있지만 언어는 학교에서만 배울 수 있어서라고 그가 말했다.

오스카 다른 조카 에도아르도는 무슨 일을 할 건가?

발터는 자신이 강요는 하지 않으며 '조언'만 할 따름이라고 했다. 만약 에도아르도가 그의 조언을 따른다면 양조학을 배우게 될 것이다. 두 조카가 이 회사를 잘 운영하려면 그 둘이 서로 다르고 상호 보완적인 분야의 전문가가 되어야 한다.

발터 나는 강요는 안 해, 조언만 할 뿐이야.

그는 조카들을 마치 친자식처럼 대한다.

발터가 1997년에 고용한 양조가 바스코 로시는 모데나의 초카 출신으로 1952년생이다. 그는 티모라소가 거둔 성공의 공범이다. 동명의 유명 로커 바스코 로시가 부른 노래 〈샐리〉에는 "왜냐하면 인생이란 멀리 날아가는 설렘이기에, 모든 것은 광기를 넘어선 균형이기에"라는 가사가 나온다. 발터는 바스코 로시의 노래를 빌려와 단언했다.

발터 와인은 모두 광기를 넘어선 균형이라네.

발터는 어쩔 수 없는 로커다. 젊을 때부터 오토바이를 타고 다니며 바스코 로시의 음악을 들었다. 만약 물려받을 회사가 없고 부모님을 생각하지 않았더라면, 무모한 일탈의 삶을 살았을 수도 있다. 이 얼마나 멋지게 정신 나간 남자인가!

그는 왜 이 가사를 인용했는지에 대해 설명했다. 그의 뜻대로 와인을 만들기 위해서는 3가지가 필요하다. 하나는 물질적인 것으로 포도다. 나머지 2가지는 살 수 없는 것들인데 시간과 분별력이다. 물질적인 것과 비물질적인 것을 합쳐 제대로 된 와인을 만들기 위해서는 '광기를 넘어선 균형점'을 찾아야 한다.

발터 사람들이 내게 내추럴 와인 전시회에 가느냐고 물으면 '장인' 와인 전시회에 간다고 대답하는 이유가 바로 그래서라네. 장인은 원제품을 만들고 공장은 복제품을 만드니까. 하지만 장인과 공장 간의 협력은 아주 중요하지.

오스카 이야기를 계속하세. 이제 이야기는 1990년대 말에 이르렀는데 새 천 년에는 무슨 일이 일어나지?

발터 고향에 대해 보다 진지하게 생각하게 되고 친구 안드레아 무티가 티모라소를 만드는 걸 도와주네. 안드레아도 나와 같아. 이쪽 사람들은 늘 여기를 떠나 밀라노나 파비아 같은 대도시로 갔는데 말이야. 최고들은…… 자네 동네인 란게로 갔지만. 그건 또 다른 얘기지. 란게는 지역 문화를 늘 유지해왔으니까.

오스카 꼭 맞는 말은 아니야. 세계대전 후 란게는 엉망이었어. 재능과 자원이 같다고 했을 때, 한 지역의 행운은 거기서 태어나는 사람들이 만드는 걸세. 우리는 자코모 모라같이 란게의 운명을 완전히 바꾸어놓은 천재를 갖는 행운을 누렸지. 모두 그의 덕이야. 그는 호텔 사보나라는 전설을 만들어냈고, 농민들이 주전부리로나 먹던 흰 송로버섯을 큰 것으로만 골라 트루먼 대통령에게 선물했다네. 그 덕에 전 세계 모든 일간지에 송로와 그의 사진이 함께 나오게 되었어. 사보나 호텔 내에서는 바롤로와 바르바레스코를 마시게 했고, 짧은 시간 안에 미슐랭 별 하나를 획득하지. 이후로도 레나토 라티, 가야, 체레토, 몬포르티니 등 와인계의 걸출한 인물들이 그 뒤를 잇지. 사람들은 자립하자마자 세계를 이리저리 돌아다니며 랑게 이야기를 했어. 지역의 운명을 바꾸는 것은 사람들이야. 자네도 틀림없이 자네 고향의 운명을 바꾸게 될 걸세. 이미 제대로 가고 있지 않은가!

발터 그러길 바라보세! 아무튼 1997년에는 안드레아도 자신의 티모라소를 들고나오네. 내 것과 유사하지만 내 와인처럼 그의 와인도 그의 에고와 그만의 무정부주의를 담고 있지. 유사하다는 것은 똑같다는 뜻이 아니야. 이 두 와인은 2개의 고정된 점이고 그 두 점 사이는 줄을 그어 연결할 수 있지. 그것이 티모라소가 성공으로 가는 출발선이 되었고.

오스카 티모라소의 성공 이야기는 잠시 멈추지. 자네와 시게루에게 세 번째 와인에 대한 의견을 묻고 싶어. 지금 잔에 담긴 것은 마리나 크베티의 '몬테풀차노 다브루초 2008'이라네. 마음에 드나?

발터 아! 마리나. 그의 남편 잔니 마샤렐리는 이탈리아에서 좋은 와인 혁명을 추진하던 친구들 중 하나였다네. 마테오 코레자, 마시모 아코르네로, 마르코 데 바르톨리, 자코모 볼로냐, 안젤로 로카, 퀸토 키오네티의 아들 안드레아 키오네티 등 일이 진행되던 중에 너무 빨리 우리를 두고 가버린 친구와 동료들이 생각나서 목이 메는군. 내가 알기로는 퀸토 키오네티와 함께 '농촌 와인' 혁명이 시작되었어. 그가 돌리아니에서 돌체토로 단순히 '좋은 와인'이 아닌 '정말 좋은 와인'을 만들었기 때문이지. 그들은 이제 없지만, 그들의 가족과 회사와 와인에 대한 사랑에 의해 남겨진 그들의 생각은 지금도 예술의 형태로 온 세계를 여행하며 이탈리아를 근사하게 여기게 해준다네. 이 와인은 온 세계가 다 마셔야 할 만큼 완벽한 와인이야. 훌륭한 구조와 질감을 지닌 아주 잘 만들어진 와인이지. 부족한 게 있다 해도 아프로디테를 여신 중 가장 아름다운 여신으로 만들어준 사시증 정도라네.

시게루는 지금까지 무척 조용하다. 발터의 친구들이 끊임없이 왔다 갔다 하면서 모임의 규모가 점점 더 커지고 있어서 일본인다운 엄격함을 지닌 그가 좀 혼란에 빠진 것 같다. 하지만 그런 와중에도 마음에서 우러나오는 행동을 하고 사람을 환대하며 함께 어울리는 모습들이 이탈리아의 정신을 가장 잘 표현한다는 것도 틀림없이 이해하였으리라. 시게루는 빵도 판체타도 먹지 않았다. 그의 미각은 그 어떤 음식에도 침범당하지 않고 와인에만 집중하고 있다.

그는 와인에 대해 이야기할 차례가 되면 언제나 즐거워한다. '마리나 크베틱 마샤렐리' 와인에서는 제비꽃과 감초, 자두, 후추, 블랙 커런트, 담배 향을 느낀다. 입안에서는 붉은 과일의 신선한 노트가 느껴지며, 드라이하고 입안을 꽉 채우며, 부드럽고 씹어 먹고 싶을 정도의 질감이 있다. 꽉 찬 바디와 좋은 균형을 갖췄다. 붉은 살코기 로스트, 생강을 곁들인 양고기와 잘 맞고, 닭고기 간 꼬치구이에 7가지 후추를 곁들여도 좋다. 나는 농담 삼아 불평했다.

오스카 내가 일본 갔을 때는 7가지 후추로 양념한 닭고기 간 꼬치구이를 먹으러 한 번도 안 가지 않았나! 항상 초밥만 먹으러 가서 정말 진절머리가 났네!

물론 이게 농담이라는 걸 시게루도 잘 안다. 나는 일본 요리를 무척 좋아하는 데다 일본 요리는 종류도 무척 다양해서 지겨움을 느낄 수가 없다. 때로 시게루는 도쿄에서 아주 멀리 떨어진 곳의 가족 단위로 운영하는 식당들에 날 데려갔는데, 감동할 만큼 음식이 맛있었다. 그중 한 식당에서 처음으로 상어 고환 요리를 먹었다. 문제는 이 나쁜 일본인이 내가 그것을 게걸스럽게 삼킨 다음에야 그 사실을 알려줬다는 것이다.

민주당원이 되기 위해 공산주의자가 될 필요는 없다

발터 2008년이 되면 프란코 마르티네티도 필드로 나온다네. 그 또한 티모라소를 만들고 싶어 하기에 그를 도와주었지. 시장 포지셔닝과 관련해서 그는 와인을 미슐랭 별이 붙은 레스토랑들에 팔고 나는 계속 일반 레스토랑에 팔았네. 그렇게 해서 시장 전체를 다 커버하게 되었지.

오스카 프란코는 대단한 사람이지.

말하는 동안 나는 아주 자연스럽게 '바르베라 몬레알레 1978'을 잔에 따랐다. 마르티네티에 대해 이야기하는 중이니 바르베라는 당연히 의무적으로 마셔줘야 한다. 코르크 마개 이야기를 하느라고(마개는 그냥 핑계였을지도 모르지만) 병이 열린 채 거기 놓여 있었다. 이 와인이 우리 시음 계획과 아무 관계도 없다는 것을 안다. 하지만 바르베라 와인이 내 앞에서 눈짓을 보내면 참을 수가 없다! 거기다 '발굽'은 계속해서 테이블 위에 살라미, 라드, 빵을 가져다놓았는데 가져오는 것마다 하나같이 맛있다. 너무 강력한 유혹이라 뒤로 물러설 생각조차 못 한다. 발터의 바르베라는 아주 맛있고 살라미와 함께 마시니 황홀경에 빠질 지경이다. 내가 제일 좋아하는 와인이다! 나를 보는 시게루의 눈빛에서 부러움이 느껴진다. 바르베라는 계획에 없는 와인이라 의무에 충실한 그는 마시지 않는다. 점심시간이 거의 다 되었으니 배가 고플 텐데도. 일을 마치기 전까지는 시게루가 음식에 손도 대지 않을 거란 걸 알아서, 나는 대화를 좀 더 빨리 진행하려 노력한다.

발터 그보다 앞선 2000년에는, 1990년대 말에 우리를 믿고 포도나무를 심었던 클라우디오 마리오토, 라 콜롬베라, 엔니오 페레티, 루이지 보베리, 아지엔다 아그리콜라 테랄바 등 다른 생산자들의 티모라소도 출시되었다네. 나는 더는 이단아가 아니라 선구자가 되었고 마침내 함께 토론할 수 있는 동료들이 생겼지. 우리는 티모라소를 지키기 위해서는 '정조대'가 아니라 '사랑'을 줘야 한다고 결론 내렸지. 그런데 정체성이 있을 때 사랑도 있다네. 그래서 나는 이렇게 말했어. "그래, 티모라소를 데르토나라고 부르자!"

데르토나 율리아는 토르토나의 라틴어 지명이다. 이 생각을 하면서 나는 발터에게 사과했다.

오스카 내가 잠깐 딴짓을 했네, 마테오 렌치[42]에게 문자메시지를 보내던 중이었거든.

발터 그에게 말해, 다음번에는 나도 그와 함께 후보로 출마하겠다고.

42 Matteo Renzi. 2014~2016년까지 이탈리아의 총리를 역임했다.

나는 벌써 구호도 준비해놨네. '민주당원이 되기 위해 공산주의자가 될 필요는 없다!'

오스카 멋져! 100퍼센트 공감하네! 다시 데르토나 이야기로 돌아가세. 그러니까 티모라소에 고향 이름을 세례명으로 준 거군?

발터 맞아! 생각해봐. 아마 자네도 피노 누아르에 대해 이야기할 때면, 세계의 자그마한 한 모퉁이에 불과하지만 매우 유명한 지역을 대표하는 멋진 마을들의 이름을 쭉 나열할 수 있을 거야. 그 지역이 바로 부르고뉴라네. 누구나 부르고뉴 마을들의 아이덴티티가 무엇인지 알아. 내가 만약 혁명을 할 수 있다면 DOC를 모두 마을 이름으로 부르겠네. 데르토나는 지명이지만 나는 그것을 내가 지은 이름처럼 사용할 뿐이야. 나는 그 명칭을 상공회의소에 등록했다네. h를 넣고도 등록하고 h를 빼고 'Dertona'라고도 등록했어. 각각 240유로씩 들었네!

역시 숫자는 늘 기억하고 있다.

오스카 그리고 그 이름을 동료 농부들한테 선물했나?

발터 그럼! 당시 사정이 좋지 않던 토르토나의 사회적 기업에도 줬어.

오스카 그리고 무얼 했나?

발터 내가 너무나 존경하는 훌륭한 와인 학자 도나토 라나티와 함께 7년간 일했던 양조 전문가 움베르토 루카르노를 데려왔어. 사회적 기업 내에서는 맛있고 안정적인 와인을 만드는 것이 가장 중요한데 움베르토는 그 일에 맞는 사람이었지. 나는 티모라소가 이 지역 경제를 활성화시키는 데 기여할 수 있다고 믿고 있네.

나는 '바르베라 1978'에서 손을 뗄 수가 없어서 시모나에게도 권했다.

오스카 시모나가 태어난 해의 와인이니 맛을 안 볼 수가 없겠어요!

정말 맛있다!

내가 좋아하는 순간이 다가왔다. 뭔가 중요한 것을 상징하는, 그가 마음에 간직한 숫자들이 무엇인지 물어볼 순간이다. 발터가 숫자와 아주 친하다는 것을 알고 하는 질문이다.

발터 포도 수확 57번(내 나이가 쉰여덟인데 57번을 했다네!), 포도밭 23헥타르, 재배 포도는 바르베라, 크로아티나, 프레이사, 티모라소, 모스카토 비안코 등 5종, 포도밭 크뤼가 4곳. 보유한 트랙터는 6대, 트랙터가 없으면 아무것도 못 하니 아주 중요하다네! 현재 토르토네 구릉지에 있는 포도밭이 2000헥타르인데, 이 땅이 와인 생산을 천직으로 할 수 있다는 사실을 사람들이 이해해서 포도가 심긴 땅이 적어도 3000헥타르에 도달할 때면 나의 임무도 완수될 거네. 그리고 판매하는 와인 병의 숫자가 12만 병인데 이 숫자는 바꾸고 싶지 않아. 계속 장인으로 남고 싶으니까. 빚이 있는 은행은 4곳이라네.

오스카 빚이 얼마인지는 아나?

발터 그건 포도와 함께 기초 과목이지. 그것 또한 향기를 지녔어. 갚을 때 흘려야 할 땀의 향기가 나지.

오스카 대단해. 나도 그렇게 생각하거든! 이봐, 해외 수출 비중이 얼마인가?

발터 이탈리아 33퍼센트, 미국 33퍼센트, 나머지 해외 국가가 33퍼센트, 그리고 1퍼센트는 앞으로 다가올 역사와 우리가 마시기 위해 남겨두었지.

오스카 매출은?

발터 몰라!

난 고향과 결혼했네

오스카 발터, 이제 가족 이야기를 해보지. 자네에게 가족이라는 단어는 뭘 의미하나?

발터 내 어머니, 내 여동생, 내 처남과 그 두 아들.

오스카 아버지는?

발터 당연하지! 아버지와는 정말 많이 싸웠는데 그때마다 숙부가 중재를 하고 균형을 잡아주셨어. 우리가 싸울 때면 창문에서 접시가 날아다녔지! 견해차가 엄청났지만 나는 항상 내 운명이 가족에 묶여 있다고 믿었어. 그리고 또…… 나는 내가 아버지 어머니의 좋은 점만 닮았다고 생각하네.

오스카 자네가 너무 사랑하는 두 조카는?

발터 난 정말 운이 좋다네! 남자아이는 천성적으로 농사일이 더 맞는데 이 아이들은 트랙터를 운전해! 에도아르도가 처음으로 트랙터에 시동을 걸었을 때, 내가 말로 가르쳐주지 않았는데도 나를 보고 운전하는 법을 배웠을 때가 만 5살이었네! 오늘 아침 자네들이 트랙터 위에서 본 아이는 무정부주의자 그 자체야!

오스카 자네 아들이 크는 동안 그 조카들이 회사를 이끌겠군.

발터 그래주면 좋겠네.

오스카 여자들은?

발터 나는 평생에 걸쳐 내 집에 와서 같이 살고 싶어 할 여인을 찾고 있네. 나는 내 집에서 움직이지 않을 거거든! 이 고장은 세계에서 가장 아름다운 곳이고 여기를 떠난다면 미쳐버릴 거야!

오스카 아이를 갖기로 결정한 것은 언제인가?

발터 내가 결정한 게 아니야. 내가 55살이었을 때 내게 왔고 받아들였지. 운명이 준 커다란 선물이야! 지금 알베르토는 만 3살이 다 되었다네.

오스카 알베르토 엄마와는 결혼했나?

발터 아니, 나는 내 고향과 결혼했어. 어쨌든 그녀는 매우 유능한 여성이라네. 알베르토는 그녀와 살아. 하지만 언젠가 시골로 왔으면 좋겠어.

발터는 애정과 기쁨을 담아 아들에 대해 이야기한다. 55살에 아빠가 되었는데 그것을 세상에서 가장 자연스러운 일처럼 여긴다. 이 아이가 조카들 나이가 되었을 때, 그 아이에 대해 어떤 기대를 하게 될지 궁금하다. 아들에 대해 이야기하면서 와인을 땄다. 이것도 그의 아들이니 맛을 봐야 한다. 마지막 와인이다.

그동안 시게루는 우리가 가져온 네 번째 와인에 대한 느낌을 말했다. 리에티 현에 있는 보르고의 맥주 '레퀼리브리스타 빈티지 2011'이다. 레오나르도 디 빈첸초는 특별한 맥주 양조 마스터다. 이 대단한 맥주에서 그는 맥주와 와인 사이의 불가능한 균형점을 찾아냈다. 이 맥주를 '레퀼리브리스타(l'equilibrista)'라고 부르는 이유다. 39퍼센트의 산조베세 포도를 포함하고 있다. 보리, 홉, 맥아, 건초가 느껴지고 바닐라, 커피, 담배의 노트도 있다. 아주 부드러운 맥주로, 시게루는 이것을 그릴에 구운 닭고기나 팬에 구운 돼지고기에 와사비를 곁들여 함께 마시겠다고 했다. 맥주가 급이 낮은 음료라고 생각하는 벱페 리날디라면 뭐라고 했을지 모르겠다. 그와는 반대로 발터는 이 맥주를 아주 좋아했으며 꿀꺽꿀꺽 마셨다.

이제 거의 마무리 단계다. 마지막 와인 '코스타 델 벤토 2006'만 남았다. 2헥타르의 티모라소 크뤼에서 나왔다. 오늘 마시지는 않겠지만 또 다른 티모라소 크뤼의 이름은 스테르피다. 우리 수다의 마지막은 더 무질서해졌다. 발터와 '발굽'이 준비한 점심 식사에 초대한 친구들이 끊임없이 도착했기 때문이다. 그중에는 몬테조코 맥주의 마스터 양조가인 리카르도 프란초시, 라 콜롬베라 와이너리에서 온 엘리사 세미노, 과일 생산자, 동네 정육업자, 배가 고파서 밥을 먹으러 달려온 조카들도 있었다. 파티다! 사람들이 끊임없이 오가는 곳의 한가운데에 앉아, 우리는 자식과 사랑, 그리고 미래 등 개인의 삶에 대하여 이야기하려 애썼다.

하지만 발터는 짜증 내지 않는다. 그는 혁명적인 전통주의자이고 타협도 안 하고 위선적인 점잔도 떨지 않는 사람이다. 할 말이 있으면 자신만의 방식과 처세법으로 면전에 대고 말하는 사람이다. 그는 자신이 '불완전 속의 완전한' 사람이라고 했는데 우리는 그 말이 맞는다는 것을 안다.

나는 시끄러운 소리를 중단시키고는 입을 열고 외쳤다.

오스카 잠깐 미안하지만, 이 와인에 대해서는 내가 평을 하겠네. 이 코스타 델 벤토는 정말 굉장해! 세계에서 가장 맛있는 화이트 와인 중 하나야!

이제 시게루 차례다. 어차피 내가 생각하는 것과 같은 내용을 더 기품 있고 권위 있고 전문적인 방식으로 표현할 것이다. 아니나 다를까, 내가 숨도 들이쉬기 전에 시작한다.

시게루 부싯돌과 자갈, 건과일, 타르의 향이 나네. 입안에서는 미네랄, 농익은 사과와 건과일이 느껴져. 긴 지속성과 풍미를 지녔네. 토마토 수프, 양젖 리코타, 비첸차식 바칼라 만테카토, 숙성하지 않은 페코리노 토스카노 치즈와 잘 어울리겠어. 이것은 역사를 만드는 와인이라네.

오스카 왜 티모라소가 숙성하지 않은 치즈와 어울릴 거라고 생각하나?

시게루 티모라소는 미네랄리티가 강한데 그건 숙성된 치즈도 마찬가지지. 그러니까 와인의 맛을 강조하려면 더 젊고 섬세한 치즈가 잘 어울리는 거라네.

음…… 거기에는 별로 동 의하지 않지만 발터에게 다시 말을 걸었다.

오스카 자네의 미래에 대해 이야기하세. 자네는 나중에 커서 무엇을 할 건가? 지금까지 수도 없는 혁신을 일으켰는데 말이야. 지속성과 진보에 대한 자네의 생각으로 이후 30년간 변화시키고 싶은 것은 무엇인가?

발터 나는 이 땅이 높은 존엄성을 획득하면 좋겠네. 티모라소와 볼페도의 복숭아, 송로버섯과 살라미, 자연과 요리 전통 모두 말이야.

오스카 자네는 이곳의 유일한 약점이 여기 사는 사람들이라고 생각하는 것 같아. 사람들이 땅을 더 신뢰해야 한다고 생각하나?

발터 우리는 이 변두리 땅의 약점을 감내하고 있지. 우리가 사는 곳은 피에몬테의 가장 끝자락으로 두 발자국만 더 가면 롬바르디아, 혹은 리구리아에 닿으니까. 우리에 대한 정치적 무관심도 언제나 겪어왔고. 무관심과 대화 결여의 문제가 있어. 하지만 나는 우리 고향이 속한 피에몬테 주에 대해서도 늘 생각해왔는데, 내가 와인 일을 계속하도록 힘을 준 게 피에몬테라고 생각하네.

오스카 자네 개인의 미래는?

발터 날 원하는 누군가가 있다면 민주당 내 지도층 선출에 참여하고 싶네. 내가 정치에 힘을 쏟고 싶은 이유는, 농사용 연장, 포도나무, 꺾꽂이용 대목, 병 등과 관련된 많은 일을 하는 사람은 인류학도 할 수 있고, 따라서 이 나라를 더 좋게 만들 수 있다고 생각하기 때문이야.

나는 틀림없이 그에게 투표할 것이다. 그가 와인에 담은 용기를 정치에도 담을 수 있다면 그가 이 나라를 바꿀 수 있는 진정한 자원이 될 것이라고 생각한다.

오스카 그리고 이제는? 닭고기를 먹으러 가세!

발터 그래, 해산하자고!

발터의 안마당 바깥에서 벌어지는 일들은 놀라웠다! 식사를 함께하는 사람의 수가 20명이 넘어서 테이블이 부족하다. 유일하게 뭘 올려놓을 수 있는 곳이 지게차로 반쯤 공중에 띄워놓은 나무판이었다. 나무판 위에는 닭이 담긴 곰솥, 종이 접시, 포크와 나이프, 음료가 반쯤 찬 컵 등이 놓여 있었다. 맨발의 요리사가 한 요리 외에도 누군가가 더 가져온 요리도 있다. 이런 시골 축제에서도 우리는 불완전 속 완전함을 발견한다! 발터는 여전히 "와인 생산자의 역할은 장인이다"라는 말을 하고 있었는데, 어느 순간 "프로두토레 에 아르티자노(생산자는 장인이다)"라고 말하다가 중간 말을 다 씹어 먹고 "파르티자노(파르티잔)"라고 줄여서 잘못 말하는 바람에 우리를 벙하게 했다. 그 실수가 너무도 멋져서 나도 어디 가서 그 말을 써먹고 싶다고 말했더니 그가 말했다.

발터 좋아, 하지만 착각은 내가 한 거니까 로열티로 50퍼센트를 줘야 하네…….

파르티잔 만세!

시게루의 와인 시음 노트

발터 마사와 함께

로이첼로 피아노 2010(토르마레스카)

Roycello Fiano 2010(Tormaresca)

종류	화이트 와인
포도 품종	피아노 100%
양조/숙성	온도 조절 장치가 있는 스테인리스 스틸에서 발효, 스틸에서 3개월간 쉬르 리 숙성, 이후 병에서 3개월간 다시 숙성
생산지	풀리아

초록빛이 감도는 볏짚색이다. 꽃향기와 파인애플, 복숭아, 시트론 같은 백색이나 황색의 과일 향이 난다. 재스민과 세이지의 향도 난다. 밀도와 풍미가 있고 신선한 맛이다. 뒷맛에서 미네랄이 느껴진다.

크림소스를 곁들인 야채나 생선 요리가 가장 잘 맞는다. 아스파라거스 튀김에 레몬 소스를 곁들여도 좋다.

내가 처음 토르마레스카에 갔던 때가 아직도 생각난다. 마치 라스베이거스 같았다. 공사 중인 커다란 와이너리 하나만 덩그러니 있었고 주변에는 황량하고 무더운 평야만 있었다. 지금 그곳은 이탈리아 와인 생산지 중에서도 가장 중요하고 아름다운 장소 중 하나로 변모했다. 하지만 누구보다 먼저 그러한 믿음을 가진 것이 바로 토르마레스카였다.

브레그 안포라 2005(그라브너)

Breg Anfora 2005(Gravner)

종류	화이트 와인
포도 품종	소비뇽, 샤르도네, 피노 그리조, 리슬링 이탈리코
양조/숙성	암포라에서 효모를 첨가하지 않고 온도 조절 없이 7개월간 발효, 오크 배럴에서 숙성, 정제나 여과 과정 없이 달이 기울 때 병입
생산지	프리울리 베네치아 줄리아

짙은 호박빛의 황색이다. 건과일과 노란 꽃, 허브 식물, 카밀러, 미모사의 향이 난다. 매우 복합적이고 따뜻하고 풍미 있고 부드러운 맛이다. 여운이 아주 길고 뒷맛은 소금기가 돈다.

그릴에 구운 갑각류, 생선 수프, 해물 리소토, 식초에 절인 고등어에 와사비를 곁들이거나 중간 정도 숙성된 페코리노 토스카노 치즈와 함께 마신다. 아무리 오스카가 화낸다 해도(요스코도 화낼지 모르겠으나) 나는 상어 고환 요리와 함께 먹어보라고 조언하리라!

이탈리아 변경의 진정한 사무라이라 할 수 있는 신화적인 인물이 만든 신화적인 와인이다. 그가 캅카스에 암포라를 보러 처음 갔을 때 몰랐다는 것이 심히 유감스럽다. 그는 와인의 미래가 와인의 과거와 고대 민족의 지식 안에 있다는 것을 이해한 사람이다. 위대하다!

몬테풀차노 다브루초 마리나 크베틱 2008(마샤렐리)

Montepulciano d'Abruzzo Marina Cvetic 2008(Masciarelli)

종류	레드 와인
포도 품종	몬테풀차노 100%
양조/숙성	20~30일간 침용, 12~18개월간 바리크 숙성
생산지	아브루초

석류석의 빛이 감도는 짙은 루비색이다. 체리, 레드 커런트, 블랙베리 같은 붉은 과일의 향이 분명하게 느껴진다. 또 제비꽃 향이 퍼진 다음 바닐라, 카카오, 후추, 담배의 향도 난다. 입안을 풍부하게 채워주며 타닌은 부드럽다.

구운 붉은 살코기, 아니면 닭고기 간 꼬치구이에 7가지 향신료를 곁들인 요리와 잘 맞으며 24개월 이상 숙성한 파르미자노 레자노 치즈와도 완벽한 궁합을 보인다.

이탈리아 중부 전체를 통틀어 최고의 와인 중 하나로, 이 와인을 생산하고 자신의 이름을 붙인 여인처럼 우아하고 단호하다. 일본에서는 후지산 정상에 올라가서 행운을 위한 건배를 하는 전통이 있는데 다음번에 내가 그 위에 올라가면 이 와인으로 하고 싶다.

레퀼리브리스타 빈티지 2011(비라 델 보르고)

L'Equilibrista Vintage 2011(Birra del Borgo)

종류	실험 맥주
원료	산조베세 머스트 50%, 맥주 머스트(보리) 50%
양조/숙성	두 머스트를 합친 후 리큐어 드 티라주 첨가, 병에서 효모 숙성, 데고르주멍[43] 및 리큐어 덱스페디시옹[44] 첨가
생산지	라치오

옅은 황금색이다. 카밀러, 제비꽃, 보리, 커피, 바닐라 노트와 함께 풍부한 와인의 아로마가 느껴진다. 볶은 보리와 캐러멜 맛이 난다.

살사 베르데[45]를 곁들인 그릴에 구운 닭고기, 로즈메리를 올려 오븐에 구운

43 Dégorgement. 병 입구에 모인 찌꺼기를 제거하는 과정.

44 Liqueur d'expédition. 2차 발효를 위해 첨가하는 선별한 효모와 당분.

45 Salsa verde. 이탈리아 파슬리로 만든 페스토. 신맛과 매콤한 맛이 강하다.

돼지 정강이 고기에 발사믹 식초를 곁들인 요리, 전골 요리에 양파, 간장, 사케, 생강을 곁들이면 좋다.

맥주의 경계를 새로이 넓혔다. 아직 와인은 아니지만 와인 머스트를 사용하여 맥주보다는 더 나아간 음료를 만들었다. 마치 호랑이를 용과 교배시키는 것이나 마찬가지다. 그 무엇이 태어나든 강력할 테지!

코스타 델 벤토 2006(비녜티 마사)

Costa del vento 2006(Vigneti Massa)

종류	화이트 와인
포도 품종	티모라소 100%
양조/숙성	껍질 침용, 침전물과 함께 10개월 이상 숙성, 병에서 12개월 숙성
생산지	피에몬테

밝은 황금색이다. 노란 꽃, 건과일, 부싯돌, 꿀, 타르의 숙성 향이 나고 미네랄이 살짝 감돈다. 풀 바디하고 지속되는 맛이다. 끝 맛은 다소 쓰다.

이 와인과 함께 권하는 요리는 토마토 수프, 양젖 리코타 치즈, 비첸차식 바칼라 만테카토, 콩 수프에 올리브유를 두르고 후추를 친 것이다.

대화 중에는 얘기를 못 했는데, 이 와인을 튀김 및 다양한 종류의 소금(영국, 몽골, 하와이 소금……)과 함께 먹어보고 싶다. 소금은 맛을 더 잘 느낄 수 있도록 해주는데 와인의 맛도 잘 느끼게 해주기 때문이다! 발터 마사에 대한 이야기도 더 쓰고 싶은데 공간이 없다. 그래서 짧게 한마디만 하겠다. "고맙네!"

5장
18살에 아버지께 내게 의지할 생각 마시라고 말씀드렸죠

와인 명가: 알레그리니(Allegrini)

대표: 마릴리사 알레그리니(Marilisa Allegrini)

벱페 리날디와 발터 마사를 방문한 다음 마릴리사 알레그리니를 만난다는 것은 크로스컨트리용 오토바이를 타다가 벤틀리를 타는 것이나 마찬가지이다. 똑같은 여행이고, 똑같이 도로를 달리고 있지만 스타일은 완전히 다르다. 둘 다 엔진도 강력하고 여행의 감동도 있다. 하지만 분위기는 정반대다. 지나치게 다르다. 멋지게 다르다. 트랙터와 안마당이 있는 벱페와 발터의 시골집을 떠나 르네상스 시대의 스투코로 장식된 '빌라 델라 토레'로 가는 여정은, 와인, 음식, 풍경에 라이프스타일까지 포함된 이탈리아적인 다양성의 세계를 관통하는 여행이다. 앞으로 확인하게 될 그 경이로움이 벌써부터 기대된다.

사자처럼 싸워야 한다

마릴리사 알레그리니의 이름은 꽃처럼 섬세하지만 그녀의 천성은 암사자다. 도착하기 전이지만 그녀를 알기에 이미 장담할 수 있다. 사람의 얼굴이 그 영혼을 감추고 있다는 게 사실일까. 내가 관상은 잘 모르지만, 마릴리사가 이웃과 삶을 신뢰하는 이의 넓은 이마를 갖고 있다는 것은 말할 수 있다. 눈은 크고 시선은 곧고, 눈썹은 높으며 모양이 좋아 그녀가 겸비한 강하고 통찰력 있는 지성을 보여준다. 높은 광대뼈는 강하고 용기 있는 이의 것이고, 시선은 항상 도전에 응할 준비가 되어 있다. 마릴리사는 앞사람을 불편하게 만들지 않는 아름답고 우아한 매너를 갖췄다. 그녀는 검정과 회색이 섞인 번쩍이는 원단의 줄무늬 재킷을 걸쳤는데, 패드로 강조된 어깨선이 좀 르네상스적이었다. 튼튼한 면 재킷이나 맨투맨 티셔츠, 스웨터를 주로 입는 포도밭의 농부들과는 완전히 다른 모습이다.

이번 여행에서 처음 만나는 와인 레이디는 이미 의상에서부터 달랐다.

의식적인 걸까? 무의식적인 걸까? 나는 '옷차림'에 대해서라면, 여성들이 그냥 무의식에 맡겨버리는 일은 별로 없다고 생각하는 사람이다!

그녀는 내가 묻기도 전에 말했다.

마릴리사 나도 당신처럼 1954년생이에요.

여자 편에서 먼저 나이를 불쑥 들이미는 경우는 드문데, 나이보다 어려 보인다는 칭찬을 낚아 올리기 위해 낚싯바늘을 던졌을 수도 있지만, 나는 끌려가지 않았다. 하지만 얼마나 많은 남자들의 애간장을 녹였을까 하는 생각은 든다. 나중에 좀 물어봐야겠다.

우리를 맞이한 저택 '빌라 델라 토레'는 16세기 이탈리아의 보석으로 현재는 알레그리니 가문의 소유이며 '팔라초 델라 토레'라고 불리는 포도원에 둘러싸여 하나의 완성된 풍경을 만들어내고 있었다. 이 포도원에서 동명의 와인이 생산된다. 빌라는 베로나에서 20킬로미터 떨어진 인구 4000명의 푸마네에 자리 잡고 있는데, 베로나에서는 아직도 이 빌라를 '엘 팔라소(궁전)'라고 부른다. 인문주의 지성인이었던 줄리오 델라 토레는 이 빌라의 건축 프로젝트를 줄리오 로마노, 미켈레 산미켈리, 바르톨로메오 리돌피와 같은 예술가들에게 맡겼다.

이 빌라는 이탈리아 인문주의 전통의 사랑을 받는 비트루비우스나 소(小)플리니우스 같은 라틴 철학가들이 정한 규범에 따라 육신과 정신의 평안을 추구한다.

이 빌라 건물은 페리스틸리움[46]을 가운데 두고 빙 둘러 있는데, 지금도 파티가 열릴 때마다 손님들을 맞이하는 공간이다. 우리를 둘러싼 주변의 아름다움을 보고 있자니 "알레그리니는 복도 많네!"라는 말이 절로 나온

46 Peristylium. 기둥으로 둘러싸인 집 안의 정원.

다. 마릴리사는 우리를 기괴한 얼굴 조각이 장식된 방 중 하나로 안내했다. 중심을 차지한 것은 벽난로다. 그 주변은 아기 천사가 바다 괴물의 콧구멍을 잡고 있는 모습의 스투코 장식이 있고, 떡 벌린 괴물의 입 중앙이 바로 벽난로다. 괴기스럽고도 매혹적이다. 테이블 주변에 앉아 시게루는 와인 병을 따고 시모나는 노트를 준비한다. 첫 번째 질문은 이것이다.

오스카 살면서 포도 수확을 몇 번이나 했나요?

마릴리사 15살 때부터 돕기 시작했는데 직접 감독을 한 건 1983년부터예요.

오스카 그렇다면 총 42번 했고 그중 본인이 책임졌다고 생각하는 게 30번인 거죠?

마릴리사 그래요! 참 많네…… 그 생각을 한 번도 안 해봤네요!

오스카 이건 모두에게 하는 질문이에요. 지금까지 우리가 만난 레 크레테의 코스탄티노가 30번, 가야가 40번, 벱페 리날디가 50번, 발터 마사가 농담이지만 자신의 나이에서 하나를 뺀 57번을 했다고 했어요. 이 인터뷰가 모두 끝났을 때는 다 합해 수백 번의 수확을 한 12명의 멋진 와인 생산자들과 이야기를 나눈 후가 되겠네요! 그들이 내게 이탈리아와 자신들의 땅과 회사에 대해 얼마나 많은 이야기를 해줄지 상상이 되나요? 그나저나 이번 '비니탈리[47] 2013'은 잘 마무리됐나요? 만족해요?

마릴리사 매우 만족해요! 잘 끝났어요. 전시회 기간이면 이 빌라를 3일에 걸쳐 저녁마다 개방하는데 그것 또한 내가 1년 내내 기다리는 행사랍니다.

47 Vinitaly. 이탈리아의 대표적인 국제 주류 전시회. 1967년부터 매해 베로나에서 열린다.

벌써 여러 해 동안 알레그리니 가문은 비니탈리 기간 동안 3번의 멋진 파티를 주최하고 있다. 빌라 델라 토레를 수백 명의 손님들에게 개방하고 그들의 와인, 명망 있는 동료들의 와인, 땅, 요리 전통 등을 위해 함께 자축한다.

어제저녁에 열린 파티에는 우리도 참석해서 알레그리니의 '아마로네'와 함께 내 와인인 미라피오레의 '바롤로 카사 E'.와 세르주 호샤르가 직접 가져온 '샤토 무사르'라는 환상적인 레드 와인을 마시는 기쁨을 누렸다!

오스카 이 파티에 얼마나 투자하죠?

마릴리사 30만 유로와 많은 에너지요.

오스카 왜 하죠?

마릴리사 왜냐하면 이탈리아 와인의 세계는 아름답고 내가 와인을 만드는 건 이익을 위해서만이 아니라 열정과 사랑의 메시지를 전달하기 위해서니까요. 사업을 위해서만이 아니라 이 업계에 대한 믿음이 있기에 일하는 거예요.

오스카 당신의 솔직함은 누구에게나 분명하게 드러나요. 하지만 당신은 또 매우 영리하기도 해요. 견고한 인맥 덕에 와인도 더 잘 팔 수 있을 테죠.

마릴리사 물론이죠! 그 2가지가 모순된 거라고 생각해야 하나요?

오스카 맞아요. 나도 지지해요. 정직하면서 동시에 영리할 수 있어요.

이야기가 초반부터 아주 잘 풀리고 있어서 굳이 엔진을 따로 덥혀줄 필요가 없다. 그래서, 보통 대화 뒤쪽으로 미루어놓는 질문을 갖고 바로 돌진하기로 했다.

오스카 당신 회사 상황을 말해주는 숫자들은 다 알고 있나요? 항상 기억하나요?

마릴리사 물론이죠, 난 숫자와 친하답니다!

오스카 아직 중반부인데 올해 재무제표가 어찌 될지 아나요?

마릴리사 그럼요. 기업가에게는 분명한 한계와 잠재성이 있는데 감만큼은 꼭 있어야 해요.

오스카 먼저 정직과 영리함 간의 관계에 대해 이야기해보죠. 당신이 너그러운 사람이라는 것은 이미 알고 있지만 당신이 사는 베네토 주는 이기적인 지역이죠, 여기에 도로가 별로 없는 이유는 땅값이 비싸고 아무도 땅을 안 팔려고 하기 때문이죠. 이기주의의 끝을 보여주는 북부 동맹의 주잖아요? 당헌의 첫 번째가 분리 독립이니까요. 단순하게 말해서 '내가 너보다 더 잘난 것 같으니 너와 작별하겠다' 이거죠.

마릴리사 일반화할 수는 없다고 생각하지만, 아무튼 나는 그렇지 않아요. 내가 살아온 인생이 그래서요. 아주 젊어서부터 여행을 많이 했고 그 덕에 민족 간의 통합과 상호소통이 중요하다는 걸 깨달았어요.

오스카 와인 일을 하는 건 아버지가 와인을 만들었기 때문인가요?

마릴리사 꼭 그렇지는 않아요. 나는 원래 다른 일을 했거든요. 18살 때 아버지한테 "나한테 의지할 생각은 마세요!"라고 한 적도 있어요.

오스카 아버지는 뭘 하셨나요?

마릴리사 내 아버지 조반니 알레그리니도 와인을 만드셨어요. 내가 6대째예요.

오스카 몇 년생이시죠?

마릴리사 1920년생이시고 1983년에 돌아가셨어요, 젊은 나이에 급작스럽게 돌아가셨죠. 시간이 많이 지났지만 지금도 중요한 결정을 내려야 할 때면 '아버지라면 어떻게 하셨을까?' 하고 생각해요.

오스카 생에서 가장 사랑한 남자인가요?

마릴리사 맞아요! 내 인생의 남자죠!

오스카 아버지는 어떻게 와인 일을 시작하셨죠? 그 앞의 세대로부터 바로 바통을 넘겨받았나요?

마릴리사 아니요, 아버지도 젊을 때는 반항을 했어요. 파일럿이 꿈이셨다는데 잦은맥박을 앓고 있었기 때문에 못 하시고 와이너리로 돌아와 와인을 만들기로 하셨죠.

오스카 출발부터 순탄했나요?

마릴리사 네, 원래 우리 선조들은 처음부터 지주였고 자작농이었어요.

오스카 아버지는 파시스트였나요?

마릴리사 그래요. 아버지에게 파시즘은 질서와 규율, 노동을 의미했거든요. 전쟁이 끝난 후에도 계속 우파셨지만 비판 의식이 강하셨고 판단력도 있으셨어요.

오스카 와인은 어떻게 만드셨나요? 처음부터 맛있었어요?

마릴리사 아버지의 와인은 아주 맛있었어요. 발폴리첼라[48] 와인의 대단한 혁신가였죠. 발폴리첼라, 아마로네, 레초토 이 세 DOC 와인을 만드셨죠. 아버진 좋은 레초토 와인을 만들었을 때 본인이 일을 제대로 했다고 생각하셨어요. 아마로네는 별로 중요하게 취급하지 않고 레초토의 2등품 와인 정도로 생각하셨죠.

갑자기 내 안에서 장난기가 발동했다. 발폴리첼라라는 말로 인해 노래 하나가 머릿속에서 맴돌기 시작했고 웃으면서 속으로 목 놓아 불러보았

48 Valpolicella. 베로나 현에 있는 구릉지의 이름. DOC의 와인명이기도 하다.

다. '……늙은 노처녀가 발폴리첼라에서 사랑을 찾네, 트라니 아 고고 술집에서…….' 1960년대에 조르조 가베르가 불렀던 노래다. 그러다가 자연스럽게 지난 50년 동안의 사회 변화상에도 생각이 미쳤다. 옛날 밀라노의 대중식당에서는 풀리아 벌크 와인(트라니, 바를레타)밖에 안 마셨기에 오죽하면 식당 이름에도 술 이름이 들어갔고, 여자들은 40살이면 노처녀라 불렸다. 오늘 아마로네를 대표하는 내 앞의 여인에게 노처녀라는 말은 어울리지 않는다.

오스카 아버지가 자녀를 몇이나 두셨죠?

마릴리사 셋이요.

오스카 엄마 이야기는 왜 안 하나요?

마릴리사 엄마는 회사 일과 별로 관계가 없으셨고…… 엄마와 딸의 관계는 또 달라요. 나는 매우 기운이 넘치는 아이였고, 첫째인 오빠와 막내인 동생 프랑코한테 모든 관심이 가는 것을 못 견뎌 했죠. 그에 대한 반동으로 어릴 때부터 내 방식대로 하면서 독립심을 키웠죠. 그러다 사춘기 때 내가 작은 뱀처럼 손에서 요리조리 빠져나가고 있다는 걸 깨달은 부모님이 뒤늦게 관심을 쏟으셨지만, 이미 부모님의 그런 태도 전환을 받아들이기가 힘들었죠.

오스카 그때 당신은 커서 와인을 만들 거라는 생각을 했나요?

마릴리사 절대 안 했어요! 18살 때 아버지에게 내게 의지할 생각은 하지 마시라고 한걸요. 반면 남자 형제들은 늘 회사 일을 했죠.

오스카 당시에는 몇 병이나 생산했나요?

마릴리사 25헥타르 땅에서 약 5만 병을 생산했어요.

오스카 그러니까 당신의 역사는 25헥타르로부터 시작하는군요. 지금은 얼마나 소유하고 있나요?

마릴리사 베네토와 토스카나에 212헥타르를 소유하고 있고, 임차한 땅이 60헥타쯤 있어요.

오스카 1970년대로 돌아가보죠. 남자 형제들은 회사 일을 했고, 당신은 뭘 했죠?

마릴리사 의학을 배우려고 했어요. 그것이 천직이라고 느껴서 파도바에서 의대에 들어가려 했었죠. 아버지는 내가 의대에 가면 회사 일과는 영영 작별하리라는 걸 알아채셨어요, 그래서 절대 파도바는 안 된다고 하셨죠. 정 대학에 가고 싶으면 베로나를 떠나지 말라고 하셨어요. 협박이었죠! 굽히고 싶지는 않았지만 대학을 포기할 수는 없어서 베로나 대학의 물리치료학과에 들어가요.

오스카 와인의 세계로부터는 완전히 거리를 두나요?

마릴리사 물론 아니죠! 주말이면 회사에 가서 청구서도 챙기고 경영 일도 좀 봤어요. 이러니저러니 해도 가족 관계는 늘 좋았고요.

오스카 물리치료학으로 대학을 졸업한 다음에는 뭘 했죠?

마릴리사 베로나에 있는 보르고 로마 종합병원에서 5년간 일했어요. 직장에서는 잘나갔죠. 제가 유능하다고들 했고 일도 좋았어요!

오스카 당연한 거예요! 당신이 무슨 일을 했든 잘나갔을 겁니다! 와인 바를 열면 그곳이 세상에서 가장 핫한 장소가 되고 밖에는 줄을 설걸요!

마릴리사 그럭저럭 해나가는 편이라고 해두죠. 제가 회사로 돌아가기로 했을 때 병원에서 아주 높은 자리를 준다고 했었으니까요. 하지만 거절했어요. 그때 제 나이가 스물여덟이었어요.

오스카 애인이 있었나요?

마릴리사 첫발부터 잘못 디뎠어요. 가족으로부터 자유롭고 싶은 마음에 아주 어려서 결혼을 했거든요. 맞지 않는 사람과 말이죠. 나보다 나이가 훨씬 많은 의사였어요. 별거를 하느니 마니 하면서 2년을 보내고 공식적으로 헤어지기까지 3년이 걸렸어요. 총 5년이 걸렸죠. 결혼한 다음 날 이미 실수했다는 것을 알았으니까요…….

오스카 그 정도였어요?

마릴리사 스스로의 목소리를 들어야 해요. 신혼여행으로 로마에 가서 스페인 광장을 지나가는데, 기타 치는 청년들을 보고는 그들 곁에 앉고 싶다는 생각을 했어요. 그리고 남편을 쳐다봤는데, 내가 여기서 이 사람과 뭘 하나, 이 사람은 또 내 옆에서 뭘 하나 하는 생각이 들었어요. 나보다 15살이 많은 사람이었어요. 결혼이 실패하자 아버지는 저를 회사로 돌아오게 해야겠다고 생각하셨죠. 제 이혼이 우리 고향에서는 거의 첫 사례에 속하는 거라 어머니가 대단히 수치스러워하셨는데도, 아버지는 내게 또 다른 가능성이 생겼다고 판단하시고 좋아하셨어요.

오스카 무슨 일이 있어도 딸이 꼭 회사에 들어오길 바라셨군요.

마릴리사 그랬어요!

오스카 당신의 재능을 알아보고 형제들 곁에서 일하길 바라셨군요.

마릴리사 형제들과 서로 보완이 된다고 생각하신 것 같아요.

와인을 좀 팔아보려 미국에 가다

그러니까 마릴리사는 26살에 첫 결혼이 실패한 이후, 결국 완전히 회사로 들어간 것이다. 이혼이 결정적이었고, 병원에서 와인으로 영역을 완전히 바꿈으로써 새 출발을 한 셈이다. 마릴리사가 회사에 크게 기여할 수 있는 대단한 재능을 갖추었다는 것을 그녀의 아버지가 이미 알고 있었던 것인지, 아니면 딸에 대한 아버지의 자연스러운 편애였던 것인지 궁금하다. 둘 다가 아니었을까.

마릴리사 아버지는 내가 가족 중에서 제일 지성인이라며 놀리곤 하셨어요. 일에서는 여자와 남자가 함께 일하는 것이 남자와 남자가 일하는 것보다 효과적일 때가 있죠. 당신은 딸이 없어서 모르겠지만 아빠와 딸의 관계는 연금술처럼 설명하기가 어려워요.

오스카 그럴 것 같군요. 나는 딸이 없지만 딸이 있는 많은 친구들이 똑같이 말하거든요. 딸들은 아빠의 정신을 나가게 하더군요! 딸을 둔 내 또래 아버지들은 다 딸 바보예요.

그와 관련된 확실한 예가 내 아버지와 여동생 파올라다. 아버지는 그녀에 대한 편애를 감추지 못하셨고 파올라도 아버지를 누구보다 존경하고 사랑했다.

마릴리사 아버지는 제가 세상에서 가장 똑똑하고 가장 예쁘고 가장 야심 찬 아이라고 생각하셨어요.

마릴리사의 말이 얼마나 보편성을 지녔던지 심지어는 시게루마저도 이렇게 말했다.

시게루 오스카, 나도 마찬가지야! 내 딸은 정말 대단해!

그 문제에 완벽하게 공감하지 않았더라면 시게루 성격상 대화에는 끼어들지도 않았을 것이다. 나도 아들을 셋이나 두었으니 막내로 딸이 하나 있었으면 좋았을 것 같다. 하지만 다행히도 첼레스테, 첫 손녀가 태어났다. 나는 할아버지다.

시게루에게 '칼라트라시 에 미치케'의 와인인 '비오니에 2011'에 대해 말할 준비가 끝났는지 물어보았다. 생산자는 내 친구 마우리치오 미치케로 마피아와 맞선 대단한 인물이다. 포도원이 있는 곳은 시칠리아 팔레르모 시의 피아나 델리 알바네시 지역에 있는 포르텔라 델라 지네스트라 근처인데, 1946년에 대지주에게 고용된 범죄자 줄리아노가 보다 나은 삶을 요구하던 농부들에게 총을 쏘아댄다. 그곳은 해발 고도 900미터의 산 위다. 시게루는 높이감이 느껴지는 와인이라고 묘사한다. 시게루가 포도원의 위치를 안다고는 생각하지 않지만, 혹 안다고 해도 '느껴진다'라는 단어를 쓴 것이 무척 마음에 든다. 포르치니 버섯을 제외한 각종 버섯과 야채 튀김이 이 와인과 잘 어울리는 음식이라고 보았다. 마르살라 크림[49]을 곁들인 삶은 달걀, 루콜라 프리타타[50], 지방 함량이 높은 굴이 잘 어울린다. 마릴리사가 와인의 신선함을 즐기고 있었지만 나는 질문을 멈추지 않았다.

오스카 아버지는 어떤 직책을 맡겼나요?

마릴리사 나는 아버지에게 근무 조건은 내가 정하겠다고 말했어요. 글쎄, 양조장은 있었는데 사무실은 없었거든요! 가장 먼저 요구한 게 사무실이에요. 이것은 남자들만 일하던 회사에 여자가 들어

49 Crema al Marsala. 달걀 노른자, 설탕, 우유 등이 주재료이며 여기에 시칠리아의 주정 강화 와인인 마르살라가 첨가된다.
50 Frittata. 이탈리아의 오믈렛.

가서 무엇을 해줄 수 있는지에 대해 많은 걸 말해주죠.

그렇다, 그 말이 맞는다. 그리고 마릴리사는 핵심을 짚는다.

마릴리사 그거 알아요, 오스카? 여자가 보통 남자보다 야심이 더 크고, 거기에 더해 이미지, 격식, 쾌적함도 바란답니다.

그것은 명백하다! 오늘날의 마릴리사는 당시의 젊은 마릴리사와 다르지 않다. 영업을 잘하기 위한 이미지의 중요성에 대해서도 이미 확실한 생각을 하고 있었다.

오스카 당신의 역할은 누가 정하는데요?

마릴리사 아버지지 누구겠어요? 당시에 동생 프랑코는 아버지와 함께 양조를 담당하던 양조 전문가였고 발터는 농사를 담당했죠. 행정 실무로는 사람이 없어서 아버지가 내게 그걸 맡기신 거예요. 그게 다는 아니었어요. 나는 좋은 와인을 만드는 게 다가 아니라 생산자와 소비자 간의 관계를 형성하는 커뮤니케이션을 통해 우리 와인을 알릴 능력도 갖춰야 한다는 걸 보여드렸어요. 어떻게 하면 단순하면서도 이해하기 쉽게 메시지를 만들지에 대한 생각이 이미 내게 있었죠. 그래서 먼저 와인을 만드는 우리의 열정을 전달했어요.

오스카 당신 방식으로 '꼬꼬댁' 하고 운 거군요.

나는 암탉들이 커뮤니케이션의 대가라고 생각하고 마케팅을 발명한 것이 이들이라 주장하는데, 왜냐하면 알을 낳은 다음 '꼬꼬댁' 하고 울며 알리기 때문이다. 마릴리사는 내가 그 얘기를 한다는 것을 알고 미소를 지었다.

마릴리사 내게 생각이 있고 이를 내 방식대로 전달하고자 해외 출장을 다니겠다고 아버지에게 이야기했죠. 아버지는 대학에 간다고 했을 때처럼 굉장히 반대하셨어요! 아버지는 우리 와인을 사고 싶으면 직접 와서 사 가야 한다고 하셨죠. 당시에는 그렇게 생각하는 게 보통이었어요.

오스카 아니면 딸을 보호하고자 한 말일 수도 있어요. 아무튼 당신은 글로벌 마켓에 대한 직관을 가졌었군요.

마릴리사 네, 1972년부터 수출을 시작했고 1980년대엔 이미 매출의 거의 절반이 해외에서 일어나요.

이제 정치 이야기를 좀 해보려 한다. 마릴리사는 현재 '나라의 안녕을 위해' 민주당에 투표하고 있으며, 파시스트였던 아버지의 신념으로부터 완전한 자율성을 획득했기에 그런 결론에 이를 수 있었다고 했으니, 적지 않은 대가를 치렀을 것 같다. 아버지와 딸 사이에서 토론이 계속 벌어지고 딸이 자신이 그렇게 생각하는 이유를 아버지에게 이해시키려 애쓰는 모습이 상상된다. 마릴리사는 지금 좌파에 투표하지만 처음부터 그런 정치적 신념을 가졌던 것은 아니라고 했다. 정치 얘기는 더 뒤에서 할 것이다.

오스카 와인으로 다시 돌아갑시다. 커뮤니케이션 방식을 빼놓고, 알레그리니의 와인이 당신의 일부도 담고 있나요?

마릴리사 2003년부터는 토스카나의 볼게리에도 11헥타르의 포도밭을 만들었어요. 그리고 2004년에 베르멘티노를 7헥타르 심었죠. 2003년에 오빠 발터를 잃고 나서, 포도 재배에 대해 거의 아무것도 모르는데도 베르멘티노 와인의 운명을 정해야 하는 처지에 놓이게 돼요. 다행히도 내 곁에는 유능한 농경학자인 스테파노 바르톨로메이가 있었죠. 그에게 나는 단순하지 않고 구조와 산도가 좋으며 나무 맛은 나지 않는 오래가는 와인을 원한다고 했어요. 베르멘티노에서 이런 특징을 내달라고 했죠. 나는 양조나 농사 전문가가 아니지만 내가 무엇을 원하는지는 알고 있었어요. 와인이나 농사와 관련된 이야기를 어릴 때부터 듣고 자라면 나중에 다 남는 법이죠.

오스카 그렇죠! 그런데 그런 의견이 당신의 개인적 취향이었나요 아니면 시장의 요구였나요?

마릴리사 제 개인적 취향에 근거한 것이었어요. 먼저 내 마음에 드는 걸 만들어주면 파는 건 내가 알아서 하는 거죠.

오스카 원하는 대로 만들어줬나요?

마릴리사 네, 첫 수확 때부터요! 하지만 그렇다고 해서 이후 와인 만드는 법을 바꾸지 않은 건 아니에요. 출장을 다니기 시작했을 때 나는 우리 아마로네가 발폴리첼라라는 작은 지역의 와인으로는 완벽하지만, 세계의 다른 대단한 와인들에 비하면 너무 진하고 무거운 파시토[51]라는 것을 깨달았어요. 다시 말하면 너무 '아마로네스럽다'고나 할까요. 이에 대해 동생에게 이야기했고, 프랑코는 결점이라 생각되는 요소들을 없애는 데 성공했어요. 정말 능력 있는 양조가예요.

오스카 당신의 아마로네와 관련해서 이야기해줄 것이 있어요. 하루는 카를로 페트리니와 함께 '신앙공동체와 해방' 형제회 멤버인 잔카를리노 론초니의 집에 점심을 먹으러 갔는데 거기에 잔카를

51 passito. 태양에 말린 포도로 생산하는 와인.

로 체사나 박사도 함께 있더군요. 공산주의자로 알려진 우리 둘이 자신들의 아지트에 온 것을 보고, 그들은 와인 블라인드 테스트로 카를로에게 도전을 해요. 이때 카를로는 놓여 있던 와인 중 하나를 맛보더니 "알레그리니의 아마로네잖아, 쉽군!"이라고 했죠. 감베로 로소의 잔 3개를 받은 당신의 아마로네였어요. 카를로가 훌륭한 미각을 지녔지만 그만큼 당신의 아마로네도 다른 와인과 혼동하기 힘든 거예요. 사람들이 다 입을 떡 벌렸었죠!

마릴리사 고마워요!

날 쳐다보는 그녀는 하늘에 오를 듯 기분이 좋아 보인다. 그보다 좋은 선물을 할 수는 없었을 것 같다.

땅은 늘리지 못하는 유일한 자산이다

오스카 의사와 헤어진 후 다른 남자도 있었을 것 같은데요.

마릴리사 물론이죠, 그로부터 6년 후 잔카를로를 알게 되었고 그와의 사이에서 딸을 둘 두었어요.

오스카 그와 결혼했나요?

마릴리사 아니요, 결혼은 생에서 딱 한 번만 해야 할 실수예요, 그래서 결혼은 하지 않았어요.

오스카 출장은 언제부터 다녔나요?

마릴리사 아버지가 돌아가신 해인 1983년부터요. 그전엔 못 갔어요. 아버지는 살아 있는 내내 회사의 보스셨거든요. 아버지가 돌아가셨을 때, 베로나 사람들은 우리 삼 형제가 6개월 내에 회사를 다 말아먹을 것이라 생각했다고 해요. 우리가 아버지처럼 잘해나갈 거라고는 생각을 못 한 거죠.

오스카 아버지에게 뭔가 특별한 점이 있으셨나요? 앞서가는 스타일이셨나요?

마릴리사 위대한 개척자셨죠! 아버지는 프랑스에서 하는 걸 보고는 1979년에 기요 방식으로 포도나무를 심기로 하셨죠. 올해 30주년을 기념하게 될 '라 그롤라' 포도원의 나무는 모두 기요 방식으로 심었어요. 당시 발폴리첼라에서는 모두 페르골라 방식으로 재배했었죠. 코르비나 품종은 왕성하게 자라서 공간을 많이 필요로 하거든요. 하지만 아버지는 혁신하기로 하고 새로운 길을 시도했어요. 마케팅에서는 혁신적 정신이 없었지만 농업에서는 혁명가라고 할 수 있는 분이었어요.

오스카 1979년은 중요한 해였나요?

마릴리사 네, 아버지는 이때 팔라초 델라 토레 포도원을 사고 와이너리를 지으시는데 우리는 지금도 거기서 아마로네를 양조해요. 그리고…… 돈이 바닥나죠! 그런데 여전히 만족을 못 하셔서 80년 동안 버려져 있던 포도원 라 그롤라를 살 기회를 만들어내시죠. 아버지는 두려워하지 않고 은행에서 25퍼센트의 이율로 돈을 빌려서 4억 리라를 투자하세요. 당시 회사 매출이 2억 리라였어요!

오스카 자식들과 상의하셨나요?

마릴리사 프랑코와 발터하고는 하셨지만 저는 그때 회사에 들어가기 전이었어요. 스스로 용기를 북돋기 위해 '땅은 양적으로 늘어나지 않는 유일한 자산'이라는 말을 하셨어요. 일이 잘 안 되면 다시 팔면 되니까요.

오스카 물론이죠. 교과서적으로 말하자면, 모든 가격은 수요와 공급의 물리적 법칙에 의해 결정되지만 세상에서 공급이 한정된 자산은 땅뿐이죠. 그러니까 시간이 지나면 토지 가격은 올라갈 수밖에 없는 거죠. 아무튼 1980년 회사에 들어갔을 때 회사는 돈이 없었겠군요.

마릴리사 네, 빚만 있었어요.

두 번째 와인인 '칸티네 체치'의 '람브루스코'를 맛볼 순간이다. 시게루는 빌베리, 야생베리, 사탕수수당, 과일 설탕 조림, 말린 자두의 기분 좋은 향이 나는 와인이라고 묘사했다. 이 와인은 다양한 살라미와 어울리는데, 피스타치오를 곁들인 모르타델라가 그 예일 것이다. 그러고는 이 와인의 타닌 성분이 남은 당분에 의해 완화되고 부드러워졌다고 길게 설명했다. 나는 람브루스코가 내가 개인적으로 무척 좋아하는 와인이며, 부당하게 저평가되고 있다고 덧붙였다. 또 시게루의 생각에도 동의한다. 나도 람브루스코 와인과 함께 빵과 살라미를 먹고 싶은데, 바르치 살라미나 쿨라텔로 디 치벨로[52]를 먹는다면 왕이 된 기분일 것이다!

마릴리사 이렇게 맛있는 람브루스코가 있으리라고는 생각도 못 했어요.

오스카 알레산드로 체치를 몰라서 그러는 거예요. 그는 람브루스코의 선교사죠. 특히 이 오텔로로 이탈리아 소믈리에 협회(AIS)에서 포도송이 5개를 받았다고요. 람브루스코는 가장 많이 수출되는 이탈리아 와인 중 하나예요. 더 많이 존중해야 하죠. 다시 1980년대로 돌아가죠. 그때 무슨 일이 일어나죠?

52 Culatello di Zibello. 돼지 넓적다리 살로 만든 염장 햄.

마릴리사 1983년에 스위스 취리히로 첫 출장을 가요. 그 출장에서 맛본 와인들이 무척 마음에 들어서 프랑코에게 구조와 산도를 맞춰서 발폴리첼라와 아마로네의 중간쯤 위치하는 와인을 만들자고 해요. 물론 아버지가 만들어놓은 혁신적인 포도 재배 방식을 출발점으로 삼아서요. 그렇게 해서 라 그롤라가 탄생합니다.

오스카 동생이 누나를 금방 이해했군요?

마릴리사 네! 그리고 몇 달 후 처음으로 미국에 가서 뉴욕과 보스턴, 그리고 시카고를 들러요. 에이전트가 힘들어했죠.

오스카 미국에 간다고 했을 때 형제들이 뭐라고 하던가요?

마릴리사 아직 1983년이었고 빚이 있었잖아요. 그래서 "나 와인 팔러 미국에 좀 다녀올게"라고 했어요. 오빠와 동생도 아주 좋아했고요!

오스카 내 개인사와 당신 이야기 사이에 공통점이 아주 많아요! 해내지 못할 거라는 생각은 안 들던가요?

마릴리사 당시에는 안 했어요. 2009년엔 공황 상태였지만요.

오스카 그 얘기도 조금 후에 하죠. 미국에서는 뭘 했나요?

마릴리사 좀 순진해 보이는 에이전트가 날 데리러 뉴욕에 왔더군요. 가장 먼저 든 생각은 길거리가 무척 더럽다는 거였어요. 시골에서는 그런 것에 익숙하지 않잖아요.

오스카 내가 1981년에 처음 갔을 때 가장 먼저 생각한 건 하수구 맨홀 뚜껑에서 나오는 연기, 불빛, 고층 빌딩, 노란 택시 등 모든 것이 다 영화랑 똑같다는 것이었어요. 사실 많은 사람들이 처음 뉴욕에 가면 꼭 전에 와본 것 같은 느낌을 갖는다더군요. 드라마의 영향이겠죠.

마릴리사 네, 그럴 수도 있어요. 아무튼 에이전트는 제일 먼저 프레젠

테이션을 준비하라고 했어요. 나는 그쪽 회사가 알 만한 내용을 모두 집어넣었죠. 그 시기에 내가 배운 건 핵심을 전달하면서도 마음을 건드릴 줄 알아야 한다는 것이었죠. 사업에선 꼭 필요한 재능이랍니다.

오스카 그때 와인을 파셨나요? 형제들에게 한 약속을 지켰나요?

마릴리사 한 달 반 후 2000상자를 주문받아서 돌아가요. 모든 상점을 하나하나 돌면서 팔았어요! 그해 8월 15일에 모든 사람이 병입 작업에 동참했고 다음 날인 16일에 바로 컨테이너가 출발해요. 우리 매출은 2배가 되죠. 미국에서의 매출 증대 덕분에 1986년에는 빚을 다 갚고 1990년에는 매출이 10억 리라가 돼요.

오스카 대단해요! 당신이 회사에 전환점을 마련한 거로군요. 이후로는 회사를 진정 당신의 것으로 여기게 되었겠어요.

마릴리사 네, 맞아요.

오스카 형제들도 당신처럼 숫자에 밝나요?

마릴리사 그들은 똑같이 중요한 다른 일들을 나보다 더 잘해요.

오스카 회사를 운영하면서 큰 변화를 목격한 적은요?

마릴리사 격변은 없었지만 지속적인 발전은 있었어요.

오스카 토스카나 주에 투자하기로 한 건 언제인가요?

마릴리사 2000년대 초반이었는데 형제들과 의견 충돌이 전혀 없지는 않았어요. 하지만 여기서 알아야 할 건 서로 사랑하는 형제들 간의 충돌이라는 거예요. 우리 사이에 사랑과 존중은 결코 덜한 적이 없었어요.

마릴리사가 이야기하는 동안 내 현실을 생각하지 않을 수 없었다. 포도원과 생산을 담당하는 사람은 변화에 덜 호의적이다. 늘 전통적으로 해오던 행동만을 반복하려는 경향이 있다. 하지만 전통과 혁신을 결합시키면 승리의 공식을 발견할 수 있다. 나는 항상 함께 일하는 사람들이 혁신에 열린 마음을 지니도록 설득하는 데 많은 에너지를 쏟는다. 이런 설득 작업을 통해 2가지 이익을 얻는다. 그들이 반대 의견을 펼치면 그 덕에 내 이론을 개선할 수 있고, '집단 창의력'이라고 부르는 현상을 고무시킬 수 있다. 반면 내 동료들이 이해하지 못했는데도 바꾸도록 강요한다면 결과는 좋지 않다. 이야기는 계속되고 스칸디나비아 시장에서의 기하급수적 판매 성장과 신규 시장이 주는 기회에 대해 가족끼리 했던 토론 이야기까지 대화가 진행되었다. 이야기를 중단시킬 적절한 틈을 발견하자마자 물었다.

오스카 그때도 이미 오늘처럼 우아했나요?

다시금 재킷의 르네상스적이고 엄격한 라인에 관심을 기울였다.

마릴리사 그럼요, 사람들이 갖는 첫인상은, 스스로를 어떻게 제시하느냐에 달려 있다고 생각하거든요. 또 이탈리안 스타일을 전달한다는 생각도 무척 마음에 들어요. 이탈리아인으로 나 자신을 차별화하고 싶어요.

어떤 남자도 나를 일로부터 떼어낼 수 없습니다

딸들의 아버지기도 한 잔카를로에 대한 마릴리사의 사랑은 약 10년간 지속된 후 천천히 끝이 난다. 그녀는 그것이 새로운 러브 스토리에 자리를 내주기 위한 것이었다고 말했다. 미국은 그 스토리의 공범이 된다. 그가 미국에 이탈리아 와인을 수입하는 대형 수입업자이기 때문이다. 나는 혹시 그녀의 아마로네가 미국 시장에서 엄청난 성공을 거둔 것이 이 러브 스토리의 열매는 아니었을지 궁금해졌고, 그 생각을 하며 혼자 웃었다. 마릴리사가 중요한 수출업자의 품에 안김으로써 한 와인의 운명을 바꾸어놓지는 않았을까? 참지 않고 물어봤다.

마릴리사 집어치워요, 못됐군요! 내 인생에서 가장 긴 러브 스토리였다고요. 15년이나 갔으니 진지했다고요.

마릴리사는 사랑의 순례 여행과 출장 여행을 잘 조율하며 미국에 점점 더 자주 간다. 이삼 주마다 뉴욕에 간 것이다. 여기서 잠깐! 그녀는 여행을 갔다. 절대 대양 너머로 이사할 생각은 안 했으며 이탈리아도 절대 떠나지 않았다.

마릴리사 그 또한 미국을 떠나지 않았어요. 결국 우리의 사랑은 거리 때문에라도 살아남기 힘들었죠.

마릴리사의 소중한 가치들은 이탈리아에 있다. 그녀의 진짜 가족은 이탈리아에 있다. 심지어는 딸들의 아빠 또한 알레그리니 안에서 계속 일한다. 민감한 주제라서 무례한 질문들을 해 억지로 답을 강요하고 싶지는 않지만, 분명한 것은 모든 것을 포기하고 새로운 삶을 시작할 것인지 이탈리아에 남을 것인지를 결정해야 했을 때 그녀가 일을 선택했다는 것이다. 뉴욕의 매력에도 불구하고, 흥미로운 미래에도 불구하고, 또 사랑에도 불구하고…….

내가 좀 전에 아마로네의 성공이 사랑이 맺은 열매 아니었느냐고 농담한 것 때문에 나를 보는 마릴리사의 시선이 여전히 곱지 않다. 그래서 화제를 바꾸어야 하는데 마침 좋은 핑계가 있다. 바로 여기! 이름은 '25살', '아르날도 카프라이'의 '사그란티노 디 몬테팔코'로서 1999년산이다. 내가 제일 좋아하는 이탈리아 레드 와인 중 하나다. 와인을 만든 마르코 카프라이에 대한 존경과 우정 때문에 좋아하는 것도 있지만, 이 와인을 좋아하는 사람은 많다. 시게루도 그중 하나다. 그는 입을 열자마자 와인에 대한 찬미가를 바친다. 그는 이 와인에서 와일드베리의 신선한 향을 느낀다. 매우 여운이 길고, 입안만 꽉 채우는 것이 아니라 머리와 가슴도 꽉 채워준다고 했다. 이 와인은 가장자리에 소금을 뿌린 접시에 플레이팅한 레어로 구운 고기, 비둘기 요리, 야생 토끼 요리, 포사 치즈와 잘 어울린다. 이 요리들은 와인의 무게감을 잘 지탱해주는 강한 맛을 지녔다. 그런데 지금 시게루는 음식을 거꾸로 조합하고 있다. 음식을 와인이라는 주인공을 돋보이게 하는 부가물로 보는 것이다.

사그란티노의 물결에 몸을 맡긴 채, 바로 네 번째 와인으로 넘어갔다. 이 와인도 내가 잘 아는 굉장한 레드 와인이다. 아마로네의 왕국에 아무 레드 와인이나 갖고 올 수는 없는 법.

오스카 안젤로 가야는 내가 인터뷰할 때마다 늘 바롤로 이야기만 하고 바르바레스코 얘기는 안 한다고 뭐라 하는데, 오늘은 좋아할 것 같네요. 아주 환상적인 바르바레스코를 들고 왔거든요.

마릴리사에게 산토 스테파노 크뤼에 대해 설명했다. 그녀는 물론 신화적인 인물인 브루노 자코사의 와인을 알고 있다.

오스카 이것이 그보다 못하지 않답니다. 포도는 동일한 구릉에서 만들어졌어요. 와이너리는 카스텔로 디 네이베, 생산자는 이탈로 스투피노로 바르바레스코 지역의 매우 중요한 성채와 포도원들을 소유하고 있어요. 그 포도원 중 하나가 이 산토 스테파노 포도원이지요. 2004년산을 선택했는데 어떤가요?

마릴리사 당신 말이 맞아요. 굉장해요. 아마로네를 사랑하지만 네비올로도 대단한 포도 품종이라고 생각해요. 바롤로와 바르바레스코는 늘 만족감을 주죠. 완숙하지 않아도 맛있는 아마로네와는 달리 바로 마실 수는 없어요. 하지만 그 기다림이라는 요소가 매우 흥미롭죠. 우아하고 강하고 매년 달라지거든요.

오스카 동감이에요!

마릴리사에게 동감하면서도 나는 바르바레스코는 숙성이 안 되어도 맛있다고, 추수한 지 3년밖에 안 되어도 맛있다고 설명했다.

오스카 마릴리사, 시게루가 평을 준비하는 동안 질문이 있어요. '가족'이라는 말은 누구를 뜻하나요?

마릴리사 동생, 내 딸들, 또 방식은 틀리지만 헤어졌는데도 불구하고 회사에서 일을 계속하는 잔카를로도요.

오스카 딸들과의 관계는 어떤가요?

마릴리사 그런 딸들이 있어서 운이 너무 좋아요. 일 때문에 아이들이 자라던 중요한 시절을 놓친 것이 안타깝죠……. 그와 관련된 여러 에피소드가 있어요.

오스카 언제 태어났죠?

마릴리사 카를로타는 1989년, 카테리나는 1992년이요. 당시 나는 엄마 노릇을 하게 되어 무척이나 행복했어요. 임신한 동안에도 일을 많이 쉬지는 않았지만 둘 다 모유를 먹였죠. 그러다가 회사가 날 필요로 한다고 느껴서 다시 열심히 와인을 팔러 다녔지만요.

오스카 영업 부장을 고용할 생각은 안 했나요? 도움이 되었을 텐데요.

마릴리사 해봤지만 결국은 내가 직접 하는 게 낫겠다 싶었죠. 5년 동안 내 옆에서 도와준 사람이 있었고, 두 사람이 출장을 가니 비즈니스도 더 많이 진전시킬 수 있었어요. 하지만 그 기간이 지나자 다시 그냥 혼자 하는 편을 선호했어요.

마릴리사는 고독을 즐기는 일인자인가 보다. 남한테 맡기지 않는다는 것은 아니다. 남에게 맡기지 못한다면 여기까지 오지 못했을 것이다. 그녀는 단순히 어떤 것은 직접 하는 것을 선호한다. 예를 들자면 목표 설정 같은 것. 내가 그녀를 처음 알았을 때, 그녀는 이미 이탈리에 와인을 납품하고 있었다. 당시 그녀는 나에게 이렇게 말했다.

마릴리사 이탈리가 무엇이 될 것인지 이해하자마자 바로 당신 아들과 약속을 잡았고, 첫 주문을 받으러 직접 갔어요.

그녀는 특정한 것들은 직접 하려 한다.

오스카 이해해요. 바르바레스코를 마시는 동안 회사의 지표들에 대해 듣고 싶은데요. 몇 병을 생산하죠?

마릴리사 그룹 전체가 410만 병을 생산하는데, 80퍼센트 이상이 해외로 나가요.

오스카 베네토에서는 몇 병, 토스카나에서는 몇 병을 만들죠?

마릴리사 알레그리니 200만 병, 코르테 자라 브랜드로 150만 병, 몬탈치노에 있는 산 폴로에서 20만 병, 볼게리에 있는 포조 알 테소로에서 40만 병이요.

오스카 매출은요?

마릴리사 2700만 유로요.

오스카 몇 개국에 판매하죠?

마릴리사 69개국이요.

오스카 전 세계에 194개국이 있으니까…… 아직 갈 곳은 많군요! 왜 다들 토스카나에 투자를 하는 거죠?

마릴리사 다른 사람들의 생각은 모르겠지만, 아직 토스카나는 이탈리아 와인 생산지로 해외에 가장 잘 알려진 지방이에요. 우리의 경우는 알레그리니 가족이 계속 이어져야 한다는 것과 관련이 있어요. 우리 자식들이 원할 경우 선택지가 될 수 있도록 말이죠. 발터 오빠에게는 딸이 셋 있었는데, 오빠를 잃고 6개월 후에 조카 하나를 오토바이 교통사고로 또 잃어서 지금은 둘이 남았어요. 프랑코도 아이가 셋이고, 저도 딸이 둘이니 대가족이죠. 그중 카테리나는 회사에 들어오기로 했지만, 카를로타는 원래 내가 하고 싶어 했던 것을 선택했어요. 의대에 다녀요.

오스카 이 찬란한 빌라 델라 토레는요?

마릴리사 무슨 수를 써서라도 얻고 싶었어요. 결코 실현될 줄 몰랐던 어린 시절 꿈의 정점이었거든요.

오스카 아버지처럼 했군요!

마릴리사 네, 무의식적으로 아버지의 행동을 따라 하고 있어요.

오스카 2008년이 되면 경제 위기가 오죠. 특히 당신이 가장 많이 수출했던 미국에요. 적자였나요?

마릴리사 그랬죠. 나는 금융계가 싫어요.

오스카 나도 마찬가지예요.

마릴리사 오늘 1유로를 투자했는데 3일 후에 2유로가 되는 것은 윤리적이지 않아요. 돈은 일을 해서 벌어야죠. 리먼 브러더스의 위기가 모든 것을 뒤흔들어놨어요. 우리의 경우 2009년을 60퍼센트 매출 감소로 시작했으니까요! 빚을 갚기 위해 뭘 할 수 있을까?라는 생각에 좀 공황이 와서 출장을 더 많이 다녔어요! 2009년처럼 여행을 많이 다닌 적은 없었죠. 그리고 다시 천천히 일어났어요. 2009년에 8퍼센트가 성장했고 이후 3년간 매출이 2배 늘었답니다.

그렇게 어려운 순간을 마릴리사는 아주 잘 넘겼다. 아인슈타인이 말했듯이, 위기는 대응 능력이 있는 사람에게 축복이 될 수 있다. 위기는 능동적이고 용기 있는 사람의 내면에서 새로운 창의력을 만들어내며, 그들은 불평하는 대신 소매를 걷어 올린다.

마릴리사에게 아인슈타인은 바롤로를 마셨다고 했다. 그랬더니 즉시, 이렇게 말한다.

마릴리사 어쩐지, 그래서 늘 술에 취한 것처럼 보였군요. 아마로네를 마시면 덜 취하죠.

웃지 않을 수 없다. 게다가 바르바레스코 산토 스테파노를 손에 들고 있으면 기분이 더 좋아진다. 군소리 없이 단숨에 마셨다.

시게루 이 바르바레스코는 아주 우아하네! 박하, 감초, 백후추가 느껴지고…….

오스카 박하? 자네 말이 맞는군!

시게루는 향과 맛을 감지하는 능력이 있다. 나는 그의 묘사를 들은 뒤에야 비로소 내가 느꼈던 향과 맛이 무엇이었는지 알게 된다. 혼자서는 알아채지 못하겠다. 매번 그것을 못 맞춰서 혼자 구시렁거린다. 시게루가 있어서 다행이다. 그는 소위 말하는 '절대 미각'과 '절대 후각'을 갖췄다. 그와 함께 와인을 마시는 것은 완전히 다른 경험이다.

시게루 그래, 신선하고 드라이하군. 입안에서는 부드럽고, 적절한 타닌이 훌륭한 균형을 이루고 있어. 이 와인 안에는 네비올로의 전형적 특징이 모두 있어. 네비올로의 극치라네. 소고기 스튜, 숙성 치즈가 잘 어울리고, 폰티나 치즈나 너무 숙성되지 않은 탈레조 치즈도 좋겠어.

마릴리사 동의해요! 마치 신의 명에 의한 것처럼(신께서 당신네 란게 사람들을 위해서 대형 배럴들에게 명하셨죠) 완벽하게 만들고 숙성한 네비올로는 눈을 가리고 맛봐도 카를로가 맛본 내 아마로네처럼 다른 와인과 혼동할 수가 없어요.

아까 내가 했던 말이 그녀를 정말로 기쁘게 했나 보다!

이제 마릴리사의 와인 차례다. 솔직히 말하자면 이런 바르바레스코 다음에 아마로네를 맛봐야 한다는 사실이 좀 두려웠다. 물론 아마로네가 말할 나위 없이 훌륭한 와인이지만, 도대체 '바르바레스코 산토 스테파노 2004'를 맛본 다음 마실 수 있는 와인이 뭐가 있겠는가? 물론 위대한 화이트 와인을 마셔야 한다. 너무 젊지 않은 와인이 좋겠다. 내 취향을 아는 마릴리사는 '솔로솔레 2007'을 맛보게 한다. 볼게리에 있는 포조 알 테소로의 순수한 땅에서 자란 베르멘티노 와인이다. 이 와인이 우리 대화의 초반부에 언급한, 자신이 원하는 대로 만든 와인이다. 동일한 와인으로 이번 인터뷰를 시작하고 마무리 지을 수 있게 하다니, 아주 멋진 생각이다. 그런데 이 시점에서 베르멘티노 한 모금을 마시자마자 내 입에서 그리 우아하지 못한 멘트가 튀어나왔다.

오스카 아이고야, 이런 와인이!

마릴리사는 내가 묘사한 대로, 매너와 의상과 말투가 우아한 아름다운 여성이다. 너무나 세련된 여성으로 되는 대로 하는 것은 아무것도 없다. 자신의 매력과 우리에게 전달되는 내용의 매력도 잘 인지하고 있다. 그런데 이 여인이 내 말을 듣자마자 손바닥으로 자신의 가슴을 두드리기 시작했다. 열렬하게, 마치 그런 와인을 만든 스스로를 뿌듯해하듯 말이다. 외적 대조에 대한 나의 오래된 이론이 증명되는 순간이다. 이렇게 우아하고 차분한 여성이 그런 무의식적인 동작에 자신을 내맡긴다는 사실은 숭고하기까지 하다! 잘 만든 와인 때문만이 아니라 당신 자체로 대단한 사람이라고 말해주고 싶다!

오스카 맙소사, 여기 리슬링이 안 들어갔다고 맹세할 수 있어요?

마릴리사 맹세하죠! 내 딸들을 두고요! 물론 나는 베를루스코니가 아니에요.[53] 마니아다운 포도 재배, 핵심은 거기 있어요! 매해 새로 나온 와인을 맛볼 때마다 지난해 것과 다르다고 혼자 투덜거리지만 시간이 지나면 그 와인이 나오더군요.

53 베를루스코니 전 총리가 재판에서 자신의 결백을 주장하며 자식과 손자의 머리를 두고 맹세한 사실을 말함.

오스카 대단해요, 이 말을 끊임없이 하게 되네요. 이제, 미래에 무엇을 할 건지 말해줘요. 어떤 계획이 있죠?

마릴리사 무엇보다도 투자를 마무리 지어야죠.

오스카 당신 생각에 이 나라의 미래는 어떤가요? 이탈리아를 69개의 다른 나라에서 바라보잖아요. 이탈리아 시장 안에서만 일하는 사람에 비해 아주 큰 이점을 누리는 거예요. 이탈리아에 대해 어떻게 생각하나요?

마릴리사 내가 세계를 돌아다니다 보면 이 모든 문제에도 불구하고 아직 이탈리아에 대한 호감을 느낄 수 있어요. 우리 업계에서는 존경심도 있고요. 이탈리아는 인문주의가 탄생한 곳이죠. 그것은 아주 광범한 개념이에요. 우리 이탈리아인들의 정신에는 깊이가 있는데 그것이 우리의 진정한 자원이므로 반드시 지켜야 해요. 이탈리아인들은 온 세상에서 다 호감을 얻어요! 물론 이 뜻밖의 경제 위기는 어서 끝나야 합니다. 지금 우리는 중세 암흑기와 같은 시기를 지나고 있지만, 여기서 나갈 수 있고 해낼 수 있어요.

오스카 계속 해외에 나가 와인을 파는 당신의 방식이 이탈리아가 위기를 헤쳐나가는 것에 기여하겠죠. 늘 혼자 여행하는 게 힘들진 않나요?

마릴리사 나는 이 삶이 좋아요. 그리고 일로 여행을 가면 혼자 있을 기회가 그리 많지도 않아요. 당신도 잘 알 텐데요.

오스카 아직도 성장하고 싶은가요?

마릴리사 너무 큰 성장은 바라지 않아요. 지금 회사를 건전하게 유지해야죠. 현 매출인 2700만 유로에서 4000만 유로까지는 문제없이 키울 수 있어요. 하지만 그 이상으로 키우지는 않을 것 같아요.

특정 수량을 넘어서서도 진정성과 정체성 있는 제품을 계속 만들 수 있을지 잘 모르겠거든요.

오스카 마지막 질문을 한 다음 당신 와인에 대한 시게루의 이야기를 들어보죠. 책에도 나올 테니 대답하고 싶은 경우에만 대답하세요. 현재 남자가 있나요? 사랑을 하고 있나요?

마릴리사 아니요.

오스카 사랑을 원하나요?

마릴리사 혼자보다는 둘이 언제나 잘 사는 법이에요.

그녀에게 더 직접적으로 물어봤다.

오스카 사랑에 푹 빠지고 싶은 마음이 있나요?

마릴리사 그럼요!

약간 당혹스러워하며 미소를 짓는다.

마릴리사 누가 사랑의 가능성을 포기하겠어요? 포기할 수 없죠!

오스카 일에 대한 과도한 사랑이 또 다른 강렬한 감정에 브레이크를 걸지 않나요?

마릴리사 절대적으로 옳은 말이에요! 일이 너무도 큰 만족을 주어서 빈 부분을 채워주거든요. 하지만 사랑은 그것과는 또 다르다는 걸 잘 알고 있어요.

맞다. 사랑은 또 다르다. 어쩌면 더 위대할 수도 있지만 아무튼 다르다는 것은 확실하다. 하지만 남자들이여, 그녀에게 일을 포기하라고 요구하지는 마시길! 어차피 포기는 안 할 테니까. 과거, 현재, 그리고 (내 생각이지만) 미래에도, 마릴리사는 결코 그것과 타협하지 않았고, 안 하고 있으며, 안 할 것이다. 그것이 자기 일을 존중한다는 증거라고 그녀는 말했다.

리타 레비 몬탈치니 여사[54]가 생각난다. 한번은 볼로냐에서 그녀와 저녁식사를 하는 행운을 누렸다. 막 99살이 된 그녀는 과학을 존중해서 남자와 사귄 적이 한 번도 없다고 하셨다. 그녀의 관심을 나누어줄 수가 없었던 것이다. 리타 여사는 이미 연구와 결혼했으니까. 이런 비유가 좀 불경해 보일 수 있지만 내 생각에는 세계를 돌며 품질 높은 이탈리아 와인을 판다는 것은 우리 이탈리아를 위한 멋진 봉사다. 역사, 문화, 전통, 지역에 대해 대단한 긍지를 갖고 소개하지 않았다면 그런 성공을 결코 이뤄낼 수 없었을 테니까.

이 만남을 마무리 짓는 이는 시게루로서, 그는 첫 번째 와인에서부터 마지막 와인에 이르기까지 집중도를 잃지 않고 있다. 그는 '솔로솔레 2007'이 베르멘티노가 승화한 와인이라고 표현했다. 최고의 미네랄리티를 갖추었으며 그 부드러움 속에서 느껴지는 자몽의 아로마가 길게 남는다. 입 안에서는 지속성이 매우 길고 드라이한데, 타닌이 우아하다. 그는 이것을 굴, 카추코[55]와 조합하거나, 물소 젖 모차렐라를 레몬 잎 위에 올린 후 올리브유와 후추를 뿌려 함께 먹겠다고 한다. 그리고 내가 제일 좋아하는 일본 요리 중 하나를 언급했다. 바로 오븐에 구운 장어 요리다. 아, 환상적이다!

마릴리사 이 와인을 어떻게 만드는지 알아요? 포도를 최대한으로 완숙

54 Rita Levi-Montalcini. 신경학자로서 노벨 생리의학상을 수상했다.
55 Cacciucco. 이탈리아의 토스카나 리보르노 지역에서 먹는 생선 스튜. 매운 고추가 들어가는 것이 특징.

시키죠.

오스카 그런데 2008년산도 이 2007년산처럼 맛있나요?

마릴리사는 2008년산도 테이블 위에 내놓았다.

마릴리사 프랑코는 이게 더 맛있다고 하더군요.

오스카 자자, 우리가 가야 하니까! 시게루, 시모나는 나오면서 2008년산을 훔쳐 와요, 오늘 저녁때 우리끼리 마십시다!

시게루의 와인 시음 노트

마릴리사 알레그리니와 함께

비오니에 2011(칼라트라시 에 미치케)

Viognier 2011(Calatrasi e Miccich)

종류	화이트 와인
포도 품종	비오니에 100%
양조/숙성	제어된 온도(12°C)에서 발효, 쉬르 리 침용, 병입 전에 몇 달간 스틸 탱크에서 숙성
생산지	시칠리아

초록빛이 감도는 볏짚색이다. 꽃향기가 강한데, 특히 시칠리아 재스민의 향기가 두드러지며, 오렌지 꽃과 과일 향(살구, 복숭아, 약간의 파인애플 향)이 그 뒤를 잇는다. 풍미가 있고 부드러우며 미네랄 맛이 느껴진다. 좋은 산도를 갖춘 기분 좋은 와인이다.

이 와인에는 어떤 생선 요리든 어울리겠지만 특히 갑각류와 연체동물(쌀 식초를 곁들인 굴)이 잘 어울린다. 삶은 달걀에 디종 머스터드를 곁들여도 완벽하다. 팬에 구운 닭고기처럼 흰 살코기도 잘 맞는데 여기에 소금, 백후추를 뿌리면 된다.

이 와인이 만들어진 영지의 이름이 '마니피코(Magnifico)'인데, 이토록 이름이 잘 맞을 수는 없을 것이다! 코를레오네 분지 내에 있는 해발 1000미터 위에서 미치케 가족이 대를 이어가며 와인을 만들고 있다. 풍경은 너무도 거칠어 달의 표면을 연상시킬 때도 있다. 비노 리베로 프로젝트에 참여하는 와이너리다.

오텔로 네로딜람브루스코(칸티네 체치)

Otello Nerodilambrusco(Cantine Ceci)

종류	레드 스파클링 와인
포도 품종	람브루스코 100%
양조/숙성	저온에서 포도 껍질과 함께 침용, 샤르마[56] 방식으로 재발효
생산지	에밀리아 로마냐

옅은 보라색이다. 붉은 과일, 와일드베리, 산딸기, 카밀러, 빌베리, 흑설탕, 포도즙의 향이 난다. 맛은 부드럽고 풍미 있고 향기롭다. 매우 기분 좋은 느낌을 준다.

식사용 와인으로 최고다. 에밀리아 지방의 전통 살라미들과 완벽한 궁합을 자랑하는데, 특히 모르타델라가 좋겠다. 나라면 국물이 있는 일본 어묵과도 먹어보겠다.

체치의 람브루스코는 사람들과 함께 마시는 와인이니 여름에 해변에 가져가서 UEFA 챔피언스리그 결승전을 보면서 즐겨라. 쉬운 와인이지만 진부하지 않다. 신선하지만 단순하지 않다. 즉각적이지만 짧지는 않다. 여러분의 친구들이 그 고마움을 잊지 않을 것이다!

사그란티노 디 몬테팔코 벤티친퀘 안니 1999(아르날도 카프라이)

Sagrantino di Montefalco 25 Anni 1999(Arnaldo Caprai)

종류	레드 와인
포도 품종	사그란티노 100%
양조/숙성	30일간 포도 침용, 24개월간 프랑스산 오크 바리크에서 숙성
생산지	움브리아

56 Metodo Charmat. 스파클링 와인 제조 시 오토클레이브(autoclave)라는 대형 고압 탱크 안에서 2차 발효를 시키는 방법.

짙은 루비색이다. 완숙한 과일의 짙은 향기와 붉은 꽃, 감초, 그린 페퍼콘, 가죽 향이 난다. 입안에 머금으면 다시 과일이 느껴진다. 지속성 있고 벨벳과 같으며 부드럽고 살짝 향기로운 맛이 난다.

석쇠에 구운 고기나 양고기 로스트와 함께 음미하시길. 일반적으로 야생동물 고기와 함께 조합하면 와인 자체의 최상의 맛을 이끌어낼 수 있다. 특히 움브리아산 흑송로버섯을 곁들이면 더 좋다. 매운 치즈나 숙성한 포사 치즈와 함께 마셔보라.

카프라이는 현대적인 사그란티노 와인의 창조자이다. 한때 사그란티노는 달고 떫은맛이 났지만 지금은 드라이하고 우아하다. 이 와인은 축제의 와인으로 주님의 성스러운 날인 주일에만 마셨기에 사그란티노라는 이름이 붙었다. 일본이라면, 전투에서 패배했을 때 할복을 하던 사무라이의 우두머리 쇼군에게 완벽히 어울리는 와인이었을 것이다. 만약 죽음 직전 마실 마지막 와인을 고르라면 이 와인을 고르겠다!

바르바레스코 산토 스테파노 2004(카스텔로 디 네이베)

Barbaresco Santo Stefano 2004(Castello di Neive)

종류	레드 와인
포도 품종	네비올로 100%
양조/숙성	12일간 포도 침용, 대형 오크 배럴에서 2년간 숙성, 병에서 1년간 숙성
생산지	피에몬테

언뜻 보면 반짝이는 루비와 석류석의 붉은색이다. 말린 장미, 제비꽃, 백후추, 감초, 가죽의 매우 우아한 향이 나고 발삼 향의 여운이 느껴진다. 맛은 강하고 조화로우며 타닌은 부드럽다. 끝 맛은 조화롭고 매우 길다.

로즈메리와 함께 구운 양고기, 소고기 스튜, 살사 베르데를 곁들인 구운 송아지 안심과 잘 어울린다. 숙성한 치즈, 경질 치즈와 끝내주게 어울리며, 아름다운 여인과 함께 마셔도 완벽하다!

우리는 이 와인을 〈쇼 디너〉라는 유명한 TV 프로그램을 보면서 마셨는데, 여기서는 한 유명한 일본인 셰프가 칼을 마치 검처럼 (그리고 검은 칼처럼) 사용한다. 동명 지역의 가장 아름다운 포도원에서 온 이 바르바레스코 또한 마치 칼날처럼 잘 벼리어 있다.

볼게리 베르멘티노 솔로솔레 2007(포조 알 테소로)
Bolgheri Vermentino Solosole 2007(Poggio al Tesoro)

종류	화이트 와인
포도 품종	베르멘티노 100%
양조/숙성	포도가 완숙되었을 때 수확, 제어된 온도에서 발효 및 침용, 스틸에서 숙성
생산지	토스카나

거의 황금색에 가까운 짙은 황색이다. 살구, 흰 과육질의 복숭아, 막 베어낸 풀의 숙성 향이 난다. 미네랄 향은 기분 좋고 분명하며 소금기가 느껴진다. 섬세한 아몬드 맛이 느껴지고, 풍미 있고 신선하며 매우 기분 좋다.

생선을 기본으로 한 다양한 요리와 완벽하게 어울린다. 특히 오븐에 구운 큼지막한 굴 요리에 크림소스와 시트론 소스를 얹은 조합을 보고 싶다. 살사 베르데를 곁들인 카추코도 잘 맞는다.

베네토의 대단한 아마로네 생산자들로 하여금 토스카나의 베르멘티노 포도로 대단한 화이트 와인을 만들도록 하는 동력은 무엇일까? 내 생각에는 일에 대한 사랑과 도전 정신이다. 그럼 성공했을까? 당연하지! 알레그리니는 어디를 가도 대단한 와인을 만들어낼 것이다. 혹시 일본에서도?

6장
적은 것이 좋다는 아버지의 말씀이 옳았어

와인 명가: 그라브너(Gravner)

대표: 요스코 그라브너(Josko Gravner)

어느 땅에 속하는지 알 수가 없어

고리치아를 지나 5킬로미터를 더 가서 슬로베니아가 보이는 구릉으로 올라간다. 그곳에 요스코 그라브너의 집과 와이너리가 있다. 땅 위로 하얗고 깨끗하고 단순한 단층집이 보인다. 우리를 맞이한 건 그의 아내 마리아다. 요스코는 지금 밭에서 일을 하고 있다. 그리하여 정확히 어느 나라에 속하는지도 좀 불분명한 이탈리아 끝자락의 이 작은 모퉁이가 이탈리아 안에서, 유럽 안에서, 역사 속에서 어떤 위치를 차지하는지 설명해야 할 숙제가 아내이자 어머니인 그녀에게 떨어졌다. 나는 이렇게 말했다.

오스카 당신들의 와인을 출발선 삼아 이탈리아를 말하기 위해 여기 왔습니다.

그녀는 망설임 하나 없이 직선적이고 분명한 어조로 말한다. 목소리에는 불명료함이 없고, 생각을 더 해보려고 멈추지도 않는다. 분명하게 흘러나온 그녀의 생각이 중앙에 큰길을 내어주었기에, 우리는 그 위로 걸어가며 이 땅과 그 주민에 대해 잘 이해하려 노력하기만 하면 되었다. 잠시 뒤 가장인 요스코가 집에 오면, 매일매일 발명하는 자신의 새 장난감과 좋아하는 것들에 대해, 늘 변화와 의심의 대상인 그의 확신에 대해서 말해줄 것이다. 하지만 가족이 일하고 살아가는 큰 틀은 아내이자 어머니인 마리아가 모두 다 알려주었다.

마리아와 요스코가 함께한 지는 어언 40년, 결혼 당시 그녀는 18살, 그는 21살이었다. 함께하는 것이 무엇인지 알고 싶다면 그들에게 물어보면 된다. 마리아에게 그것은 안정과 가족을 구성하는 걸 의미한다. 요스코에게는 대단한 프로젝트를 계획하고, 항상 다르면서도 자극적인 계절을 맞이한다는 걸 의미한다. 일종의 역할극으로 여자는 계획과 감시를, 남자는 발명을 연기한다.

나는 마리아의 이야기 방식이 마음에 들었다. 주어, 동사, 보어, 목적어, 마침표까지 정확하며 미사여구 없이 말을 빙빙 돌리지도 않는다. 이탈리아어가 그녀의 모국어가 아닌 덕분이다. 그녀는 이탈리아어를 신경 써서 조심스럽게 다룬다. 언어의 기본 골격을 염두에 두기 때문에 실수도 하지 않는다. 오늘날 얼마나 많은 사람이 문제에 단순하게 대응할 줄 몰라서 부사와 삽입구가 난무하는 복잡한 문장을 만들어내다가 그 안에서 길을 잃는지 모른다. 요스코가 도착하기까지 아직 15분 정도가 남았을 때 마리아가 이야기했다.

마리아 1915년까지 이 땅은 오스트리아의 땅이었죠. 1차 세계대전이 끝나고 이탈리아가 들어왔어요. 오스트리아였을 때는 슬로베니아 소수 민족은 보호를 받았고, 학교에서는 2가지 언어를 사용했어요. 이탈리아 아래에선 슬로베니아어 사용이 금지되었죠. 상황이 나아지고는 있지만 장애물은 여전하죠. 여기 사는 사람은 제2의 언어를 알아야 해요. 자신을 잘 표현하기 위해서 모국어와 민족의 역사를 배운 다음에는, 나에게 '공간을 제공해주는' 국가의 언어와 역사도 잘 배워둬야 더 잘살 수 있어요. 나는 두 언어를 병용해서 사용하니 당신과 당신의 언어로 얼마든지 이야기할 수 있지만, 이탈리아인인 당신은 내 언어로 이야기할 줄 모르죠. 이것이 큰 걸림돌이 되고 있어요.

마리아의 강하고 흔들림 없는 목소리를 글로 재현하는 것은 불가능하다. 그 목소리는 그녀가 머릿속에서 잘 정돈한 개념을 말한다는 인상을 준다. 외국인의 억양같이 들리지만 또 그렇다고 완전히 외국인 억양도 아니고, 독일어 계통 같지도 않고 슬로베니아어 계통 같지도 않은 그녀의 악센트를 글로 옮길 순 없지만, 이해를 돕고자 설명해보았다. 마리아가 말할 때 문법적 실수를 하지 않는다는 것은, 문장을 만들 때 주어와 동사처럼 가장 중요한 요소가 무엇인지 구별할 줄 알고 그것에 신경을 쓴다는 것을 뜻한다. 다만, '당신의 언어로'라고 말하면서 전치사를 빼먹은 것은, 그래도 문장 전체를 이해하는 데 큰 문제가 없다는 걸 알기 때문이다. 성숙한 접근 방식이며 이탈리아에 동화되어 사는 멋진 형태라고 생각한다. 마치 '내게 공간을 제공해준 이 나라의 주요 규칙은 따르겠지만, 내가 태어난 문화의 바탕에 따라 바로 핵심만 찌르겠다'라고 말하는 듯하다. 그러니까 마리아가 말하려 한 것은 슬로베니아인 공동체가 이탈리아에 통합되는 데 있어서 여전히 이탈리아 정부가 걸림돌이 된다는 것이다.

오스카 본인 스스로를 이탈리아인이라고 생각하세요? 아니면 슬로베니아인이라고 생각하나요?

마리아 나는 슬로베니아인으로 태어난 슬로베니아인이에요.

오스카 요스코는요?

마리아 그는 국적은 슬로베니아지만 이탈리아인으로 태어났죠.

오스카 너는?

집에 돌아온 그들의 딸에게 물었다.

야나 저는 야나예요.

멋진 대답이다!

오스카 내가 물은 건 네가 스스로를 이탈리아인으로 느끼는지, 슬로베니아인으로 느끼는지야.

야나 정의 내릴 수 없어요. 어떤 부분은 슬로베니아인이고 어떤 부분은 이탈리아인이죠.

요스코가 돌아왔다. 새로 만드는 포도밭에서 일하다가 왔기 때문에 트랙터를 끌고 왔다. 포도밭은 그가 설계하는데, 연필로 먼저 하는 것이 아니라 바로 트랙터로 한다. 그와 마리아는 외모가 좀 닮았다. 팔다리가 길쭉하고 피부와 머리카락 색이 밝다. 스타일도 비슷하다. 플란넬 셔츠에 청바지를 입고, 그 위에 스웨터를 입고, 주머니가 많이 달린 튼튼한 면 재킷을 걸쳤다. 우리가 있는 공간은 하얗다. 밖으로 드러나 있는 나무 대들보가 거의 하얀색이고, 그것과 결이 비슷한 테이블도 하얗다. 장식이 없는 하얀 벽, 거기에 잔을 넣어둔 찬장이 있고 의자가 몇 개 있다. 주의를 빼앗는 것도 없고 장식도 없다. 나는 이번 방문 프로젝트와 다른 방문지들에 대해 설명한 다음 나의 조커를 내놓았다. 바로 1961, 1967, 1978년산 보르고뇨 바롤로 와인 3병과, 테오 무소의 맥주 '리세르바 2010 디 루네'다. 테오 무소의 맥주는 요스코가 좋아해서 골랐고, 바롤로 와인은 요스코와 그가 추구하는 순수성, 진정성, 전통을 떠올리며 골랐다. 이러한 가치는 과거 체사레 보르고뇨 또한 자신의 바롤로에 담았던 것들이다. 나는 이 3병의 와인이 너무나 자랑스럽다. 비록 나의 공로는 보르고뇨 와이너리를 사면서 저장고 안에 있던 이것들을 찾아낸 것밖에 없지만 말이다. 곧바로 1978년산을 열었다. 완벽하다. 첫 모금에 이미 사랑에 빠져서, 내가 할 역할이 아닌데도 찬미 시를 바친다. 여러분이 흰 테이블 주변에 둘러앉은 우리를 볼 수 있다면 좋을 텐데. 내가 찬사를 늘어놓으며 즐거워하는 동안 그들은 입을 다문 채 내 말을 듣고 있다. 이 와인이 훌륭하지 않아서가 아니라, 반대할 여지도 주지 않은 채 내가 이미 '1978년산이여, 영원하여라'라고 결정을 봤기 때문이다. 내 실수였다. 아버지는 (아무리 양아버지라도) 자식 중 하나에게 '널 제일 사랑한단다'라는 말을 해서는 안 된다. 왜냐하면 그 말을 듣는 다른 이들이 나머지 자식들은 과연 어떤지 더 관심을 갖고 쳐다볼 것이며 결국에는 그 아이들을 더 좋아할 것이기 때문이다. 이 글을 읽다 보면 내 말을 이해하게 될 것이다. 요스코의 딸인 야나 외에, 요스코의 친구이며 나와도 무척 친한 필리포 폴리도리도 자리해 있다. 필리포는 요스코의 와인이 그에 합당한 이미지와 가치에 유통될 수 있도록 돕는다. 아직 젊지만 자기보다 25살이 많은 요스코와 환상적인 호흡을 자랑한다. 요스코는 몇 마디 하지도 않으면서 주인공으로서 어떻게 이 상황의 주도권을 쥘 수 있는지 참 놀랍다. 그는 어깨 사이로 움츠린 머리를 조금 앞으로 내밀고 있다. 자기 생각을 가다듬어 표현하고자 할 때면 그런 몸짓이 더 두드러진다. 꼭 머릿속의 생각을 밖으로 밀어내려면 특별한 에너지가 필요한 것처럼 보인다. 그는 와일드베리 색을(가을철 포도 잎 색이라고 해도 되지만 너무 뻔해 보일까 봐 표현을 바꿨다) 띤 눈동자로 우리를 쳐다보며 자주 미소를 짓는다.

요스코의 숫자는 다음과 같다. 포도 수확 46회. 상당히 높은 이 숫자는 그가 새로 해낸 생각이 가치 있는지를 확인해볼 기회가 상당히 많았다는 걸 말한다. 변화에 대해서라면, 요스코는 정말 많은 길을 여행했다.

오스카 요스코, 우리가 있는 이곳은 어딘가?

요스코 이곳은 250명이 땅을 경작하며 살아가는 작은 마을이라네. 전쟁이란 전쟁은 모두 휩쓸고 지나간 곳이지. 고통을 많이 겪은 땅이라네. 전쟁이 끝날 때마다 이곳은 처음부터 다시 시작해야 했지. 1차 세계대전이 가장 잔인했어. 고리치아의 오슬라비아 추모관에만 해도 5만 2000명의 이탈리아 사상자가 묻혀 있지. 거기에 더해 흩어져 묻힌 사상자들이 있고, 오스트리아-헝가리 측의 사상자들도 그 정도네. 우리 집은 당시 무너지지 않은 유일한 곳이야. 당시 이곳은 적십자 본부여서 지붕 위에는 붉은 십자가도 있었지. 오직 그 이유로 남게 된 거야. 이 집은 내 할아버지가 결혼하시면서 지은 집이지.

오스카 여기는 오스트리아였지? 그럼 할아버지는 오스트리아인이셨겠군?

요스코 그래, 할아버지는 오스트리아 군인이셨어. 반면 아버지와 숙부들은 이브레아에서 난민으로 지내셨지. 전쟁이 진행되는 동안 민간인들은 멀리 이탈리아 각지로 보내졌거든.

오스카 아버지는 슬로베니아어만 할 줄 아셨나?

요스코 우리 가족은 슬로베니아인이야. 아버지는 슬로베니아어를 하셨지만 원래 조상으로 거슬러 올라가면 우리 가문은 독일 니더바이에른 출신이라네. 내 성도 독일어 성이지.

오스카 대를 이은 집이니 자네도 여기서 태어났겠군. 이 집은 그때도 이렇게 아름다웠나?

내가 너무 성급하게 몰아붙이는 것 같기는 하지만, 한곳에 계속 살면서 여러 번 다른 나라에 '이식되는' 경험을 해야 했던 가족의 이야기는 너무나 매혹적이다. 모든 역사가 가까운 몇 개의 도시를 중심으로 돌아가기에 내 고향처럼 문화의 뿌리 개념이 훨씬 더 구체적인 곳과는 거리가 먼 이야기다. 내 부모님과 조부 세대가 겪은 유일한 변혁은 군주제 이탈리아에서 공화정 이탈리아로 바뀐 것이었다. 사보이 왕국의 땅에서 그 사건은 무게감을 갖는 변화였다.

요스코 아니, 더 멋졌는데 내가 좀 버려놨지. 25살 때 측량 기사를 불러서 처음 집을 고쳐봤는데 그때는 내가 뭘 몰랐거든. 이제 좀 복구를 시켜보려고 하는 중이네만 아직 끝내지 못했어. 작은 탑도 손볼 게 남았고. 아무튼 여기 이탈리아의 탁상행정 문제는 끔찍스러워. 일하는 것이 정말로 불가능하다네. 우리는 자기 파괴적인 시대를 살고 있지 않나. 저 국경 너머에도 탁상행정 문제가 있겠지만, 여기보다는 덜하겠지. 하지만 저쪽도 유럽이 되어가고 있으니 머지않아 더 빡빡한 규칙이 생겨날 거야. 그래도 저쪽에서는 아직 행정적인 문제 없이 포도밭을 만들 수 있다네. 그런데 여기서는 포도밭 만들기가 집 짓는 것과 비슷해.

오스카 자네는 이 집에서 1952년에 태어났으니, 나보다 2살이 많군.

요스코 그래, 누나 넷과 함께 이 집에서 나고 자랐지. 누나들은 지금 다 다른 일을 하고 있어.

오스카 아버지는 뭘 하셨나?

요스코 아버지도 한때 모두가 그랬듯이 농부셨어. 와인도 만드셨고 가축도 기르시고 체리 같은 과일도 재배하셨지. 내게 와인 만드는 법을 가르쳐준 것도 아버지셨어. 정말 맛있는 와인을 만드셨지. 하지만 무엇보다도 내게 인생의 가치관을 가르치셨어.

오스카 그러니까 자네 아버지는 정의로우셨군.

요스코 그래, 비록 초등학교밖에 안 나오셨지만.

오스카 내 아버지랑 똑같군. 아버지 어머니 중 어느 분에게 더 많이 배웠나?

요스코는 망설이지 않고 대답했다.

요스코 아버지로부터! 할아버지는 1926년에 전쟁이 끝나자마자 이곳에 식당을 여셨지. 일이 많았어. 그러다가 1932년에 식당을 닫았지. 당시 이탈리아에서는 파시스트 당원이 아니면 일을 할 수가 없었는데 할아버지는 그냥 닫는 편을 택하셨어. 파시즘이 슬로베니아 학교도 폐쇄했지. 슬로베니아어를 더는 쓸 수 없게 되었어. 2차 세계대전 후에도 상황은 별로 바뀌지 않았지. 유고슬라비아 문제가 있었거든. 슬로베니아어를 쓰는 사람은 자동으로 공산주의자로 취급되었어. 전쟁이 끝난 뒤에 슬로베니아어를 모국어로 쓰는 사람들은 이탈리아인들이 받던 보조금 같은 혜택을 하나도 받지 못했네. 그런 상황이 되면 내가 어느 나라 사람인지 알 수가 없게 되지. 여기서는 너는 슬라브인이니 이쪽으로 가라 하고, 저기서는 너는 이탈리아인이니 저쪽으로 가라 한다네. 그러면 나는 다들 지옥에나 가버리라고 했지. 나는 세계시민이야. 유럽을 봐도 똑같은 큰 문제가 있다네. 유럽은 그곳에 사는 민족들을 위한 유럽이 아니라 이익을 위한 유럽이야.

일을 너무 많이 하면 생각할 시간이 없어진다네

내가 그를 처음 안 건 2008년 토리노에서였다. 요스코는 와인 시음 때문에 왔다. 두 번째 잔을 시음하면서 그가 말했다.

요스코 우리 이제 말을 놓지. 와인은 이럴 때 필요하지. 말을 놓기 위해서!

나는 그 말에 위대한 시가 들어 있다고 생각했고, 이탈리의 한 페이지짜리 광고로 만들기도 했다. 그리고 그는 그 만남 이후에 이렇게 말했다.

요스코 내 평생 그렇게 말을 많이 해본 적이 없었네.

요스코는 진짜로 보통은 입을 다물고 있는 편이다.

오스카 그런데 자네 아버지는 와인을 어디에 보관하셨나? 자네처럼 암포라는 쓰지 않으셨을 텐데, 그렇지?

요스코 아버지는 나무로 된 커다란 배럴을 쓰셨어.

오스카 란게에서처럼 말이지? 그런데 어떤 와인을 만드셨지?

요스코 리볼라 잘라를 주로 만드셨어. 정치적인 국경선과 상관없이 이 지역 고유의 품종이야. 자연은 국경선을 모르지. 리볼라 잘라는 대부분의 포도 품종처럼 캅카스가 원산지야.

그의 개인사를 더 알고 싶어서 다른 질문들로 괴롭힌다. 그는 이탈리아어를 초등학교에서 배웠다. 그에게 이탈리아어는 제1의 언어가 아니다. 그래도 그는 말을 아주 잘한다. 다만 우리 피에몬테인이 듣기에는 독일어 억양 같다. 문법도 정확하고 중요한 용어들도 정확하게 구사한다. 다만 더 깊이 있는 생각을 할 때는 닿기가 쉽지 않은 저장소에서 단어를 찾아야 해서 시간이 더 걸린다. 그렇다고 해서 표현이 개념적으로 덜 정확한 건 아니다. 중학교를 나온 다음에 그는 직업학교에 들어가는데, 그의 아버지는 그가 일을 빨리 시작하기를 초조하게 기다리면서 14살이나 되었는데도 아직 일을 안 한다는 사실에 경악하셨다! 그리고 그에게 이렇게 말씀하신다. "직업을 고르느라 25살까지 기다렸다가는 기차가 벌써 떠나고 없을 거다!"

얼마나 맞는 말인가! 이탈리아의 높은 청년 실업률은 그에 따른 두 번째 불이익을 가져오고 있다. 젊을 때부터 일하지 않은 사람은 일을 해서 살아갈 줄 모른다. 어떤 잘못 때문이 아니라 습관이 되어 있지 않아서다. 머리와 마음으로 사고하는 방법은 8살에서 12살 사이에 배우고, 일하는 법은 18살에서 28살 사이에 배운다. 그 기차가 떠나고 나면 사회적으로 큰 재앙이다! 우리가 경제 위기를 극복한다 해도, 지속해서 일하는 습관이 없는 라이프스타일의 삼사십 대를 발견할 위험에 처한 것이다. 대학 졸업생들의 이력서를 많이 받는데 다들 마케팅, 홍보, 이벤트 등의 분야에서 일하고 싶어 한다. 나는 그들에게 같은 대답을 한다. 이탈리에서 일하려면 트럭에서 짐을 내리고, 식탁에서 주문을 받고, 선반 위에 상품을 진열하고…… 내 아들들이 했던 것과 똑같이 해야 한다고. 손에 못이 박이기 전에는 마케팅이 뭔지 전혀 이해할 수 없다.

요스코 맞아…… 난 원래 아버지와는 멀리 떨어져서 일하고 싶었어. 농사일이 너무 힘들어 보여서 굴삭기 운전을 하려고 했네. 그러다가 내가 사실은 농사일을 좋아한다는 것을 알게 됐지. 늘 일을 했지. 일요일에도 했어…… 그러다가 많은 실수를 했지……. 일을 너무 많이 하면 생각할 시간이 없다네. 아버지한테 10헥타르의 땅이 있었는데 지금 나는 35헥타르를 보유하고 있지.

프랑스인들이 테루아 타령을 하는 것은 테루아가 없기 때문이라네

이제 우리는 차분하게 앉아서 '바롤로 1978'을 맛볼 수 있다. 1978년생시모나는 점심도 먹기 전인 아침나절부터 바롤로를 마시는 데 좀 주저하지만 이건 둘도 없는 기회다. 그래서 자신의 탄생과 최고의 빈티지를 축하하며 와인을 마시기로 한다.

요스코 내가 마셨던 오래된 와인 중 최고는 1931년산 보르고뇨였고, 마신 때는 2001년 5월 1일이었어. 70년 된 그 완벽한 바롤로 와인을 결코 잊지 못할 거야.

아직 저장고에 들어 있는 1961년산 병으로 빠르게 계산을 해봤다. 몇 병은 반드시 2031년까지 놔둬야겠다. 재수 없는 경우를 제외하면 77살에 난 아직 살아 있을 테니, 나도 70년 된 보르고뇨 와인을 즐길 수 있으리.

시게루는 1978년산을 묘사하기 시작했다. 그는 이미 천상의 하늘에 올라가 있다. 동물, 꽃, 향신료, 모든 것이 다 들어 있다. 10분 동안 붙잡혀 가장 깊이 감추어진 향과 맛에 대한 설명까지 다 들었다. 따발총처럼 쏘아댄다. 그러더니 마지막에 가서 음식 궁합에 대해서는 얘기하지 않겠다고 선언한다. 그 어떤 음식도 수준이 안 맞기 때문이다. 요스코는 마치 화성인을 보듯 시게루를 쳐다봤고 나는 시게루를 말렸다.

오스카 요스코, 자네는 이 와인에 대해 어떻게 생각하나?

요스코 나는 와인 순위는 매길 줄 몰라. 다만 와인에는 혼이 있어야 한다고 생각하네. 혼이 있다면 그 나머지는 혼이 모두 모아주거든. 그리고 혼이 있다는 건 와인이 살아 있다는 거지. 만약 와인이 살아 있지 않다면 몸에도 안 좋은 걸 굳이 마실 가치가 없어.

오스카 이 바롤로에는 혼이 있나?

요스코 물론 있어!

오스카 어떻게 아나?

요스코 말로는 설명 못 해! 누구나 자신의 방식으로 혼의 존재를 느끼지. 범죄자조차 자신이 혼이 있다고 느껴. 아무튼 와인이 살아 있는지 죽었는지는 금방 느낄 수 있어!

시게루 그거 정말 흥미로운걸! 우리는 와인의 혼에 대해서는 절대 이야기를 안 하는데, 정말 새롭고 흥미로워!

여기서 필리포가 들려준 이야기는 이렇다. 요스코가 한 유명한 신문기자와 인터뷰를 하다가 그에게 자신이 와인 저장고에 들어가면 와인들이 자신의 기분이 좋은지 나쁜지도 알아챈다고 말했다는 것이다. 마찬가지로, 재미없는 방문객들 앞에서는 와인들이 마음을 닫아버린다고 했다. 그 신문기자는 "이제는 하다못해 와인들까지도 혼이 있다니!"라며 기막혀했고 요스코는 딱하다는 듯 그를 쳐다보며 "와인을 만들지 않는 사람은 알지 못하는 것들이 있죠"라고 대답했다.

오스카 잠깐, 나 좀 이해시켜줘. 그러니까 자네는, 자네의 와인, 아니면 자네가 좋아하는 다른 살아 있는 와인도, 냉소적인 사람이 마시면 혼을 잃어버린다는 건가?

요스코 이봐, 5000년에서 6000년의 역사를 지닌 와인의 가치는 바로 거기에 있어. 세대와 세대를 거치며 완벽한 와인, 살아 있는 와인, 혼이 있는 와인이라는 도달할 수 없는 정점에 닿을 방법을 찾는 데 있다고.

이 책의 인터뷰에서 여러 번 유토피아에 대해 말하는 것을 듣게 될 것이다. 이 생산자들을 공통으로 묶어주는 것이 바로 유토피아다. 그들이 추구하는 아름다움은 너무나 위대해서 영원히 완성되지 못할 것이다. 늘 다음 해가 되면 해낼 수 있다는 확신을 하고, 완벽한 와인이 될 거라는 기대를 하며 최고의 와인을 만들기 위해 노력할 것이기 때문이다. 이 선하고 너그러운 유토피아가 삶의 의미를 부여해줄 것이다. 이런 내 생각을 확인해주는 요스코의 말이 뒤를 따랐다.

요스코 완벽한 와인에는 도달하지 못해. 자연은 늘 달라서 매해 뭔가를 빼먹거든. 끊임없이 정상을 향해 오르는 이 탐색이 와인의 가치이며, 수천 년 역사에 대한 설명이라네. 그렇지 않다면 왜 굳이 계속하겠나?

오스카 도대체 그런 개념은 어떻게 만들어낸 건가? 어릴 때부터 생각했던 거야?

요스코 아니, 당시에는 아버지에게 반항만 했는걸. 아버지는 "적은 게 좋은 거야!"라고 말씀하셨고 나는 "아니요, 아버지, 아버지는 구세대잖아요, 많은 게 좋은 거예요"라고 대꾸했지. 그러면 아버지는 또 이렇게 말하셨어. "토끼가 거름을 주는 포도밭!" 그 말은 포도나무에 비료를 주지 않는다는 의미였지. 그러면 포도도 적게 열리지. 예를 하나 들지. 2012년은 잊을 수 없는 해였어. 윤년인 데다가 봄에 비가 아주 많이 왔고 여름에는 가물었고 가을이 되자 다시 비가 많이 왔어. 봄에 비료를 많이 준 사람들이 가장 큰 피해를 보았지. 처음에 포도나무가 너무 왕성하게 자라다가 가물자 성장이 멈췄어. 그리고 다시 비가 많이 오니까 포도가 썩었지. 올해도 똑같아. 이틀 동안 해가 나면 벌써 비료를 주러 가. 그러면서 실수라는 것을 못 알아채. 하지만 문제는 학교야. 학교에서 가르친 대로만 하고 땅의 말은 듣지 않지.

오스카 자네의 2012년은 어땠나?

요스코 좋았어! 포도밭 17헥타르에서 165헥토리터를 했지. 11월 9일에 수확을 끝냈어.

오스카 자네의 평균 수확량보다는 좀 낮은 것 같은데.

요스코 그래, 평균은 18헥타르에서 220에서 230헥토리터니까.

오스카 다시 자네의 개인사로 돌아가세. 18살에는 와인을 많이 만들고 가격을 낮추고 돈을 벌고 싶어 했다고 했지, 맞나?

요스코 왜 그랬는지 모르겠어. 학교에서 그렇게 가르쳐서 그랬던 게 아닌가 싶은데. 그러고는 아버지에게 아버지가 틀렸고 늙어서 그렇다고 하면서 나무 배럴을 없애고 스틸 탱크를 써야 한다고 했어. 실제로 그렇게 했지. 그랬다가 1982년에 내가 실수했다는 것을 깨닫고 또 다른 실수를 했지. 바리크로 넘어간 거야. 당시 프랑스를 여행하다 마음에 드는 프랑스 와인 몇 가지를 발견하고는 그렇게 만들고 싶어졌지. 그 당시에는 아직 프랑스인들이 '테루아' 타령을 하는 것이 테루아가 없기 때문이라는 것을 몰랐어. 그래서 와인에 토스팅 향과 타닌을 집어넣으려니 바리크를 쓸 수밖에 없었지.

정말 끝내주는 말이다! 프랑스인들이 테루아 이야기를 많이 하는 이유가 테루아가 없어서라니. 프랑스인에 대한 그의 시각을 몇 마디 말로 정의해버린 아주 세련된 개념이다. 프랑스인들의 땅에 대한 자부심은 마케팅의 결과이고, 그것은 우리 땅에 비해 그들 땅의 질이 낮다는 열등감이 잠재적으로 표현되어 만들어진 것이다. 우리 이탈리아인들은 그들에게 배워야 한다. 이야기를 만들 줄 아는 프랑스인들의 전설적 능력은 자신들의 제품에 담은 무형의 가치를 실제 가치처럼 받아들이게 하는 능력이다. 그래서 해외에서 우리보다 2배 더 벌어들일 수 있는 것이다. 우리도 요스코처럼 해야 한다. 그에게는 팔 수 있는 가치가 있으며 그것을 매우 시적인 방식으로 팔 줄 안다. 소량을 생산하지만 평균 가격은 많은 프랑스인들도 부러워할 정도다. 그리고 그는 당연히! 자신의 가치를 이야기로 만들 줄 안다.

오스카 우리 이탈리아보다 더 많이 파는 이유가 뭐지? 평균 가격이 우리보다 높은 이유는? 우리가 수출로 50억 유로를 턱걸이할 때 그들은 110억 유로를 버는 이유가 대체 뭐야?

요스코 왜냐하면 250년 전에도 영국인들이 프랑스 와인에 대해 말도 하고 글도 썼거든. 여기 이탈리아에서는 마시고 그것으로 끝이었는데.

오스카 맞아, 마케팅 덕을 보고 있지.

요스코 그리고 많은 소비자들이 본질보다는 이미지를 중시하거든. 말이 흘린 땀 같은 퀴퀴한 냄새가 나는 와인 한 병에 900유로나 지불하고는 그게 맛있다고 하니까.

오스카 900유로나 썼으면 당연히 맛이 없다고는 못 하지.

요스코 싱크대에 뱉어버리는 사람도 있긴 해, 소수지만.

말의 땀내가 난다는 와인 생각에 격렬하게 웃었다. 그런 와인을 누구는 좋아하고, 누구는 좋아하기로 하는 것이다. 우리가 손에 든 것은 바롤로 보르고뇨 1978년산을 담은 잔이다. 요스코의 "살아 있네!"라는 말을 듣고 나니 더 맛있어진 것 같다. 혼이 진짜 있을까?

바꿀 때가 되면 감이 와

필리포는 이 멋진 포도 농부가 걸어온 혁명의 여정에서 중요했던 몇 개의 단계를 짚어주었다.

필리포 요스코의 지난 여정에 대해 이야기할 때 몇 가지 중요한 사실을 짚고 넘어갈 필요가 있어요. 그는 나무에서 스틸로 넘어갔다가, 스틸에서 바리크로 넘어가고, 다시 바리크를 없애고 대형 배럴로 넘어간 후 침용을 길게 하기 위해서 나무통도 들여놓죠. 마지막에는 암포라에 도달합니다. 스틸 탱크에서 바리크로 바꿀 때 요스코는 세계 최고의 화이트 와인 생산자 중 하나로 인정받았어요. 당시 우리는 모든 주문에 다 응할 수가 없어서 백지 주문서를 받았죠. 성공의 정점에 있었고, 시장의 기준점이었는데…… 그는 생산방식을 바꾸기로 합니다.

요스코 좀 덜 팔려고…… 바꿀 때가 되면 감이 와! 자네랑은 반대지!

하지만 그가 날 쳐다보며 미소를 짓는다.

오스카 나도 자네를 닮아가는 중이야.

필리포 이 이야기도 들으셔야 해요. 요스코가 프랑스를 한 바퀴 둘러보기로 하고는 로마네 콩티부터 가요. 방문 계획에는 다른 와이너리들도 있었어요. 그런데 로마네 콩티를 방문하고는 다른 곳들은 보지도 않고 그냥 집에 돌아갔죠. 최고를 보았으니 다른 곳들은 보지도 않고 그냥 집에 가기로 한 거예요!

요스코 맞아, 어떻게 양조장 견학을 하면서 방문 자체에 의의를 둘 수 있겠나. 최고를 보고 나면 다른 것은 보고 싶지가 않은데! 때로 우리 양조장을 방문하러 오기 전에 이미 서너 군데를 보고 오는 사람들이 있다네. 그들이 벌써 취해서는 별 관심도 없다는 것을 알게 되면 나는 열이 받지. 물론 고객들이니 최대한 상황을 잘 수습하려 애는 쓰지만…… 그래도 엄청 열 받긴 해!

오스카 아까 이야기로 돌아가서, 1982년에 바리크로 바꿨다고?

요스코 스틸 1년, 바리크 1년.

오스카 그러니까 1982년에 이미 유명했고 제품 시장도 이미 있었다고? 어떻게 그럴 수 있었지?

요스코 수요가 있었으니까. 와인이 부족했을 수도 있고, 다른 생산자들에 비해서 내 와인이 한 단계 더 나아간 것같이 보였어. 하지만 설명하기는 힘들어. 그건 자기 자식 이야기하는 거나 마찬가지거든. 그러다가 1982년이었던 것 같은데 그때 처음으로 포도송이들을 다 쳐냈던 것 같아. 이 동네에서는 다 나를 미친놈 취급했지. 아무도 포도를 땅에 버리지 않았거든!

오스카 그런데 자네는 포도송이를 쳐낸 거군. 리볼라 잘라의 헥타르당 생산량이 많나?

요스코 아주 높아.

오스카 왜 포도송이를 쳐냈지?

요스코 여섯 송이를 반을 쳐내서 남겨놨었지. 소어롯[57]이 송이 중간부터 시작되거든.

잔을 부딪친다. 나는 계속 바롤로 1978년산을 마시며 감탄을 마지않는

57 sour rot. 곰팡이와 박테리아로 인해 포도나무에 생기는 병. 식초 냄새가 나기 때문에 이런 이름이 붙었다.

다. 이럴 수가, 너무나 맛있다! 다 마실 수도 있지만 그럼 취할 수도 있어서 안 된다. 우리는 1967년산을 맛보기 시작했다. 란게에서는 1967년이 더 나은 빈티지라는 평이 있지만 나에게는 1978년산보다 못하게 느껴진다. 보르고뇨의 최고 빈티지는 1961년이라고들 하는데 그것은 거슬러 올라가면 올라갈수록 생산법이 더 천연에 가까웠기 때문이다.

오스카 요스코, 자네의 방식으로 이 와인에 대해 이야기해보겠나?

요스코 나는 그럴 능력은 안 돼. 하지만 내 식대로 말하자면, 둘 중 하나를 선택한다면 1967년산을 고르겠네.

오스카 왜지?

요스코 이봐! 왜라니? 더 와인 맛이 나니까 그런 거지!

오스카 그렇다면 이전 시대로 거슬러 올라가면 올라갈수록 더 좋아하겠군. 보르고뇨가 천연 방식에 가깝게 만들었거든. 1961년에 이 와이너리는 전설이었어! 체사레 보르고뇨는 1968년에 사망했으니 1961년과 1967년은 그가 감독했던 해야. 그는 천연 방식과 자연존중의 완벽한 마니아였지! 내 아들 안드레아는 그때의 가치를 되살리기로 결심했네. 올해 안드레아가 전체를 다 만든 첫 번째 와인이 나온다네. 2008년산이지. 자네에게 빨리 맛보게 하고 싶은걸.

요스코 그때로 다시 돌아가야 해!

오스카 다시 이야기로 돌아가세. 스틸과 바리크를 쓰면서도 자네는 점점 더 유명해졌다고.

요스코 그래, 하지만 이유를 모르겠어.

오스카 그건 당연해. 원래 위대한 이들은 자신이 왜 위대한지 절대 모르거든. 그리고 무슨 일이 일어나지?

요스코 하던 방식이 내 마음에 안 들게 되지. 화이트 와인 생산에 환상적인 이 땅에 바리크를 가져온 게 실수였지. 이곳에는 진짜 테루아가 있어서 바리크는 필요 없었는데 말이야. 그리고 리볼라 포도를 바로 압착한 것도 실수였네. 리볼라의 껍질은 아주 두껍고 즙이 많아서 아주 부드럽게 짜야 했지. 세게 짜면 즙이 사방으로 튀어서 그라파[58] 만드는 노니노 같은 회사만 좋은 일 시키는 거였지. 그렇게 1994년과 1995년에(1996년에도 테스트를 했지만 그때는 우박이 떨어졌네) 포도 껍질을 둔 채 침용하고 발효하는 첫 테스트를 해보았지. 효소를 넣고도 하고 안 넣고도 해봤고, 아황산을 넣고도 해보고 없이도 해봤어. 효소를 첨가했을 때 최악의 결과가 나왔지. 와인이 아예 상했었네.

필리포는 1987년 캘리포니아에서의 경험을 이야기했다.

필리포 10일 동안 1000개의 와인을 시음했죠.

마리아 그때 뭘 배웠어?

요스코 하면 안 되는 것들을 다 배웠지! 처음에 맛본 와인들은 합성 아로마를 첨가한 것들이었어. 그게 6월이었는데 9월이 되니 여기 이탈리아의 콜리오 지역 와인 몇 개도 합성 아로마를 쓰더군. 이 지역마저도! 여기 사람들이 캘리포니아에 가서 일하고는 배워온 거야. 대성공을 거뒀어! 사방에서 높은 점수를 받더라고!

오스카 위대한 여행들이 자네가 가야 할 길을 이끌어주었군. 1987년 캘리포니아 여행에서는 하지 말아야 할 것들을 배웠고, 1993년 로마네 콩티에 가서도 뭘 해야 하는지 배웠고…….

58 Grappa. 와인을 제조하고 남은 포도 찌꺼기를 원료로 만드는 증류주.

요스코 바리크를 버려야 한다는 것도 배웠어.

오스카 암포라로 바꾸기로 결정한 건 언제인가?

요스코 1997년에서 1998년 사이에 베로넬리를 만나러 갔을 때였는데, 농학자인 아틸리오 시엔차를 만났어. 우연히도 내게 캅카스 이야기를 하면서 내 머릿속에 싹을 틔워놓지. 그래서 내가 다음번 여행은 아나톨리아, 메소포타미아, 캅카스로 떠나겠다고 결심한 거지. 그곳에 간 것은 2000년도였는데 이미 1997년에 암포라에서 첫 발효 테스트를 한 뒤 암포라로 바꾸려고 결정을 다 해놓은 상태였다네.

오스카 나도 이른 시일 내에 티그리스강과 유프라테스강 중간, 1만 1000년 전에 농업이 탄생한 지역으로 여행을 갈 거라네. 바리[59]에 있는 이탈리에서 레반트를 테마로 다루고 싶어서 아틸리오 시엔차와 여행할 예정인데 그가 내게 다 설명해주겠지.

와인을 만든다는 것은 깨끗한 물을 찾는 것과 같아. 샘으로 가면 되지

요스코 현대 기술은 10~15년 정도 지속되고 나면 더는 작동이 안 되어서 바꾸어야만 해. 그것이 의미하는 건 새로운 기술을 받아들였을 때는 이미 늦었다는 거야. 그래서 근원으로 돌아가야 하지. 마치 강의 하류로 갈수록 물이 더러워지는 것과 같아. 깨끗한 물을 찾으려면 수원지로 올라가야지. 양조도 마찬가지야. 오늘날 양조 분야는 매우 오염되어 있네. 어떤 현대적 와인들은 정말 마실 수가 없어. 내가 그런 말을 하면 날 미워하겠지만, 말하

59 Bari. 이탈리아 남부 풀리아 주의 중심 도시.

지 않을 수가 없네.

오스카 그러니까 자네는 캘리포니아에서 화학 아로마를 쓰던 때 이후로 상황이 더 나빠졌다고 생각하는군?

요스코 물론이야. 내 아버지만 해도 자기 세대의 와인이 더 나았다고 하셨거든. 나는 "그때는 배가 고팠으니까 그랬겠죠"라고 하면서 아버지를 놀렸는데, 지금 생각해보니 아버지가 옳았어. 당시에는 첨가물을 안 넣었으니까. 그걸 깨닫고 근원으로 돌아가기로 한 나를 보지 못하고 돌아가신 게 안타까울 뿐이야.

다시 한 번 잔을 부딪고는 바롤로 1967년산 얘기로 돌아갔다. 그리고 1961년산도 잔에 따라 그 옆에 놓았다.

시게루 이 두 와인을 표현할 말을 못 찾겠어. 너무 감동했네. 게다가 말 한마디로 날 박살 내는 요스코 앞에서 뭐라 말하기도 당황스럽고. 시음 노트를 따로 준비하겠어. 다만 내가 하고 싶은 말은 숨도 못 쉴 정도로 감동을 주는 모딜리아니와 피카소의 그림이 존재한다는 거야. 왜 그런지 이유는 잘 몰라도 그냥 매혹당하는 거지. 지금 나한테 일어난 일이 그래.

요스코가 미소를 지었다. 시게루가 자기 생각에 물든 것에 만족한 모양이다. 요스코의 평은 안 들어도 뻔하다. 1961년산이 최고다. 다른 와인들보다 혼이 더 들어 있다!

오스카 다시 자네 이야기로 돌아가세. 왜 암포라로 바꿨나? 암포라로 넘어간다는 게 무엇을 의미하는지 좀 설명해주겠나?

요스코 땅은 포도를 탄생시키려고 포도나무를 키우고 포도는 와인을 탄생시키는 데 필요하지. 이렇게 한 과정이 완성된다네. 이미 여러 해 전부터 나는 와인의 당도와 산도를 검사하지 않고 있어. 이유는 아주 단순해. 빼거나 더 넣는 것이 아무것도 없거든. 더 알고 싶지도 않고 그냥 자연이 만들도록 둔다네. 한번은 직원이 산도 측정을 허락해달라고 하더군. 나는 안 된다고 했다가 생각을 바꿨어. 그래서 이렇게 말했지. "원하는 대로 하게, 하지만 나한테는 말하지 마. 난 관심 없으니까."

오스카 일기예보를 보나?

요스코 그래, 그건 본다네.

오스카 그러면 살면서 놀랄 일이 없어지잖아?

요스코 일기예보를 보면서 생각하지. '예보가 틀리겠네…… 그렇지 않을 텐데'라고. 그러다가 실제로는 예보가 맞아버리는 거야. 아무튼 올해에도 나는 수확을 똑같이 11월 9일에 했네.

오스카 암포라를 쓰는 것이 기술적으로 무엇을 의미하는지 좀 설명해주게.

요스코 나는 와이너리에서 스틸 탱크를 없애버렸네. 진공 프레스는 압착기로 바꿨고 냉장고는 스틸 탱크가 없으니까 필요 없어졌어. 정제도 안 하고 효소도 안 넣고 여과도 안 해.

필리포 천연 와인이라고 하면서 스틸 탱크를 쓰는 것은 요스코에게는 모순이죠. 갈바니 전류도 발생하고 스틸에서 중금속도 나오거든요.

필리포는 답변을 더 명확히 하거나 설명을 거들면서 자주 도움을 주었다. 그는 제품과 생산 과정을 알 뿐만 아니라 정서적으로도 요스코의 가치관에 동참하는 특별한 영업 담당자다.

요스코 내가 기분 나쁜 건 내 생각을 말하면 다 나를 안 좋게 본다는 거야. 하지만 내 와인을 비판하는 것은 기분 나쁘지 않아. 이탈리아에서 성당 미사에 가는 것과 비슷하지. 미사를 안 가면 다 나쁘게 보지만, 나는 양 노릇은 안 할 거라네. 내가 미사에 가지 않는 건 필요가 없어서야. 죄를 짓지 않으려 노력해서 고해할 필요도 없거든. 고해를 하고 또 죄를 짓고 그걸 반복할 필요는 없지 않나. 하지만 실제로 세상은 그렇게 돌아가고 그 모든 것이 세계를 지금 이 지경에 이르게 했지.

오스카 현 세계에 대해 어떻게 생각하나?

요스코 허위와 허상 속에서 살아가고 있어. 겉으로 보이는 것만 중요하지. 나는 그런 세상과는 완전히 단절했다네. 텔레비전도 없고 신문도 안 사. 슬로베니아 일간지에서 소식을 좀 얻기는 하지만 늘 늦게 보네. 정치도 관심 없고 나 자신이 무정부주의자라고 생각해. 물론 폭력적이지 않고 폭탄도 안 던져. 오해는 말라고. 나는 내 일을 잘하면 되고 나머지 일에는 관심 없네. 내가 왜 이런 결론에 도달했는지 아나? 20년에서 25년 전에는 크락시에게 투표를 했어. 왜냐하면 내 가족은 파시스트인 적이 한 번도 없었고 사회주의자였거든. 파시즘 이후 이 지역에서는 우파에 투표할 수도 없었어. 그랬는데 크락시 또한 돈을 훔치더라는 것을 알았지. 게다가 핑계라고 댄 것이 '남들도 다 그러는데 뭐!'였어. 이 지역에서 파시스트 당원이 안 되면 잘해봐야 피마자기름을 주고 맘에 안 들면 기계에서 태운 기름을 줬는데 그런 것은 학교에서 가르치질 않아. 이탈리아는 자신이 침략한 땅에 용서를 구한 적이 결코 없어. 독일인들은 용서를 구했는데, 이탈리아인들은 안 했지. 파시즘이 슬로베니아 류블랴나까지 미치는 바람에 그곳 사람들은 파시즘 치하에서 모든 것을 다 잃었어. 하지만 이런 얘기는 절대 안 하면서 이탈리아인들이 희생된 포이베 사건 이야기는 또 해! 이 나라가 그런 문제들을 정리하기 전까지는 앞으로 나아가지 못할 거야. 아래는 여전히 썩어 있거든. 양심이 없어.

오스카 자네가 옳아. 원숭이가 모두 인간이 된 것은 아니라네. 원숭이들도 이미 과학과 지식을 갖고 있었어. 원숭이에서 인간으로 크게 도약한 것은 양심, 영혼, 시, 규칙을 읽어보지 않고도 정의를 선택할 수 있는 내면의 음악을 갖게 되면서였네. 크락시 이후로 더는 투표를 안 했나?

요스코 몇 번 투표를 하긴 했는데 늘 좌파에 표를 줬네. 하지만 투표하러 안 간지 한 20년은 되었어.

오스카 가족 이야기를 조금 더 해주겠나?

자연은 우리에게 모든 것을 준다. 그러니 때로는 다시 가져갈 권리도 있다

오스카 처음엔 자네 아버지와 어머니가 계셨지, 그리고?

요스코 누나들이 셋 있었어. 한 명은 트리에스테에, 한 명은 고리치아에 살고, 나머지 한 명은 47살에 암으로 죽었어. 우리는 사이가 좋았지. 물론 셋 다 나를 똑같이 좋게 생각한 건 아니었지만 말이야. 하지만 조류에 역행하면 그런 일이 생기지. 내가 이 회사를 운영하게 된 건 내가 막내여서야. 운명이었지.

오스카 그리고 결혼을 했지. 자네는 아내를 얻으러 저쪽에 갔었잖아. 항상 일만 했다면서 어떻게 서로 알게 되었나?

요스코 늘 일만 한 건 아니었어. 한 축제에서 마리아를 알았지. 결혼한 건 42년 전이고.

오스카 교회에서?

요스코 그래, 당시에는 다녔거든. 이제는 안 가. 교회에 대해 특별히 반대하는 건 전혀 없고, 오히려 최고의 본당 신부님들도 알지. 아무튼……. 그리고 아이를 넷 두었네. 딸 셋, 아들 하나.

오스카 아들을 잃은 건 언제인가?

요스코 2009년, 미하는 27살이었어. 오토바이 사고였네.

오스카 아들의 죽음이 자네를 바꾸어놓았나?

요스코의 목소리에서 빛이 좀 사라졌고 약해졌다.

요스코 그래, 많이. 내 아들은 대단했지. 하지만 자네, 아버지에게 아들이 어땠는지 물어볼 수는 없는 거라네. 아무튼 당시에는 벌써 와이너리에서 일을 했고 분명한 자기 생각도 가지고 있었어.

뒤에서 요스코는, 우박으로 인한 피해에 대해 말하면서 이렇게 말한다.

요스코 자연은 모든 것을 주지. 그러니 때로는 가져갈 권리도 있어.

그 말은 사실 자신에게 하는 말이었으리라. 그 상실이 너무나 고통스러워서 어떤 것도 위로가 될 수 없기에. 나는 그의 입장에서 생각조차 해볼 수가 없다. 소름이 돋는다.

요스코 그 아이는 회사 일을 빨리 시작했지. 일을 이어갔을 거야. 지금은 세 딸 중 하나인 야나가 나와 일하는데 야나는 미하처럼 일찍 시작하지 않아서 익숙해지려면 시간이 좀 걸릴 거야.

물어봤다.

오스카 인생에서 그런 끔찍한 일이 일어나면 어떻게 대처해야 하나? 어떻게 해야 하지?

요스코 아무것도 못 해. 뭘 할 수 있기를 바라나? 삶이 덧없는 여정이라는 걸 알게 되고 중요한 목표처럼 보였던 것들도 그렇지 않게 되지. 요즘 내 목표가 포도원을 만드는 거라서 저 아래 땅에서 일하고 있네. 때로는 허가 없이 해볼까 하는 생각도 하지. 한 번도 손에 흙을 안 묻혀보고 땅에 대해 아는 것도 거의 없는 사람들이 요구하는 종이 한 장에 1만 5000유로를 써야 하는 것이 말도 안 되게 느껴지거든. 미하라면 용기를 내 정말로 허가 없이 했을지도 모르는데 말이야.

오스카 탁상행정이 자네를 화나게 하나?

요스코 뭔가는 있어야 하지만 이런 식은 아니야. 오스트리아에서는 집을 한 채 짓고 싶으면 한 달이면 건축 허가가 나온다네. 기술자들이 시장과 함께 현장에 나가서 평가하고 결정하지. 하지만 여기서는 모든 것이 온통 서류로만 처리될 뿐, 내가 진짜 뭘 하는지 보러 오는 사람은 아무도 없네.

부모로서 느끼는 무한한 고통 외에도, 잘못된 탁상행정으로 인한 문제들을 용기로 함께 헤쳐나가는 일을 포함하여, 함께라면 더 큰 일도 할 수 있었을 거라고 믿었던 동료이자 아버지로서의 애통함도 느껴진다.

오스카 이제 자네 인생에 있었던 모든 변화에 대해 말해보게. 미래는 변하지만 그것이 반드시 진보로 이어지는 건 아니지. 나는 늘 청년들에게 사다리는 엘리베이터보다, 말은 자동차보다 훨씬 더 미래적일 수 있다고 설명하려 애쓴다네. 휴대폰은 세상에서 가장 오래된 '글쓰기' 기능만 쓰려고 하면 과열이 되지. 자네는 늘 의심하고, 늘 자기 일을 개선하고자 하고, 도달할 수 없다는 걸 알면서도 완벽한 와인이라는 유토피아를 위해 탐색하지. 아내가 자네의 그런 생각과 계획을 늘 지지하나? 이런 이야기를 아내와 나누나?

요스코 물론이야…… 그렇지만, 알잖나…… 내가 지금 여기 아래 땅에서 이 지역 토착 나무들을 심어서 식물원을 만들고 있는데 사실상 숲이나 마찬가지야. 하지만 나는 굴삭기를 가지고 땅의 형태를 따라가며 작업을 하기에 미리 계획을 세울 수가 없네. 포도원을 만든다니까 설계도를 요구하는데, 나는 종이 위에 설계도를 그릴 수가 없어. 내가 또 연못을 만든다고 했더니 계획서를 통과시키지 않더군. 그래서 아틸리오 시엔차에게 보고서를 만들어달라고 할 수밖에 없었지. 그러면서 나라에서는 개인 풀장은 '물 저장고'로 처리하고는 보조금까지 주고 있지! 세금으로 말이야!

그의 말을 정리하면 사실상 다음과 같다. '내 계획들에 대해서는 이야기를 안 하는데 왜냐하면 진정한 계획이 아니기 때문이야. 나는 자연과 함께하고 자연을 따르는 것뿐이지. 내 가족들은 그것을 알기 때문에 계획에 대한 뭔가 거창한 설명은 기대하지 않고, 내가 자연이 이끄는 길을 알아내면 날 따라올 뿐이야.' 그의 말 속에서 탁상행정과 부조리라는 위협적인 괴물의 모습이 끊임없이 드러난다.

오스카 화가 그렇게 나는데 왜 고발을 안 하나?

요스코 그 얘기를 누구한테 해야 하지? 고발을 해봤자 시간만 또 낭비하는 거야.

필리포는 시기심 많은 사람들이 찌르는 바람에 요스코가 부정행위 감사관의 방문을 엄청나게 받는다고 했다. 한번은 감사관 중 하나가 요스코가 하는 일을 칭찬하고 간 적도 있다고 한다. 솔직한 신문기자들은 특정 와인 생산자들이 자기 회사에 대한 이야기는 안 하고, 요스코가 자기 와이너리에만 틀어박혀 와인 조합이나 로비 활동에 참여하지 않기로 한 선택이 틀렸다고 비판하는 데 몇 시간을 허비한다고 말했다.

그동안 1961년산 바롤로의 맛은 또 바뀌어 있었다. 와인을 따라 마실 때마다 다른 와인을 마시는 것 같다.

내가 겁 없이 계속 1978년산의 편을 드는 동안 그의 딸 야나가 돌아와 함께 1978년산을 맛보았다. 그녀도 좋다고 하는데 요스코만 꿋꿋하다. 앞에 놓인 잔들을 둘러보고는 판결을 내린다.

요스코 경쟁이 안 돼, 1961년산이 최고니까.

오스카 하나의 와인을 이해하는 것은 한 사람을 이해하는 것과 같아. 첫인상도 중요하지만 그다음에는 더 깊이 알아야 하지. 자네는 보통 첫인상에 사람을 알아보는 편인가?

요스코 그런 편이야.

오스카 나는 보통 면접을 볼 때 그 사람이 어느 정도 영리한지와 그 사람이 머리와 마음으로 사고할 줄 아는지를 본다네. 머리로만 사고하거나 마음으로만 사고하면 안 되거든. 둘 모두로 사고해야 하네. 거기까지는 알아보는데, 면접을 보면서 알아내기 힘든 부분은 그들한테 진짜 일할 마음이 있느냐는 거야. 일할 마음이 없으면 방법이 없지. 하지만 와인에 대해서는 자네와 똑같아. 보통 첫인상이 맞지. 하지만 세 보르고뇨들은 잔에 따라놓으니 15분마다 변하는걸. 자네는 그렇게 안 느끼나?

야나 그럼 좀 남겨주세요, 저도 이따가 좀 마셔보고 싶어요.

오스카 너도 아버지랑 똑같다면 1961년산을 마시면서 큰 감동을 느낄 거야! 아무튼 이번에는 맥주를 맛보세. 그런데 와인과 맥주 중 어느 것이 먼저 탄생했지?

야나 맥주가 먼저예요, 고대 이집트 시대부터 있었으니까!

오스카 이 맥주를 마시면 엄청 놀랄 거야. 꼭 와인 같거든. 테오 무소가 만드는데 와인 생산자들한테 얻은 배럴에다 숙성한 거야. 그러니까 발라딘 양조장 안에 대단한 화이트 와인들을 만들어내던 배럴들을 갖다 놓고 거기서 숙성시킨 맥주라네. 이것은 2010년산인데, 내 생각에는 너무 멋진 아이디어인 것 같아. 마음에 드나?

요스코 그래, 발라딘 맥주 중에 내가 제일 좋아하는 것은 '노라'야.

오스카 내가 제일 좋아하는 것은 '엘리지르'라네. 엘리지르와 수페르를 맛보게 해줄게. 하지만 가장 최근 테오의 머리에서 나온 게 바로 와인 배럴에서 숙성시킨 이 맥주야. 하나만 더 물어보지. 총 46번 포도를 수확했다고 했는데 그중 특히 기억에 남는 해가 있나?

요스코 1982년이지. 아주 멋진 해였어. 매우 건조하고, 관리해줄 것도 별로 없었고, 내가 포도송이를 처음으로 쳐낸 해이기도 하지. 미하가 태어났고, 모든 것이 다 좋았어……. 그러다가 최근에 와서야 내가 느낀 건 순위를 매길 필요가 없다는 거야. 모든 해가 다 대단했거든!

오스카 멋진 말이군! 모든 해가 다 대단했다니! 와인을 안 만든 해도 있었나?

요스코 1996년이었어. 그해도 대단했지. 포도가 많이 열렸거든. 지금도 기억나네. 우박이 6월 19일에는 북쪽에서 몰려왔고 그다음 날은 남쪽에서 몰려왔지. 똑같은 포도밭 위에 떨어졌어. 4헥타르 땅에서 200킬로그램의 포도를 수확했네. 우박이 떨어지는 것을 보면서 욕을 했어. 숙부가 말씀하시더군. "욕은 왜 하니? 자연이 우리에게 모든 것을 다 주었으니 때로는 가져갈 권리도 있는 거란다. 그건 우리 일의 일부야. 우리 회사는 지붕 없는 회사란다. 그러니 이런 것도 받아들여야 해." 2008년도 기억나. 미하와 함께 보냈던 마지막 해였지. 10월 중순쯤에 어떤 양조 전문가가 들렀다가 우리가 아직도 수확을 안 한 걸 보고 놀라더군. 그는 다른 사람들은 모두 9월 중순에 수확했고 리볼라도 다 익었더라고 말했어. 나는 이렇게 답했지. "18살 소년도 성인이지만 성숙하지는 않다"고. 이제 다들 수확을 일찍 하는데 그렇게 할 경우, 가장 최신 기술의 설명에 의하면, 산도를 측정해야 한다지…… 다 헛소리야. 올해 포도가 익지를 않았어. 황색이었지만 익지는 않았지. 건조해서 숙성이 중단되었기 때문이라네. 비가 오는 것을 기다려서 다시 숙성이 진행되도록 해야 했어.

오스카 그럼 자네는 포도나무들 사이를 돌면서 포도를 맛보나?

요스코 난 맛보지 않아. 먹지. 그것도 아주 많이 먹어!

필리포 요스코는 그 시기가 되면 포도만 먹고, 체리가 익는 시기가 되면 체리만 먹어요. 그런데 분석을 안 해서 사람들이 궁금해서 미치려 하죠. 어떤 사람들은 분석하려고 일부러 와서 포도를 가져가기도 해요. 한번은 그가 그에 대해 질문하는 사람한테 이렇게 답하더군요. "와인은 만드는 사람의 생각 속에 있는 건데 생각은 분석할 수가 없어"라고요.

오스카 그럼 다시 미래 이야기로 돌아가보세. 자네의 미래에는 무엇이 있나?

요스코 위대한 와인을 만들고 싶어.

이 말이 무얼 의미하는지 알겠는가? 그라브너는 위대한 와인을 만들고 싶다고 한다. 그건 마치 알레산드로 바리코[60]가 "나는 위대한 소설을 쓰고 싶어"라고 하는 것과 똑같다. 바리코도 실제로 그런 말을 했고 요스코처럼 솔직했다. 이런 사람들을 만나면, 실제로는 아무것도 한 것이 없으면서 자신이 뭔가 대단한 일을 했다고 생각하는 사람들을 주변에서 많이 봐야 했던 슬픔이 보상된다.

오스카 자네는 인류의 미래에 대해 비관주의자인가?

요스코 나는 비관주의자는 아니야. 하지만 돌아가는 일들을 보면 악화되고 있어. 농민들은 양복에 넥타이를 맨 사람들한테 허가를 받지 않으면 아무것도 할 수 없지. 하지만 양복에 넥타이를 맨 사람이 어떻게 내게 내 일을 가르칠 수 있단 말인가? 포도밭을 만드느라 나는 비 오는 날에도 우산을 들고 거기 가서 물이 어떻

60 Alessandro Baricco. 이탈리아의 소설가.

게 흐르는지, 혹시 물이 솟아 나오는 데는 없는지를 관찰하느라고 매일 가서 서 있었어. 내 머릿속에서 포도밭을 어떻게 만들지 다 그림을 그려놓았지. 그런데 기술자 하나가 오더니 나한테 어떻게 만들어야 되는지 설명하더군. 땅을 처음 보는 사람이었는데 말이야. 그러니 어떻게 일이 되겠나? 우리 농민들의 시각이 항상 정확하지 않은 것도 사실이니 어느 정도의 검사는 필요하지. 예를 들어 지금 슬로베니아에서는 성 아래 있었던 포도밭을 다시 만들고 있어. 그 포도밭은 공산주의 정부 시절에 만들어졌지만 잘 조성되어 있었지. 작은 계단식 땅에 작은 트랙터를 사용했지. 지금 어떻게 하는지 아나? 이 집만큼이나 큰 60톤짜리 굴삭기로 구릉을 다 깎아내고는 아래 바위가 있는 것을 발견했지. 원래 2미터 폭이었던 계단식 농경지를 기계화된 방식으로 경작하겠다고 거기 있는 모든 식물들을 다 엎어버릴 수는 없는 거라네. 그래, 이런 경우는 감시 기관이 필요하지만 아무튼 포도밭이 뭔지 아는 사람들로 이루어진 조직이라야 해.

오스카 자네가 젊었을 때에 비해 인간관계나 공공 기관과도 관계가 악화된 것 같나?

요스코 그래.

오스카 화는 내지만 항의는 안 하는군. 온건한 무정부주의자인 건가?

요스코 지금 우리가 있는 이 응접실에 생산자들과 농부들을 모으려 해봤지만 아무것도 못 해냈어. 다들 이야기를 마치고 일어나서는 '이놈 멍청이군'이라고 생각하며 나가서는 스틸 탱크를 사더군. 아무 소용도 없는데 내가 왜 시간을 허비해야 하나? 나는 내 세계를 바꾸기 위해 노력할 뿐이야. 각자 자기 세계를 원하는 대로 바꾸는 거지.

오스카 우리는 이 땅을 사랑하니까 그것에 대해서는 생각해봐야 해. 악화되는 걸 막으려면 뭘 해야 하고 뭘 할 수 있지? 어떻게 하면 사람들이 돈과 이익을 모든 것의 중심에 놓는 걸 바꾸고 약간의 시적 상상력을 갖도록 만들 수 있지? 우리는 뭔가를 해야 해. 자네는 이미 시도해봤지 않나.

요스코 나는 이미 그렇게 살고 있어. 장부도 안 적어서 야나랑 아내가 한다네. 35년 된 일제 굴삭기를 싸게 사서는 완전히 해체해 새로 조립해서 정비소에서 다시 칠했어. 이제 잘 돌아가지.

오스카 시게루, 이제 맥주 얘기를 해주게!

시게루 이 맥주가 와인과 얼마나 비슷한지 믿을 수가 없어. 맙소사, 아주 맛있어. 집중하면 보리 외에 에머밀도 느껴져. 12도 정도 되는 파시토 와인 같네. 이 맥주는 소파에 앉아 마셔야 해. 맛있는 저녁을 먹고 나서 인생을 생각하며 편안하게 한잔 마시는 거지…….

오늘 시게루는 다른 것들도 생각한다. 거석과도 같은 요스코의 존재가 시게루에게 영향을 미친 것 같다. 기술적인 요소들만 묘사해서는 한계가 있다고 느낀 것이다. 또 믿을 수 없는 것은, 아까 바롤로를 마실 때처럼 이것도 다 마셨다는 거다. 오늘 시게루는 여행 후 처음으로 시음한 것을 뱉어내지 않는다.

그사이 요스코는 야나에게 리볼라 잘라를 가져오라고 했다. 우리의 다섯 번째 와인이다.

오스카 요스코, 이 와인에 대해 이야기해주게…….

요스코 현재 판매되는 것 중 가장 최근의 빈티지 와인이야. 시중에 풀린

지가 10일 된 2006년산 리볼라지. 6년간 숙성했는데 그중 1년은 암포라에서 5년은 배럴에서 했어. 다음에 나올 2007년산은 6년은 배럴, 1년은 암포라에서 숙성되었을 거야. 이 포도는 3월까지 껍질과 함께 놔두었다가 압착을 하고 1년간 암포라에 담아두지.

이 와인이 미치도록 마음에 든다. 하긴 나는 그의 와인은 다 좋아하니까.

오스카 1년에 평균 몇 병을 생산하나?

요스코 2만 5000병에서 3만 5000병.

오스카 자네는 나중에라도 땅을 더 사서 더 많은 와인을 만들 생각이 있나?

요스코 아니, 혹 나중에 기회가 생긴다면 포도밭을 하나 팔고 다른 밭을 사려고 하네. 내 작은 땅뙈기 주변에 있는 땅을 가진 가까운 이웃 중에 나한테 땅을 팔 생각이 있는 사람과 거래하려고. 그 사람은 자기가 관심이 있는 내 포도밭을 하나 살 수 있지.

오스카 그게 바로 문명인이지. 자네가 더 잘되지 못하게 하려고 아무것도 안 팔려는 사람도 있을 텐데, 자네 제안에 응하는 것이 제대로 된 행동이지. 자네 땅은 여기저기 흩어져 있나?

요스코 그래, 그런데 다 아주 좋은 땅이라네.

오스카 여자도 남자처럼 와인을 잘 만들 수 있다고 생각하나?

요스코 물론이지! 밭일도 할 수 있다고 생각하네. 머리가 모든 것을 지휘하는 거야. 직접 가서 쟁기질할 필요는 없어.

오스카 이 아이는?

물론 여전히 옆에 있는 그의 딸을 두고 하는 소리다.

요스코 두고 봐야지⋯⋯ 시간과 기회를 다 주고 싶어.

오스카 강요는 안 하나. 아버지의 일은 아들이 물려받아야 한다고 생각하지는 않나 보지?

요스코 안 해. 미하한테도 강요는 안 했어.

오스카 자네의 미래는 무엇인가? 위대한 와인을 만드는 거 말고.

요스코 그것만이 미래라고 한다면 내가 벌써 실패했다고 말하는 사람도 있을 거야. 하지만 나는 실패자라고 생각하지 않아⋯⋯.

오스카 물론 아니지! 그러면 자네는 숨이 붙어 있는 동안 언제나 더 좋은 와인을 만들기 위해 노력할 건가?

요스코 그래, 그렇게 할 거야. 돈 문제에는 신경을 점점 덜 쓰면서 말이야! 돈 생각을 하기 시작하면 와인에서 그것이 느껴지거든. 한 번은 어떤 사람이 나한테 와인을 하나 가져와서 어떻게 생각하는지 묻더군. 그래서 나는 "매음굴이나 드나드는 놈이 만드는 전형적인 와인이로군" 하고 말했어.

오스카 매음?!

요스코 그는 병을 가린 걸 치우더니 말했지. "맞아요, 그런데 그걸 어떻게 알았어요?" 나는 대답했어. "와인에서 느껴지거든요!"

오스카 믿을 수 없군! 그럼 자네는 만든 사람이 매춘부를 만나고 다니는지도 와인에서 느낀다는 말인가?!

야나에게 몸을 돌리고 물었다.

오스카 그런데 야나, 너는 투표했니?

야나 아니요, 투표권이 생기고 2번 밖에 안 했어요. 저는 변화는 사람이 이룬다고 믿기 때문에 주변 사람들에게 상처를 주지 않고 최선을 다해서 살아요. 이웃에게 상처를 주지 않는 법을 배우면 정의로운 윤리도 생겨날 거예요.

오스카 ……그리고 조화 속에서 살겠지. 이웃에게 피해를 주지 않고 내가 할 수 있는 최선을 다하는 거지. 그래야지!

야나 아무튼 우리의 정치 상황은 다 우리 탓이라고 생각해요!

오스카 며칠 전 발견한 문구인데, 돈벌이만 중요하게 여기는 세태에 대한 말이야. 여기 있는 사람들에게 들려주고 싶군. 저널리스트 레오 롱가네시의 글이라네. "그들은 불행하게 살았다. 돈이 덜 들었으니까." 마음에 드나?

요스코의 웃음소리가 하도 커서 다른 이들의 웃음소리가 가려졌다. 시게루의 웃음소리는 훨씬 수줍다. 내용은 다 이해하지만 아직 일이 종료되지 않은 의무감으로 인해 여전히 엄격한 자세를 유지하고 있다. 소년 같은 그의 눈동자만 살짝 속내를 내비치고 있을 뿐. 시게루는 일본인이고 일본인들은 크게 웃지 않는다. 미소 짓는다.

오스카 나의 위대한 벗 토니노 구에라의 말도 들려주지. "돈은 시로부터 멀어지게 한다." 그는 부자는 행복할 수 없다고 했어. 실제로도 처음에 날 신뢰하지 않았지. 내가 부자였으니까. 나중에 우리는 아주 가까운 친구가 되었지만 예외도 있다는 사실을 그가 알기까지 좀 시간이 걸렸네.

2시간이 훌쩍 지나 이제 거의 마무리 단계였지만 누구도 가고 싶어 하지 않는다. 더 큰 소득을 위해 달려가는 걸 멈추지 않기 때문에 결코 만족도 못 하는 부자들의 탐욕에 대해서 조금 더 생각을 나누었다. 여기에 더

해 나는 내가 품은 생각, 즉 내가 항상 더 많이 원하고 계속해서 회사를 더 성장시키도록 만드는 것이 무엇인지 설명하고 싶었다. 나의 추진체는 일자리를 창출하려는 희망이다. 자기의 회사를 차릴 수 없고, 혹은 차리고 싶어 하지도 않는 많은 사람들을 위한 해결책이다. 그들 또한 쾌적한 근무 환경을 가질 권리가 있다. 이탈리에서 일하는 것이 조립 공정에서 일하는 것보다 낫다고 생각한다……. 일하고 싶어 하는 청년들에게 희망을 주려고 노력하고 있으며, 내 생각에는 이것이 오늘날 정치를 하는 방식이다.

오스카 오늘날 일이 어떻게 돌아가는지 생각해보게. 건설 노무자도 집에 있고, 공장 근로자도 집에 있고, 많은 대학 졸업자들이 집에 있지. 그런데 공공 기관들이 직원 줄이는 것 봤나? 다 지도층을 바꾸지 못하는 우리의 잘못이라네. 어느 때는 공무원직이 복리후생과 동의어가 되기도 하네. 시칠리아에 있는 3만 명의 산림 감시원이 그 예야. 우리 미래와 경쟁력을 고갈시키는 명백한 부조리로 인해 가만히 앉아 우리의 분노를 쏟아낼 때는 많지만, 실제로 그것을 바꾸기 위한 결단력 있는 행동은 아무것도 안 한다네.

내가 생각하는 이탈리 내에서의 직업윤리가 무엇인지는 일부러 말하지 않았다. 나는 요스코가 똑같이 중요한 역할을 맡고 있다고 생각한다. 그는 너그럽고 자신의 경험에 대해 기꺼이 알려주는 사람이다. 그는 전염성이 있는 사람이다. 청년들이여, 자네들이 땅을 사랑한다면 그라브너를 만나러 와라. 그는 당장 일을 시작하고 싶은 생각이 들게 할 것이다. 말은 안 하지만 그런 생각을 하고 있는데 요스코와 눈이 마주쳤다. 혹시 텔레파시로 내 생각을 읽었나?

다행히도 시게루가 말을 꺼냈다.

시게루 이 리볼라에 대해 말하고 싶네. 색은 호박색에 붉은 혈맥이 있어. 후각적으로는 영혼 아래로 과일과 야생 허브가 느껴지네. 입안에서는 드라이하고 강하고 풍미가 있어. 구조감이 중요하면서 마시기 쉬운 와인이네. 구조감과 음용성 2가지를 동시에 갖추기가 쉽지 않은데 대단하군! 바롤로를 마신 후인데도 이렇게 맛있다니.

시게루는 리볼라도 뱉지 않았다!

추에는 너무 끌려가면 안 돼, 그렇지 않으면 이성을 잃거든!

이제 이 만남을 마무리 지어야 한다. 시간은 한정되어 있고 오늘 예정된 또 다른 인터뷰를 위해 다시 수 킬로미터를 가야 한다. 하지만 작별 인사를 하기에 앞서 요스코의 와이너리를 방문하지 않을 수는 없는 법. 그곳은 그의 와인들을 자궁 속에 품은 암포라가 휴식을 취하는 마법의 장소다.

오스카 요스코, 추에 대해 설명해주게!

요스코 추에는 너무 끌려가지 말아야 해, 안 그러면 이성을 잃거든. 내가 그것을 서랍에서 꺼내는 건 1년에 두세 번, 특정한 일들을 알아야 할 때뿐이야. 내가 암포라에 대해 물어볼 때마다 추는 항상 옳은 답을 준다고 확신해. 암포라의 피복 처리는 밀랍이나 역청 둘 중 한 방법으로 할 수 있는데, 둘 중 어느 것으로 선택하겠냐고 묻기에 나는 직관적으로 "역청 말고 밀랍이요!"라고 했지. 그런데 추는 역청을 선호했어. 물론 지금 말하는 역청은 광물로 된 역청이네, 화학적으로 만든 것 말고.

오스카 그게 어떻게 작동하는데?

요스코 방금 말한 경우라면 추를 들어 암포라 위에 놓아야 해. 질문에 따라 사람 위나 물건 위에 놓아도 되지. 그런 다음 긍정하는지 물어보는 거야. 만약 추가 시계 반대방향으로 돌면 괜찮다는 긍정의 의미이고, 반대로 시계방향으로 돌면 괜찮지 않다는 부정의 의미야. 물론 적도 아래에서는 반대로 작동하고 얼마나 긍정하는지는 돌아가는 속도에 비례하지. 역청 위에 놓았을 때는 추가 정말 미친 듯이 돌아갔어. 하지만 추에 너무 끌려가면 안 돼. 특히 사람들에게 사용할 때는.

오스카 자네를 감사하러 오던 양복에 넥타이 맨 사람들에게 혹시 시험해봤나? 보통 사람들한테도 쓰는 편인가?

요스코 그들이 나에 대해 갖고 있는 생각이 긍정적인지 부정적인지 알아보려고는 써봤어. 그래서 알아냈지. 나는 이것을 특히 와인 셀러에서 사용하는데 어느 모퉁이에서 써도 다 긍정적인 답변을 얻었어. 하지만 1년에 두세 번밖에 안 써. 절대 그보다 많이는 안 쓰네!

오스카 1년 사이에 결과가 바뀔 수도 있나?

요스코 물론이지.

이 대화의 뒷부분은 특히 암포라가 있는 와인 셀러 안에서 이루어졌다. 암포라는 땅 아래 파묻혀서 입구만 밖으로 내놓은 채 널빤지에 덮여 있었다. 와인 위를 걷는 느낌은 정말 오묘하다! 보통 사진을 중요하게 생각하지 않지만 여기서는 요스코, 시게루, 암포라와 함께 사진을 꼭 찍고 싶었다. 이 장소는 성스러운 지하 제실을 연상시킨다. 암포라, 벽돌로 된 오래된 벽체, 먼지 앉은 의자가 하나 있다. 순수함과 전통, 존중의 아름다운 조합이다.

오스카 이 중에서 제일 좋아하는 암포라가 있나?

요스코 아니, 다 똑같아. 저쪽에 덮여 있는 하나에만 흠이 있어…… 만드는 과정에서 생긴 거야.

오스카 암포라에서 와인을 만드는 사람이 이탈리아에 또 있나?

요스코 여기 왔던 영국 기자들이 똑같은 질문을 했을 때 미하가 여기서서 대답하던 것이 기억나는군. "아니요. 우리가 유일합니다." 영어로 대답했는데 나는 그 말을 알아듣고 "아니다, 미하야!"라고 했지. 그랬더니 그 애가 말했지. "아버지, 암포라를 갖고 있다고 와인을 암포라 안에서 만드는 것은 아니에요! 어떻게 하는 줄 아세요? 와인을 배럴에도 담아놓고, 바리크에도 담아놓고, 스틸 탱크에도 담아놓고, 또 암포라에도 담아놨다가 시장 전체를 커버하는 거라고요. 우리는 와인 전체를 암포라에서 만드니까 그들과 달라요!"

그래, 바로 이거다! 나는 이 남자의 모든 면을 사랑한다. 하지만 나에게 가장 큰 인상을 남긴 것은 이성적 철학과 미신과 향수가 이렇듯 뒤섞여 있는 것이다. 복잡하지만 문제의 핵심을 찌르는 그의 생각을 축약한 번뜩이는 말들, 자연에게 일차적 역할을 되돌려준 것, 불필요한 관습의 거부, 탁상행정과 탁상행정가들에 대한 냉엄한 의견, 그리고…… 높고, 긍지 있고, 전염성 있는 그의 용기. 이 모든 것의 아래에는 개인적인 고통의 흔적이

새겨진 시간이 있다. "미하가 태어나던 해에 일어났지……" "미하가 영국 기자들에게 대답했어……." 그리고 농부의 미신적인 생각들. "윤년이었어, 최악의 수확이었지……." 그리고 질문에 대답하는 추와 그런 추의 조언을 따르는 것. 사색, 관찰, 자연과 우연이 주는 놀라움을 받아들이는 능력. 이런 조합은 진정 드물어서 우리는 그와 함께 즐겁고 건설적인 시간을 보낼 수 있었고, 그는 우리를 삶의 진정한 가치로 안내했다. "나쁜 해는 없었어, 자연이 우리에게 모든 것을 줬으니 때로는 가져갈 권리도 있거든!" 나는 심장에 큰 구멍을 느끼며 혼자 질문해본다. '그것은 아들에게도 해당하는 걸까?'

시게루의 와인 시음 노트

요스코 그라브너와 함께

바롤로 리세르바 1978(보르고뇨)

Barolo Riserva 1978(Borgogno)

종류	레드 와인
포도 품종	네비올로 100%
양조/숙성	최소 12~15일간 발효 후 침용, 60헥토리터 용량의 슬라보니아산 대형 오크 배럴에서 4~5년간 숙성
생산지	피에몬테

아직도 짙은 루비색을 지니고 있으며 옅은 석류석과 오렌지빛이 살짝 감돈다. 제비꽃, 복숭아, 백후추와 정의하기 힘든 다른 많은 향신료, 밤나무, 가죽의 향이 느껴진다. 구조감이 좋으며 타닌은 벨벳 같다. 드라이하고 밸런스 있고 우아하다.

소고기 스튜나 브라사토, 아니면 후추와 와사비를 곁들인 일본의 마에자와 스테이크와 함께 먹어보겠다. 또 발텔리나의 비토 치즈도 괜찮을 것 같은데?

이 와인을 요스코 그라브너와 함께 맛봤는데 그는 이렇게 외쳤다 "이 와인은 살아 있어!" 요스코의 말이 맞다. 이 와인은 마흔이 다 되었는데도 어린 소녀 같아 보이는 아름다운 여인과 같다. 우아한 사람은 젊음을 영원히 유지한다. 이 와인은 최고로 우아하다!

바롤로 리세르바 1967(보르고뇨)

Barolo Riserva 1967(Borgogno)

종류	레드 와인
포도 품종	네비올로 100%
양조/숙성	최소 15일간 발효 후 포도 껍질을 가라앉혀 침용, 60헥토리터 용량의 슬라보니아산 대형 오크 배럴에서 4~5년간 침용
생산지	피에몬테

석류석의 붉은색에 살짝 오렌지빛이 감돈다. 농익은 붉은 과일 향, 그중에서도 말린 자두 향이 난다. 향신료, 가죽, 후추, 감초, 에머밀도 느껴진다. 균형이 잘 잡힌 기분 좋은 맛이다. 타닌은 실크같이 매끄럽다.

바롤로로 조리한 소고기 스튜와 함께 마시겠다. 오븐에 구운 안심에 백후추를 곁들여도 완벽할 것이다. 숙성한 브라 치즈와도 환상적인 궁합을 자랑할 듯하다. 저녁 식사 후 사색을 위한 와인으로 최고다.

이 와인 역시 내 부모님, 가장 친한 친구, 인생의 여인과 함께 마시고 싶은 특별한 와인이다. 이 바롤로는 정신과 영혼을 위한 약과 같다. 함께하고 싶은 사람과 마시면 나처럼 행복감을 느낄 것이다!

바롤로 리세르바 1961(보르고뇨)

Barolo Riserva 1961(Borgogno)

종류	레드 와인
포도 품종	네비올로 100%
양조/숙성	15일간 발효 후 포도 껍질을 가라앉혀 침용, 60헥토리터 용량의 슬라보니아산 대형 오크 배럴에서 최소 4년간 숙성
생산지	피에몬테

석류석의 옅은 붉은색에 오렌지빛이 감돈다. 향기가 놀라울 정도로 폭넓고

진한데, 붉은 과일, 석류, 말린 장미, 아로마 허브, 담배, 이끼, 감초의 향이 두드러지며, 희미한 발삼 향의 여운이 있다. 맛은 부드럽고 우아함이 폭발한다. 타닌은 아주 섬세하지만 아직 존재감이 있다. 끝 맛은 영원하다.

바롤로로 조리한 소고기 스튜나 브라사토와 어울린다. 숯불에 구운 참치 뱃살 초밥에 간장, 와사비와 함께 들어보라.

이 와인과 동일한 해에 태어난 이는 운 좋은 사람이다. 이것은 바롤로와 와인과 모든 것의 저 너머에 있다. 이 와인에서는 정말 다섯 번째 맛인 감칠맛을 느낄 수 있다. 영혼이 있는 레드 와인이다.

루네 리세르바 테오 무소 2010(발라딘)

Lune Riserva Teo Musso 2010(Baladin)

종류	발리 맥주 와인
원료	물리노 마리노의 에머밀과 자체 농경지에서 경작하는 보리
양조/숙성	발라딘 양조장 내의 배럴과 바리크에서 오래 숙성
생산지	피에몬테

황금색과 호박색 사이를 연하게 일렁인다. 살구 향이 분명하고, 이어서 말린 과일, 담배, 꿀, 보리, 고소한 향이 느껴진다. 캐러멜과 대추야자의 맛이 부드럽고 유혹적이다.

아티초크를 넣은 생선 수프, 버터와 토마토를 넣어 조리한 브로데토[61], 레몬과 간장을 곁들인 스칼로피네와 잘 어울린다. 와사비를 넣은 햄버거와도 완벽하게 어울릴 것이다. 나라면 저녁 식사 후에 마시는 와인처럼…… 사색용 맥주로 마시겠다.

61 Brodetto. 베네토 지역의 식초를 넣은 생선 스튜.

신화적 인물 테오 무소가 위대한 이탈리아 화이트 와인의 전통에 선물을 하나 하기로 결심하고는 와인 같은 맥주를 만들었다. 그리고 그것을 세계 최고의 와인들도 휴식을 취한 적 있는 바리크 안에서 숙성시켰다. 블라인드 테스트를 하면 정말로 와인이라고 말할 수도 있을 것 같다!

리볼라 잘라 안포라 2006(그라브너)

Ribolla Gialla Anfora 2006(Gravner)

종류	화이트 와인
포도 품종	리볼라 100%
양조/숙성	암포라에서 효모를 첨가하지 않고 온도 조절 없이 7개월간 발효, 오크 배럴에서 숙성, 정제나 여과 과정 없이 달이 기울 때 병입
생산지	프리울리 베네치아 줄리아

짙은 호박빛의 황색이다. 아로마 허브(세이지, 오레가노)와 농익은 과일(살구, 복숭아, 사과) 향이 느껴지며 뒤이어 스모크, 바닐라, 흑연 향이 난다. 풍미 있고 풀 바디하며 둥글고 지속되는 맛이다.

그릴에 구운 문어에 소금과 7가지 향신료를 뿌린다. 아니면 야채 소스로 만든 파스타, 포르치니 버섯 리소토, 훈제한 고등어에 와사비를 살짝 더하는 것도 좋겠다. 판체타 샤브샤브도 이상적인데 여기에 간장과 쌀 식초를 곁들인다.

이 와인은 어디서 오는가? 포도나무인가? 땅인가? 사람인가? 내 생각에 (요스코 생각에도) 이 리볼라는 달에서 온 와인이다! 별과 같은 화이트 아닌 화이트 와인으로 일단 마시면 전 우주와 합일을 이룰 것이다.

7장

와인 역사의 가장 아름다운 시절을 경험했으니 전 무척 운이 좋은 사람이죠

와인 명가: 마르케시 안티노리(Marchesi Antinori)

대표: 피에로 안티노리(Piero Antinori)

내가 후작이라는 사실은 좋지만 그렇다고 거만을 떨지는 않습니다

"진정 아름다운 가슴은 솟아난 두 봉우리,
뿌리가 갈비뼈까지 닿은 젖가슴 전체……."
-《삶이라는 직업》, 체사레 파베세

우리는 지금 끝없는 잠에 빠져 있는 키안티 클라시코의 구릉들에 위치한 바르지노의 마르케시 안티노리에 와 있다. 와이너리인지 우주선인지 구분이 안 되는 이곳은 무척이나 아름다운데, 내가 본 현대적 와이너리 중 가장 아름답다. 세계에서 가장 아름다운 신축 와이너리다. 이곳을 짓기 위해 피에로 안티노리는 회사가 폰타나프레다 전체를 매입했을 때의 금액과 맞먹는 돈을 썼다! 입구는 마치 옆으로 찢어져 벌어진 입 같고, 대패질에 둘둘 말려 나온 나무 톱밥 문양의 나선형 계단을 지나 안으로 들어가면 와인을 위한 성전이 나온다. 아름다움에 정신을 잃거나 내부가 하도 넓어서 길을 잃기 십상이다. 이곳에는 아름답고 유능한 젊은 여성 직원들이 맞는 리셉션 데스크, 매혹적인 대기실과 회의실, 도서관, 레스토랑, 원형극장, 끝없이 늘어선 스틸통, 바리크, 배럴, 오일 암포라, 와인 병 등을 다 갖추고 있다. 와이너리 전체는 구릉 속에 자리한 모습이다. 황토색 벽, 각 영역을 잇는 터널, 기념비적인 계단, 사용한 건축재와 곡선형 벽으로 인해 모든 게 조화롭고 평화로우며 자연과 어우러져 있다. 건물 외관의 윤곽선은 변치 않는 진정한 아름다움인 젖가슴 모양이다. 내가 너무 집착한다고? 그럴 수도 있다. 구릉을 앞에 둔 다른 모든 란게 사람처럼 말이다. 게다가 이곳은 구릉으로 둘러싸인 곳이다. 아무튼 이 기념비적 건물은 듣던 것보다 훨씬 더 아름답다.

간단히 말하면, 와인을 위해 9000만 유로를 투자했다. 물론 현재 안티노리의 영광만을 위해서가 아닌 앞으로 다가올 시대를 위해서다.

2층으로 내려가려고 엘리베이터를 탔다. 피에로 안티노리를 만나러 왔다고 했더니 아주 친절하게 안내하면서 후작께서 곧 도착할 거라고 했다. 후작. 무수한 질문이 마음속에 떠오르는 가운데 피에로 안티노리가 우리에게 왔다. 전체적으로 아주 멋있는 사람이다. 1938년생이니 75살인데 역시 좋은 와인 덕인지 65살 이상으론 안 보인다. 그는 안젤로 가야와 함께 세계 와인 업계의 가장 중요한 이탈리아인 중 한 명이다. 매출액 1억 5000만 유로. 많은 사람들이 부러워할 만한 금액이고, 와인도 맛있다. 아주 맛있다. 비즈니스와 즐거움을 결합한 것이다. 이러한 이유로 인해서 이제 우리는 이탈리아 와인사에서 가장 의미 있고 가장 온전한 여행을 이야기하게 될 것이다. 너무 거창한 말일지도 모르지만, 지난 700년 동안, 그러니까 지난 14세기부터 와인을 만들고 팔아온 가문에 대한 이야기를 시작하겠다. 그 시절은 이탈리아의 가장 아름다운 시절이자 전 세계에서 이탈리아의 이름이 전설이 되었던 시절을 모두 경험하였다. 불행하게도 지금 우리는 최선을 다해서 선조들의 업적을 파괴하고 있기는 하지만 말이다. 하지만 나는 낙관주의자다. 이 와인 여행의 목표에는, 선조들과는 다른 방식으로 언제나 완벽한 와인을 탐색하면서 자신의 미래를 설계하고, 포기하지 않고 꿋꿋하게, 위대한 전통을 존중하면서도 대단한 혁신을 일으켜온 사람들의 모습을 조명하는 것도 포함된다.

우리는 와인에 관한 이야기를 하고 있지만, 이를 통해 이탈리아의 복잡한 현실에 쉽게 접근할 수 있다. 둘 사이에 놀라운 유사점이 있기 때문이다. 배우 우고 토냐치가 영화 속에서 "우리의 과거에는 위대한 미래가 있다!"라는 말을 했었다. 맞는 말이다. 5000번에서 6000번에 걸쳐 포도를 수확해왔음에도 우리는 아직도 완벽한 와인을 찾고 있다. 수천 년이 지난 지금도 우리는 모든 이가 조화롭고 행복하게 살 수 있는 새로운 문명의 형태를 찾고 있다.

피에로 안티노리는 분명 우리에게 들려주고 가르쳐줄 것이 무척 많을 것이다. 지금 막 그를 만났지만 나는 이미 그의 발음에서 드러나는 토스카나 억양과 귀족적 화법에 빠져들었다. 억양에 관한 열등감을 가진 우리 피에몬테 사람들의 발음과는 다르다. 적어도 시게루는 핑곗거리라도 있지.

오스카 연세가 적지 않으신데 왜 그렇게 일을 많이 하세요? 번 돈은 전부 와인에 투자하시나요?

피에로 이 건축물을 계획한 게 7년 전이었으니 그땐 내가 더 젊었고, 이 일을 훨씬 빨리 마무리 지을 줄 알았지요. 행정적인 문제들과 건축 회사의 어려움으로 불거진 외부적 문제와 지형적 문제가 생기면서 추가 조사가 필요해졌고 산을 보강하는 대공사를 하게 되면서 예상보다 이삼 년이 더 지났어요. 그러고 나자 경제 위기가 왔죠. 물론, 위기가 닥칠 줄 알았다면 이런 투자를 했을지 모르겠군요.

오스카 위기를 체감하셨나요?

피에로 아, 물론이죠! 특히 심리적으로요. 회사는 그리 심한 타격을 받지는 않았지만요. 잘 대처했죠. 우리에겐 해외시장이 있으니까요.

오스카 2008년, 그러니까 리먼 브러더스 사태 이후에 대한 말씀이시군요? 그 이후로 우리 모두는 다른 세상에 추락한 것 같은 느낌을 받고 있지 않습니까. 수출이 차지하는 비율이 어느 정도인가요?

피에로 내가 처음 회사 일을 시작했을 때는 이탈리아 내수가 80퍼센트, 수출이 20퍼센트였죠. 이 수치를 역전시키는 것을 목표로 삼았어요. 지금은 수출 비중이 70퍼센트랍니다.

오스카 그러면 리먼 브러더스 사태가 많이 걱정스러우셨나요?

피에로 그래요. 우리가 알던 세상은 끝난 거라고들 했잖아요. 그런 무의식이 사고에도 영향을 미쳤어요. 나는 늘 낙관주의자였고, 감정이나 정서적인 이유가 아니라 업계에 관해서도 낙관하고 있지만 전 세계 생산량은 현재 감소하거나 멈춘 상태예요. 소비는 계속 증가하는데도 말이죠. 필수 소비재가 아닌 비필수 소비재에 돈을 쓸 수 있는 인구가 30년 후 10억이 더 늘어난다는 예측이 사실이라면, 와인은 가장 수요가 많은 제품 중 하나가 될 겁니다. 물론 우리가 와인 생산뿐만 아니라 제품의 가치를 제대로 알릴 능력이 될 때의 이야기지요. 하지만 우리가 지난 삼사십 년 동안 해온 대로 앞으로의 30년을 계속 즐길 수만 있다면…….

오스카 저는 늘 우리가 세계 인구의 0.83퍼센트에 지나지 않고 밖에는 99.17퍼센트의 잠재 고객이 있다고 생각해왔답니다. 저 또한 와인에 많은 투자를 하고 또…… 후작님과 완전히 같은 생각을 하고 있답니다…… 후작님이시죠! 귀족이라는 사실에 만족하세요? 아니면 전혀 개의치 않으시나요?

이 얘기는 안 하려고 했지만 귀족 작위는 그 자체로 매우 호기심을 끄는 주제다. 게다가 이 경우에는 심지어 두 요소가 눈에 띈다. 아주 오래된 귀족 작위와 아주 높은 생산성이라니! 피에로의 도움을 받아 이런 외적 대조를 증명할 수 있다면 좋을 텐데. 답변이 바로 나오지는 않는다. 하지만 우리는 이미 침착하게 흘러나오는 그의 말에 익숙해져 있었기에 그가 생각을 완전히 정리할 때까지 기다렸다.

피에로 물론 책임감을 느낍니다. 왜냐하면 과거엔 귀족 작위라는 게 어떤 공로에 대한 인정이었기 때문이죠. 그렇지만 나는 내 아버지가 그랬듯이 우리가 원래 상인 집안이었다는 사실이 더 자랑스럽습니다. 피렌체 공화국 시절 상인이었던 우리 가문의 과거가 그 이후 받은 귀족 작위보다 더 중요하게 생각되지요. 나 개인적으로도 내가 받은 공화국 근로공로 기사 훈장이 과거 선조들의 작위보다 더 중요하죠.

멋진 관점의 전환이다. 귀족 작위를 현재의 특권과 긍지로 보는 게 아니라 책임으로 보는 것. 겸손인가? 죄책감인가? 안젤로 가야가 작위를 거절한 반면 피에로는 그것을 자랑스러워한다. '세상이 아름다운 건 다양성 때문이다'라는 말이 있다. 두 사람의 태도는 전혀 다르지만 둘 다에 아름다움이 있다. 질문을 보탰다.

오스카 당신의 가문은 언제부터 와안을 만들었나요?

피에로 27대째 와인을 만들고 있습니다. 27대손이 내 딸들이지요.

오스카 회사가 성장한 건 26대손인 당신 덕분이라고 들었습니다.

피에로 운이 좋았죠. 일단 내가 이 일을 대단히 사랑하고, 또 내가 일해온 지난 45년이 이탈리아 와인 업계가 진정한 혁명을 맞이했던 시대이기도 하고요.

아버지는 이렇게 말씀하셨죠. "일은 취미 생활이 아니란다"

오스카 당신의 아버지도 모든 시간을 와인에 쏟으셨나요?

피에로 아버지는 2번의 전쟁을 겪은 세대라 무엇보다도 전쟁이 시간을 많이 앗아갔죠. 이후에는 공적인 일에도 관심을 기울이셨고요. 예를 들면 적십자 회장과 피렌체 관광청의 청장도 지내셨죠. 와인에 대한 열정도 대단하셨지만요.

오스카 존함이 어떻게 되시죠? 아버지와는 의견이 잘 맞았나요?

피에로 니콜로예요. 의견은 잘 맞았죠. 아들이었지만 아버지와는 늘 사이가 좋았어요. 나한테 딸이 셋 있어서 깨달은 사실인데 아버지로서는 딸과의 관계가 더 쉽잖아요. 하지만 아버지는 늘 용기와 자극을 주셨고 일에 대한 열정을 물려주셨죠. 아주 대단한 용기를 내시기도 했어요. 내가 27살 때 내게 회사 경영권을 완전히 물려주었으니까요.

오스카 아들이 27살밖에 안 됐는데 손을 떼셨군요!

내가 자제를 못 하고 직설적으로 말하자 바로 꾸짖는 듯한 답변이 돌아왔다.

피에로 손을 떼신 게 아니라 나를 믿고 맡기신 거죠! 늘 조언을 하고 이끌어주면서 "네가 옳다고 생각하는 대로 다 해라"라고 하셨어요. 그 점이 무척 감사하죠. 물론 책임감으로 인해 27살짜리가 살았을 법한 삶을 살지는 못했지만요.

오스카 당시의 회사 지표들을 기억하시나요?

피에로 그 당시엔 50헥타르의 포도밭을 소유했었는데 지금은 총 2000헥타르죠. 당시 2개였던 와이너리도 지금은 15개가 되었어요. 우리가 가진 양조장 각각의 고유한 정체성을 유지하려 해서 숫자가 많아요. 양조 전문가와 포도 재배자들이 양조장마다 전담팀을 이루어 경지의 최소 단위까지도 속속들이 알고 있습니다.

오스카 매출은요?

보다 덜 직접적이게 질문을 할 수가 없다. 나는 안티노리 가문이 업계에서 이뤄낸 혁명을 회사의 특징적 지표들을 통해 이해하고 싶다.

피에로 지금은 1억 5000만 유로이고 내가 일을 시작했을 때는 당시 화폐 기준으로 약 이삼 억 리라였죠.

자동으로 계산기가 두드려진다. 15만 유로에서 1억 5000만 유로면 1000배가 성장한 것이다. 와인 업계의 그 누구도 그와 유사한 업적을 이루지 못했을 것이다. 물론 나는 지금 맛있는 와인, 가치 있는 와인을 만드는 회사들에 국한해서 이야기하고 있다.

오스카 이런 양적 성취는 전적으로 당신의 공인가요?

피에로 와인 병의 수적 성장에 비해서 매출은 훨씬 더 성장했어요. 과거에는 키안티를 주로 1리터나 1.75리터의 대용량 병에 담아 판매했고, 타 포도원의 포도로도 와인을 만들었죠. 전략적으로 정말 중요했던 결정은, 천천히 진행하기는 했으나 우리가 직접 생산한 포도만 사용하는 것이었어요. 그 정점은 20년 전이었습니다. 다시 말하지만 내가 운이 좋아서 적절한 시절에 사업을 하고 있었던 겁니다.

오스카 하지만 그런 대단한 성장의 배경이 아버지가 남긴 엄청난 유산 때문인가요? 아니면 버는 족족 다 투자했기 때문인가요?

예의 없는 질문이지만 어쩔 수 없다! 당혹스러움을 내보이는 미소가 대답과 함께 돌아왔다.

피에로 와이너리는 가족회사가 아닌 다른 경영 구조에는 맞지 않습니다. 가족회사이기에 아주 장기적인 관점에서 투자를 할 수 있죠. 단기적인 수익만을 좇는 주식회사라면 이런 투자는 절대 이해할 수 없을 거예요. 가족회사의 또 다른 장점은 주주들한테 배당금을 줄 필요가 없다는 겁니다. 제가 회사를 책임진 1966년 이후로 배당금을 준 적이 한 번도 없어요! 지금 회사의 주식은 신탁회사에 맡겨놓았죠. 제 딸들이 기존에 갖고 있던 소유권을 이전해놓았습니다. 최소 99년 동안은 가족과 회사 간의 결합을 견고히 유지할 수 있게 되어서 아주 만족해요. 지금은 다 잘되어가지만 이후 두세 세대가 흐르는 동안 무슨 일이 일어날지 모르는 법이니까요.

700년의 가족사를 어깨에 짊어지고 있어야 이후 99년을 내다볼 수 있는 것이다! 자신이 경영하는 회사가 무너지고 경영 성과가 실망스러울 때조차 스톡옵션을 받는 경영자들과는 완전히 반대다. 경영진들은 예산을 바탕으로 평가받는데 그 예산 책정 자체가 교섭의 대상이기에, 예산에 책정해놓은 적자보다 덜 손해를 봤을 경우 칭찬을 받는다. 피에로 안티노리의 시각은 단순하고 직접적이다. 회사는 가족의 자산이기에, 여러 해, 여러 세기에 걸쳐 가족 모두 그것을 보존하고 성장시키기 위해 일한다. 훌륭한 가장은 그렇게 사고한다. 자산이 얼마나 많은지는 상관없다. 정치인들 또한 날도둑의 마음가짐이 아닌 아버지의 마음을 갖고 정치를 할 것이다. 내가 이런 생각을 하는 동안 피에로는 신탁에 대해 계속 설명한다.

피에로 신탁은 제가 중요하게 생각하는 가족과 회사 간의 연합을 보장해줍니다. 27대를 거쳐왔는데 불화나 다른 이유로 인해 그동안 쌓아 올린 것들이 무너지는 건 원하지 않아요. 이 방식 덕에 걱정을 덜 수 있었죠.

오스카 제가 가져온 첫 번째 와인인 이 베르디키오를 시음한 다음 이야기를 계속하죠. 이것은 제 친구 풀비아 톰볼리니가 만든 와인이랍니다. 마르케 주에 있는 멋진 포도원 '카스텔리 디 예시'의 가치를 성장시키기 위해 그녀가 쏟는 열정은 저의 존경심을 불러일으키죠. 저는 무척 마음에 드는데, 어떻게 생각하세요?

피에로 내 생각에는 이 와인에서 이탈리아 화이트 와인이 아주 멋지게 표현되었어요. 신선하고 쉽고 기분 좋고 균형이 잘 잡혔으며 산도는 과하지 않고, 많이 마실 수 있는 와인이군요. 이 베르디키오는 움브리아 주의 오르비에토 지역, 베네토 주의 소아베 지역 전통과 이어지는 대단히 기분 좋은 와인이에요, 나는 어릴 때부터 이런 와인에 매우 익숙합니다.

멋진 설명이다. 나는 시게루의 묘사도 궁금했는데, 시게루 또한 그에 동조하며 시작했다.

시게루 이 와인은 사과, 복숭아 같은 흰 과육의 과일 향을 지녔네요. 야생 허브 향도 나고 입안에서는 신선하고 균형이 좋으며 드라이하군요. 여운에서 살짝 쓴맛이 나요. 생선 석쇠 구이, 생선 리소토가 잘 어울리고, 돌 위에 구운 흰 살코기에 소금과 레몬으로 간을 해도 좋겠네요. 섬세한 와인이기 때문에 음식 또한 섬세하게 조합해야 합니다.

시게루는 우리의 손님에게 강렬한 인상을 주었다. 시게루와 피에로의 와인 이야기를 들으며 나는 참 많은 것을 배운다. 베르디키오를 시음한 다음 다시 안티노리 가족 이야기로 돌아갔다. 피에로는 누님과 남동생이 있다. 누님은 가족의 와이너리에 아무 관심도 내보이지 않아서 아버지가 금방 내보냈다. 동생은 무척이나 변화무쌍한 개인사를 겪는다. 처음에는 안티노리의 수입 에이전트와 함께 미국에 가서 일하다가 이탈리아 와인이 외국에서 성공하지 못할 것이라고 확신해서 1960년대 말에 이탈리아로 돌아온다. 그 후 프랑스 와인과 리큐어를 이탈리아로 수입하는 수입상이 되었다가 다른 종류의 사업을 하기 위해 이 길도 떠난다. 결국에는 다시 와인으로 돌아와 가족의 포도원에서 결실을 이끌어내며 오르넬라이아를 만들어낸다. 이번 사업에서는 자신을 알리고 큰 성공을 거둔다. 현재는 자신의 와이너리를 경영하고 있는데 안티노리사가 소수의 지분을 갖고 있다. 이야기는 여기까지다. 하지만 나는 가족 내의 가십거리나 불화, 탈선 등에 대해서도 듣고 싶다. 그런 이야기가 나오는지 한번 들어보자.

오스카 동생은 어떻게 회사에서 나가게 되었나요?

피에로 1980년대 초반이었고 나한테는 어린 딸들만 있었는데 그 아이들이 와인에 빠질 거라곤 생각하지 못했죠.

오스카 아들이 없어서 안타까웠나요?

그의 첫 딸이 태어난 해가, 그의 아버지가 그에게 회사를 넘긴 해라는 걸 깨닫고 매우 놀랐다. 그해는 피에로 안티노리의 개인사에 있어서 진정한 분수령이 되었을 것이다.

피에로 아니요, 딸을 갖게 되어 무척 기뻤어요. 하지만 와인 일을 할 거라고는 생각하지 않은 게, 당시에는 여자들이 다른 데 관심을 보였으니까요. 반면 지금 와인 업계에는 여자가 남자보다 많고, 생산 체인 전반에 걸쳐 모든 역할에 참여하고 있습니다. 아무튼 당시는 어려운 시기였어요. 그래서 나는 영국 파트너를 회사에 참여시키기로 결심합니다. 우리 와인을 수입하고 있던 파트너인데 그의 재정적 지원 덕에 동생이 회사를 나갈 수 있었어요. 이 파트너는 이후 칠팔 년에 걸쳐 좋은 성과를 얻었고, 회사에서 나가기로 합니다. 그래서 몇 회에 걸쳐 그의 지분을 인수했어요.

오스카 동생이 계속 함께 일했더라면 더 좋았을 것 같나요?

피에로 그랬겠죠. 단, 사적인 관계에서 문제가 일어나지 않는다는 전제에서지만 그 문제는 일어날 수도 있었을 겁니다. 저와 동생이 서로 보완할 수 있다는 것은 장점이었겠죠.

오스카 숫자와 친하신가요? 저는 수학이 최고라고 생각합니다만.

피에로 나 또한 아무리 일에 푹 빠져 있어도 경영 문제에 늘 주의를 기울입니다. 동생은 마케팅을 대단히 잘했지만 나처럼 재무제표 수치에 관심을 기울이지는 않았어요. 연구와 품질에 투자를 해야 하는 우리 회사 같은 곳에서는 재정이 건전해야 하고 이윤을 창출해낸 재무제표가 필요합니다.

안티노리의 가족사 위를 조심조심 걸은 끝에, 왜 피에로에게 안티노리사가 맡겨졌는지를 알게 되었다!

오스카 이번에는 이 토카이를 맛보죠. 제 형제나 다름없는 피에르루이지 차모가 만든 것입니다. 프리울리의 구릉 위, 동향의 60헥타르 땅에서 60만 병이 생산되죠. 나는 2010년에 그의 와이너리인 '레 비녜 디 차모' 지분 50퍼센트를 인수했어요. 이 포도원의 위치는 환상적입니다! 이것은 100퍼센트 프리울라노 품종으로 그의 와인 중 최고지요. 화이트 와인을 하나 더 가져온 이유는 왜 프랑스인들이 우리보다 화이트 와인을 잘 만드는지 당신에게 의견을 들어보기 위해서입니다. 이 와인에 대해 어떻게 생각하세요?

피에로 개성이 있어서 좋군요. 토카이는 대단한 포도 품종으로 프리울리 지방 밖에서 재배되어도 그 개성을 잘 유지한답니다. 예를 들어 캘리포니아에서도 최고의 와인을 맛볼 수 있었죠. 그 특유의 맛을 지니고 있어요. 저는 훌륭한 와인은 훌륭한 개성을 갖고 있어야 한다고 생각합니다.

오스카 이탈리아 최고의 화이트 와인인 '체르바로 델라 살라'를 생산하는 당신에게 묻는데, 왜 프랑스의 화이트 와인이 우리 것보다 더 낫다고 여겨지죠?

피에로 프랑스 와인은 전반적으로 우리 것보다 낫지 않아요. 부르고뉴에서 대단히 훌륭한 화이트 와인을 만들기도 하지만 다른 지역에서 나는 화이트 와인은 일부 틈새 제품을 제외하면 훌륭하다고 할 수 없을 겁니다. 그럼에도 프랑스의 화이트 와인이 유명한 건 그들의 환경 조건 덕이 크다고 보는데, 그 유명한 '테루아' 말이죠. 그 말은 모든 것을 의미해요. 기후, 토지, 품종, 품종과 환경과의 상호 관계, 또 사람도 잊어서는 안 되죠.

오스카 며칠 전에 요스코 그라브너를 만났는데 프랑스인들이 테루아 이야기를 많이 하는 건 테루아가 없기 때문이라고 하더군요! 어떻게 생각하세요?

요스코가 한 말을 꺼낼 때마다 웃음을 터뜨리는 건 그도 예외가 아니었지만, 그는 프랑스인들에게 테루아가 있다고 생각한다고 대답했다. 당연히 있다. 하지만 그 이후 이어지는 말은 요스코의 생각과 동일했다. 즉, 불행히도 이탈리아에서는 질 높은 와인에 대한 관심이 비교적 최근인 40년 사이에 생겨난 반면, 프랑스에서는 150년 동안 와인의 가치를 위해 투자를 했고, 그만큼의 오랜 세월 동안 품질을 지향하는 법령 제정과 마케팅에 힘써왔다는 것이다.

오스카 시게루, 이 프리울라노에 대해 어떻게 생각하는지 말할 준비가 되었나?

시게루 준비됐어! 이 와인이 대단한 개성을 지녔다는 말에 동감합니다. 이 포도밭은 그가 60년 전부터 소유하던 것으로 그것이 큰 장점이죠. 미네랄리티가 강조되어 있어요. 사과, 들판의 풀, 꿀물, 익은 과일이 느껴지네요. 풍미 있고 맛있는 와인으로 갑각류, 석쇠에 구운 랍스터, 새우, 식초에 절인 고등어에 겨자를 곁들인 것도 잘 어울리겠고, 도쿄의 나라 초밥하고도 잘 어울릴 겁니다.

시게루가 말을 할 때가 다른 주제로 넘어갈 적절한 순간이다. 그의 묘사가 끝날 때면 늘 페이지를 넘겨 새로운 질문으로 쉽게 넘어갈 수 있다.

오스카 아버지는 언제 돌아가셨죠?

피에로 1993년이요. 영국 파트너한테 넘겼던 지분을 다시 인수받는 것도 못 보고 돌아가셨어요. 그걸 보셨으면 무척 좋아하셨을 텐데. 당시 제 선택을 이해하셨고 그것이 일시적 상황이었다는 것을 아셨기 때문에 따로 상처를 받지는 않으셨지만 결과를 못 보고

가신 게 안타깝죠.

오스카 아버지로부터 무얼 배우셨나요?

피에로 일은 취미 생활이 아니라는 거요. 이렇게 말씀하셨죠. "너무 심각해져서는 안 되지만 일은 심각한 것이란다!" "회사의 이익이 궁극적인 목표는 아니지만, 능률의 증거이고 지속성을 보장해 준다." 나는 그 말들에 동의합니다.

오스카 물론이죠! 나는 더 나아가 돈을 벌지 못하는 건 윤리적이지 않다고 생각합니다. 왜냐하면 봉급도 못 주고, 나와 함께 일하는 사람들이 잘 지낼 수 없기 때문이죠. 하지만 돈만을 위해서 일하는 건 우울과 불행을 만들어내요. 하지만 안티노리는 돈에 집착하지는 않죠.

피에로 내 어머니는 평생을 아주 너그럽고 똑똑하고 종교적인 삶을 사셨는데 늘 이웃을 위하셨고, 내게 마음으로도 생각하는 법을 가르치셨죠. 99살 생신 잔치를 온 가족과 함께하신 다음, 주무시는 중에 돌아가셨어요.

오스카 어려웠던 순간은 언제인가요?

피에로 1960년대 말, 회사의 고삐를 손에 쥐었을 때 토스카나는 어려운 시기를 헤쳐나가고 있었습니다. 왜냐하면 당시 땅을 경영하는 봉건적 방식이었던 소작제의 시대가 끝나가고 있었기 때문이죠. 소유주는 땅의 소산을 소작농과 비율에 따라 나누었지만 소출이 적은 해에도 자신은 아무런 손해도 없었어요. 일종의 공동 소유였는데도 소작농 가족은 6살짜리까지 노동에 참여했고 위험은 모두 감수해야 했죠. 그해에 소작제가 법으로 폐지되면서 이탈리아 중부 전체에 퍼져 있던 땅 소유주들은 완전히 새로운 상황에 맞부딪치게 됩니다. 자기 땅을 기업가로서 경영해야 했는데, 그것이 많은 이들에게는 쉽지 않았죠. 소작제에서는 모두 혼합농업을 했어요. 올리브, 포도, 밀, 밭작물 등 조금씩 다 재배했고 거기에다 목축도 했어요. 직접 경영으로 바뀌면서 대토지 소유주들은 땅을 하나의 작물에 특화시켜야 했기에 모두 포도나무 재배에 집중했고, 이로 인해 경관도 눈에 띄게 변화합니다. 하지만 아직 이런 큰 변화를 관리할 수 있는 문화는 없었어요. 당시 묘목원은 품질 좋은 제대로 된 포도나무를 조달하지도 못했죠. 토스카나의 포도 재배 문화가 10년의 세월 동안 탈바꿈했지만 질적으로 그 결과는 재앙이었어요! 와인의 품질이 무너졌고 그에 따라 키안티의 가격과 명성도 떨어졌습니다. 이것이 내가 회사를 책임질 때의 상황이었죠. 당시 이 일을 하던 많은 친구들이 이 업계를 떠났어요.

피에로 안티노리의 침착한 목소리가 흘러나오는 동안 나는 이런 생각을 한다. 그런 어려운 상황이 닥치면 탄생의 특권은 휴짓조각이 되고, 사람의 개인적인 능력과 특성이 힘을 발휘하게 된다. 그와 똑같은 특권을 지닌 다른 이들이 포기하는 동안 그는 오늘날의 결과에 도달했으니 사람이 차이를 만들었다고 생각할 수밖에 없다. 이런 생각이 날 즐겁게 하는데, 왜냐하면 대단한 행운이 모두 탄생의 특권(아니 우연)에 따른다고 생각하면 낙담하게 되기 때문이다. 물론 그것도 도움이 되지만 이 경우에는 결정적 원인은 아니었다.

피에로 초반의 이러한 어려움에서 자극을 받아, 다른 이들은 어떻게 일하는지 보려고 프랑스, 캘리포니아 등지로 가기도 했습니다. 또 내게 많은 영향을 끼친 대단히 훌륭한 프랑스인 컨설턴트 에밀

페노를 고용합니다. 그리고 그런 어려움에 대한 반작용으로 양조 전문가 자코모 타키스와 함께 티냐넬로를 만들어냈어요.

자, 바로 여기서 고향을 일으킨 사람들에 대한 역사, 권위 있는 주인공이 직접 들려주는 중요한 이탈리아 역사가 나온다. 현재에 대해 생각하게 하는 아주 흥미로운 수업이다. 국가가 발효하는 법령은, 그것이 불러일으키는 파장을 모든 면에서 제대로 관리하지 못할 경우 특정 지역 내에서 입법자가 예상치 못한 부정적 결과를 야기할 수도 있다. 오늘날 그런 부작용의 결과로 연금도 받지 못하는 조기 퇴직자들을 생각하지 않을 수 없었다.

피에로 1990년대에도 어려운 순간이 있었습니다. 당시 많은 빚을 진 상태에서 영국 파트너의 지분을 인수하기 위해 큰 채무를 질 수밖에 없었는데, 그때 메디오반카 은행이 큰 확신이 없었음에도 불구하고 우릴 도와줬죠. 이후 여러 해 동안 허리띠를 졸라매야 했지만 이후에는 상황이 회복됐어요.

오스카 지금은 이탈리아에서 매출이 가장 높은 편에 들지 않습니까?

피에로 우리 업계는 구조적으로 자기자본 이익률이 낮습니다. 고정 투자가 매우 높기 때문인데 그래서 매출이 높아야 회사를 유지하고 성장시킬 수 있습니다. 와이너리도 이익이 없었다면 탄생하지 못했을 것이고, 다시 강조하지만 이익 배분이 없었기에 가능했던 것입니다.

오스카 이제 폰타나프레다의 '바롤로 비냐 라 로사 2008'을 시음하면서 딸들에 대해 이야기해주세요. 2008년은 우리가 풍작을 이루어낸 첫 번째 해랍니다. 네비올로 좋아하세요?

피에로 좋아합니다. 특히 적절한 위치에서 재배된 것을요. 포도 품종은 이해하거나 생산하기 쉬운 것과 어려운 것, 이렇게 둘로 나눌 수 있죠. 네비올로는 후자예요. 이 포도가 생산되는 세랄룬가의 라 로사 포도밭은 아주 환상적인 곳이라서 이 와인이 특히 더 마음에 드는군요. 〈와인 스펙테이터〉가 높은 점수를 줬죠?

오스카 우리가 상을 타는 와인은 거의 이 포도원에서 나오죠. 저는 라차리토를 선호하지만 결국 상을 타는 것은 늘 라 로사더군요.

피에로 네비올로는 이해해야 하는 와인이죠. 속이 검은 와인이 아니라 투명한 와인이에요.

오스카 아마로네를 이야기하시는 건가요?

독을 한 방울 떨어뜨려 흔들어보려 하지만 엷은 미소만 돌아왔다.

피에로 아니요, 한때 영광을 누렸지만 지금은 이미 옛일이 되어버린 일부 이탈리아 와인과 캘리포니아 와인을 말하는 거랍니다.

오스카 소위 말하는 '국제적 인지도'를 지닌 와인들 말씀인가요?

피에로 아주 농축시켜 알코올 도수가 15도까지도 하던 대단한 와인들을 말하는 겁니다.

시게루는 머리를 크게 흔들며 향을 들이마신다.

피에로 네비올로는 개성이 강한 와인으로, 토카이처럼 육체적 쾌감을 주지만 지성적 쾌감도 줍니다. 레드 와인은 숙성 잠재력과 네비올로가 가진 모든 특징을 갖고 있어야 하니, 결국 네비올로는 훌륭한 와인인 것이지요. 훌륭한 그림은 미적 쾌감을 주지만 화가와 역사에 대해서도 알아야 하죠. 와인도 마찬가지입니다.

오스카 아름다운 여인과 사랑을 나누듯이 쾌감의 절정에 오르려면 그 여인의 육체적, 정신적 특성을 잘 알아야 하죠. 이 와인을 만든 사람은 아주 영리해서 쾌락, 더 나아가 오르가슴을 담았습니다. 종의 보존을 보장하는 2가지는 음식과 사랑이죠. 함께 있는 여인을 잘 안다면 그 기쁨 또한 크고, 그에 더해 여인을 사랑한다면 기쁨이 더 커지죠. 같은 현상이 와인과도 일어납니다. 훌륭한 와인은 사랑할 수 있어요!

시게루는 말을 꺼낼 적절한 순간을 찾아 바롤로에 대한 자기 생각을 이야기했다. 그는 이 와인에 제비꽃과 장미, 백후추, 감초, 가죽 향이 있고, 입안에서는 풍미와 균일하고 벨벳 같은 타닌이 느껴진다고 했다. 숙성시켜 마셔야 하는 훌륭한 와인이라고 했고, 우리 모두 그 의견에 동의했다. 이 와인은 전형적인 조합인 바롤로 브라사토와도 잘 어울리지만 고기 팬에 구운 고기 모둠과도 잘 어울린다. 양념은 흑후추와 와사비로 간단하게 한다. 끝으로 이 와인은 홀짝홀짝 마셔야 하는 와인이라면서 친구들과 섬세하고 행복한 주제들을 이야기할 때 이상적이라고 했다. 최고다, 시게루! 어떤 종류의 대화와 궁합이 맞는지까지 조언해주다니 정말 재미있다.

오스카 피에로, 이 바롤로를 마시면서 딸들에 대해 말해주세요. 이 일을 할 수 있겠다고 생각한 것이 언젠가요?

피에로 메탄올 스캔들이 터진 게 언제였죠?

1986년이다. 안티노리의 가족사는 와인사의 중요한 사건들과 관계있는데 그것이 안티노리의 가장 큰 특징이다. 가족 안의 개인적 기억들도 모두 와인과 연관되어 있다.

피에로 1986년에 나는 동종 업계 사람들과 캐나다를 방문 중이었습니다. 폰타나프레디에서도 누군가가 왔었죠. 딸 알비에라를 데려갔는데 만 20살이 되기 직전이었어요. 1966년생이랍니다. 내가 결혼한 해에 회사 경영권을 받았고, 첫딸이 태어났고, 피렌체 대홍수가 일어났어요! 1986년에 저는 와인 연맹 페데르비니의 회장이었죠. 이 여행이 중반쯤 접어들었을 때 이탈리아에서 연락이 와요. 메탄올 스캔들이 터졌기 때문이었죠. 이탈리아로 다시 돌아가야 했기 때문에 딸한테 "네가 마저 다 돌아라……"라고 했습니다. 수영하는 법을 가르치려고 자식을 바다에 빠뜨리는 부모처럼요. 그 아이에게는 그것이 업계에 들어올지 말지를 결정하는 계기가 되었죠. 다른 딸들도 맏이를 본받아 와인을 좋아하게 되었고, 지금은 셋 다 회사에서 일하고 있습니다. 아주 일을 잘해요!

오스카 어떤 부문에서 일하나요?

피에로 알비에라는 주로 커뮤니케이션을 담당하는데 그와 관련된 전 영역을 맡고 있어서 마케팅, 패키징 등을 다 하고 있습니다. 또 부회장이라서 직접 와인을 만들지는 않더라도 모든 정보를 알고 중요한 결정에 참여하죠. 이 와이너리 건축도 알비에라가 직접 건축가들과 함께 감독했어요.

오스카 그럼 결정을 이미 해놓고 알리기만 했나요?

피에로 결정을 거의 해놓고요…….

'거의 해놓고'라니 대단하다. 다시 한 번 "딸들은 우리 조언을 더 쉽게 받아들이죠"라고 했던 안젤로 가야를 떠올릴 수밖에 없다. 이탈리아 와인계의 두 거목이 여성들 사이에서 살며 그로 인해 행복을 누리고 있다.

재미를 느끼는 한은 계속 일할 겁니다

오스카 아버지처럼은 안 하시는요!

피에로 네, 이 일이 무척 즐겁기도 하고 아직도 열정이 사그라지지 않았기 때문이죠. 누가 내게 일을 그만하라고 하겠어요? 물론 아주 많은 일을 위임하기는 했습니다. 특히 내 오른팔인 렌초 코타렐라와는 매일 전략에 대한 이야기를 길게 나눕니다. 그는 매우 훌륭한 양조 전문가인 동시에 훌륭한 경영자이기도 한데, 나와 성격도 매우 잘 맞아요. 35년 동안 함께 일을 했습니다.

놀랍게도 그들은 아직 서로 존댓말을 한다!

오스카 둘째 따님의 이름은 뭐죠?

피에로 알레그라, 1971년생입니다. 티냐넬로가 태어난 해죠.

오스카 이름이 다 특이하네요…….

피에로 알비에라는 이유는 모르지만 가족 안에서 자주 쓰는 이름입니다. 알레그라는 아내가 임신했을 때 가까이 지내던 조카의 이름이죠. 셋째는 알레시아인데 1976년생이고 이름을 지은 연유는 기억이 안 나는군요. 둘째가 현재 회사 일을 가장 덜 하는데 두 아이를 키우고 있어서죠. 어쨌든 홍보와 외식 사업을 책임지고 있고, 또 커뮤니케이션을 아주 잘해서 시음이나 중요한 방문이 있을 때 역할을 맡습니다. 알레시아는 양조 전문가입니다.

오스카 알레시아가 태어난 해에도 중요한 사건이 있었나요?

피에로 생각나는 게 없네요. 그 아이는 양조 학교에서 공부했고 양조가로서 좋은 경험을 쌓았습니다. 그 후에는 영업 경험도 쌓고 싶어 했죠. 그래서 지역 책임자로서 몇 년간 중국에 가 있었고 그 다음에는 뉴욕에도 있었습니다. 지금은 결혼해 로마에 살면서 그 지역을 담당하면서, 테누타 디 피오라노라고 외할아버지로부터 물려받은 작은 와이너리도 책임지고 있습니다. 피오라노 브랜드를 아나요? 그 아이는 제 장인이 병으로 인해서 버려두어야 했던 피오라노 와인의 신화를 재창조해내고 싶어 합니다.

우리 일이 세상에서 제일 멋지죠

오스카 딸들이 아버지와 같은 일을 하게 된 게 개인적인 성공이라고 생각하십니까?

피에로 최고의 행복이죠. 하지만 놀랍지는 않아요. 이 일은 정말 매력적이고 정말 멋지기 때문이죠. 오히려 누군가가 이 일을 할 수 있었음에도 다른 일을 할 때 더 놀랍습니다.

오스카 세상에서 가장 멋진 직업 중 하나죠. 저도 늘 그렇게 생각합니다!

피에로 정말 맞는 말입니다! 만들어지는 제품은 환상적이고, 포도밭 사이에 살고, 여행을 좋아한다면 할 기회도 있죠. 또 세계의 와인 공동체가 정말 특별하답니다.

오스카 저는 이 일을 늦게 시작했어요. 원래 가전, 전자 제품 일을 했는데 그쪽은 연구 개발로 먹고살죠. 하지만 포도 재배자들의 문화 수준이 매우 높다는 걸 알게 되었어요. 제가 본 사람들은 책을 읽고 정치를 알고 철학도 합니다. 와인이 호기심 많고 사색하는 인간으로 만드는 거죠. 이 업계는 아름다움으로 가득 차 있어요.

당신 말이 맞아요. 할 수 있는데도 안 하는 건 머저리예요!

피에로 인간적으로 봤을 때도, 경관으로 봤을 때도 아주 환상적인 세계랍니다. 최고의 와인들은 늘 아름다운 곳에서 탄생하거든요.

오스카 이제 다음 와인으로 넘어가죠. 그 전에, 괜찮다면 최근 선거에서 누구에게 표를 던졌는지 알려주실 수 있나요?

피에로 경쟁자를 보고는 확신에 차 몬티에게 표를 줬어요.

오스카 몬티를 압니다. 존경해요. 과거에 그가 피에몬테 후보자 명단 가장 위에 올려주겠다고 제안한 적이 있죠. 하지만 승낙하지 못했어요. 내가 정치를 어떻게 생각하는지 아시지 않습니까. 아무튼 고맙게 생각했죠. 지금도 그를 좋게 평가하시나요?

피에로 몇 가지 실수를 했다고 생각하는데, 아마 정치 경험이 없어서 그럴 겁니다. 모두에게 극심한 공격을 받았고 그중에는 부당한 비난도 있었어요. 그가 선거에서 얻은 실망스러운 결과는 정치에서 필요한 커뮤니케이션 능력이 부족하다는 사실에 기인한다고 봅니다. 렌치 같은 사람이 아닌 거죠! 몬티에게는 약간 교수 같은 태도가 있는데 그것이 거슬릴 수 있습니다. 하지만 신중한 사람이고, 그것 자체가 오늘날의 이탈리아 정치계에서는 의미가 있습니다. 그로 인해 신뢰를 줄 가치가 있고요!

오스카 가야의 바르바레스코에 대한 이야기를 나누기 전에 과거 얘기를 좀 더 하고 싶습니다. 이탈리아의 대호황기와 1990년대의 경제 위기, 크락시 정부의 위기, 최근 20년을 모두 겪으셨는데, 이 나라에 대해 어떻게 생각하시나요?

피에로 제게 이 나라에 대한 사랑을 새겨놓으신 분은 아버지입니다. 아버지는 이 나라를 지극히 사랑하고 그로 인해 공적인 일에도 힘을 쏟으셨어요. 나는 이탈리아가 지닌 잠재력이 특별한 나라로 이끌 거라고 생각합니다. 누구나 다 그 얘기를 하니까 진부한 표현 같지만, 정말 그렇습니다. 역사, 문화, 미(美), 이탈리아인들의 창조성, 좋은 취향. 이탈리아는 이 모든 재능을 갖췄어요. 이런 많은 재능을 똑같이 다 갖춘 나라는 어디에도 없습니다. 그래서 이런 위기를 보면 화가 납니다. 내가 이탈리아의 미래에 대해 비관하는지 낙관하는지는 모르겠으나, 난 항상 낙관주의자였습니다. 하지만 지금 위기의 수준은 단기적으로 봤을 때 덜 낙관하게 만드는군요. 바닥을 친 다음 재출발할 수 있는데, 그것이 언제가 될지 아직은 두고 봐야 해요. 구조적 문제이기 때문입니다. 어쩌면 아직 바닥을 안 쳤는지도 모르고, 사회적으로 별로 염려하지 않는다는 사실이 상당히 걱정스럽습니다. 변화에 대한 저항이 너무 많습니다. 사회, 정치, 행정적 혁신을 끌어낼 수가 없어요.

오스카 기업계는 어떻게 보세요?

피에로 아직 다 드러나지 않은 특별한 잠재력이 있습니다. 미래가 있는 영역으로 자원을 보내야 하고 미래가 더는 없는 영역, 예를 들어 중공업 같은 건 버려야 합니다.

오스카 그러니까 우리의 천성적 재능에 투자하라는 말씀이죠?

피에로 물론이지요. 농식품과 관광은 우리가 제대로 활용하지 못하는 금광이고, 또 높은 장인정신도 있죠. 이탈리아는 쓸 수 있는 자원보다 더 풍요로운 삶을 살았기 때문에 기대치가 높게 형성되었어요. 기대치만 높여놓고 실망하는 것보다 더 끔찍한 일은 없죠. 그리고 젊은이들은 의무보다 권리에 더 관심을 기울이는 경우가 많아요.

오스카 그럼 청년들의 그런 방식을 문제로 보시나요?

피에로 아니, 문제는 그들이 아닙니다. 지금 일자리가 적어서 그들의 상황이 객관적으로 어려우니까 그들 중 많은 수가 올바른 태도를 보이기가 어렵습니다.

오스카 이탈리아 내수 시장에서는 어떠신가요?

피에로 수평선입니다. 유지하고 있다는 데 만족합니다. 해외에서는 성장 중입니다.

오스카 청년들에 대해 어떻게 생각하세요? 그들의 머릿속에 대해서는요? 그들에게 일하고 싶은 마음이 있는 것 같나요?

피에로 판단하기 어렵습니다. 하지만 중요한 건 그들이 포기하면 안 된다는 겁니다. 미래에 대한 불확실성이 이젠 정말 무거운 짐이 되고 있지만 그래도 절대 포기해서는 안 됩니다. 포기한다면 이룰 수 있는 게 없어요.

오스카 낙관하지 못하는 것이 평생 처음 있는 일인가요?

피에로 그래요.

오스카 이제 네 번째 와인인 '소리 틸딘 2004'입니다. 당신 친구인 안젤로 가야의 와인이라 일부러 가져왔는데, 안젤로는 저와도 친하답니다. 이 바르바레스코 와인에 대해 말해주시겠어요?

피에로 소리 틸딘은 위대한 와인이고 그 지역은 가히 신화적이라 할 수 있죠. 무거운 와인이 아닌데도 맛과 향의 밀도와 복합성이 뛰어납니다. 무거웠다면 내가 별로 좋아하지 않았을 거예요. 앞서 마신 바롤로처럼 특별한 우아함, 섬세함, 격을 갖춘 와인입니다. 미래에는 알코올 함량은 낮지만, 하야시 씨가 말한 대로 토지와 포도나무들의 수령에 따른 특징인 미네랄리티가 더 높은 와인이 더 잘 팔릴 거라고 보는데, 그것은 아주 중요한 특징입니다. 나는 100년 된 포도밭을 보면 아직도 가슴이 뭉클해져요! 이 포도밭은 적어도 60년은 된 거로 알고 있어요.

오스카 이 와인들의 가격이 아주 높은데요. 이 병은 이탈리아 소비자가로 300유로 정도 될 겁니다. 일부 프랑스 와인은 가격에서도 우리를 패배시키죠. 이에 대해 어떻게 생각하시나요? 와인 소비가 세계적으로 확산되는 이 시점에 가격을 높게 책정하는 정책을 따르는 것이 옳은가요?

피에로 내 생각에는 옳습니다. 거기에 더해 가격대가 아주 높은 와인의 종류를 늘려야 해요. 수량은 제한하더라도요. 그것은 와인의 명성을 높이고 다른 와인의 판매에도 도움을 줄 거예요. 안젤로는 (나도 거기에 기여하길 바라는데) 작지만 유능한 많은 이탈리아 와인 업계의 장인들에게 세계 시장의 문을 열어주는 일을 하고 있습니다. 그 공로를 잊어선 안 됩니다.

완벽한 와인은 절대 도달할 수 없는 꿈입니다

오스카 당신은 완벽한 와인을 만드는 데 성공했나요? 아니면 여전히 찾고 있나요?

피에로 완벽한 와인은 절대 다다를 수 없는 꿈입니다! 가까이 갈 수는 있지만 끝내 도달하지는 못해요!

오스카 유토피아죠, 맞아요! 절대 도달할 수 없는 행복한 장소지만 우리를 앞으로 나가게 만들죠. 시게루, 자네는 이 바르바레스코에 대해 어떻게 생각하나? 마음에 드나?

오늘 시게루는 할 말이 무척 많다. 이 와인에 대해서도 얼마나 우아한 묘사를 했는지 모두를 기쁘게 했다. 후각과 미각으로 느껴지는 밀도감과, 가죽, 커피, 건초, 박하, 로즈메리의 맛에 대해 이야기한다. 농익은 과일과 발삼 향을 지닌 후추, 미네랄리티를 강조했으며, 입안에서는 풍미가 있고 벨벳과 같고 산도가 적절하다고 했다. 음식 궁합 이야기를 하기 전에 또 추가한 것은 이 와인이 매우 섹시한 와인으로, 그 특징을 제대로 이해하려면 올바른 접근 방향을 알아야 한다는 것이었다. 요리 중에는 석쇠에 구운 알등심, 흑후추를 뿌린 장어(아주 맛있는 일본 요리다!), 소고기 스튜와 잘 어울린다.

점심시간도 거의 다 되었기에 나는 이 근처 식당에서 아주 맛있는 알등심을 먹는 백일몽을 꾸고 있다. 피에로가 우리를 점심 식사에 초대하지만 머무를 수가 없다. 안젤로의 사촌이 있는 볼게리로 또 달려가야 하기 때문이다. 그는 사시카이아야의 창조자인 인치사 델라 로케타 후작이다. 오늘은 맛있는 와인이 부족하진 않을 테지만 식사는 제대로 못 할 것이다. 아직 피에로와 더 얘기하고 싶다.

오스카 피에로, 이제 당신의 와인만 남았네요. 하지만 먼저 미래 이야기를 좀 해보죠. 아니, 시게루가 말한 것처럼 미래를 이야기하면서 당신의 솔라이아를 함께 마시죠. 이 주제에 맞는 와인인 것 같으니까요.

그 이야기에 앞서, 피에로는 자신의 와인을 질적으로 도약하게 해준 인물들에 대해 먼저 이야기했다. 에밀 페노는 보르도 대학에서 찾아낸 사람으로 위대한 양조 전문가이며 프랑스의 대단한 와이너리들에서 컨설턴트로 일했다. 그리고 타키스는 그의 와이너리에서 일한 중요한 양조 전문가지만, 이 둘에 대해 할 말은 그게 다가 아니다. 이 두 사람은 피에로의 인생과 회사의 운명을 바꾸어놓았다. 기술적으로는 이 두 사람과의 만남이 약 85퍼센트의 산조베세, 15퍼센트의 카베르네가 들어간 티냐넬로를 탄생시켰다. 그리고 베로넬리가 합류하면서는 판매 전략이 바뀌어 테이블 와인을 다른 와인보다 더 비싸게 팔았다. 이 이야기를 하는 동안 양조 전문가인 렌초 코타렐라가 들어왔다. 그는 안티노리의 진정한 넘버 투다. 소리 틸딘의 향기를 맡고는 잔에 와인을 따르는 그에게, 로사 2008도 마셔보라고 강요했다. 코타렐라의 칭찬을 받을 기회를 놓치고 싶지 않아서다.

피에로 그렇게 해서 티냐넬로는 정상에 오른 와인이 되었고 결정적인 전환점이 되었죠. 현재 12병들이 상자로 약 2만 5000에서 3만 상자를 생산하고 병당 약 70유로에 팔고 있습니다.

오스카 티냐넬로 다음에 솔라이아가 태어났죠, 맞나요?

피에로 1978년이었죠. 그해에 티냐넬로만 만들자니 카베르네를 너무 많이 수확해서 양조를 따로 하기로 했습니다. 원래는 100퍼센트 카베르네였는데, 지금은 카베르네 80퍼센트, 산조베세 20퍼센트입니다. 이 와인이 우리 회사에서 가장 중요한 와인이에요. 또 이탈리아에서도 가장 중요하죠. 2000년 〈와인 스펙테이터〉에서 세계의 수십만 개의 와인 중 정상을 차지해요. 그다음 해엔 오르넬라이아로 정상에 오르는데, 그 후 어떤 이탈리아 와인도 그 자리에 오르지 못했습니다. 이름은 솔라이아 영지에서 따왔습니다. 태양(Sole)을 받기 좋은 땅이라서 그런 이름이 붙었죠.

오스카 솔라이아도 페노와 타키스의 자식인가요?

피에로 물론이에요.

오스카 와인의 미래에 대해 어떻게 생각하세요? 미래는 극동에 있을까요? 중국이나 인도일까요?

피에로 중국은 틀림없이 대단한 와인 수입국이 될 것입니다. 그것이 언제일지 예측하긴 힘들지만 말입니다. 당연히 중국은 중요하지만 세계 와인 소비 1위인 미국 같은 기존의 주요 시장도 잊어버리면 안 됩니다. 10년 전만 해도 아무도 그 사실을 예측하지 못했습니다. 미국에서 이탈리아인들은 견고하고 남부럽지 않은 위치를 확립했으며 더 나아갈 여지도 아직 있습니다.

오스카 우리의 미래가 세계에 있다는 건 틀림없지만 프랑스인들 또한 다시 태세를 가다듬어 우리에게 어려움을 안길 것 같은데요.

피에로 늘 주의해서 바라보고 경계를 풀어서는 안 됩니다.

오스카 아직도 성장을 바라시나요? 다른 회사들을 인수하실 건가요?

피에로 당장은 기존의 큰 투자들을 더 소화시켜야 합니다. 양적 성장보다는 질적 성장을 원해요. 그래서 평균 가격을 조금 더 올림으로써 우리가 밭에서 한 모든 일들의 결실을 보고 싶습니다.

오스카 이탈리아 남부에서는요?

피에로 풀리아에 투자했습니다. 풀리아에는 아직 드러나지 않은 큰 잠재성이 있습니다. 시칠리아나 캄파니아에서는 벌써 표출됐는데 말이죠. 풀리아의 잠재성은 아마 두 지방보다도 훨씬 클 겁니다.

오스카 올해 바리에 이탈리를 새로 엽니다. '피에라 델 레반테' 내에서 8000제곱미터의 면적 위에 열 텐데 주제를 세계의 동쪽, 레반트로 잡을 겁니다. 농업이 탄생한 티그리스강과 유프라테스강이요. 이탈리 이야기는 그만할게요. 한번 입을 열면 끝이 없거든요. 당신 개인으로서의 미래는 어떨 것 같으세요? 무엇을 하고 싶죠? 30살의 젊은 여자와 도망갈 건가요?

툭툭 찔러보지만 이번에도 조용한 미소만 돌아온다.

피에로 날 즐겁게 만들어주는 이 회사 일을 계속하고 싶습니다.

오스카 보스로서요?

피에로 정신적인 보스로서요. 내 역할은 와인 스타일의 방향을 잡는 것이고, 그것은 그 누구에게도 맡길 수 없어요. 그것은 변하지 않을 겁니다. 그러니까 모든 와인에 대해서요.

오스카 그럼 다른 누구보다도 대중의 요구를 잘 파악하신다고 생각하십니까? 기억하는 가장 오래된 와인 향은 뭐죠?

피에로 전쟁 말엽, 독일인들이 물러가고 있었죠. 내 아버지는 산 카시아노에 있는 양조장으로 급히 불려가셨어요. 독일인들이 그곳을 기관총으로 쏘아버렸기 때문이었죠. 날 데려가셨는데 그때 내가 6살이었죠. 2킬로미터 떨어진 곳에서도 이미 양조장 냄새를 맡을 수 있었던 게 기억나는군요. 그 냄새, 그 냄새는 이미 내가 알고 있는 것이었어요. 하지만 그 상황이 내 머릿속에 새겨졌죠. 그리고 아버지의 얼굴을 보고 나자 뭔가 심각한 일이 일어났다는 사실을 이해했어요.

여기 시(詩)가 있다. 전쟁의 광기는 양조장 안의 배럴들에도 기관총을 쏘게 만들지만 6살 먹은 아이의 코는 와인의 향기를 맡게 되고, 그것은 열정에 의해 영원히 새겨진다.

"두엄더미에서 꽃이 피어난다."[62] 가장 위대한 가수가 불렀다.

우리는 늦었고, 피에로는 말 그대로 코타렐라에게 재킷을 붙잡혔다. 그를 만나려는 외국 손님들이 있었기 때문이다. 출발하기 전에 시게루에게 마지막 와인 '솔라이아 안티노리 2009'에 대해 묘사해달라고 부탁했다. 시모나에게도 이것은 꼭 마셔보라고 권했다. 절대 놓쳐서는 안 되는 기회

62 이탈리아의 싱어송라이터 파브리치오 데 안드레의 노래 가사.

가 있는 법이다! 시게루는 허브 향과 함께 붉은 과일의 향을 느꼈다. 타닌은 아주 섬세하고 부드럽지만 입안에서의 지속성은 최고다. 어느 정도 농도감이 느껴진다고도 하는데, 아마 바디나 구조를 이야기하는 것 같다. 솔라이아는 국제적인 와인처럼 느껴지지만 그 근원이 이탈리아라는 것은 알 수 있다고 했다. 그는 간장과 머스터드를 곁들인 등심 스튜나, 그린 페퍼콘을 곁들인 어린 양 오븐 구이와 함께 조합했다. 이런 조합에서 다시 한 번 나의 일본인 친구가 이탈리아 식문화를 잘 알고 있다는 걸 알게 된다. 나는 어린 양고기는 생각조차 못 했을 것이다. 토스카나에 와 있으니 늘 그렇듯 피오렌티나 스테이크 이야기나 했을 것이다. 시게루의 말이 끝나고 작별 인사를 한 후, 우리에게 경탄을 안겨준 우주선 같은 이 놀라운 와이너리를 뒤로한다. 피에로의 말에서 정말 많은 것을 배웠다. 위대한 이탈리아 와인이라는 그림 전체에서, 오늘 중요한 모자이크 조각 하나를 맞추어 넣었다는 사실을 깨닫는다. 자동차에 올라 다시 파베세의 문구를 생각한다. "열정이 있는 한, 세상을 발견하는 걸 멈추지 않으리라."

시게루의 와인 시음 노트

피에로 안티노리와 함께

베르디키오 데이 카스텔리 디 예시 클라시코 수페리오레 2011(풀비아 톰볼리니)

Verdicchio dei Castelli di Jesi Classico Superiore 2011(Fulvia Tombolini)

종류	화이트 와인
포도 품종	베르디키오 100%
양조/숙성	스틸에서 저온 침용, 여러 달 병에서 숙성
생산지	마르케

옅은 볏짚색이다. 복숭아와 배의 기분 좋은 향이 섬세하고 신선하다. 약용 식물과 미네랄 향이 여운으로 남는다. 드라이하고 균형이 좋은 맛이다.

생선으로 요리한 전채 요리와 이상적인 궁합이며 생선회도 좋다. 나는 국물 요리, 해산물 파스타, 리소토와 함께 맛보고 싶다. 식사 내내 함께 즐겨도 좋을 적절한 구조감을 지녔다.

1980년대에 내가 밀라노의 순토리 부장으로 일하고 있을 때, 와인 리스트에 올라 있는 이탈리아 화이트 와인은 가비, 아르네이스, 일반적인 샤르도네밖에 없었다. 베르디키오 와인이 없었다는 것이 안타깝다! 현재 이 와인이 세계적으로 유명해지는 데는 톰볼리니도 크게 기여했는데, 그녀는 비노 리베로에도 참여하고 있다. 브라보, 풀비아!

프리울라노 비녜 친콴타 안니 2008(레 비녜 디 차모)

Friulano Vigne 50 anni 2008(Le Vigne di Zamò)

종류	화이트 와인
포도 품종	프리울라노 100%
양조/숙성	일부를 저온에서 48시간 침용, 10개월간 침전물과 함께 숙성
생산지	프리울리 베네치아 줄리아

짙은 황금색이다. 사과, 야생 허브, 꿀물, 농익은 과일의 매우 복합적인 향이 난다. 풍미 있고, 맛있으며 미네랄(부싯돌)의 여운이 매우 흥미롭다.

석쇠에 구운 갑각류, 소금과 약간의 간장으로 간을 한 생선 구이와 어울린다. 와사비를 곁들인 고등어나 레몬을 곁들인 소고기 스칼로피네와 완벽한 궁합이다.

생산자인 피에르루이지는 이 와인의 이름부터 바꿔야 하는데, 나무들이 더 자라서 이제는 50살이 아니라 60살이 되었기 때문이다! 화이트 와인 중에서 보통 무엇을 가장 선호하는지 이야기하지 않는 편인데, 아마 내가 뭘 제일 좋아하는지 몰라서 그랬던 것 같다. 만약 무조건 하나를 골라야 한다면 이 토카이를 고르겠다(이제는 토카이라고 부를 수 없지만 말이다. 이탈리아인들은 정말 이상도 하다).

바롤로 라 로사 2008(폰타나프레다)

Barolo La Rosa 2008(Fontanafredda)

종류	레드 와인
포도 품종	네비올로 100%
양조/숙성	전통적인 방식으로 길게 침용, 24개월간 나무통에서, 프랑스산 오크 바리크에서 짧게 숙성하고, 슬라보니아산 오크 배럴에서 길게 숙성
생산지	피에몬테

석류석의 빛이 감도는 짙은 루비색이다. 처음에는 제비꽃과 말린 장미의 아

로마가 느껴지고, 뒤이어 향신료, 담배, 붉은 과일과 희미한 바닐라 향이 난다. 과일 맛이 분명하고, 타닌은 성숙하며 부드럽고 균형이 잡혔다. 훌륭한 풍미를 지닌 레드 와인이다.

붉은 고기, 그중에서도 로스트와 잘 어울린다. 바롤로에 조리한 브라사토가 최고의 조합이라는 것은 확신한다! 하지만 나는 카스텔마뇨 같은 숙성 치즈와도 함께 마셔보겠다. 이성 친구와 마셔도 좋고, 혼자 마셔도 좋다!

폰타나프레다의 라 로사 포도원 아래에서 여러 번 밤을 보낸 적이 있는데, 바롤로 역사의 심장부에 들어가 있는 듯한 느낌을 받았다. 오래전 이탈리아에서 가장 유명한 와인이 탄생한 곳이기 때문이다. 바롤로는 만들기도 쉽지 않지만 이해하기는 그보다 더 쉽지 않다. 하지만 감동을 느끼기 위해 늘 모든 것을 이해할 필요는 없다.

란게 네비올로 소리 틸딘 2004(가야)

Langhe Nebbiolo Sorì Tildin 2004(Gaja)

종류	레드 와인
포도 품종	네비올로 95%, 바르베라 5%
양조/숙성	12개월간 바리크에서, 12개월간 대형 배럴에서, 최종적으로 병에서 숙성
생산지	피에몬테

짙은 루비색이다. 블랙 체리, 시트론, 달콤한 향신료류와 미묘한 발삼 향의 복합적인 아로마가 펼쳐진다. 결과적으로 밀도와 엄격함이 느껴진다. 수직적이고, 풍미 있고, 풀 바디하며, 힘과 우아함이 포옹하고 있는 흔치 않은 맛이다. 여운이 아주 길다(아니, 절대 끝나지 않는다!).

석쇠에 구운 알등심에 디종 머스터드를 곁들이거나, 소고기 스튜, 구운 장어에 토마토와 올리브유와 와사비를 곁들여도 좋다. 내 생각에는 60개월 숙성한 파르미자노 레자노 치즈와 환상적인 궁합을 보일 것 같다.

복싱이라면 한 모금에 KO 패를 당하는 것과 같다! 소설과 같아서 말로 하기보다는 읽어야 하는 와인이다. 가야의 와인은 묘사할 수 없고 오로지 즐길 수만 있다. 그의 와인을 마시는 행운을 누리는 사람이 누구든 그가 '왕'인 이유를 이해하게 될 것이다.

솔라이아 2009(마르케시 안티노리)

Solaia 2009 Marchesi Antinori

종류	레드 와인
포도 품종	카베르네 소비뇽 75%, 산조베세 20%, 카베르네 프랑 5%
양조/숙성	원뿔 모양의 오크 발효조에서 발효 및 침용, 18개월간 프랑스산과 헝가리산의 오크통에서 숙성
생산지	토스카나

보랏빛이 감도는 짙은 루비색이다. 폭넓고 복합적인 아로마가 느껴지는데, 나는 붉은 과일(체리, 레드 커런트), 핑크 페퍼콘, 아로마 허브, 카카오, 커피, 감초 향을 찾아냈다. 맛은 폭발적이고, 강렬하고, 둥글면서도 우아하고 섬세하고 벨벳같이 부드럽다. 여운은 아주 길고 조화롭다.

그린 페퍼콘을 곁들인 어린 양 오븐 구이, 팬에 구워 참기름을 살짝 두른 고베 소고기, 탈레조 치즈나 매운 고르곤졸라 치즈처럼 숙성된 치즈와 어울린다.

〈와인 스펙테이터〉 순위에서 정상을 차지한 최초의 이탈리아 와인이라는 사실은 잊으려야 잊을 수 없다! 그때가 2000년이었는데 그 이후로도 솔라이아는 신화로 남았다. 일본 총리가 다음번에 이탈리아를 공식 방문할 경우 내놓을 수 있는 이상적인 와인이다. 기억해야겠다.

8장

또 다른 리보를 기다리며

와인 명가: 사시카이아(Sassicaia)

대표: 니콜로 인치사 델라 로케타(Niccolò Incisa della Rocchetta)

"열정이 있는 한, 세상 발견하기를 멈추지 않으리라."

-《삶이라는 직업》, 체사레 파베세

우리는 여전히 토스카나에 있다. 하지만 이번에는 바다 쪽이다. 안티노리와의 인터뷰를 마치고 바로 출발한다. 이 여행은 열정의 의미를 자유로이 탐색하는 유희이기도 하다.

바르지노에 있는 안티노리의 와이너리를 본 직후에 볼게리에 위치한 산 귀도 영지의 와이너리를 보면 정말이지 자그마한 집 같아 보인다. 이 시점에서 위대한 와인 저널리스트가 사시카이아 와인을 두고 했던 말을 인용하고 싶다. "마침내 겉포장을 뛰어넘는 내용물을 담은 와인이 나왔군!" 이 와인은 세계에서 가장 매혹적인 와인이다!

또 다른 후작인 니콜로 인치사 델라 로케타를 만나러 가고 있다. 볼게리라는 지명은 아주 유명하다. 적어도 내 세대는 모두 학교에서 "볼게리의 늘씬하게 위로 쭉 뻗은 사이프러스는 산 귀도 예배당까지 두 줄로 이어지는데, 마치 달려가는 듯 그 젊고 거대한……"[63]으로 시작하는 이 구절을 외웠기 때문이다. 인치사 델라 로케타 가문도 매우 유명하다. 하지만 이 가문을 잘 아는 이들은 와인 애호가가 아닌 경마 애호가 계층에 속한다. 그리고 경주마 리보(Ribot)는 이탈리아인에게는 친숙한 이름이다.

카르두치의 묘사처럼 경치가 무척 아름답다. 두 줄로 늘어선 사이프러스, 올리브 나무, 포도나무가 바다까지 쭉 연결된다. 앞서도 말했지만 와이너리는 사시카이아의 위대함에 비해서는 아주 작아 보인다. "5년 전에 이쪽 건물을 새로 지었죠. 그전까지 와이너리 건물은 저쪽이었어요……." 그는 이쪽 건물보다 작지만 매혹적이며, 조금은 영국풍이고 조금은 프랑

63 노벨문학상을 수상한 이탈리아의 시인 조수에 카르두치의 시 〈산 귀도 예배당 앞에서〉의 첫 구절.

스풍이며, 방랑벽이 있는 인치사 델라 로케타 가문과 잘 어울리는 저쪽 건물을 가리켰다. 안으로 들어가자마자 보이는 커다란 응접실이 화려함을 드러냈다. 모던한 회색 톤의 금속과 유리가 시골풍 나무, 고리버들 의자, 나무 벤치 등과 조화롭게 어우러졌다. 크리스털 유리 벽 밖으로는 말할 필요도 없이 사이프러스가 줄지어 선 큰길이 보이고, 벽 안쪽으로도 또 다른 큰길이 보이는데, 그 길은 시선이 닿는 저 멀리까지 800개의 바리크가 줄지어 있는 길이다. 멋진 광경이다.

니콜로는 1936년생으로 어머니는 토스카나 출신 미국인, 아버지는 피에몬테 사람이다. 그 또한 아버지처럼 피에몬테의 몬페라토가 고향이다. 피에몬테 아스티 현에는 주민 1400명의 작은 마을 로케타 타나로가 있는데, 그 로케타가 바로 니콜로와 그 아버지의 성이다. 니콜로와 사시카이아를 낳은 이는 마리오, 거목 같은 존재인데 그에 대해서는 뒤에서 더 이야기할 것이다. 니콜로는 솔직하고 매력적인 얼굴의 신사다. 말투는 느리고 절제되어 있으며, 수줍음 때문인지 어조에 강약이 심하지 않다. 나는 수줍음이 지성과 존중과 솔직함의 열매인 경우가 많다고 생각한다. 오늘 이를 확인할 길이 있을 것이다.

그에게 오늘 우리가 여기 온 이유를 밝히고, 4개의 와인과 그의 와인 하나를 함께 시음할 것이며, 이 책의 목표가 와인을 핑계 삼아 이탈리아의 프레스코화를 그려내는 것이라고 설명했다. 나의 희망은 모자이크 조각을 하나하나 끼워 완성하는 것인데, 그 조각들은 단순히 서로 색만 다른 것이 아니라, 하나하나가 복합적이고 온전한 시각을 보여줄 수 있기를 바란다고 했다. 그리고 우리는 어디에서 와서 어디로 가는지 이해하고 싶다고도 말했다. 이것이 내 희망이고 꿈이다. 이 일을 해낼 수 있다고 확신하지는 않는다. 하지만 시도는 그 자체로 이미 아름답다. 우리 셋에게는 분명 유용할 것이고, 책을 읽는 독자들 또한 자기 자신에 대해 생각해볼 수 있는 계기가 될 수 있기를. 우리 방문의 맥락을 보여드리기 위해 우리가 방문했고 방문할 와이너리의 이름을 모두 나열했다. 그는 주의 깊게 내 이야기를 듣는다. 그처럼 특별한 사람이 우리의 방문을 중요하게 받아들인다는 사실에 어깨가 으쓱해졌다.

1970년대까지만 해도 와인은 단순한 취미였습니다

오스카 와인의 수출 비율은 얼마입니까?

니콜로 약 60퍼센트입니다.

오스카 이 회사를 맡은 건 언제부터인지요?

니콜로 1960년대 후반부터예요. 그때까지만 해도 와인은 가족의 자가 소비를 위해 소량만 만들었어요. 아버지께서는 와인을 아끼셨습니다. 그래서 내가 안티노리를 통해서 판매를 해보자고 말씀드렸을 때 와인의 질이 떨어질까 봐 무척 걱정하셨죠.

오스카 아버지인 마리오 인치사는 무슨 일을 하셨나요?

니콜로 농업을 사랑해서 농학을 전공하셨지만 주로 하던 일은 경주마를 사육하는 거였죠. 아버지에게 와인은 취미였어요. 아버지의 고향은 원래 로케타 타나로였지만 어머니와 결혼한 후 이곳 볼게리로 오셨죠.

오스카 피에몬테 사투리를 쓰셨나요?

니콜로 많이는 안 쓰셨어요. 로마에 계실 때도 많았거든요. 아버지는 로마에서 태어나셨어요. 할아버지는 로케타 출신이지만 할머니가 로마 사람이었어요. 와인은 우리 가족의 주 사업은 아니었지만 늘 열정의 대상이었습니다. 1800년대에 할아버지의 형제 중

한 분이 방대한 포도 품종 수집으로 유명하셨는데 로케타 타나로에 종묘원을 소유하고 계셨고 거기에 프랑스에서 들여온 300여 개 이상의 포도 클론을 갖고 계셨어요. 그러다 그분이 프랑스 육종 전문가들과 주고받은 서신이 발표되면서 종사자들에게 큰 관심을 불러일으켰습니다. 가족의 자가소비만을 위해 와인을 만들어오다가 1960년대 중반에 와인을 테스트 삼아 식당 몇 군데에 판매하기 시작했어요. 그때 이미 사시카이아라고 불렀답니다.

시게루가 시음할 와인을 준비하는 동안 그는 잠시 숨을 골랐다. 그리고 호기심에 차서 와인들을 쳐다본다. 바롤로와 스푸만테 사이에 람브루스코 와인도 놓여 있다는 걸 알아챘을 것이다. 사시카이아의 집 안에 람브루스코라니. 하지만 귀족이라 거슬린다는 표현은 자제한다.

오스카 포도밭은 어디 있습니까?

니콜로 사시카이아는 우리 영지 중 바다에서 가장 멀리 떨어진 곳에 있습니다. 저 산 아래쪽의 낮은 산들이 보이나요?

그는 풍광이 펼쳐진 유리창 너머를 가리킨다.

니콜로 당시에는 레드 와인에 소금기나 바다에서 불어오는 남서풍이 좋지 않다고 여겨져서 바다 가까이에서는 포도를 재배하지 않았어요. 그래서 바다 가까이에서는 대부분 청포도만 재배했습니다. 당시 토스카나 와인의 이미지는 좋지 않았는데, 피에몬테 사람인 아버지는 그렇게 생각하지 않았어요. 아버지로서는 토스카나 사람들이 양조학에 대해 무지했었다는 것을 증명하기 위한 일종의 도전이었죠.

오스카 배합 방식은 지금과 똑같았나요?

니콜로 그래요, 카베르네 소비뇽이 주를 이루죠. 접붙이기할 카베르네 나뭇가지는 피사 근처 아버지 친구분의 포도원에서 가져오셨죠. 아버지는 거기서 나오는 와인의 향을 산조베세와 달리 아주 새롭다고 느끼셨거든요. 당시 전쟁 중이어서 프랑스에서 가져올 수는 없었어요. 포도밭을 처음 만든 것이 1944년이었죠. 와인의 이름은 영지로부터 따서 사시카이아라고 불렀습니다. 땅에 원래 자갈(sassi)이 많아서 그런 이름이 붙었죠. 1944년부터 1960년대까지 아버지는 이 와인을 가지고 실험을 거듭하셨고 심지어는 그 결과가 아버지의 기대치를 뛰어넘었습니다. 하지만 그것은 어디까지나 가족 및 친구들과 즐기기 위한 것이었어요. 1968년에는 병의 숫자가 수천 병에 이르렀는데 가족끼리 마시기에는 양이 너무 많아서 안티노리에 병입과 유통을 맡겼어요.

오스카 피에로 안티노리와 후작님은 이종사촌이시죠?

니콜로 네, 어머니들이 자매죠, 두 분 다 볼게리 출신입니다.

오스카 피에로와는 동년배시고요.

니콜로 그래서 어릴 때는 자주 같이 지냈어요. 여기 볼게리에서 많은 시간을 보냈죠.

오스카 안티노리가 사시카이아의 유통을 언제까지 책임졌죠?

니콜로 1980년대 초까지예요. 그사이 안티노리에서 티냐넬로와 솔라이아가 나왔기 때문에 다른 와인들까지 같이 유통하는 것은 적절치가 못했어요.

오스카 아버님 이야기로 돌아가죠. 몇 년생이시죠?

니콜로 1899년생이시고 1983년에 돌아가셨어요. 상상력이 풍부하셨고 위대한 선각자셨죠. 환경 보호 이론을 받아들인 최초의 이탈리아인 중 하나였어요. 실제로도 풀코 프라테시와 함께 이탈리아 세계야생생물기금(WWF)을 창단하셨죠. 이런 부분은 어머니에게 큰 영향을 받으셨던 거 같아요. 어머니는 내성적이셨지만 늘 환경보호주의자로 사셨거든요. 반면 아버지는 젊은 시절에 사냥꾼이셨고요. 1958년에는 '볼게리 동물 피난처'를 만드셨어요. 남쪽으로 날아가는 철새들이 반드시 거치는 곳으로 바다 가까이 있는 보호 구역이에요. 아주 멋진 곳이죠!

오스카 그 당시면 20살쯤 되셨을 텐데 아버지 일을 도우셨나요?

니콜로 물론이죠. 세 형제가 다 도왔죠. 남자 형제는 이후 영국에서 오래 살았고 경주마 관련 일을 했고, 여자 형제는 볼게리에 살면서 경주마 일도 하고 와인 일도 했답니다.

오스카 와인 사랑은 아버지로부터 물려받으셨나요?

니콜로 천천히 생겨났어요. 아버지는 애호가에 수집가셨죠. 당시에는 프랑스의 보르도나 부르고뉴 와인을 드셨어요. 그리고 전쟁 후에는 가족이 스위스에서 살았었고, 나도 스위스에서 공부했어요. 스위스 사람들도 프랑스 와인을 마셨죠.

오스카 아버님께서 돌아가시기 전인 80살까지 계속 회사 일을 하셨죠?

니콜로 그렇습니다. 나는 1970년부터 아버지와 일하며 오른팔 노릇을 했어요. 성격이 달라서 논쟁을 하기도 했죠. 아버지는 공상가고 나는 땅 위에 발을 딛고 있었죠. 하지만 서로 보완이 되기도 했습니다.

오스카 크게 싸운 적은요?

니콜로 아버지는 와인을 대량생산하면 품질이 상할까 봐 무척 걱정하셨죠. 당시 안티노리가 양조 전문가 자코모 타키스를 보내줬는데 그가 우리 와인의 질을 지켜줄 최고의 파수꾼이었어요. 아버지와 타키스는 자연의 본래 맛을 우리가 상하게 해선 안 된다고 말씀하시곤 했죠.

오스카 안티노리에서는 어떻게 떨어져 나왔나요?

니콜로 양쪽의 동의하에 어떤 상처도 없이 점차적으로요. 1981년에는 자체적으로 병입을 해서 수출하기 시작했지만 그때도 국내 유통은 안티노리가 맡고 있었어요. 그리고 1985년은 우연히도 사시카이아가 도약한 해였고, 그때부터 모든 것을 직접 하기 시작합니다.

오스카 1980년대 초반에는 몇 병이나 생산하셨나요?

니콜로 약 5만 병이요. 지금은 22만 병에서 23만 병을 생산해요.

오스카 아버지가 와인의 품질을 떨어뜨리지 않고도 생산을 늘렸다는 것을 아셨으면 기뻐하셨을까요?

니콜로 아버지는 걱정하셨어요. "너 사시카이아가 ○○신세 되게 하려고 그러니." 어떤 와인인지는 예의상 언급할 수 없지만요. 아무튼 이에 대해 많은 이야기를 했죠. 제 형제들은 직접적인 관여는 안 하고 나를 완전히 믿는다는 것을 보여줬어요.

오스카 유통은요?

니콜로 전문가들에게 맡겼습니다. 국내는 메레갈리라는 회사에 맡겼고, 그들과는 지금도 일을 하고 있습니다. 해외 각국에는 현지 수입업자들이 있습니다.

오스카 그사이 결혼도 하셨죠?

니콜로 그래요, 1970년대 중반에요. 딸이 하나 있는데 날 많이 도와주죠. 내가 별로 돌아다니지 않는 요즘 같은 때는 더욱요. 딸이 프레젠테이션이나 행사를 책임집니다.

오스카 그럼 사시카이아의 미래도 가족 안에 있겠군요.

니콜로 내 형제들의 자식들도 있습니다. 지금은 아무도 와인 일을 주업으로 하지는 않지만요. 내 딸이 부분적으로 일을 하고 있고 미국에서 살았던 조카도 이 일을 했어요. 지금 그 조카는 남미 파타고니아에서 피노 누아르 와인을 만들고 있습니다.

오스카 인치사 가문 사람들은 방랑벽이 있네요. 이 세상을 다 떠돌아다니는군요!

첫 번째 와인인 몬테 로사의 '프란차코르타 카보숑 2008'을 시음하려 한다. 이세오 호숫가 마을에서 전통 방식으로 만든 이 이탈리아 스푸만테 와인은 최근 20년간 엄청난 성공을 거두었다.

오스카 카보숑은 샤르도네 80퍼센트, 피노 누아르 20퍼센트로 만듭니다. 최고의 샴페인과 어깨를 겨루겠다는 야심이 있는 와인이죠. 만드는 사람은 에마누엘레 라보티입니다. 그는 여러 해 전에 몬테 로사에 놀라운 질적 전환점을 가져온 야심 찬 사람입니다. 자신의 포도원을 정원처럼 신경 쓰고, 전통을 지키면서도 와이너리에 최고의 기술을 도입했어요. 2009년에 저는 몬테 로사의 지분 33.3퍼센트를 인수했고 그를 대단히 자랑스럽게 생각합니다. 카보숑 마개를 딸 때마다 매번 천국에 온 것 같아요. 어떻게 생각하세요?

니콜로 마음에 들어요. 매우 좋군요. 기포가 아주 기분 좋게 입과 코를 채워주네요. 그래서 포도 품종을 알기는 힘들지만요.

오스카 에마누엘레가 벌써 여러 해 동안 프랑스 랭스에서 뛰어난 전문가 파스칼 보티에를 불러와 컨설팅을 받고 있어요. 그는 지금 폰타나프레다에서 알타 란가를 만드는 것도 도와주고 있죠. 후작님의 와인은 누가 시음하고 누가 스타일을 결정하나요?

니콜로 2009년까지는 타키스가 했습니다. 이후로는 그라치아나 그라시니라는 매우 실력 있는 양조 전문가를 고용했어요. 시음은 같이 합니다. 와이너리의 부장도 시음에 참여하는데 다른 능력도 많지만 미각도 우수해서죠. 늘 동일한 품질을 위해서 와인을 정확하게 분석하는 일도 중요하게 여깁니다.

오스카 와인 일을 하는 사람은 총 몇 명인가요?

니콜로 와이너리에서는 작업 공정이나 시기에 따라 다르지만 8명에서 20명이 일합니다. 밭에서는 약 30명이 일하고요. 하지만 말도 돌보고 전통농업도 하기 때문에 전체 직원 수는 150명입니다.

오스카 땅이 몇 헥타르나 되나요?

니콜로 숲까지 다 합치면 2500헥타르지만 포도밭은 사시카이아 DOC 와인용이 75헥타르고 기타 와인용이 10헥타르입니다. 임대한 포도밭까지 합치면 120헥타르고요.

오스카 사시카이아에 사용하는 포도는 어떤 종인가요?

니콜로 카베르네 소비뇽을 80퍼센트 이상 사용합니다.

오스카 테이블 와인으로 팔지 않은 건 언제부터죠?

니콜로 1994년부터입니다.

오스카 믿을 수 없어요! 가장 비싼 이탈리아 와인이 그전까지 테이블 와인 등급으로 팔렸다니!

나는 탁상행정을 싫어하는 사람으로 알려져 있다. 특히 라벨에 쓸 글자 높이까지 정해주고 뭘 쓰고 뭘 쓰면 안 되는지 규정하는 법령과 규칙들이 싫은데 때로는 그것들에 분쟁의 소지도 있기 때문이다. 한번은 내 와인인 지아(Già)에 젊고 신선한 와인이라고 썼다는 이유로 5만 5000유로의 벌금을 내기도 했다. 때때로 DOCG 와인의 등급을 낮춰서 테이블 와인으로 만들어버릴까 하고 생각한다. 이런 생각을 가라앉히기 위해 시게루에게 카보숑을 묘사해달라고 부탁했다.

시게루 이 와인은 황금색을 지녔군요. 후각적으로는 바닐라, 구운 빵, 향신료가 느껴집니다. 배와 건초의 아로마도 지니고 있네요. 미각적으로는 맛의 폭이 넓고 구조가 좋아요. 성숙한 여인처럼 조화롭고 균형이 좋습니다. 식전주로 최고고, 전채 요리, 흑송로버섯을 곁들인 민물 생선(송어), 카탈루냐식 랍스터 등이 잘 어울리겠군요. 풀리아의 부라타 치즈도 잘 어울릴 겁니다.

아버지는 와인과 말, 이 두 사업을 물려주셨지요. 이 중 더 많이 사랑하는 것은 말이에요!

그는 물론 시게루가 일하는 것을 처음 봤다. 호기심에 차서 그를 바라본다는 것을 알 수 있었다. 다시 잔에 코를 갖다 대고, 맛을 보고, 미소를 짓는다.

오스카 이제 말에 대해 말할 순간이네요, 그럴 마음이 있으신지요?

당연히 있지! 니콜로가 말을 시작한다.

니콜로 우리 사육장은 페데리코 테시오에 의해 19세기 말(1898~1899)에 설립되었습니다. 그는 오늘날까지도 최고의 사육사로 알려진 피에몬테 사람이죠. 사육장은 원래 마조레 호숫가 도르멜로에 있었어요. 지금도 그쪽에 작은 영지가 있죠. 하지만 이제 그 지역은 슈퍼마켓과 쇼핑센터가 끝없이 늘어선 곳으로 바뀌었어요. 시장은 심지어 우리 땅을 일부 사용해서 원형 교차로를 만들고 또 다른 쇼핑센터를 세우려고 했죠!

그가 얼마나 격분했는지는 문맥에서 유추해내야 한다. 목소리로는 그런 감정이 배어 나오지 않았기 때문이다. 하지만 우리는 어느덧 그의 말투에 익숙해져 단 한 마디도 놓치지 않는다. 그의 입에서 지혜의 진주가 한 알씩 밖으로 흘러나오지만 어떤 어조의 변화나 강세도 없다.

니콜로 시장은 창고 위에 창고를 지어서는 이탈리를 열겠다는 생각에 사로잡혀 있었죠…….

그가 미소 짓는다.
하지만 나는 강세를 넣어 말했다.

오스카 이탈리는 특별한 장소가 아니면 절대 가지 않습니다! 이탈리의 미션 중 하나가 보존적인 리모델링을 통해 잊힌 장소에 생기를 되돌려주는 겁니다. 밀라노에서는 구 스메랄도 극장이 그것이고 피렌체에서는 두오모 성당 근처 마르텔리 길에 있는 오래된 서점이 그렇죠. 바리에서는 피에라 델 레반테에 열 거고요. 절대 쇼핑센터에 들어가는 일은 없어요! 사시카이아를 할인매장에서 파는 일이 없듯이요! 이제 다시 말 이야기로 돌아가죠. 후작님은 와인과 말 중에 무엇을 더 사랑하세요?

이것은 모든 질문의 근원이다.

니콜로 그 둘은 다르지요…….

니콜로가 빠져나가려 해보지만 내가 꽉 붙잡고 억지를 부린다.

오스카 말이 우승하는 것과 사시카이아가 〈와인 스펙테이터〉에서 98점을 받는 것 중 뭐가 더 보고 싶으세요?

니콜로 아드레날린은 말에서 더 많이 분출되지요! 며칠 전에 300만 인구에 300만 마리의 말이 있는 몽골에서 한 사육사가 왔습니다. 그가 여기 온 것은 테시오 아저씨의 이름을 알기 때문이었어요. 그는 테시오가 일하던 곳의 땅 위에 입을 맞췄습니다! 이 사육장의 의미를 보여주는 단적인 예랍니다.

오스카 말이 있는 곳은 어디고, 몇 마리나 사육하시나요?

니콜로 일부는 여기, 일부는 마조레 호수 도르멜로에 있지요. 현재 망아지와 이미 달리는 말을 합쳐서 총 90마리가 있습니다.

오스카 경주에서 우승하는 말을 사육하는 것이 목표일 것 같은데요, 흑자인가요, 적자인가요?

니콜로 상황에 따라 다릅니다. 1980년대 말까지만 해도 사육장이 자체 유지가 되었는데 1990년대부터 경쟁 때문에 어려워졌습니다. 예를 들어 아랍에미레이트인들은 최고의 말을 갖기 위해 어떤 금액이든 지불하죠. 전쟁 전에 네아르코라는 말이 여기에 있었는데, 지금도 우승마의 70퍼센트가 그 챔피언 말의 핏줄을 이어 받았습니다.

오스카 리보도 그 피를 받았나요?

니콜로 아니요, 리보는 다른 피를 받았어요. 리보는 전설이었죠. 전시대를 통틀어(당시 1950년대 기준으로) 최고의 챔피언이었어요. 모두가 그를 알았죠. 그 후에 태어난 사람들조차도요. 21세기 초에 주간지 〈파노라마〉가 세계에서 가장 유명한 이탈리아인이 누군지에 대해 설문 조사를 실시했는데 리보가 15위를 했죠.

오스카 말인데요!

니콜로 스포츠 신문 〈가체타 델로 스포르트〉도 세계에서 가장 유명한 스포츠맨을 설문 조사했는데 리보가 3위를 했답니다. 유명 축구 선수들을 다 제치고요. 1위가 체조 선수 유리 케키였지요.

리보는 후작의 열렬했던 20살 사랑이다. 그는 이야기를 하며 리보를 보고 리보의 말발굽 소리를 듣는 듯했다. 리보는 그의 아버지처럼 큰 공간을 차지하는 유령이지만, 곁가지로 따라오는 프로이트식 문제들은 없다!

오스카 리보는 사들인 건가요, 아니면 집에서 태어났나요? 챔피언감이라는 것을 금방 알아챘나요?

니콜로 집에서 태어났어요. 당시까지 실망스러운 결과만 안겨주었던 씨암말의 자식이었기에 진정 놀라운 선물이었습니다.

오스카 1950년대에 사육장을 경영하던 분은 아버님이신가요?

니콜로 네, 그전에는 테시오 아저씨가 계셨고요. 상속자가 없던 그는 사육장을 원하던 우리 부모님의 제안을 받아들이셨죠. 그것이 1930년이었고 테시오 아저씨가 돌아가신 것은 1954년이었으니

리보를 못 보셨어요! 그 후 아버지는 사육장을 관리하면서 최고의 씨암말들을 사들이는 공을 세우셨죠. 대부분의 결실은 아버지가 사들인 말들에게 얻었어요. 1970년대까지 와인은 취미였고 말이 우리의 주요 사업이었죠. 당시는 리보가 있었기 때문에 소득이 있었어요. 리보 같은 말은 종마라서 돈을 벌죠.

오스카 리보의 핏줄도 훌륭했나요?

니콜로 네아르코만은 못했어요. 우승마 중에 네아르코 핏줄을 타고난 말이 70퍼센트라면 리보의 핏줄로는 5퍼센트 이내일 겁니다.

오스카 제가 어릴 때 토르네세라는 말이 있던 게 기억나는데요.

니콜로 그래요, 하지만 그 말은 속보마였어요.

그는 아까 람브루스코를 쳐다봤던 것처럼 날 쳐다봤다.

오스카 어떻게 말로 소득을 올리죠?

니콜로 몇 년 전 영국에서 어떤 말이 종마가 되었는데 그 가치가 8000만 유로였죠. 그런 말은 교배 한 번에 10만 유로의 가치가 있고, 1년에 100마리에서 150마리의 암말과 교배할 수 있어요. 물론, 특별한 경우이긴 합니다.

오스카 말은 와인보다 행운이 더 따라줘야 하는 것 같군요, 맞나요?

니콜로 물론이죠, 사시카이아는 이제 늘 동일 수준으로 나오지만, 좋은 말은 교배에만 투자해선 안 됩니다. 좋은 수말에 좋은 씨암말이라고 해서 늘 좋은 산출이 나오는 것이 아니거든요. 수학적인 것도 아니고, 말이 섬세한 동물이라 다칠 수도 있어요.

오스카 일종의 내기군요. 그러니까 말의 세상은 내기의 세계를 중심으로 돌아가는군요. 말이 나왔으니 말인데, 후작님은 경마에 돈을 거시나요?

니콜로 아니요, 재수가 없을까 봐 걸지 않아요. 우리 말이 없는 나라에 간다면 돈을 걸 수도 있겠죠.

오스카 도박에 대해 어떻게 생각하세요? 이탈리아에서 도박이라는 악습이 너무 성장하지 않았습니까?

니콜로 사람들은 10년에서 15년 전만 하더라도 축구와 말에 돈을 걸었죠. 지금 이탈리아에서 말에 돈을 거는 경우는 많이 줄었어요. 마권장이 모든 종류의 내기를 다 운영할 수 있는데, 경마는 다른 것에 비해 돈이 안 되기 때문이죠. 프랑스에서는 그 문제가 해결되었는데 말입니다. 10년 전 이탈리아 사람들은 내기에 100억을 썼고, 그중 반은 축구복권에 반은 경마에 썼죠. 지금 경마에 쓰는 돈은 반으로 줄었어요. 하지만 도박 전체로는 수백억을 쓰죠.

오늘날 이탈리아의 문제는 온라인, 오프라인을 아우른 모든 도박 종류의 총 매출이 1000억 유로에 육박한다는 것이다. 이 엄청난 숫자는 우리가 먹는 데 쓰는 돈(1100억)과 비슷하다. 2012년 말경에 나는 주요 일간지들의 광고 페이지를 사서 이렇게 썼다. "우리 이탈리아인들은 도박하는 데 먹는 것만큼 돈을 쓴다. 다들 미친 것 아닌가? 자, 이제 돈은 그만 걸고 제대로 먹자! 서명-이탈리." 이후 정부의 복권 수탁 사업자인 로토마티카는 변호사를 통해서 내게 편지를 보냈다.

도박은 마음의 병이고 육체의 병보다 훨씬 나쁠 수도 있는데 국가가 그것의 공범이 되어서는 안 된다. 말과 축구에 돈을 걸던 시대에는, 마치 고무공이 내 쪽으로 튀어오듯 원인(경기의 결과)과 결과(내기에 이겼는지 졌는지) 간의 관계 예측이 가능했다. 그러한 내기에서 이기는 것은 승리자를 예측하는 나의 능력에 주어지는 일종의 상이었다. 게다가 마음과 예측이 충돌할 수도 있었다. 어떻게 돈 몇 푼 벌자고 좋아하는 팀이나 말이 질 거라고 예측하겠는가? 지금은 정말로 정신이 나갔다. 지금은 순전히 도박을 통해서 국가(와 조직범죄자들)의 금고에 돈만 갖다 바칠 뿐이다. 어떠한 개연성도 없이 그냥 우연에 몸을 맡길 뿐이다. 많은 이들이 로또나 즉석 복권이나 슬롯머신에서, 표면적으로는 푼돈을 쓰며 투자한 돈에 비해 많은 돈, 혹은 아주 많은 돈을 벌고 싶어 한다. 공화국이 노동의 기초 위에 세워졌다고 헌법에서 선언하는 이탈리아에서 이는 아주 비교육적이다. 가족과 질 좋은 음식과 자식과 학교와 스포츠와 독서와 음악과 건전한 오락과 다른 생산적인 투자에 쓸 자원을 빼내어, 심지어 그 자체로 부정한 도박이라는 가능성 낮은 희망에다 걸다니 이는 순전한 악습이다. 이것은 진정한 가치들로부터 조금씩 멀어지게 하고, 정반대 편, 상상 속에서만 돈이 증식하는 가상의 가치를 추구하게 만든다.

금융계의 도박에 대해서는 아예 말을 말자. 스와프와 여러 종류의 파생상품들은 엄청난 손해를 야기했다. 게으름은 진정 이러한 악습의 아버지이다. 일자리가 없어 어쩔 수 없이 놀고 있더라도 말이다.

니콜로 그래서 지금은 와인에서 번 수익으로 말들을 지원할 수밖에 없습니다.

오스카 그럼, 말들은 포기하지 않으실 건가요?

니콜로 안 합니다. 우리를 아는 모든 이들에 대한 의무감에서도요. 한 호주인이 와서는 말 애호가에게 있어서 여기에 오는 것은 회교도가 메카에 가는 것과 똑같다고 하더군요. 우리 말들은 도르멜로-올자타 계량종으로 불립니다. 우리 영지로 역사적 장소인 마조레 호숫가의 도르멜로와 로마 근교 올자타(이 영지는 이제 우리

소유는 아닙니다만)에서 이름을 따왔죠. 경마는 이탈리아에서만 위기일 뿐 다른 나라에서는 아직도 큰 성공을 거두고 있습니다. 일본도 그중 하나입니다.

오스카 와인과 말의 매출이 각각 얼마나 되는지요?

니콜로 와인은 2200만 유로, 말은 숫자로 말하기 힘들군요. 말들의 성과에 따라 매년 차이가 많이 나기 때문이지요.

경마의 세계에서는 희망 속에 삽니다

오스카 가족 중 또 누가 말을 보살피나요?

니콜로 3살짜리 손녀딸을 빼면 아무도 없습니다.

오스카 멋지네요, 3살이라니! 최근에 말 때문에 기뻤던 게 언제였나요?

니콜로 지금입니다. 프랑스에서 하는 경기를 앞둔 말들에게 좋은 결과를 기대하고 있어요.

오스카 두 번째 와인으로 넘어가죠. 이것은 티모라소입니다. 알레산드리아 근처인 토르토네세 마을의 희귀한 토종 품종입니다. 발터 마사라는 뛰어난 인물이 내놓은 와인으로, 세계 시장에서 고가에 판매되고 있습니다. 물론 사시카이아만큼 고가는 아닙니다. 이것은 2009년산으로 발터의 크뤼 중 가장 중요한 스테르피라는 포도밭에서 나온 것입니다. 이 품종은 특히 최근 오륙 년간 화이트 와인으로 크게 유행했지만 사실 아주 오랜 역사를 가지고 있는 품종입니다. 시게루, 이 와인에 대해 어떻게 생각하는지 말해주겠나?

시게루 진한 황색으로 초록빛이 감도는군요. 꿀과 말린 과일 느낌이 납니다. 부싯돌, 건초 향이 나고 미네랄리티가 높습니다. 입안에서는 풍미 있고 부드러워요. 우아하고 지속성 있는 와인입니다. 갑각류, 토마토와 버섯을 넣은 생선 수프, 오븐에 구운 감성돔에 그린 올리브 파테를 곁들여 함께 들면 좋겠네요, 중간 정도 숙성시킨 페코리노 토스카노 치즈와도 잘 어울립니다.

나는 포도밭에 스테르피라는 이름이 붙은 건 원래 포도밭 자리가 덤불뿐이었기 때문이며, 그로 인해 발터가 티모라소 재배를 다시 시작하느라 엄청난 일을 해야 했다는 사실을 말해주었다.

설명을 덧붙이지 않아도 그가 이 와인을 마음에 들어 한다는 걸 금방 알 수 있었다. 모르던 와인인데도 말이다. 나는 이런 토종 품종을 되살리는 걸 장려하기 위해 몇 마디만 덧붙일 뿐이다. 이제 바롤로를 마시기 전에 람브루스코를 시음해야 한다. 사시카이아의 집에서 람브루스코라니. 명백한 외적 대조다!

오스카 와인 시장에 대해 다시 이야기해보죠. 2008년의 경제 위기 이후 우리 모두 경악했고 이 세계가 완전히 바뀌는 건 아닐까 걱정했습니다. 후작님은 와인 시장에 대해 어떻게 생각하시나요? 사시카이아의 미래는 어떻다고 보시나요? 수량을 늘리실 건가요?

니콜로 수량은 최대치에 도달했다고 생각합니다. 시장 수요보다 한 병 더 만드는 것보다는 한 병 덜 만드는 것이 낫습니다.

갑자기 이 상황이 말도 안 된다고 느껴졌다. 람브루스코를 마시며 사시카이아의 미래를 논하다니. 두 와인은 극과 극이다! 람브루스코를 생산하는 평균적인 회사는 최소한 500만 병은 생산한다. 기분 좋은 와인이고, 살라미를 먹었을 때 입안에 있는 기름기를 씻어내는 데도 좋다. 수출도 아주 많이 하는데 물론 가격대는 중저가다. 그런데 사시카이아처럼 이탈리아 제품이다. 이탈리아는 이렇게 양극단의 것들도 아주 편안하고 우아하게 아우르는 능력이 있다.

오스카 지금까지 늘 수요가 공급보다 높았다면 그건 분명 후작님의 공로겠죠, 늘 그랬나요?

니콜로 사시카이아는 그랬습니다. 수확 철마다 들어오는 요청을 놓고 우리는 각 나라나 각 수입상에게 얼마나 할당할지 결정합니다. 어쩔 수 없이 모두에게 좀 빠듯하게 공급할 수밖에 없습니다. 물론 너무 적은 수량을 줘서 화나게 하거나 다른 나라에서 사서 되파는 병행수입 시장을 키우지 않도록 주의합니다.

오스카 일반 대중이 사는 평균 가격은 어떻게 되죠?

니콜로 와인 가게에서는 140유로, 레스토랑에서는 180유로에서 200유로입니다. 다른 나라에서도 비슷한데, 브라질만 관세가 높아서 가격이 크게 올라갑니다.

오스카 극동 지역에서는요?

니콜로 우리의 인도 수입 업체가 몰디브에도 판매하고 있습니다. 중국에서는 최근 3년간 판매가 폭발적으로 증가했는데, 프랑스인들이 와인 가격을 지나치게 높여서 그런 것도 있었습니다. 하지만 수량이 상대적으로 제한적이어서 가격 정책은 늘 매우 민감한 문제입니다.

오스카 그러니까 전 세계에서 하루 평균 600병의 사시카이아 마개가 열리는군요. 최소 10억의 신규 소비자들이 고급 와인 시장에 접근할 날이 머지않았다는 게 사실이라면, 이 수량은 정말 적네요.

람브루스코를 마시며 이 이야기를 한다. '키아를리 프리미엄 오노라블 2011'로, 커다란 파르미자노 레자노 치즈 덩어리에 칼을 푹 찔러 넣는 백일몽을 꾸게 하는 와인이다. 소박하지만 너그러운 맛을 지닌 에밀리아 지역 요리를 위해 맞춘 듯한 와인이 람브루스코다. 시게루에게 의견을 물을 것도 없이 그가 먼저 준비를 끝내고 입을 열었다.

시게루 먼저 람브루스코에는 여러 종류가 있습니다. 이것은 람브루스코 디 소르바라입니다. 모데나 현의 10개쯤 되는 특정 마을에서 재배됩니다. 람브루스코 디 소르바라를 최소 60퍼센트 이상 사용해야 하고 나머지 비율은 람브루스코 살라미노를 써도 되는데, 이 와인은 질 높은 람브루스코로서 소르바라를 100퍼센트 썼습니다. 색상은 아름다운 체리색입니다. 코로는 붉은 과일, 딸기, 캐러멜, 설탕 절임 과일의 향이 맡아집니다. 입안에서는 풍미 있고 아로마가 느껴지며 입안을 씻어주는 듯한 기분 좋은 느낌이 납니다. 일반적으로 살라미 종류와 잘 어울리며, 특히 파르마 프로슈토, 모르타델라가 좋겠고 머스터드 향의 과일 콩 포트를 곁들인 소고기 수육도 좋겠습니다.

파르미자노 이야기를 안 했다. 나라면 했을 텐데.

오스카 람브루스코를 맛본 다음 바롤로로 넘어갈 텐데, 바롤로를 마실 때는 다른 주제로 넘어가죠. 왜냐하면 시게루가 토론 주제에 맞는 와인도 있다고 했거든요. 후작님은 베를루스코니가 태어난 해인 1936년에 태어나셨군요. 최근 20년간의 이탈리아 정치에 대해 어떻게 생각하시나요?

니콜로 많은 혼란이 있는 것 같습니다. 많은 이들이 제어 능력을 잃었습니다. 다른 나라라면 베를루스코니 같은 인물은 대중적인 비판과 공격의 대상이 되고 벌써 정치판 밖으로 쫓겨났을 텐데, 그가 왜 계속 정치계에 있으려고 고집을 부리는지 이해되지 않습니다. 그는 최고의 기업가죠. 회사로 돌아가야 할 것입니다. 그처럼 삶을 즐길 줄 아는 사람은 대중 앞에 나서지 않고도 삶을 즐길 수 있을 거예요.

오스카 어쩌면 모습을 드러내는 데서 오르가슴을 느끼는지도 모르겠습니다. 드러나지 않으면 즐기지 못하는지도 모르죠! 그럼 후작님은 이 정치 계급이 이탈리아의 아름다움과 창조성을 세계에 드러낼 능력이 된다고 보십니까?

니콜로 우리나라의 이미지는 최근 10년간 많이 악화되었습니다만, 그에 대한 판단을 내리기는 어렵군요.

오스카 저 또한 2차 세계대전 후에서부터 1980년대까지 정치인들이 더 정직하고 나라를 위해서 뭔가를 하려고 노력했던 것 같습니다. 하지만 지금은 어떤 문제에 맞부딪쳤을 때 가장 먼저 걱정하는 것이 자기 이미지인 것 같다는 인상을 받습니다.

이 마지막 문장은 그와 내가 거의 동시에 외쳤다.

오스카 변화가 필요합니다. 후작님은 투표하러 가십니까?

니콜로 최근 2번은 하지 않았습니다. 나는 이탈리아에 살고 있지만, 스위스 시민입니다.

오스카 아버님의 정치적 견해는 어땠나요?

니콜로 정치 일은 하지 않으셨습니다. 농담으로 프랑스 혁명 전 시대를 사는 것 같다고 말씀하셨죠. 하지만 아버지와 어머니는 사회 문제에 신경을 많이 쓰셨습니다. 산 귀도에 종일반으로 운영되는 이탈리아 최초의 무상 교육 초등학교를 설립하셨어요. 작은 학교 버스가 아이들을 집 앞에서 태워가곤 했죠.

오스카 분명한 공산주의자는 아니더라도 좌파의 성향을 띠고 계셨네요, 맞나요?

니콜로 다수를 위해 사업을 발안할 줄 아는 분이셨죠. 사람들이 이웃을 더 생각한다면 모두의 복지를 보장하기 위해 그 많은 기관을 세울 필요도 없을 것입니다. 부모님께 참 많이 배웠고 지금 같은 위기의 순간에는 필요보다 더 많은 직원을 고용함으로써 일자리 유지를 위해 노력하고 있습니다. 초등학교는 시에서 학교를 세웠을 때 문을 닫았습니다.

그는 아주 무거운 주제도 놀랄 만큼 가볍게 다룬다. 나는 그런 사람들이 경탄스럽다. 소설가 이탈로 칼비노가 보여주는 가벼움은 우리가 세상과 조화를 이룰 수 있게 해주는 마음으로부터 흘러나오는 음악이 아닌가.

새 바리크를 광적으로 추종하진 않습니다

오스카 이제 이 바롤로, '카사 에 디 미라피오레 리세르바 2004'에 대해 이야기해보죠. 이 와이너리는 제가 2008년에 인수한 폰타나프레다의 회사입니다. 이 바롤로는 우리 브랜드 중 가장 상위 브랜드인데 1858년 에마누엘레 알베르토 디 미라피오레 백작이 창조했습니다. 당연히 100퍼센트 네비올로고, 중간 크기 배럴에서 숙성했습니다. 제 고향 란게에서는 바리크와 대형 배럴에 대해 격한 논의가 있었습니다.

니콜로 몇 년 전 'No barrique no Berlusconi'라는 라벨을 붙이고 나왔던 와인이 기억나는군요.

바르톨로 마스카렐로, 바롤로의 철학가의 와인이다. 후작 또한 이를 기억한다니 무척 기쁘다!

오스카 맞습니다! 마스카렐로 아저씨는 바리크를 반대했습니다. 우리 와인은 모두 다 220리터들이 작은 배럴에서 숙성합니다. 바리크는 보통 얼마 동안 쓰시나요?

니콜로 바리크의 30퍼센트는 새 나무로 된 것을 씁니다. 800개의 바리크 중에서 240개는 항상 새 나무로 된 것이죠. 바리크를 3년간 쓴 다음에는 다른 와인 생산에 씁니다. 개인적으로는 새 바리크를 광적으로 추종하진 않습니다. 프랑스에서는 바리크를 10번도 쓸 수 있다고 주장하는 파도 있습니다. 바리크는 크기가 중요하고, 나무가 와인의 특성을 꺼내줄 수 있는지가 중요하죠. 특히 카베르네 소비뇽처럼 타닌이 자극적인 경우에 말입니다.

이제는 반드시 뭔가를 배워야겠다는 생각보다도, 그가 어떻게 단어 하나하나, 지혜의 진주 하나하나에 자기 생각을 담아 뽑아내는지 듣고 싶어서 질문한다. 사시카이아가 어떻게 탄생하는지 물어보았다.

오스카 사시카이아는 어떻게 만들죠?

니콜로 우리는 9월에 수확한 다음 포도를 발효하다가 11월에 바리크에 와인을 담습니다. 3개월 후에 이를 옮겨 담고 2번 더 옮겨 담습니다. 끝으로 병입을 합니다. 다 합쳐서 바리크에 2년간 보관하죠. 이 2년이 지나면 통에서 블렌딩을 한 다음 병입합니다. 병입한 후에는 판매하기까지 4개월을 더 보관합니다. 와인을 사는 사람은 와인 셀러에 3년에서 5년 정도 더 보관해야 합니다.

단순한 설명이지만 다른 사람들에게는 복잡해 보일 수 있다. 하지만 답변은 분명하고 단순하며, 그 어떤 잘난 척도 없다.

오스카 포도 수확은 몇 번이나 하셨나요?

니콜로 1982년부터 31번입니다.

오스카 특별히 기억에 남는 해가 있나요?

니콜로 제가 좋아하는 빈티지는 1988인 것 같습니다. 8이라는 숫자는 늘 행운을 가져다줬어요! 8이 들어가는 해는 다 좋았습니다. 1968, 1978, 1988, 1998년에 더해서 2008년까지요.

말 사육자에게 미신은 '필수적'이다.

니콜로 우리 빈티지 중 가장 유명한 것은 사시카이아가 세기의 와인이라 불린 1985년입니다. 하지만 우리의 전형적인 와인은 아니죠. 그해에는 신대륙의 미각에 더 맞는 와인이 나왔습니다.

오스카 사시카이아에는 바리크를 쓰시는데, 우리 바롤로 와인에는 평균 2000리터에서 3000리터의 배럴을 씁니다. 우리가 원래대로 보존한 폰타나프레다의 옛 양조장에 들어가보면 1878년에 썼던 오리지널 배럴을 볼 수 있는데 바롤로용으로 2000리터에서

3000리터짜리를 썼더군요. 그래서 우리는 이 바롤로에 그 방법을 그대로 유지했습니다. 천연 생산을 철학으로 삼고 있으며 강제적인 과정은 없습니다. 펌프도 없고 자연 낙하법을 사용합니다. 발효는 자연이 원하는 만큼 하죠.

늘 자부심을 품고 이 사실을 이야기하지만 이번에는 심하게 강조하지 않았다. 그의 가벼운 어조가 나에게도 옮겨왔기 때문이다.

니콜로가 기분 좋게 와인을 마셔서 무척 기쁘다. 그가 다시 와인을 따른다. 그사이 시게루가 말을 꺼냈다.

시게루 밀도 높은 석류석의 붉은색입니다. 후각적으로는 장미, 백후추, 바닐라, 감초, 그리고 가죽과 미네랄도 느껴집니다. 입안에서는 따뜻하고 드라이하고 풍미 있고 아로마가 느껴지네요. 타닌은 부드럽고 벨벳 같습니다. 이 와인과 잘 어울리는 음식으로 폰티나 치즈 퐁뒤, 흑후추를 곁들인 멧돼지 스튜 등을 추천하고, 바롤로에 조리한 브라사토도 당연히 잘 어울립니다.

오스카 이제 마지막으로 후작님의 와인을 시음해야 하는데 무엇을 고르시겠습니까?

니콜로 '사시카이아 2010'을 시음합시다.

시게루가 말하는 동안 그는 직원에게 시음을 위해 사시카이아를 가져오게 했다. 그런데 그가 두 번째로 따른 바롤로가 담긴 잔을 직원이 들고 나가버렸다. 과도한 성실함도 안 좋은 법. 그는 부드럽게 잔을 다시 가지고 오라고 했다! 그런 사소한 광경을 보던 나는 진정한 오르가슴을 느낀다. 그런 광경을 볼 수 있다니 운이 좋았다! 만세, 피에몬테! 만세, 바롤로! 만세, 폰타나프레다! 특히 우리가 공유하는 이 열정을 위해! 와인아, 널 사랑한다!

2010년 빈티지와 함께 2008년, 2009년산도 도달한다. 그의 말을 듣고 난 뒤라 8로 끝나는 와인이 무척 궁금하다. 그게 그냥 미신일 뿐인지 한번 확인해봐야겠다! 잔에 따르자마자 바로 "이야, 이 향기!"라는 말이 튀어나온다. 너무 감동한 나머지 그보다 우아한 말은 나오지도 않는다!

슈퍼투스칸이라 불리는 와인에 대해 이야기해주길 청했다. 이 용어는 1970년대 중반, 지역 전통이라는 도식을 탈피해 카베르네 소비뇽이나 메를로 같은 비토종 품종을 사용한 토스카나 와인들을 구분하기 위해 미국인들이 만든 용어다. 이 와인들은 원산지 보호 명칭(DOCG)을 사용할 권리가 없었기 때문에 '테이블 와인'의 분류에 들어갔다. 세상에서 가장 비싼 테이블 와인 말이다! 슈퍼투스칸 중에서 그는 다음 와인을 언급했다. 사시카이아가 처음 나온 것이 1968년, 티냐넬로 1971년, 솔라이아 1978년, 오르넬라이아 1985년, 다른 와인들은 그 이후 나왔다.

이탈리아의 대형 와이너리들에 대한 작은 그림을 그린 후 수십 세대에 걸쳐 와인을 만들어온 안티노리 이야기로 돌아갔다(물론 안티노리 같은 다른 회사들도 있다). 10년마다 직업을 바꾼 나와는 완전히 상관없는 이야기다! 하지만 내 아들들은 정말 자랑하고 싶은데, 아버지를 안 닮았기 때문이다. 셋 다 내 회사에 들어오기를 원했고, 둘은 현재 이탈리에서 일하고 다른 하나는 양조 전문가로서 와인 회사들을 담당하고 있다. 자식들에 대해 이야기할 때면 아버지로서의 무한한 자부심을 표현하지 않을 수 없다. 만약 딸만 셋 있었더라도 똑같은 자부심을 느꼈을 것이다. 이 여행 중에는 와인 레이디들과의 인터뷰도 예정되어 있으며, 그녀들은 모두 아버지보다 더 잘 해내었다.

3개의 사시카이아를 연이어 모두 마셨다. 그래야 비교가 쉽기 때문이다.

오스카 모두 아주 특별합니다. 2009년 빈티지는 우주적이군요.

후작님의 와인을 이야기하면서 '우주적'이라는 표현을 한 사람이 있었을까? 하지만 그런 말에도 그는 우리 앞에서 절대 느슨해지지 않는다.

니콜로 구조감이 가장 좋은 것은 사실입니다. 모든 이들이 2010년산이 가장 클래식하고 우리 스타일에 맞는다고 하지만 말입니다.

나의 꿈은 또 다른 리보를 찾아내는 것입니다!

오스카 사시카이아를 마시면서 미래 이야기를 하죠. 나중에 커서 무엇을 하실 건가요?

니콜로 나는 일할 수 있는 한은 계속 앞으로 나아가야 한다고 생각합니다. 일선에서 물러나자마자 갑자기 무너진 사람들을 많이 봤습니다. 나이가 60살에서 70살밖에 안되어 보이는데 90살이었던 엔지니어도 만났지요. 그의 비밀은 일을 그만두지 않았다는 것이었습니다. 할 수 있을 때까지는 계속 일하는 것이 중요하다고 확신합니다.

오스카 전적으로 동감합니다! 현재의 부인은 첫 아내신가요?

니콜로 아니요, 전 부인과는 15년 동안 함께했고 사이에 외동딸이 있습니다. 현재는 두 번째 아내로 나보다 조금 젊고 결혼한 지는 약 20년 정도 되었죠.

오스카 전체가 100이라면 일에 얼마나 쏟으시나요?

니콜로 말과 와인에 50 대 50으로 시간을 배분합니다. 1년 전까지만 해도 말에 훨씬 더 시간을 쏟았죠. 그때 있던 사육사를 전혀 믿지 못했거든요. 지금은 사육 문제가 없어서 다시 두 활동을 똑같이 즐기고 있습니다.

오스카 휴가는요?

니콜로 아, 물론 휴가도 중요하죠. 생각을 하는 데 필요하니까요. 최근에는 남미로 자주 갑니다. 거기에 우리 말들을 데려다 놨거든요.

오스카 휴가에서도 말이라니요! 부인도 말을 좋아하나요?

니콜로 나보다 더 좋아합니다!

오스카 따님도요?

니콜로 좋아하지만 중용을 지키죠. 사실 3살 된 손녀딸이 가장 좋아합니다. 나는 이 생활을 아직 좀 더 할 수 있기를 바라요.

여기에서 그는 이야기를 상당히 오래 중단했다. 눈을 거의 감다시피 하고 적절한 말을 찾는다. 우리는 기다렸다. 마음속에 품은 생각을 말하려 하고 있다. 생각들이 그의 머릿속을 돌아다니는 소리가 들린다.

니콜로 나의 꿈은 또 다른 리보를 찾아내는 것입니다!

그의 표정을 묘사해보려 하지 않겠다. 독자들에게 말하고픈 것은, 그의 얼굴만 보고 있어도 감동에 젖는다는 것이다. 그냥 이대로 일어나서 인사를 하고 간다 해도 괜찮을 것이다. 이 문장 뒤에 다른 말을 추가할 필요는 없기 때문이다. 이것이 세상에서 가장 위대한 와인 중 하나를 창조해낸 이의 유토피아다. 무한한 갈망, 최고의 희망, 개인적 도전, 어쩌면 인생의 이유일 것이다. 놀라운 것은, 이 모든 것에 있어서 인간에게는 한계가 있다는 것이다. 그리고, 말을 사랑한다는 그의 3살 된 손녀딸을 생각한다. 분명 그녀를 위해서 리보 같은 말을 찾아내야 할 것이다. 얼마나 아름다운 꿈인가. 행운을 빕니다, 후작님!

사시카이아는 늘 우승하는 말이니까요

유토피아의 주제는 늘 다시 돌아온다. 잠깐! 여기서 말하는 유토피아는 'ou-topos(불가능의 장소)'가 아닌 'eu-topos(행복의 장소)'를 어원으로 한다. 온전한 삶을 위해서는 원대한 꿈을 가져야 한다. 그리고 그는 꿈을 말할 때 와인이 아니라 말에 대해 이야기한다. 왜일까? 내가 혼자 답을 구할 수 있지만 그가 대답해준다.

니콜로 사시카이아는 늘 우승하는 말이니까요.

너무나 평이한 어조라서 어떤 거만함도 느낄 수 없다. 그 두 감동에서 빠져나와 다시 와인으로 돌아간다. 이제 잔에는 신화적인 2008년산 와인이 담겨 있고 나는 그것을 마시자마자 할 말을 잃는다. 그는 다시 한 번 주저하지 않고 강조했다.

니콜로 우리에게 2008년은 말이나 와인에 있어서 아주 특별한 해였습니다!

이제 우리의 감동을 정리해줄 책임은 시게루에게 있다. 그는 와인에 대단히 집중해 있었기 때문에 우리처럼 너무 빠지지 않았을 수도 있다.

시게루 후작님께서 시음을 위해 선택한 2010년산에 대해 이야기하겠습니다. 밀도 높은 루비색에 보랏빛이 감도는군요. 후각적으로는 농익은 과일, 와일드베리, 아로마 허브가 밀도감 있게 느껴집니다. 그리고 향신료, 미네랄, 담배, 커피, 감초도 느껴지네요. 입안에서는 풀 바디감, 따뜻함, 벨벳이 느껴지고 지속성이 있습니다. 그릴에 구운 고기에 올리브유, 소금, 후추를 곁들이면 잘 어울리겠습니다. 48개월간 숙성한 그라나 파다노 치즈와도 궁합이 최고일 것입니다.

이 시점에서 우리들의 느낌(그렇다, 느낌이다. 여기서 이성은 별로 중요하지 않으니까)을 좀 비교해보자고 했다. 시게루는 2009년산이 제일 좋다고 했다. 나는 확실히 2008년산이 좋다. 그러니까, 내가 무인도에 가져갈 와인을 골라야 한다면 말이다. 반면 시모나는 2010년산을 좋아했다. 후작님은 치우치지 않았다…… 모두가 그의 자식이니까.

그는 분명하게 말한다.

니콜로 내가 우울할 때 유일하게 내 기분을 풀어주는 것이 말입니다. 훈련받는 말들을 보는 것도 좋고 당연히 경주를 보는 것도 좋습니다. 경기 중에는 기적을 일으키는 특별한 아드레날린이 분비되죠!

오스카 살면서 가장 즐거웠던 순간은요?

니콜로 리보가 두 번째로 개선문상(Arc de Triomphe)에서 우승했을 때입니다. 사실 경주를 할 때마다 이기긴 했죠. 총 16번의 경주에 참여해 16번 우승했습니다.

리보는 19살에 미국에서 암으로 죽었다고 한다. 그곳에는 비석을 세운 그의 무덤이 있다. 전 시대를 통틀어 가장 위대한 경주마였으며 20년간 사육장을 부양했다. 마지막으로 가족의 사진을 훑어본다. 당연히 리보의 사진도 있다. 유리 장 위에는 우주에 갔던 사시카이아 병도 보관되어 있다.

우리는 길을 서두른다. 아펜니노 산맥을 통과해 지중해의 티레니아 해에서 아드리아 해 쪽으로 넘어가 마르케로 향해야 한다.

두 동료와 함께 자동차에 올라타, 2시간 동안 흥미롭고 놀라운 이야기로 우리를 즐겁게 해준 이 신사에 대해 되새겨보았다. 그는 '외적 대조'라는 나의 이론에 다시 한 번 힘을 실어주었다.

그는 거대한 아버지에게서 벗어나기 위해 프로이트적인 삶을 보냈다고 했다. 하지만 그러면서도 가족의 전통, 아버지가 사랑하던 말과 와인을 최대로 도약시켰다. 니콜로 인치사 델라 로케타는 그 두 활동에 시간을 똑같이 배분한다. 말과 와인은 처음에만 모순되어 보일 뿐이다. 와인 생산자와 사육사의 감정에서는 많은 유사점이 있기 때문이다. 포도밭은 그 근원에 모든 것이 달려 있는데, 위대한 품종과 적합한 토양이 그것이다. 말은 종마와 씨암말의 선택에 달려 있다. 와인은 때로 처음에는 훌륭해 보였다가 실망을 주기도 하고, 반대로 실망스러워 보였다가 시간이 지나면서 성장하기도 한다. 말들도 똑같이 실망시키거나 도약할 수 있다. 하지만 이 둘에 대한 열정 모두 그 뒤에는 유토피아를 감추고 있다. 또 다른 리보! 완벽한 와인! 유토피아는 삶의 이유다. 우리는 겉으로는 정치에 관심이 없지만 사회를 위해 일하고 환경에 관심을 기울이는 한 남자를 만났다. 마지막에 그는 자각하지 못하는 가운데 또 다른 모순적 다면성을 보여주었다. 이성적 사고, 감정의 자제, 그리고 거기에 살짝 배합된 미신 말이다.

그와 그의 손녀가 또 다른 리보를 찾을 수 있기를 기원하지 않을 수 없다. 그리고 이 나라가 조화롭게 발전하여 매해 우리가 '완벽한 와인'을 찾아낼 수 있기를, 그리고 그것을 해외에 팔 수 있기를 기원한다. 나는 낙관주의자이므로 할 수 있다는 것에 나의 얼굴, 심장, 머리를 걸겠다. 와인뿐만 아니라 다른 농업 분야, 관광, 예술, 패션, 디자인, 정밀 공업에서도 빛나는 길을 찾을 수 있을 것이다. 이탈리아인의 천부적 재능이 발휘되는 이러한 분야에는 할 일이 많으리라. 그리고 그로 인해 미래는 멋지리라.

다시 한 번 체사레 파베세의 말을 생각한다. '열정이 있는 한, 세상 발견하기를 멈추지 않으리라.' 그리고…… (덧붙이건대) 더 좋은 세상 만들기를 멈추지 않으리라.

시게루의 와인 시음 노트

니콜로 인치사 델라 로케타와 함께

프란차코르타 브뤼 카보숑 2008(몬테 로사)

Franciacorta Brut Cabochon 2008(Monte Rossa)

종류	스파클링 와인
포도 품종	샤르도네 80%, 피노 누아르 20%
양조/숙성	9월에서 2월 사이 250리터 오크통에서 숙성, 40개월 이상 병에서 숙성
생산지	롬바르디아

우아한 황금색에 기포는 섬세하고 지속성이 있다. 바닐라, 구운 빵, 커스터드 크림의 아로마가 느껴진다. 과일(녹색 서양배) 향이 여운으로 남는다. 입안에서 느껴지는 풍미의 폭이 넓고, 구조가 좋고, 부드럽다.

나는 민물 생선으로 요리한 전채 요리(송어에 흑송로버섯을 곁들이면 최고)를 권하겠지만, 이런 스파클링 와인은 오늘 식사와 완벽하게 어울린다.

꼭 들려줄 이야기가 있다. 2010년에 내 의사 친구인 묘조가 도쿄 다이칸야마에 있는 이탈리에서 결혼을 했다. 120명의 초청객이 오스카의 상점을 꽉 채웠고 카보숑을 진짜 사무라이 검으로 열어서 마셨다! 오스카가 그 사실을 나중에 알고는 얼마나 좋아하던지 그것이 이탈리에 검이 등장한 최초이자 마지막 결혼식이 되고 말았다!

스테르피 2009(비네티 마사)

Sterpi 2009(Vigneti Massa)

종류	화이트 와인
포도 품종	티모라소 100%
양조/숙성	제어된 온도에서 침용, 쉬르 리 휴지, 최소 12개월간 병에서 숙성
생산지	피에몬테

초록빛이 감도는 선명한 볏짚색이다. 꿀, 말린 과일, 흰 과육의 과일 향이 표현된다. 부싯돌과 흑연 향이 기분 좋은 여운으로 남는다. 풍미 있고 부드러우며 미네랄의 맛이 느껴지고 지속성이 있다.

갑각류, 토마토와 버섯을 넣은 생선 수프와 잘 어울리고 오븐에 구운 감성돔에 그린 올리브 파테를 곁들여도 좋다. 중간 정도 숙성시킨 페코리노 토스카노 치즈도 완벽히 어울릴 것이다.

10년 전 이미 티모라소 포도와 와인을 알고 있던 사람은 손을 들어보시라. 아무도 없네. 그럼 지금 알고 있는 사람은 손을 들어보시라. 많다. 그것은 발터 마사의 공로다. 덤불과 잡초만 무성하던 곳에 포도밭을 만들고 사라질 뻔한 품종을 살려냈다. 아름다운 이야기가 담긴 훌륭한 와인이니 이보다 더 좋을 순 없다!

람브루스코 피엠 오노라블 2011(클레토 키아를리)

Lambrusco PM Honorable 2011(Cleto Chiarli)

종류	반 스파클링 레드 와인
포도 품종	소르바라 람브루스코 100%
양조/숙성	병에서 자연 발효를 통해 발포하며, 이후 6개월간 숙성
생산지	에밀리아 로마냐

체리핑크같이 옅은 루비색이다. 딸기, 블랙 체리와 같은 붉은 과일의 향이 난다. 입안에서는 풍미와 아로마가 느껴지며 직선적이고 오래간다. 깔끔하고 긴 여운이 남는다.

모든 종류의 살라미와 어울리는데 특히 파르마 프로슈토와 모르타델라를 추천한다. 나는 불에 그을린 라드에 핑크 페퍼콘을 곁들여서 함께 마셔보겠다. 토르텔리니[64]에 파르미자노 레자노 치즈를 곁들인 것도 분명 맛있을 것이다!

이 와인을 맛볼 때면 왜 아직도 람브루스코를 훌륭한 국제적 와인의 반열에 올릴 생각을 하지 않는지 궁금하다! 마치 '나 잡아봐라' 하면서 숨바꼭질 놀이를 하는 여성처럼 섬세하고 즐겁다. 매일 마실 수 있는 와인을 고르라면 이 와인을 고르겠다!

바롤로 카사 에 디 미라피오레 리세르바 2004

Barolo Casa E. di Mirafiore Riserva 2004

종류	레드 와인
포도 품종	네비올로 100%
양조/숙성	장시간의 침용이 끝나면 중대용량(20~140헥토리터)의 배럴에서 3년간 숙성한 후, 또 다시 2년간 시멘트 조와 병에서 숙성
생산지	피에몬테

짙은 석류석의 붉은색이다. 장미, 백후추, 바닐라, 감초, 가죽, 부싯돌의 향이 펼쳐진다. 입안에서는 따뜻하고 드라이하고 풍미 있으며 아로마가 살짝 느껴진다. 타닌은 부드럽고, 벨벳을 넘어 실크 같다.

폰티나 치즈 퐁뒤와 완벽하게 어울린다. 흑후추로 맛을 낸 멧돼지 스튜, 각종 고기로 만든 브라사토와 로스트, 모든 종류의 숙성치즈, 곰팡이 무늬가 있는 치즈와 잘 어울린다.

왕가의 양조장에서 만들어진 와인들의 왕, 그 이름 또한 왕가의 이름이다! 우리 일본인들은 이처럼 중요하고 매혹적인 역사를 보면 무척 부러워한다. 폰

64 Tortellini. 에밀리아 로마냐 지역의 전통 요리. 만두 모양 파스타로 모르타델라라는 햄과 돼지고기를 넣어 속을 채운 것이 특징.

타나프레다에 가서 내 집만큼이나 커다란 배럴로 가득 찬 와이너리와 포도밭을 볼 때마다 매번, '내가 세상에서 가장 아름다운 장소에 와 있구나!'라며 감탄한다.

볼게리 사시카이아 2010(테누타 산 귀도)

Bolgheri Sassicaia 2010(Tenuta San Guido)

종류	레드 와인
포도 품종	카베르네 소비뇽 85%, 카베르네 프랑 15%
양조/숙성	2주간 포도 껍질과 함께 침용 중 펌핑 오버[65], 델레스타주[66]를 여러 번 실시, 이후 24개월간 프랑스산 오크 바리크에서 숙성
생산지	토스카나

짙은 루비색에 보랏빛이 감돈다. 과일, 와일드베리, 아로마 허브의 다채로운 아로마가 펼쳐진다. 또 향신료, 부석, 담배, 커피, 발삼 향의 흔적도 느껴진다. 입안에서는 풀 바디감, 따뜻함, 벨벳이 느껴지고 지속성이 있다.

석쇠나 팬에 구운 고기에 간장과 와사비를 곁들여 함께 한다. 48개월 이상 숙성한 그라나 파다노 치즈와 완벽하게 어울린다. 훌륭한 사색용 와인이다.

사시카이아의 탄생도 1968년을 역사적인 해가 되도록 기여했다. 이탈리아 와인 중 가장 '쿨'한 와인으로서, 슈퍼투스칸으로 가는 길을 열면서 토스카나의 신화를 창조했다. 이 와인의 시작이 '테이블 와인'이었다는 것을 믿기 힘들다. 얼마나 앞서갔는지 모든 법적 분류로부터 멀리 달아날 수 있었던 것이다!

65 Pumping over. 침용 중 껍질로부터 색소, 타닌, 아로마의 추출을 빠르게 하기 위해서 아랫부분의 포도즙을 위로 올려 위에 뜬 캡 부분을 적셔주는 것.
66 Délestage. 목적은 펌핑 오버와 동일하며 이 경우에는 2개의 탱크를 이용하여 포도즙을 옮겨 담으면서 위의 캡 부분을 적셔준다.

9장

구릉처럼 원만한 사람

와인 명가: 빌라 부치(Villa Bucci)

대표: 암펠리오 부치(Ampelio Bucci)

늘 보는 눈앞의 풍경이 우리의 성격과 취향에 영향을 미치는 게 사실이라면, 앞에 보이는 예시의 열두 구릉은 암펠리오 부치 교수의 성격에 자리를 차지한 듯하다. 암펠리오는 저 구릉들처럼 원만한 사람이다. 그의 태도는 원만하기 그지없다. 원만함은 그를 표현하기 위한 단어로, 어조도 원만하고, 생각도 원만하다. 그는 매우 지성적이고 통찰력도 있지만, 무엇보다 두드러지는 점은 원만함이다. 그와 함께 이야기하는 것은 부드러운 매트리스 위에 눕는 것과 같고, 부드러운 쿠션을 끌어안는 것과 같다. 부치 교수와 있으면 정말 편안하다.

차에 다시 타게나, 포도밭에 갈 거니까!

오스카 어디로 가는데요?

암펠리오 내 포도밭 중 몇 군데를 보여주지. 이곳은 카스텔리 디 예시[67]의 구릉지[68]들 중간이라네. 내 장담하는데, 이 동네 경치는 어디서도 본 적이 없을걸. 풍경만 보지 말고 땅도 좀 보게나. 바깥쪽 땅은 말할 것도 없고 땅속도 아주 훌륭하다고. 석회질이 풍부하거든. 석회는 세계 최고의 화이트 와인을 만드는 데 기본 요소니까!

우리는 사실상 차에서 내리지도 못했다. 암펠리오 부치 교수가 도로 타라고 했기 때문이다. 그는 1936년생으로, 와인 업계의 유명인이자 경제학

67 Castelli di Jesi. 마르케 주, 안코나 현의 예시 주변 마을을 묶어 지칭하는 말.
68 '구릉(collina)'의 사전적 정의는 '높이 600미터를 넘지 않는 고지대로서 형태는 둥글고 경사가 완만하며, 일반적으로 농산물을 재배한다'이다.

자이고, 패션과 디자인 전문가이며, 밀라노 이울름(IULM) 대학과 브레라 아카데미에서 창업가 정신과 디자인 경영을 가르친다. 그는 자신의 아버지가 일구기 시작했던 '것들'을 보여주겠다고 한다. 거의 반강제적으로 대여섯 군데의 포도원을 둘러보고, 포도나무 사이를 걷고, 땅도 좀 파보고, 경치도 감상하고, 오래된 외딴 시골집들이 버려져 있는 것도 확인한다. 암펠리오는 농사는 50년째, 포도나무와 올리브나무 재배는 20년째 하고 있는 농부이자 생산자이지만, 그 이전에 지성인이다.

그를 인터뷰하기 위해 안코나 현의 오스트라 베테레, 베르디키오의 왕국에 와 있다. 몬테카로토와 세라 데 콘티 사이의 지역은 DOC 와인인 '베르디키오 데이 카스텔리 디 예시'의 심장부다. 열두 마을 위로 열두 성이 있다. 이 지역에서 주인 노릇을 하는 것은 베르디키오 품종이지만 몬테풀차노와 산조베세도 재배된다. 우리가 처음 도착한 곳은 폰젤리 농장이었는데, 암펠리오는 그곳 외에도 여러 농장을 보유하고 있다. 처음에 어떻게 이야기가 시작되었는지는 모르겠지만, 차에 탄 우리는 어느덧 그의 아버지에 대해 이야기하고 있었다. 내가 늘 가족사에 관심이 많다 보니 나도 모르게 말을 꺼냈나 보다.

오스카 아버지께서는 대학을 나오셨나요?

암펠리오 물론! 경제학 교수로 있다가 제네랄리 보험사에서 일하셨지.

오스카 몇 년생이신데요?

암펠리오 1879년.

오스카 그런데 대학을 나오셨다고요? 당시에는 드문 일이었을 텐데요!

암펠리오 머리가 아주 좋으셨지. 그리고 50살에 27살 된 여자와 결혼해서 자식을 넷이나 두셨고, 평생을 땅에 투자하셨네.

나는 운전을 하고 암펠리오가 길을 안내한다. 작은 성모상들이 있는 기둥들을 쓰러뜨리지 않도록 운전을 조심하라고 그가 말한다. 시골길 모퉁이마다 오랜 세월 자리를 지킨 봉헌 기둥들이 세워져 있었기 때문이다. 위로 올라갈수록 경사가 가파른데도 많은 수의 기둥들이 포도밭들 사이로 끝까지 우리를 안내한다.

암펠리오 이 지역은 오랫동안 교회의 권력 아래 눌려 있었기 때문에 아직도 주변에 성물이 많이 남아 있지. 여기는 교회의 핍박이 아주 강했고, 교회의 억압을 받았던 지역들이 다 그랬듯이, 내 아버지 같은 이들의 깊은 곳에서는 혁명적인 생각이 끓어오르고 있었다네. 아버지는 평생 교회에 들어가본 적도 없으셨어! 아버지처럼 조용하지만 체제에 반대하던 이들은 교회의 억압에도 불구하고 자신의 인생을 스스로 일구어갔다네. 시끄러운 소요는 없었지만 정치적으로는 반대편에 서 계셨어. 글쎄, 아버지가 결혼하셨을 때 교회에 가지 않기 위해서 사제를 집에 오게 하셨다는군. 그것 때문에 마을이 시끄러웠다고 해!

오스카 똑똑한 사제를 찾아내셨나 보네요…….

암펠리오 이보게, 사제한테는 돈만 몇 푼 쥐여주면 되었다네. 또 다른 이야기도 있지. 내 아버지의 이름도 나처럼 암펠리오인데, 그 이유가 바로 이 동네에 그런 이름을 가진 성인이 없기 때문이야.

그가 한 말은 아니지만, 암펠리오는 그리스어로 포도나무를 의미하는 암펠로스에서 파생된 말이다. 아마 우연의 일치는 아닐 것이다.

차로 몇 분을 달려 옆 동네 세라 데 콘티에 있는 포도밭에 도착했다. 암펠리오는 평야와 구릉지 모두에 땅을 가지고 있다. 구릉에는 포도밭이 있고, 평야에서는 밀과 올리브를 경작하고 대안 농업을 한다. 총 370헥타르의 땅 가운데 '겨우' 31헥타르만 포도밭이며, 이는 5개로 나누어져 있다. 우리가 와 있는 이 포도밭은 꼭 정원 같다. 50년 된 몬테풀차노와 산조베세 포도나무들이 과거에 그랬듯이 한데 심겨 있다. 수확할 때 이 두 품종의 포도를 따로 나누어 따는 것이 아마도 무척 수고스러울 것이다.

오늘 우리의 동반자는 수령이 오래된 포도나무가 있는 포도밭만 사들이는 남자다.

암펠리오 왜냐하면 보살피기만 하면 된다네. 노인들을 보살피듯 말이야. 잘 보살피기만 하면 아직 줄 것이 참 많은 나무들이거든. 포도나무가 땅 깊이까지 뿌리를 내리려면 아주 오랜 세월이 걸리고, 뿌리가 깊지 않으면 와인의 맛이 진부해져.

오스카 맞는 말씀이에요. 사람도 뿌리가 깊지 않으면 진부하죠.

암펠리오 나처럼 좀 정신이 나간 사람들만 늙은 포도나무를 사들인다네. 하지만 평준화된 세상에서는 좀 미친 사람으로 사는 게 승리의 비결이지. 이 동네에 이렇게 오래된 포도나무를 가진 사람은 나밖에 없고, 아무도 나처럼 오래된 배럴을 안 쓰고, 아무도 나처럼 나무를 보살피지 않는다네. 이 밭을 산 다음에 말뚝을 새로 다 박았는데 다 하고 보니 아무것도 없는 것에서 시작하는 것보다 2배의 돈이 들었더군. 하지만 그래도 만족한다네! 이 모든 나무들을 하나하나 다 손질해주고, 썩은 부분은 도려내고, 나무를 건강하게 하고 상처를 아물게 하는 성분도 발라줬다네. 지금은 나무들이 다 건강하고 우리한테 고마워하지.

오스카 그런 식으로 포도를 재배하면 비용이 많이 들 텐데요! 와인을 위해서가 아니라 나무를 위해서 그렇게 하시는 것 같네요.

암펠리오 나도 내가 왜 그러는지 정확히는 모르겠어. 항상 본능에 따라 행동했으니까. 예를 들어 국제 품종이 한창 유행할 때는 베르디키오, 몬테풀차노, 산조베세 같은 이곳의 토종 품종만 재배했다네. 제일 오래된 포도밭에서 제일 수령이 오래된 나무의 클론묘를 늘렸지. 지금도 90년 된 오래되고 커다란 배럴을 빌라 부치 와인을 숙성하는 데 계속 사용하고 있네. 법령이 베르디키오 포도로는 리세르바를 만들 수 없게 했는데도 나는 만들었지. 그리고 전형적인 양조 전문가와 함께 일을 안 하고 조르조 그라이와 일한 것도 그렇고. 물론 그와 처음 만났을 때 크게 한바탕 했지만 말이네. 그와 가는 길이 옳은 길이라고 본능적으로 느껴져서 그렇게 했지. 물론 머리로는 그 인간을 지옥에나 보내버리라고 했지만 말이야!

우리의 360도 주변을 아르체비아, 바르바라, 오스트라 베테레, 벨베데레 오스트렌세 등의 마을이 에워싸고 있다. 산등성이는 완만하게 물결치고, 경작지에서는 지금도 현명하게 돌려짓기를 한다. 마르케의 구릉들은 토스카나의 것과 다르다. 더 둥글고 더 완만하고 더 부드럽고…… 한마디로 더 원만하다. '구릉들 사이를 거침없이 넘나드는' 교수처럼 말이다. 그라파의 장인 로마노 레비[69]라면 그렇게 이야기했을 것 같다.

오스카 와인은 어떻게 만드시나요? 다섯 포도원에서 나는 포도의 양조를 다 따로 하세요?

암펠리오 물론이네! 양조한 와인도 품종별로 다 따로 배럴에 담지. 그다

69 Romano Levi. 그가 만든 그라파 중에 '구릉들 사이를 거침없이 넘나드는 야생의 여인(Donna Selvatica che scavalica le colline)'이 있다.

음에 조르조 그라이의 도움을 받아 최종 블렌딩을 하지. 그 과정이 가장 신경 써야 하는 부분이고.

오스카 샴페인을 만드는 법과 같네요. 블렌딩을 해서 빌라 부치 리세르바의 쿠베를 만드는군요.

암펠리오 그렇지. 그것이 해마다 하는 작업 중 가장 흥미로운 부분인데, 특히 화이트 와인은 레드 와인보다 훨씬 어렵다네. 화이트 와인을 만들려면 초절정의 미각을 지녀야 하지. 초미세한 디테일과 질감과 향을 모두 감지할 수 있어야 해. 이따가 와인 셀러에 데려갈 테니 거기서 자네만의 블렌드를 한번 만들어보게. 그 전에 먼저 내가 태어난 집을 보여주겠네.

카스텔리 디 예시에서도 가장 오래된 편에 속하는 세라 데 콘티의 성벽 옆을 지난다. 암펠리오는 와인계의 거물인 조르조 그라이를 벌써 2번이나 언급했다. 그의 이야기를 무척 많이 들었었는데, 어떤 사람인지 나중에 더 물어봐야겠다.

현지식으로 생각하고 글로벌하게 행동하라

'빌라 부치'라는 이름을 지금까지 마신 수백 병의 와인 라벨 위에서 봤는데, 드디어 그 빌라가 진짜 존재한다는 것을 확인하게 되었다. 멋진 저택이다! 여기서 태어나다니 운도 좋다.

마침내 빌라 부치의 정원에 들어간다. 마치 시간이 멈춘 곳 같다. 집의 대문으로 연결되는 길은 자갈이 깔려 있고 손질이 잘 된 회양목 산울타리로 둘러싸여 있다. 집의 외형은 검소하지만 우아했고, 정원은 키 큰 피나

스터 소나무들로 그늘이 드리워져 있었다. 기분 좋은 곳이다. 정원 안내를 받는 동안 물어봤다.

오스카 마르케에서 생산되는 베르디키오 와인 총량이 얼마죠?

암펠리오 모르겠는데!

짧게 대답한다. 꼭 내가 바다에 물이 얼마나 많은지 물어보기라도 한 것처럼.

오스카 란게에서 생산되는 바롤로 양이 얼마인지 물어보시면 저는 말씀드릴 수 있습니다.

암펠리오 나는 별로 알고 싶지가 않은데⋯⋯ 알아야 하나?

짓궂게 눈을 찡긋거린다.

모르는 척하는 건지 아닌지 헷갈린다. 암펠리오는 줄곧 경제학 교수였는데 정말 모를 수가 있나? 그는 이런 내 생각을 느끼기라도 했는지 앞말을 사과하듯 장황한 서론도 없이 지혜의 진주를 툭 내뱉었다.

암펠리오 나는 내가 배운 가장 성스러운 마케팅 책들과는 항상 반대로 해왔다네. 마케팅의 도사들은 '글로벌하게 생각하고 현지 방식으로 행동하라'고 주장하지. 하지만 실은 완전히 반대로 해야 한다네. 특히 이탈리아에서는 말이야. 우리는 '현지 방식으로 생각하고 글로벌하게 행동해야 해. 왜냐하면 이탈리아에서는 어느 지방을 가더라도 층층이 쌓인 역사와 문화의 장점과 아름다움을 보고 싶으면 (포도밭에서처럼) 깊이 파고들기만 하면 되거든.

독특한 학자다. 그래서 그를 좋아한다. 게다가, 그의 말이 옳다! 현지 방식으로 생각하고 글로벌하게 행동하라니, 와인을 위한 최고의 전략이다! 다시 숫자 얘기로 돌아가지만 이번에는 그의 회사에 대해서다.

오스카 31헥타르 포도밭이 어떻게 나누어지죠?

암펠리오 25헥타르 땅에서 베르디키오, 6헥타르에서 몬테풀차노와 산조베세를 키운 다음 섞어서 레드 와인을 만들지. 화이트 와인에 적합한 땅에서 키운 산조베세는 생기가 좀 떨어지는데 그러면 몬테풀차노의 공격적인 면을 완화해줘서 아주 좋지.

양조를 따로 해서 블렌딩을 하다니, 그는 양조 일을 좋아하는 것이 틀림없다. 카스텔리 지역의 포도원과 토양의 질에 대해 이야기하고, 가장 오래된 그의 포도원에 대해 이야기하는 동안 그의 두 아들 중 장남인 리카르도가 왔다. 그는 아들을 '사진작가'라고 소개한다. 리카르도는 건축가인데 사진 기술을 배우기 위해 이탈리아에서 가장 중요한 사진작가 중 하나로, 현재는 사망한 가브리엘레 바실리코와 오랫동안 함께 일했다. 최근에는 가족회사의 일에도 더 시간을 할애해 아버지를 행복하게 하고 있다. 동생 로베르토는 엔지니어로 볼로냐 종합병원에서 비즈니스 인텔리전스 일을 하고 있다. 리카르도가 우연히 들른 게 아니라 암펠리오가 일부러 불러서 왔다는 감이 온다. 아버지 암펠리오와 아들 리카르도의 관계가 이번 방문에서 가장 흥미로운 주제라는 것을 뒤에서 알게 될 것이다. 다시 차에 올라가 와이너리로 향한다. 거기서 블렌딩도 직접 해볼 것이다. 이 기회를 절대 놓치고 싶지 않다. 바로 리카르도에 대해 이야기해보고 싶지만 좀 돌려서 물어보리라.

오스카 아버지와의 관계는 어떠셨어요?

암펠리오 매우 힘들었다네.

힘들지 않았다면 오히려 놀랐을 것이다. 이것이 벌써 아홉 번째 방문이고 와인업을 하는 부자간의 힘든 관계에 대한 이야기를 듣는 것도 익숙하다. 하지만 한 세대에서 다음 세대로 넘어가는 과정에는 모두 저마다의 이야기가 있었고, 독특하고 흥미로운 특징이 있었다.

오스카 아들들과 당신의 관계에도 힘든 점들이 있나요?

암펠리오 그 애들에게도 힘든 점은 있지만 이유는 다르다네. 아버지와 내가 힘들었던 건 우리 사이에 두 세대 이상의 차이가 나는 데다 아버지가 완고해서 다른 사람 말을 안 듣는 경향이 있어서였다네. 나귀만큼이나 쇠고집이셨지! 돌아가셨을 때 내 나이가 22살이었는데, 젊은 시절에는 불같이 끓어오르는 법이잖은가. 지금 내 아들들은 어른이지.

오스카 그러면 얼마간은 아버지와 함께 일하셨겠네요.

암펠리오 그렇지는 않았네. 아버지가 원래 보험 회사에서 일하셨으니까. 1940년에 아버지가 파시즘 당원이 되지 않겠다고 했을 때 회사에서 아버지를 내보냈지. 그때가 61살이셨는데 마르케 사람답게 해고에 항의하지 않고 받아들이셨어. 우리 부치 사람들은 그렇지. 자네는 원만하다고 하는데, 겉으로는 그렇게 보여도, 우리 속을 썩어들어가게 하는 것들을 견디는 게 쉽지는 않다네.

오스카 아버지에게 모든 것을 다 배울 시간은 충분했나요?

암펠리오 다행히 그랬지. 나도 아버지처럼 사제들을 싫어하는 좌파지만, 특히 근로의 가치를 광적일 정도로 믿고 있거든.

오스카 1945년 4월 25일에 9살이셨을 텐데 어디 계셨나요?

암펠리오 기억나는군. 당시에는 밀라노에 살고 있었는데 시내가 사람들로 가득했지. 하지만 그날 아버지는 우리를 무솔리니의 시신이 있는 로레토 광장에 데려가지는 않으셨어. 그것이 너무 폭력적인 광경이라고 하셨지. 폭력을 끝내기 위한 폭력은 그 어디에서 일어난다 하더라도 아무런 의미가 없지.

그의 원만함이 다시금 드러난다. 리카르도와 몇 마디를 나눠보니 그 또한 원만해 보였다. 부치 집안의 원만함은 세대를 통해 계승된다.

내가 운 좋은 이유는 도시와 시골을 오가며 살기 때문이지

양조장으로 가는 동안 암펠리오는, 마르케에는 1950년대에도 소작제가 남아 있었으며, 실크, 담배, 축산같이 수익성이 높고 기업화된 영농을 하던 회사들은 집약 농업과 세계화의 도래로 인해 문을 닫을 수밖에 없었다고 설명했다. 당시는 이탈리아 전체가 격동의 시기를 통과하는 중이었고 어느 지역이나 극심한 고통에 지배당하고 있었다. 늘 해오던 일을 접고, 일하는 방식을 뿌리부터 바꾸고, 인간관계를 조율하는 일을 누구도 좋아하지 않았다고. 그는 미소 지으며 말했다.

암펠리오 경제학 학위가 있는 내가 하나 특출한 것은, 별로 좋아하지 않는 일이지만 우리 회사의 재무성과를 관리하는 일이라네.

자기 한계를 인정하고 스스로를 건강하게 풍자할 줄 아는 사람을 만나는 것은 멋진 일이다. 암펠리오는 자신이 가장 기껍게 하는 일이 양조장에서의 와인 블렌딩이라고 고백했다. 그건 벌써 알아챘다. 하지만 50년이 지난 지금도 생각만큼 잘은 안 된다고 했다. 그라이가 있어서 다행이다. 가장 잘할 수 있는 것은 회사 수치를 맞추는 일이지만 심장은 덜 불타오른다.

양조장 앞에서 암펠리오는 저 멀리 보이는 와이너리 감독 브루노를 가리키면서 자랑스럽게 소개했다.

암펠리오 저기 브루노가 있군. 양조장 안에 없을 때는 늘 저렇게 트랙터 위에 올라가 있다니까!

빌라 부치 와이너리의 감독 브루노는 21살까지 술을 전혀 못 했고 와인에 대해서도 전혀 몰랐다. 젊을 때부터 정비소에서 직공으로 일했던 그는 와인에 대한 모든 걸 암펠리오에게서 배웠다. 체격이 크고 사람 좋아 보이는 그는 루촐라라는 이탈리아 전통 놀이의 챔피언이다. 이 게임은 19세기 말까지도 민간에서 인기를 누렸으며 마르케 지방에서는 아직도 하는 사람이 많은데, 심지어 갈릴레이의 저서인《천문 대화》에도 언급되어 있다. 시골에는 많은 세월이 지난 지금도 이렇듯 전통이 변치 않고 남아 있어서 만화경처럼 변화무쌍하게 이탈리아 역사를 구성하고 있다. 루촐라는 지름 15센티미터의 원반을 두꺼운 실로 감은 다음 앞으로 던지는 놀이인데, 이때 실의 한쪽 끝은 던진 사람의 손에 걸려 있다. 원반은 페코리노 치즈 덩어리 모양으로 한때는 실제 치즈 덩어리를 사용했다. 원반을 가장 멀리까지 보내는 사람이 이기는데 힘과 정확도가 필요한 놀이다. 브루노에게 힘만큼은 부족하지 않겠다는 생각이 든다.

주변을 둘러보았다. 한때 이 지역에서는 와인을 병입도 안 하고 모두 벌크 상태에서 도매로 팔았는데, 지금의 부치 양조장은 그 시절의 모습을 그대로 보존하고 있다. 1930년대에 지어진 이 건물은 구릉 꼭대기에 있어서 포도밭과 밀밭이 내려다보인다. 저 밀밭들도 암펠리오의 땅으로 1년에 700~800톤을 생산한다. 세월이 흘러 생산량도 과거에 비해 월등히 늘어났지만 와이너리의 외관은 증축되지 않았다. 하지만 내부는 싹 바뀌었다. 현재 여기서는 연간 약 13만 병이 생산되며 매출은 150만 유로다. 둥근 궁륭 아래 놓인 80년 된 슬라보니아 오크 배럴들의 모습은 장관이었다. 양조와 숙성이 모두 이곳에서 이루어진다. 그리고 암펠리오가 내게 바로 여기서 와인 블렌딩을 해보라고 한 것이다. 그는 내게 잔을 하나 건네더니, 2012년산 베르디키오가 숙성되고 있는 배럴들을 열어 조금씩 따라주며 모두 맛보게 해주었다. 그는 이 배럴들을 포도원의 이름으로 불렀다. 아까도 말했지만 양조를 다 따로 하기 때문이다. 실제로 와인 맛이 다 다르다. 모든 포도원의 와인들을 하나하나 맛보았다.

하나는 더 시고 하나는 더 기름지고, 하나는 더 묽고 하나는 더 향이 짙다. 나는 삶이 블렌드라고 생각한다. 블렌딩을 잘할수록 더 잘 성공할 수 있다. 자식을 키우는 데는 사랑과 엄격함이 필요하다. 회사에서는 시(詩)와 수학이 필요하다. 삶에서는 정직과 영악함, 소탈함과 권위, 건강한 자조와 긍지가 필요하다. 이 배럴에서 흘러나오는 것들이 인간의 덕목이라면, 완벽한 블렌드를 찾기 위한 유희는 절대 끝나지 않을 것이다. 나는 자연스럽게 우리 중 나이가 가장 젊은 시모나를 향해 이렇게 말했다.

오스카 시모나, 알겠죠, 특징 하나만 지닌 뻔한 사람이 되어서는 안 돼요! 다양한 부분을 갖고 있어야 해요. 뻔한 사람은 지루하니까!

내가 외적 대조에 집착하고 있다는 것을 이해했는지 암펠리오가 말을 보탰다.

암펠리오 내가 누리는 가장 큰 행운은 도시와 시골 양쪽에서 살고 있다는 거라네. 나는 이 둘이 다 필요해. 더 잘 살 수 있게 해주니까. 시골에서는 깊이 파고드는 경향이 있는 농부가 지녀야 할 자세를 발전시킬 수 있고 도시에서는 빨리 움직이고 단순화하는 능력이 필요하지.

그동안 나는 배럴 사이를 이리저리 돌아다녔고 암펠리오는 훌륭한 화자로서 시모나와 시게루를 즐겁게 해주었다. 토양의 석회질에 대해 이야기하면서 자신의 와인에서 느껴보라 한다. 그의 설명이 배경음악으로 깔리며, 나는 배럴들 사이에 숨어 모든 통의 와인을 다 맛보다 혹시 마음에 드는 맛을 발견하면 브루노에게 그 배럴에 든 와인이 어떤 와인인지 물어보았다. 브루노는 끈기 있게 나를 따라다니며 다 설명해주었다. 와인을 워낙 좋아하는데, 이 신선한 셀러 안에서 마시니 더욱 황홀하다. 드디어 결정했다. 나의 완벽한 베르디키오 쿠베에 들어갈 와인은 비냐 델라 빌라 포도원에서 나온 와인 33퍼센트, 몬테피오레 33퍼센트, 벨루초 33퍼센트이다. 이 세 포도원의 수령을 모두 합치면 120년이다. 물론 포도원 수령을 합친다고 무슨 의미가 있겠느냐마는 생각만 해도 기분이 좋아진다. 골라놓고 보니 그중에서도 제일 오래된 포도원에서 나온 와인을 골랐다. 아마 암펠리오가 말했듯이 뿌리가 더 길어서 미네랄 성분이 더 잘 느껴진 것 같다. 와인을 잔에서 잔으로 옮겨 담으며 눈대중으로 블렌딩을 하고는, 거기 너무 만족해서 "이 쿠베로 2000병을 만들어주면 내가 다 사지요!"라며 좋아했다.

오스카 이렇게 환상적인 와인을 만들다니, 자, 다들 맛을 보라고!

시게루가 내 생각에 동의하지 않는다는 게 확연히 티가 났지만 예의 바른 일본인답게 말로 하지는 않았다. 암펠리오는 집주인이니 노골적으로 말한다.

암펠리오 내가 보기에는 좀…… 섬세하군…… 뭔가가 부족해.

오스카 그래요? 무슨 말씀이세요! 맛있기만 한데요! 이름을 붙여도 되겠어요…….

암펠리오 좀 더 특징이 있어야 해. 나라면 자네가 선택한 3가지 중 가장 성깔 있는 것을 적어도 45퍼센트 정도는 더 넣겠네.

오스카 무슨 말인지는 알겠어요. 부드럽군요. 그렇다면 부드럽다는 뜻의 '모르비도 암펠리오'라고 부르겠어요. 내가 이것을 얼마나 잘 팔지 두고 보세요! 라벨 만들 생각이나 하시라고요.

물론 알겠다고는 하지만 내 쿠베를 별로라고 생각한다는 사실은 알겠다. 어쨌거나 도전해봤다. 나는 삶을 사랑하고 도전도 좋아한다! 나만의 블렌드를 만들면서 아이처럼 즐겼다. 좀 부드럽다는 것도 사실이겠지만, 포도나무들이 120살이나 되었으니 현명한 노인처럼 조용한 와인이 나올 수밖에. 이제 내가 가져온 와인을 시음하기 위해 그의 폰젤리 농장으로 되돌아가야 한다. 내 블렌드를 만드느라 이미 시음을 많이 했는데 그것들은 어찌 시음할지 모르겠다. 아침나절인데 벌써 기분이 좋다.

오스카 정말로 맛있는 와인을 만들 수 있게 된 것이 언제죠?

암펠리오 1980년이라네. 그때까지 와인 생산으로는 빌라를 유지할 정도였지. 정원을 돌보고 안팎을 유지하려면 고정적으로 두 사람은 필요했거든. 당시 나는 화이트 와인을 만들기 위해서는 능력 있는 양조 전문가를 찾아야 한다는 사실을 깨달았다네. 알토 아디제에 가서 그곳에서 조르조 그라이를 소개받았지. 신화적인 인물이지! 82살인 지금도 비니탈리 전시회에 자전거를 타고 들어간다네! 20년을 가는 화이트 와인을 만들 수 있는 사람은 그 사람밖에 없다면서 사람들이 그를 소개했지. 내가 그한테 와인 만드는 법을 배우는 데 성공했다고는 할 수 없지만 말의 중요성은 배웠어. 조심스럽게 선택한 몇 마디의 단순한 말만 하는 거야. 오늘날에도 여전히 위대한 마에스트로라고 생각하네.

직접 묻지 않고도 그라이에 대한 이야기를 들었다!

오스카 그런 결정은 다 혼자 내렸나요? 여자 형제들은 농사일에 관심이 없었나요?

암펠리오 다행히 없었지. 그래서 더 쉽게 결정을 내릴 수 있었다네.

오스카 그들과는 잘 지내나요?

암펠리오 여자 형제들과도 좋고, 처남들과도 좋지!

오스카 빌라 부치 와이너리는 누구 소유죠?

암펠리오 우리 모두의 소유라네.

오스카 멋지군요! 그러면 두 아들 외에 회사를 함께 이끌어나갈 다른 조카들도 있나요?

암펠리오 있다네. 이 회사가 그들 모두에게 멋진 기회가 될 거야. 난 아무것도 버리지 않아

다시 처음에 왔던 폰젤리 농장으로 돌아왔다. 30분 정도만 빨리 돌고 오려고 했는데 2시간이 지나 있었다.

그의 아들 리카르도가 다시 우리와 함께 있다. 그에게 내 블렌드 이야기를 들려주며 물었다.

오스카 자네는 왜 와이너리에 같이 안 왔어?

리카르도 사진 찍을 것이 있었는데 아까 빛이 적절했거든요.

오스카 와인 만드는 것은 좋아하나? 아버지가 자네를 의지하고 있던데.

리카르도 네, 그런 것 같아요. 하지만 아직 이것을 직업으로 선택할지는 모르겠네요.

오스카 이제 성인이니 아버지와는 잘 맞겠지?

리카르도 쉽지는 않습니다.

다른 말은 안 하지만 무슨 의미인지 알 것 같다.

암펠리오는 두 아들이 아직 어릴 때 첫 부인과 이혼했고, 아이들은 어머니와 계속 살았다고 한다. 아이들을 사랑으로 키우고 교육한 훌륭한 어머니였지만 아버지와의 대화 시간을 만들어주려고 특별히 노력하지는 않았다. 병으로 어머니가 돌아가신 다음에야 아들들이 아버지와 가까워졌으니 쉽지 않은 것은 당연하다.

하지만 암펠리오의 조카로 회사 경영 쪽을 담당하는 클라우디아는 와인에 자신의 미래가 있다는 것을 의심하지 않는다. 그녀는 상냥하고 느긋하며 이 일을 좋아한다. 리카르도와도 뜻이 잘 맞는다. 리카르도와 함께 경영을 하고 다른 사촌들과 동생이 도와주면 좋을 것 같다. 부치 가족은 대가족이다. 요는 '암펠리오 교수가 그들에게 얼마나 많은 재량권을 줄 것인가?'다. 알아봐야겠다.

암펠리오는 우리에게 농기구 박물관을 보여줬다. 구식 트랙터, 오래된 나무통…… 그리고 평생 '또 쓰고, 줄이고, 재활용하라'를 모토로 삼아왔다고 자랑스럽게 말했다.

암펠리오 난 아무것도 안 버린다네.

오래된 배럴, 오래된 포도밭, 농기구 박물관. 눈앞의 그를 관찰한다. 딱 보았을 때 우리 둘은 편한 바지와 가벼운 스웨터 등 옷 입은 것이 비슷하다. 하지만 암펠리오에게는 그의 보수적인 영혼을 드러내는 뭔가가 더 있다. 그가 입은 스웨터는 이미 여러 해 입은 것이니 그것을 입고 수확도 많이 했을 것이고, 두껍고 질긴 바지는 먼지가 많은 들에서 돌아다녀도, 집에서 키우는 개나 고양이가 반갑게 뛰어올라도 문제가 없을 것이다. 지금까지는 눈치채지 못했는데 그의 신발을 보고 눈을 의심했다. 신발의 모습은 하고 있지만 원래 무슨 색인지는 당최 알 수 없는 모카신을 신고 있었던 것이다. 왜 안 버리는 걸까? 도대체 왜 버리느냐고 암펠리오는 자랑스럽게 말했다.

암펠리오 이 신발을 신은 지가 56년 되었는데 언제 샀는지도 정확하게 생각이 난다네. 대학 신입생이던 20살이었지.

리카르도 보셨죠? 구두쇠시라니까요!

오스카 맙소사! 이건 명백한 외적 대조야! 패션 관련 일을 하시는데도 아직 상태가 좋은 오래된 의복을 자랑스럽게 입고 다니시는군. 늘 세련된 분이라 생각했는데!

시게루는 그를 관찰하고 시모나는 즐거워한다. 이 시점에서 나는 아버지 부치의 편만 너무 들지 않기 위해서 이렇게 말했다.

오스카 '또 쓰고, 줄이고, 재활용하라'로는 한계가 있으니 여기다 네 번째 단어를 추가하면 좋겠네요. '앞으로 나아가라!' 앞으로 나아가지 않으면 답보 상태라는 의미니까요.

암펠리오는 더 보수적이라 나처럼 생각하지는 않는다. 자기 생각에 따라 행동하고 그의 아들들도 자신의 판단을 따르길 바란다. 하지만 자식들은 아버지와는 다르게 하고 싶어 하고 스스로의 고집대로 하려 한다. 드디어 이에 대해 이야기할 때가 왔다.

오스카 세상에서 가장 사랑하는 것이 자식들이라면 자식들이 하게 놔두세요. 실수도 하게 놔두시고, 그렇게 해서 자신의 길을 찾게 내버려두세요. 당신의 가장 큰 장점인 원만함만 가르치시고요. 그럼 거기에 대해 고마워할 겁니다.

암펠리오 쉽지 않은 일이지…….

나도 그것이 쉽지 않다는 걸 안다. 완벽한 아버지가 되는 것은 완벽한 와인을 만드는 것처럼 불가능하다. 그래도 매일매일 노력해야 하지 않을까?

오스카 저도 그건 힘든 일입니다. 게다가 전 아들이 셋이라고요.

그리고 이 말을 하면서 생각해보니, 어쩌면 내 아들들이 더 힘들 수도 있겠다는 생각이 든다. 그 생각을 입 밖에 내지는 않았다.

의식 있는 음주가들의 모임

마침내 시음을 위해 테이블 주변에 둘러앉았다. 리카르도도 내 곁에 앉았다. 다 함께 둘러앉아 있으니 기분도 좋고 분위기도 좋다.

테이블에 앉자 늘 그러듯 시게루의 진지한 작은 의식이 거행된다. 그는 병들을 다 따고 라벨이 자신과 손님들에게 다 잘 보이도록 돌려놓고 시음 순서에 따라 정렬한다. 이제는 어느덧 그가 치르는 이 의식이 익숙하다. 예를 들어 잔들도 절대 다른 사람이 놓은 그대로 놔두지 않고 다시 배치한다. 또 시원한 물을 가져다 달라고 이야기한 다음 자리에 앉는다. 시게루는 커다란 물방울 속에 들어가 앉아, 와인에 대해 이야기해달라는 요청을 듣기 전까지는 다른 이들의 대화에 참여하지도 않는다.

가장 먼저 마실 와인은 빌라 스파리나의 '몬테로톤도 2009'다. 오늘 모인 우리들이 좋아하는 70년 된 오래된 포도밭에서 나온 '코르테세 디 가비' 와인이다.

암펠리오가 먼저 이야기를 시작했다.

암펠리오 대단한 향을 지녔군. 향만 맡아도 맛있는 와인이라는 것을 알 수 있네. 미네랄리티가 대단히 마음에 들어. 향이 훌륭하다는 것은 확실해.

시게루가 엄숙하게 말을 꺼낸다. 후각적으로는 배, 바닐라, 감귤류의 향이 느껴진다. 입안에서는 풍성함과, 버터에 가까울 정도의 지방이 느껴진다. 버터 맛이라니! 난 절대 그런 생각은 못 했을 텐데, 그 말을 듣고 생각해보니 맞다. 늘 그렇듯이 다 맞힌다. 리카르도는 부치 리세르바와 비교했는데, 이 와인 또한 바디감이 있고 둥글기 때문이다. 거기 더해 시게루는 화장을 아름답게 하고 자신을 드러내는 성향이 있는 아름다운 여인에 비교하기도 했다. 잘 어울리는 음식은 버터가 들어가는 조개 수프, 신선한 페코리노 로마노, 정어리 파스타, 소금과 레몬을 곁들인 튀김이다. 나는 다른 말은 안 하고 생산자인 모카가타 가문의 세 형제인 스테파노, 마시모, 티치아나의 칭찬을 했다. 스테파노는 나의 오랜 친구인데, 이들 형제는 마케팅의 귀재로 아주 특별한 병과 라벨을 만들어냈다. 와인도 물론 훌륭하지만, 특히 와인 가게 진열장에 세워놨을 때 다른 와인과 차별화되는 독특함이 있다.

이제 두 번째 와인으로 넘어간다. 이 와인의 생산자 또한 나의 절친한 친구로 이름은 밈모 카실로이고 와이너리는 풀리아 주의 무르자에 있는 마세리아 산 마뇨, 와인은 '카스텔 델 몬테 로사토 키안카로사 2011'이다. 포도밭은 독특한 풍경을 보여주는 카스텔 델 몬테 성 근처에 있다.

밈모는 다른 형제들인 프란체스코, 파스콸레와 함께 회사를 경영하는데, 바로 그 유명한 듀럼밀 회사 카실로다. 그들은 엄청나게 많은 제분소를 소유하고 있고 세계 듀럼밀 시장에서도 제 목소리를 내고 있다. 밈모는 세 형제 중 둘째로 사업 다각화를 담당하고 있다. 고품질의 식품 시장을 겨냥하고 있는데 그중 와인도 있다. 그들은 제초제나 화학비료를 사용하지 않으며 아황산 첨가제의 양도 매우 적다.

이번에도 암펠리오가 먼저 시작한다. 이 와인에서는 남부의 우아함, 톡 쏘는 냄새와 함께 남부식의 거만함도 느껴지는데 그것은 자신의 뿌리에 대한 애착과 솔직함을 의미하므로 이해할 수 있다고 한다. 이로부터 출발하여 이탈리아 남부인 지중해 지역에 대해 이야기한다. 아직도 생생하게 살아 숨 쉬는 3000년이 넘는 역사와, 그 땅에 들어와 놀라운 영향을 끼치고 물러간 지배 세력들, 그리고 뿌리 깊은 전통에 관한 이야기였다.

오스카 북부 동맹에 대해 어떻게 생각하나요?

갑작스러운 의문이 떠오른다. 암펠리오는 당황하지 않고 바로 응답했다.

암펠리오 내가 밀라노 사람으로서 말하겠는데, 북부 동맹의 특정 인물들은 몸서리가 쳐진다네. 생각 자체는 혁신적이고 고무적인데, 문제는 아직 연맹을 구체화시킬 수 있을 만한 처방이 없다는 거네. 우리 지역은 아직 남쪽과 분리될 준비가 안 돼 있어.

나는 여기서 좀 더 나아갔다. 리카르도에게 누구에게 투표했는지, 이런 기본적인 가치관에 있어서 아버지와 어머니 중 누구의 영향을 더 받았는지 물어보았다. 리카르도는 그에 대한 답변을 회피하면서, 어머니의 질병에 대해 이야기하고 어머니와 아버지 사이에 존재하던 견해 차이와 다툼이 불치병 앞에서 갑자기 다 사라지는 것을 목격했다고 말했다.

무거운 이야기 뒤엔 와인이 주는 즐거운 분위기로 되 돌아가고자 했다.

시게루 로제 와인이지만 젊은 레드 와인처럼 보이는군. 살구, 건초, 복숭아의 향기에 상당한 미네랄리티와 적절한 산도를 갖췄어. 와인의 베이스가 레드 와인용 포도라는 것을 느낄 수 있군. 실제로도 트로이아 포도가 들어갔고 몬테풀차노가 그보다 적은 양으로 쓰였어. 이 와인은 생선 요리하고도 잘 어울리지만 살라미, 마르게리타 피자와도 잘 맞고, 양젖 리코타에 오일, 소금, 후추, 모스토 코토[70]를 곁들여도 좋겠군. 일본이라면 닭꼬치에 7개의 향신료를 곁들여 함께 먹겠어.

또 닭꼬치다! 아이고 배고파라, 정오다.

암펠리오 이 로제 와인은 시원한 상태에서 식전주로 마셔도 좋겠어.

리카르도 여기서 강한 아로마 노트가 느껴져서 아버지가 식전주로 마

70 Mosto cotto. 당도가 높은 포도를 여과한 즙을 장시간 끓인 다음 숙성한 소스.

시겠다고 하신 것 같네요.

모두가 좋아한다. 정말 마셔야 할 와인이다. 그래서 나도 잔을 비웠다. 물론 내 입속에 말이다. 이제 란게에서 가장 소박한 와인인 돌체토를 맛보게 할 생각에 즐거워졌다. 란게에서는 빵, 살라미, 돌체토를 먹고 큰다고 할 만큼 일상적인 와인이다. 하지만 이번에 내가 가져온 것은 특별한 돌체토로, 산 로마노의 '비냐 델 필로네 수페리오레 2010'이다.

오스카 품종명이 달다는 뜻의 돌체토인 이유는 포도가 달기 때문인데 양조를 하고 나면 드라이해집니다. 돌체토 재배에 가장 적절한 지역 중 하나가 돌리아니인데 노벨로, 바롤로, 몬포르테 등 바롤로 생산지들과 붙어 있습니다. 1933년에 원산지 규정을 위해 바롤로 재배 지역을 구분했을 때 돌리아니는 거기 포함되지 않았습니다. 그래서 해가 잘 드는 남쪽 땅에 네비올로 대신 돌체토를 심었고 아주 환상적인 와인을 만들고 있죠. 몇 년 전에 산 로마노 와이너리를 인수했는데, 다른 구릉들보다 높고, 산꼭대기에 탑이 있어서 탑의 포도원이라고도 불려요. 포도원의 사면에서 해가 비치죠.

포도원 위치와 회사와 와인을 너무 좋아하기에 아주 자랑스럽게 말했다. 이제 그들이 말을 할 차례인데, 이런 자화자찬이 그들에게 좀 영향을 끼쳤나 모르겠다. 나는 이제 곧 있을 점심 식사의 전채 요리로 안초비 요리를 먹을 꿈에 부풀어 있다. 암펠리오가 세니갈리아에 있는 우리 친구 모레노 체드로니[71]의 레스토랑에 데려가기로 했기 때문이다. 그는 인색하지

71 레스토랑 마돈니나 델 페스카토레(Madonnina del Pescatore)의 오너 셰프.

않은 사람이니 안초비를 빼놓지 않고 꼭 줄 것이다!

암펠리오 향이 매우 흥미로워. 허브에 가까운 과일 향이 나는군. 타닌이 신선하고 모가 나 있어서 산도가 있군. 내가 전문가는 아니지만 아직 시간이 좀 더 필요한 것 같아. 식사와 함께 마셔야 할 와인 같은데, 특히 점심 식사와 어울리겠어.

오스카 물론입니다! 빵, 버터, 안초비, 살라미, 피망같이 소박한 요리와 같이 먹어야죠. 동의합니다! 시게루, 자네는?

시게루 깨끗하고 분명하며 밀도 있는 아름다운 보라색이군. 제비꽃과 장미, 말린 붉은 과일, 이끼의 향이 나네. 입안에서는 따뜻하고 드라이하며 타닌이 부드럽고 산도도 적절해. 나는 이것을 살라미, 덜 숙성한 브라 치즈, 살사 베르데를 곁들인 구운 돼지고기, 그리고 부드럽고 지방이 많아서 분명한 맛이 나는 와인을 필요로 하는 피에몬테 요리들과 함께 마시라고 권하겠네. 이 와인은 부지런한 시골 아낙과 같지. 그녀는 일상을 늘 함께 하는 벗이나 다름없어.

이제 거의 마지막이다. 남은 두 와인을 마실 때는 언제나 늘 미래에 대해 이야기하고 싶다. 과거와 함께 늘 호기심을 자아내기 때문이다.

오스카 현재는 존재하지 않죠. 왜냐하면 말하는 순간 이미 그것은 과거가 되고, 조금 후에 발생할 일은 미래이기 때문이죠. 바롤로가 1200만 병이 생산되고 그중 68퍼센트가 해외에서 판매됩니다. 아마로네는 1700만 병이 생산되고 그중 93퍼센트가 해외에 판매되죠! 온 세상이 아마로네에 홀딱 빠져 있는데 이 '몹쓸' 와인은 아직도 성장을 멈추지 않고 있습니다. 내가 가져온 것은 알레그리니의 '아마로네 발폴리첼라 2008'인데, 이것을 고른 이유는 마릴리사 알레그리니를 존경하기 때문입니다. 이제 이 아마로네에 대해서는 두 마디 말을, 당신 미래에 대해서는 200마디의 말을 해주세요!

암펠리오 음…… 이것은 마멀레이드 맛이 나는 전형적인 아마로네는 아니군.

오스카 마릴리사가 다른 것을 원했거든요! 그녀는 미래를 볼 줄 알죠!

암펠리오 그 맛을 완화시킨 건 잘한 일이군. 훨씬 더 우아하게 느껴져. 독일인들이 좋아하는 아마로네 스타일과는 완전히 다르군. 그들이 맥주는 잘 알지만, 마멀레이드 같은 아마로네를 가자미 요리와 같이 마시기도 할 걸세! 왜 그렇게 아마로네를 좋아하는지는 모르겠는데…… 그들의 요리랑 맞아서 그런지…….

오스카 리카르도, 자네는 어떻게 생각하나?

리카르도 전 전문가도 아니고 아마로네는 몇 번 안 마셔봤지만. 이 와인은 분명 기분 좋게 느껴지네요. 하지만 빈속에 마시기에는 맞지 않는 것 같은데. 이 와인은 아무도 식전주로는 마시지 않을 것 같네요…… 시간대가 이래서…… 점심을 먹지 않은 상태에서는 아까 마신 돌체토가 더 좋겠어요.

오스카 시게루, 이 아마로네에 대해 말해보게, 무엇이 느껴지나?

시게루 여기 있는 분들은 모두 아마로네의 가치를 알아보지 못하는군요! 오늘날 세계에서 가장 사랑받는 이탈리아 와인이 아마 아마로네일 텐데 그 이유는 순전히 이것이 아주 대단한 와인이기 때문이지요. 그러니 이 와인을 더 존중하셔야 합니다!

그렇게, 바로 그렇게 명령형으로 말했다.

시게루 밀도 있는 특징적 색을 지녔군요. 바닐라, 가죽, 말린 과일의 향이 느껴지고 암석, 토양, 카카오, 커피가 느껴지는 미네랄리티를 지녔어요. 오래 유지되지만 또 매우 섬세하군요. 브라사토, 숙성한 토마 치즈, 아니면 살짝 익힌 스테이크에 간장과 와사비를 곁들이면 잘 어울리겠군요. 이 와인을 여인에 비유한다면, 전문직 여성에 비교할 수 있을 겁니다. 아침 시간에 밀라노 지하철에서 마주치는 여성들 말입니다.

오늘 왜 그런지 몰라도 시게루가 여자 이야기를 많이 한다. 그처럼 조심스럽고 절제된 사람이 그러니 이상해서 웃음이 난다. 우리가 마실 암펠리오의 와인은 '빌라 부치 리세르바 2004'다. 하지만 그에 앞서서 미래에 대해 이야기하라고 고집을 부렸다!

암펠리오 미래를 이야기하는 것은 쉽지 않아. 암펠리오 부치 내 개인의 미래는 짧지. 미래는 남겨진 자들의 것이라는 말이 있어. 미래는 또 우리 와인들의 것이기도 한데, 20년 후 이 와인들이 어떻게 될지는 나도 아직 모르겠다네. 그것을 알게 되기까지는 시간이 걸릴 것이고 내가 생각해볼 시간도 필요해.

그 대답에서 암펠리오가 요즘 빌라 부치의 미래에 대해 고민하고 있다는 것을 느낄 수 있었다. 아직 자신의 패를 내보이고 싶어 하지는 않는 것 같다. 게다가 내가 이해한 바로는 리카르도의 생각도 아직 분명치 않다.

오스카 제가 운 좋게 2000년에 토니노 구에라 씨와 친분을 맺었는데, 그때 딱 80살이셨지요. 위대한 시나리오 작가이자 20세기의 가장 중요한 시인 중 한 분이신 그분이, 늘 늙어가는 것이 너무나 행복하다고 하시더군요. 되새겨보고, 생각하고, 사색하고, 게으름 피우고, 관찰하는 시간이 있다는 것이요. '내 나이가 되면 석양까지도 아름답다네' 이렇게 말씀하셨죠. 자신에게 남은 시간을 누리셨어요!

암펠리오 머리가 제대로 돌아가는 한은 아주 잘살 수 있어! 잘난 척하는 허풍선이만 안 되면 되지. 그리고 핵심은 용기인데 땅이 계속 용기를 낼 수 있도록 도와주지…….

암펠리오는 생각에 빠져들었다. 아마 우리끼리만 있었으면 좀 달랐을 것 같다는 생각을 하면서 아무 생각 없이 잔에 다섯 번째 와인을 따르고는 오늘 아침에 여러 번 했던 동작을 했다. 와인을 산화시키기 위해 팔목을 흔들고는 와인의 향도 안 맡아보고 바로 입에 대고 마셨다. 또 마셨다.

오스카 와 대단하군요! 2004년산이 이렇게 맛있는지 알고 계셨어요? 마지막 와인이 앞의 와인들을 다 휩쓸어버리는군요. '빌라 부치 2004'를 몇 병이나 갖고 계시죠?

암펠리오 한 1500병 되려나? 확실치는 않은데.

오스카 그럼 나한테 200병 파시겠어요?

암펠리오 농담하나? 돈이 꽤 나올 텐데. 그만한 돈이 있겠나?

눈을 찡긋하기에 나도 좀 깎아달라 해봤다. 그는 이런 결과는 시간의 기적으로 인한 것이라고, 와인은 홀로 완성되며 매해 달라진다고 했다. 와인의 신비함은 자연의 기적이다. 발터 마사는 그것을 '광기를 뛰어넘는 균형'이라고 표현했다. 지금 다시 생각해보니 더욱 사실 같다.

암펠리오 이 2004년산은 새로 만든 와인보다 더 빛나고 반짝인다네. 오래된 배럴에서 휴지를 시켰기 때문에 나온 결과지. 이런 와인은 계산할 수 없는 가치들이 모여 나온 결과로, 그 가치 중 하나가 우리가 담은 희망이지.

오스카 와인이 매우 반짝이는데, 시게루, 어때 보이나?

시게루 색상은 노란빛이 도는 볏짚색이고, 후각적으로는 미네랄 염과 꿀, 바닐라, 살구, 야생 허브 향이 나는군. 구운 아몬드와 좋은 풍미도 느껴져. 바디감은 적당하고, 산도도 균형이 매우 잘 잡혀 있고, 맛은 길게 지속되고 배가 고파지게 하는군. 여기 맞는 음식은 갑각류, 아콰 파차, 브로데토(생선 스튜), 레몬을 곁들인 돼지고기 스칼로피네, 흰 살코기 구이 모둠이라네.

더는 못 참겠다. 배가 고프다. 암펠리오가 우리의 점심 식사 장소가 모레노의 식당이라고 했을 때부터 참을 수가 없었다.

오스카 가자고요, 암펠리오. 책에 쓰지는 않을 테니 점심시간에 다른 얘기도 좀 하고요. 그나저나 식당에서 '빌라 부치 2004' 2병만 가져가면 안 될까요?

시게루의 와인 시음 노트

암펠리오 부치와 함께

가비 델 코무네 디 가비 몬테로톤도 2009(빌라 스파리나)

Gavi del Comune di Gavi Monterotondo 2009(Villa Sparina)

종류	화이트 와인
포도 품종	코르테세 100%
양조/숙성	24시간 동안 스테인레스 스틸 탱크에서 저온 침용, 4개월간 바리크에서, 4개월간 스틸에서, 1년간 병에서 숙성
생산지	피에몬테

반짝이는 황금색에 옅은 초록빛이 감돈다. 과일(배, 감귤류) 향 아래로 바닐라와 흥미로운 미네랄의 뉘앙스가 느껴진다. 입안에서는 부드럽고, 풍미 있고, 바디감이 있으며, 우아하고 매우 기분 좋다.

버섯 수프, 정어리 파스타, 덜 숙성한 페코리노 로마노와 잘 어울린다. 튀김요리에 소금과 레몬을 곁들여도 좋을 것 같다.

아마 가비 중에서는 세계에서 가장 유명한 와인일 것이다. 비록 생산량이 제한되어 있고, 이해하기 쉽지 않은 와인이기는 하지만 말이다. 그렇지만 흥미로운데 단순하기까지 한 것이 있었던가? 여인들을 한번 생각해보라! 아무튼 아무도 믿지 않았을 때조차 가비의 품질을 신뢰했던 모카가타 가족에게 찬사를 전하고 싶다.

카스텔 델 몬테 키안카로사 2011(아그리콜라 델 솔레)

Castel del Monte Chiancarosa 2011(Agricola del Sole)

종류	로제 와인
포도 품종	우바 디 트로이아, 몬테풀차노 약간
양조/숙성	포도는 부드럽게 압착, 제어된 온도에서 발효, 5개월간 스틸 탱크에서 숙성
생산지	풀리아

짙고 반짝이는 체리색이다. 라즈베리, 체리, 레드 커런트, 감초, 야생 허브 향이 난다. 드라이한 맛에 소금기가 느껴지며 산도가 적절하다.

브로데토 혹은 마리나라[72] 피자와 조합해보겠다. 7가지 향신료로 양념을 한 닭꼬치도 잘 어울린다. 가벼운 한 끼 식사에 아주 잘 맞는 와인이다.

내가 마셔본 로제 와인 중 가장 맛있는 것 중 하나다. 단순하게 완벽하다. 여름이라면 이 와인만 마시면서 아름답기 그지없는 그곳을 상상해보리라. 라틴어로 '스투포르 문디(Stupor Mundi: 세계의 경이)'라고 불리던 프리드리히 2세의 성 발치에 이 포도밭이 있다.

돌체토 디 돌리아니 비냐 델 필로네 2010(산 로마노)

Dolcetto di Dogliani Vigna del Pilone 2010(San Romano)

종류	레드 와인
포도 품종	돌체토 100%
양조/숙성	제어된 온도(25/30°C)로 스틸 조에서 발효, 5~10일 후에 즙과 포도 찌꺼기 분리, 겨울이 오기 전에 젖산 발효 완료, 2개월간 병에서 숙성
생산지	피에몬테

보랏빛이 감도는 짙은 루비색이다. 자두, 허브, 제비꽃의 짙은 향이 느껴지

72 marinara pizza. 토마토, 마늘, 오레가노, 안초비가 올라가는 나폴리 피자.

고 머스트의 뉘앙스도 있다. 입안에서는 드라이하고 타닌은 부드러우며 알코올의 균형이 좋다.

다양한 전채 요리, 팬에 구운 돼지고기에 살사 베르데를 곁들이거나, 조금 숙성된 브라 치즈나 아시아고 치즈가 잘 맞는다.

세상에서 가장 쓴 와인 중 하나가 왜 '달다'라는 뜻의 돌체토로 불릴까? 항상 궁금했는데 포도가 달아서 그렇다는 것을 알게 되었다. 이탈리아인들은 참 이상하다고 생각하지만 이번만큼은 이해가 간다. 산 로마노의 포도밭은 환상적이다. 강줄기로부터 시작해 700미터 높이까지 도달한다. 이 와인은 부지런한 시골 아낙이다. 일상을 늘 함께하는 벗이다.

아마로네 델라 발폴리첼라 클라시코 2008(알레그리니)

Amarone della Valpolicella Classico 2008(Allegrini)

종류	레드 와인
포도 품종	코르비나, 코르비노네, 론디넬라, 오셀레타
양조/숙성	수확한 포도를 12월까지 건조, 1월에 압착, 18개월간 바리크에서 숙성 후 함께 혼합한 다음 7개월간 숙성, 14개월간 병에서 휴지
생산지	베네토

매우 짙은 루비색이다. 체리, 건자두, 건포도같이 붉은 과육을 지닌 과일 향이 난다. 또 미네랄, 커피, 카카오, 정향이 느껴진다. 강건함이 입안을 채우지만 타닌은 벨벳과 같다. 과일이 황홀하게 농축되어 있다.

궁합이 맞는 음식은 아마로네에 조리한 브라사토, 간장과 와사비를 곁들인 스테이크, 야생동물 고기, 숙성한 토마 치즈이다.

한겨울에 벽난로 앞에 앉아 잘 맞는 사람과 마시는 환상적인 와인이다. 알코올이 15.5도라 놀랄 수 있지만 실제로는 도수가 별로 느껴지지 않는다. 우아함과 조화로움 속에 멈춰 있는 와인 같다. 이 와인은 아침에 밀라노 지하철 안에서 마주치는 전문직 여성에 비유할 수 있겠다.

베르디키오 데이 카스텔리 디 예시 클라시코 리세르바 2004(빌라 부치)

Verdicchio dei Castelli di Jesi Classico Riserva 2004(Villa Bucci)

종류	화이트 와인
포도 품종	베르디키오 100%
양조/숙성	최소 1년간 슬라보니아산 대형 오크 배럴에서 숙성, 1년간 병에서 숙성
생산지	마르케

열은 볏짚색이다. 농익은 과일, 꿀, 바닐라, 부싯돌, 세이지의 향이 난다. 풍미 있고 균형이 좋고 지속성이 있는 맛이다. 멋진 미네랄의 여운이 남는다.

생선, 갑각류, 그중에서도 특히 그릴에 구운 랍스터가 잘 어울린다. 흰 살코기가 잘 어울리는데 레몬을 곁들인 스칼로피네나 꼬치구이로 준비한다. 튀김이나 초밥 등의 일본 요리와도 완벽하게 어울릴 것이다.

이 화이트 와인은 다음에 카와도코에 가져가야겠다. 일본 교토를 가로지르는 카모가와 강어귀에서 하는 저녁 식사인데 항상 여자들로 붐빈다. 이 와인은 대단히 유혹적인 와인이다. 섬세하지만 강하고 우아하지만 직접적이기 때문이다. 바로 그네들이 좋아하는 맛이다!

10장

상호 보완의 기적

와인 명가: 룬가로티(Lungarotti)

대표: 테레사(Teresa)와 키아라(Chiara)

우리는 기적을 보게 될 것이다. 그것은 상호 보완의 기적이다. 조르조와 그의 부인 마리아 그라치아의 상보성은 와인 회사를 성공시키고, 박물관을 건립하고, 문화 사업을 이끌어가는 마법을 일으켰다. 조르조가 사망한 이후에는 두 딸인 테레사와 키아라가 부모의 것과 똑 닮은 상보성의 기적을 통해 성공을 공고히 지속하고 있다. 아마 그들이 서로를 보완해주는 관계가 아니었다면 이렇게도 특별한 회사가 정체성과 성공을 유지하는 것은 불가능했을 것이다.

우리는 이부 자매

움브리아 주 페루자 현 토르자노. 와인의 5000년 역사가 그라치아니 발리오니 궁의 와인 박물관 안에 모두 들어 있다. 이 박물관과 비견될 만한 곳은 세계적으로도 드물다! 박물관은 건축 유적, 수공예품, 포도 재배와 양조에 사용되던 장비, 중세, 르네상스, 바로크, 현대 도자기 컬렉션, 고서적, 와플 팬, 부조, 현대 조각, 약용 와인의 사례 등으로 디오니소스 신화와 음주 문화를 고찰하고 있다. 이 모든 것은 조르조 룬가로티와 마리아 그라치아 마르케티 두 사람의 업적이다. 그는 와이너리의 창업자이자 지주의 아들로 페루자 대학에서 농업을 전공했고, 포도밭과 양조장의 열정적인 실험가다. 토종 품종을 복원하고 가치를 되살리는 작업과 함께, 새로운 품종의 선별과 적응에도 힘쓰며 포도주 양조학의 경향에서도 시대를 앞서갔다. 그의 아내는 그보다 16살이 젊은 예술사가다. 1974년 그들은 함께 와인 박물관을 설립하고, 1987년에는 위대한 이탈리아 농업 문화유산의 가치 구현을 위해 룬가로티 재단을 창설했다. 그리고 2000년, 조르조의 사망 1년 후에는 부부가 함께 구상하고 기획한 올리브, 오일 박물관이 문을 열었다. 룬가로티는 1999년 사망과 함께 근로 기사 훈장을 받았다. 그는 그것을 받을 자격이 있었다. 당시 그는 89살의 나이에도 일을 나가려고 옷을 갈아입고 있었다!

룬가로티는 멋진 3명의 여성을 유산으로 남긴다. 아내 마리아 그라치아, 딸 키아라(그는 61살에 아버지가 되었다), 그리고 마리아 그라치아가 전 남편 루이지 세베리니 치안판사와의 사이에서 낳은 딸 테레사 세베리니가 있다. 이부(異父) 자매 테레사와 키아라는 음과 양, 땅과 하늘, 여자와 남자……에 비견할 수 있다. 하나는 부드럽고 다른 하나는 단호하다. 둘은 완벽한 한 쌍이다. 상호 보완성이 최대로 발현된 관계다.

우리가 먼저 만난 테레사는 이탈리아 최초의 여성 양조 전문가 중 하나다. 룬가로티 와이너리에서 그녀는 자신의 와인을 만들고 자신의 서명을 넣는다. 세 딸의 어머니이며 '와인과 여성' 협회를 창설했다. 2011년부터는 페루자 과학 기술 박물관의 이사장으로 일하고 있다. 그녀는 나와 동년배인 아름다운 여성인데(이것은 빈말로 하는 칭찬이 아니다), 59살인 나이보다 훨씬 어려 보인다. 그녀는 우리를 어머니 마리아가 세운 박물관으로 안내했다.

오스카 어머니는 어디 계신가요?

테레사 학회에 연사로 가셨어요. 아니면 직접 안내해주셨을 겁니다.

오스카 몇 년생이신가요?

테레사 1926년생이신데 에너지가 얼마나 넘치시는지 몰라요! 모든 재단 활동을 그대로 하고 계세요!

오스카 86살인데 학회 때문에 여행을 다니신다고요? 대단히 정정하시군요.

테레사 그래요, 우리의 모범이시죠. 어머니를 보면 그분처럼, 억지로가 아니라 자연스럽게 내 안으로부터 최고를 끌어내고 싶은 마음이 들죠. 내가 회사에 들어간 것은 그러고 싶어서였지 누군가가 그렇게 하라고 해서가 아니었습니다.

조르조 룬가로티에 대해서도 다시 생각해보았다. 그는 최후까지 회사의 보스였다.

오스카 당신이 회사의 경영권을 물려받은 것이 45살이었으니까 그가 돌아가셨을 때였나요?

테레사 그때 나는 이미 회사에서 오래 일을 해왔었고, 조르조가—그녀는 그를 당연한 듯 아버지라 부르지 않고 조르조라고 불렀다—우리 곁을 떠났을 때 키아라가 최고 경영자가 되었어요. 나는 조르조와 키아라 사이의 연결 고리 역할을 했었죠. 그분은 대단한 남성우월주의자였지만 나와 키아라 앞에서는 항복하는 수밖에 별도리가 없었어요. 우리가 아니면 가족은 아무도 없으니까요. 그래서 늘 우리를 믿으셨죠. 성격 자체는 완고했지만 다른 이의 말을 들을 줄 아는 분이었어요.

그녀의 말을 들으니 조르조는 직관이 뛰어났었던 것 같다. 그는 가야의 아버지가 그랬듯이 소작제를 종결시키고 농부들과 새 봉급 고용 계약을 맺었다. 그는 너그러웠고 (복숭아 재배부터 밍크 사육에 이르기까지!) 모든 사업에 다 도전하고 싶어 했으며, 실용주의자였고 놀랄 만큼 호기심이 많아서 와인 업계에 대해 이해하고 배우기 위해 전 유럽을 여행했다.

테레사 두 분은 그렇게 다르면서도 그렇게 가까울 수가 없는, 완벽하게 상호 보완적인 특별한 한 쌍이셨죠. 한 사람이 상상 속을 날아 오르면 다른 사람은 행동으로 보여줬어요.

오스카 당신과 키아라의 어머니가 같나요?

테레사 물론이죠, 정확히는 이부 자매예요. 불어로는 드미 쇠르, 더 부드럽게 들리죠?

테레사에게서 두드러지는 점이 바로 부드러움이다.

오스카 조르조가 어머니와 결혼하셨을 때 나이가 몇이었죠?

테레사 55살로 야심 찬 노총각이셨어요. 결혼도 동거도 안 해본 분이었죠. 두 집안의 땅이 붙어 있어서 그냥 좋은 이웃으로 지내다가 어머니를 더 잘 알게 되셨는데 그때 어머니는 39살의 정말 아름답고 홀로 된 지가 이미 오래된 젊은 과부였어요.

오스카 그래서 무슨 일이 벌어지죠? 조르조가 구애를 하나요?

테레사 그렇다고 할 수 있지만, 매우 조심스러우셨어요. 당시 엄마에게는 자식이 둘 있었고—나와 우리 오빠 주세페요—교사 일도 하시면서 동시에 가업인 농장도 혼자 이끌어 나가느라 쉽지 않은 생활을 하고 계셨거든요. 하지만 호기심은 넘치셨어요. 조심스럽지만 매력적이셨고요. 그리고 두 분의 관계가 저에게 어떤 고통도 주지 않았어요. 어머니가 늘 친아버지에 대한 존경심을 키워주셨거든요. 그 영향이 얼마나 컸던지 오빠도 아버지의 뒤를 따라 치안판사가 되었고 지금은 최고행정법원 부장판사예요.

아버지를 회상하던 그녀의 목소리가 낮아진다. 꾸밈없는 말투를 지닌 테레사의 눈은 아름답게 반짝여서 보는 이를 편안하게 해준다. 나는 그녀에게 '족집게'처럼 박물관의 핵심만 좀 짚어달라고 했다. 와인 박물관의 명성이 높은 것은 알고 있지만, 시간이 별로 없었기 때문이다. '족집게'라는 말을 써서 좀 창피하지만 고등학교 때는 단테의 《신곡》이나 만초니의 《약혼자》들의 족집게 노트가 대단히 유용했었다. 그녀는 상황을 이해하고 기꺼이 수락하며 조르조와 어머니가 이루어놓은 업적에 대해 열정적으로 이야기했다. 마리아는 지금도 그치지 않는 추진력으로 와인 연구를 계속하면서 지식의 폭을 확장, 심화시키고 있으며, 새로 구매한 전시품들로 해마다 박물관 컬렉션의 완성도와 가치를 높이고 있다. 박물관은 포도와 와인의 역사와 문명을 보여준다. 민간 박물관이지만 룬가로티 와인에 대한 것은 병 하나, 라벨 하나 없다. 가족의 와이너리에 대한 어떠한 언급이나 로고도 없다. 발리오니 궁의 20개가 넘는 전시실을 위아래로 오갔다. 박물관의 연간 방문객 수는 약 1만 8000명이다. 박물관의 특별함에 비하면 관람객 수가 적다는 생각과 함께, 이런 사적인 유산을 관리하는 데 가문이 지출하는 비용이 얼마나 많이 들지 생각한다. 프랑스라면 틀림없이 국가적 자랑거리로 만들고 세계적으로 광고를 했을 것이다. 반면 이탈리아에서는 두 독지가의 와인에 대한 사랑과 너그러움에 전적으로 기대고 있다. 테레사는 뛰어난 안내자였으며, 당연하게도 기회가 있을 때마다 박물관 전시품들에 대한 자부심을 드러냈다. 에트루리아 예술로부터 건축가 지오 폰티, 장 콕토까지, 관람이 시작되고 끝났다. 다음에 더 시간을 갖고 천천히 돌아볼 수 있도록 빨리 끝냈다. 꼭 다시 돌아올 것이다. 와인을 사랑한다면 이 멋진 장소를 절대 놓치지 마시라.

토르자노에는 아무것도 없었다

테레사 지금의 와이너리는 많은 증축과 근대화의 결과지만 그 시작은 1962년이었습니다. 여기 토르자노에는 트랙터 한 대 없었어요! 조르조와 엄마는 위대한 선각자예요. 시대를 얼마나 앞서가셨던지 그분들의 어떤 생각들은 받아들여지지 않기도 했어요. 로컬 와인 무료 시음장도 그 일례였죠……. 처음에는 술이나 한잔 걸치려는 노인들밖에 안 왔으니까요!

오스카 회사에서 일을 시작한 건 언제인가요?

테레사 1979년이요.

오스카 포도 수확은 몇 번이나 했죠?

테레사 올해가 34번째네요.

테레사의 이야기를 듣는 동안 와이너리에 도착했다. 키아라가 우리를 기다리고 있었다. 그녀는 42살의 농경학자이자 6살의 아이를 둔 엄마다. 토르자노에서 살지만(거기서 일해서) 잠은 집이 있는 페루자에서 잔다(정확하게 이렇게 말했다). 일을 우선하느라 집은 그저 밤에 잠을 자기 위한 공간으로만 여기는 여성의 이미지가 강렬히 전해졌다. 이것이 오늘의 토론 주제 중 하나가 될 것을 예감한다. 그녀가 바로 룬가로티 그룹 휘하에 있는 여러 회사들의 CEO다. '칸티나 조르조 룬가로티(유)', '레 트레 바셀레' 리조트 앤드 스파, 그리고 토르자노와 몬테팔코 지역의 농장과 1948년 설립한 에너지 회사 '스캅(유)'이 그것이다. 그녀는 대학에서 농업을, 대학원에서 포도 재배학을 전공했다. 스스로를 '뼛속 깊이 움브리아인'이라고 여기는 그녀는 직접 와이너리의 안내를 맡았다. 주변을 둘러보니 포도밭이 끝없이 펼쳐져 있는데 모두 그들 소유다.

오스카 땅을 얼마나 보유하고 있죠?

키아라 몬테팔코에는 20헥타르를 보유하고 있는데 전부 와이너리 주변이죠. 여기 토르자노에는 230헥타르가 있고 마찬가지로 이 주변과 브루파 언덕 위에 있어요. 여기서 보이는 산등성이 위에는 루베스코 포도밭이 있죠. 그리고 몬티키오 포도원의 땅이 있는데, 그곳은 우리가 보유한 최고의 크뤼로 루베스코 리세르바가 거기서 탄생한답니다.

오스카 그럼 생산량이 200만 병정도 되겠네요?

키아라 네, 작년에는 그보다 더 많았어요!

키아라는 정신도 육체처럼 생동감이 넘친다. 우리를 데리고 다니며 와이너리를 구경시켰는데 어찌나 빨리 걸었던지 나중에는 그녀도 헉헉거렸다. 자신이 아주 건강하다며 그녀가 농담하는 동안, 나는 아까 그녀의 말을 다시 생각하고 있었다. 집에는 잠만 자러 간다고 하니 운동이나 산책 같은, 몇몇 여자들이 말하는, 소위 자신을 위해 투자하는 시간은 당연히 없을 것이다. 나는 이미 그녀가 어떤 사람인지 알아냈다. 그녀는 나처럼 정열적으로 일하고 온몸을 내던지며 없는 것은 만들어낸다! 테레사는 어릴 때부터 스키, 테니스, 요트 등 운동을 대단히 잘했다고 했다. 키아라 또한 운동을 했을 테지만 몇 년 전부터 그런 바람들은 한쪽에 고이 접어놓았을 것 같다.

오스카 주로 만드는 것이 레드 와인인가요 화이트 와인인가요?

키아라 토르자노 근방에는 청포도가 조금 더 많은 편이에요. 트레비아노, 그레케토, 베르멘티노, 샤르도네, 피노 그리조 등이죠. 적포도는 구릉 위에 많아요. 콜로리노, 카나이올로, 산조베세, 카베르네 소비뇽, 쉬라, 메를로 등이에요.

오스카 키아라, 1910년생인 당신의 아버지는 파시즘 시대를 사셨는데 그걸 어떻게 생각하셨나요?

키아라 아버지는 일에만 신경 쓰셨어요. 심지어 대학 청년들 모임에 안 가서 가택 연금까지 당하셨어요. 일 외에 다른 데 시간 뺏기는 걸 원치 않으셨죠. 하지만 정치에 무관심하지는 않았어요. 오히려, 대중 앞에 서는 걸 싫어하셨는데도 토르자노 최초의 공화당 출신 시장이 되셨죠. 2년간 일하셨어요.

오스카 그럼 결국 아버지도 정치를 하셨네요. 와인 생산자들 중 정치를 위해 애쓰는 사람이 도대체 왜 이렇게 많은 걸까요!

이야기를 하면서도 주변을 돌아보는 걸 멈추지 않았다. 줄줄이 늘어선 나무 배럴들 안에 담긴 와인이 무언지 묻지 않을 수 없었다.

키아라 큰 배럴은 루베스코, 미디엄 바디의 산조베세용이고, 바리크는 루베스코 리세르바, 다른 것들은 화이트 와인용입니다.

키아라가 재빨리 대답한다. 그녀가 공간의 주인공이 된다. 테레사는 항상 동생의 답변을 보충할 때만 부드럽게 개입했다.

숙성이 이루어지는 매혹적이고 어두운 굴을 끝으로 와이너리 투어를 마치고, 마침내 테이블 주변에 둘러앉아 시음을 시작했다.

난 아버지 사무실에서 방목으로 컸어요

이부 자매 그 이상, 나는 그렇게 생각했다. 테레사와 키아라의 힘은 그들이 서로의 유사점을 확인하고 차이점을 찾는 데서 드러난다. 그들은 서로의 거울이다. 둘을 묶어주는 감정은 영원한 결속을 만든다. 내 부모와 그들의 부모를 생각해봐도, 뒤늦게 시작된 관계로 인한 열매라 하더라도 똑같다. 그들은 이부 자매도 아니고 반만 자매도 아니다. 그들은 매일 서로를 선택하므로 자매 그 이상이다. 두 사람이 완전히 같은 피를 나눈 건 아니지만 사실 그게 뭐가 그리 중요한가? 내가 그렇게 생각하는 사이 두 사람은 와인 잔과 물을 준비하느라 분주하게 테이블 주변을 오가고 있었다. 시게루가 나의 이런 상태를 느꼈는지, 내가 아무 말도 안 했는데도 와인 시음을 준비했다. 좀 놀랐다가 다음 순간 깨달았다. 키아라가 계속해서 하야시 씨라고 부르는 시게루는 룬가로티 집안의 오래된 지인이다. 그는 조르조와 그의 아내 마리아 그라치아도 잘 안다. 토르자노까지 내가 운전하는 동안 박물관이 얼마나 멋진 곳인지 묘사를 한 것도 그였고 고속도로를 벗어나 테레사와 만날 장소로 가는 길을 안내해준 것도 그였다. 그는 토르자노에 여러 번 와봤기 때문에 본인도 인정하듯 이곳을 집처럼 편안하게 느낀다.

시게루 하야시, 이번 여행을 나와 함께하는 이탈리아 와인 학자이다. 그의 개인사는 상당히 흥미로운데, 그것은 왜 이탈리아 와인 생산자들이 그를 그렇게 잘 알고 존중하는지에 대한 답변도 된다. 그는 1954년생으로 일본 시주오카 현에서 태어났다. 그는 1978년, 국립대학 경제무역학과를 졸업한 직후부터 순토리사에서 일하다가 1982년 일찌감치 밀라노로 파견을 온다. 그리고 나중에는 순토리 이탈리아 사무소의 대표가 된다. 이탈리아와 일본을 오간 이런 편력 덕분에 그는 이탈리아 와인과 식문화의 최고 전문가 중 하나가 된 것이다. 그는 이탈리아와 일본 양국에서 주요 상을 받고, 자신이 가장 사랑하는 와인, 음식, 호텔업 등의 주제에 대한 책들을 저술했다. 그러다가 2005년, 와인 식품 사업 컨설팅 회사인 솔로이탈리아를 설립하고 대표자가 된다. 현재는 이탈리 일본의 사장이다.

시게루는 자신의 경력 절반을 수많은 이탈리아 고객들에게 일본 음식을 알리고 즐기게 하는 데 썼고, 나머지 절반은 자신의 동포들에게 이탈리아 와인과 음식의 비밀을 설명하는 데 소모했다. 무슨 할 말이 더 있겠는가? 시게루는 문화 통합의 결정판이라 할 수 있다. 이게 다가 아니다. 이탈리아 제품들을 일본 내에서 판매하고 유통하는 그의 일 덕분에, 이탈리아 제품이 일본에서 더 많은 인기를 얻고 있다.

그의 개인사는 독특하고 중요하다. 이 여행 중 그가 하는 모든 말은 민족과 문화의 장벽을 초월해 나오는 것이다. 그리고 대담할 만큼 정확하기까지 한 그의 와인과 요리 매치를 통해 소중한 퓨전 문화를 알릴 수 있을 것이다. 룬가로티의 그녀들도 이 사실을 잘 알고 있기 때문에 나처럼 주의 깊게 그의 말을 듣는다.

시게루 산 미켈레 아피아노의 '상트 발렌틴 2011'로 시작하겠습니다. 이것은 게뷔르츠트라미너 와인입니다.

그는 마치 무대 위에 오른 것 같다! 그는 이 와인이 초록빛이 감도는 볏짚색이고, 후각적으로는 배, 사과 같은 싱싱한 과일이 느껴진다고 한다. 또 야생 허브 향, 부싯돌, 후추, 육두구도 느껴진다. 입안에서는 드라이하고, 풍미 있고, 훌륭한 게뷔르츠트라미너 와인들이 그렇듯 아로마가 느껴진다고도 한다.

시게루 석쇠에 구운 소금에 절인 생선, 갑각류, 버섯 샐러드와 잘 어울리고 쌀 식초에 절인 장어에 와사비를 곁들여도 좋겠어요. 식전주로도 완벽합니다.

나는 그가 청중 앞에서 고개 숙여 인사하는 모습과 우렁찬 박수가 터져 나오는 장면을 상상했다.

우리 두 손님의 주의력이 흐트러지지 않도록 바로 이어 질문했다

오스카 키아라, 아버지와 시간을 보낸 적이 많았나요? 연세가 많으셨는데 아버지의 시간을 누릴 기회가 있었어요?

키아라 네, 아주 어릴 때부터 아버지 사무실에서 방목으로 컸고 아버지와 함께 밭에도 가곤 했으니까요.

방목이라는 표현에 우리 모두 웃었다. 키아라는 아버지 곁에서 물질적 정신적 양식을 취하고, 교육을 받았다. 아버지가 사무실에서 일하는 것을 옆에서 보고 배웠다. 그러니 지금과 같을 수밖에.

키아라 아버지는 절 늦은 나이에 보셨기 때문에 아들이길 바라셨어요. 왜 최후의 기회라는 말 있잖아요. 하지만 뭐 어쩔 수 없이 여자아이로 만족하셔야 했죠. 테레사는 그때 이미 18살이었어요.

테레사가 부드럽게 추가한다.

테레사 하지만 늘 우리를 존중하셨어요.

키아라 아, 맞아요. 아버지는 늘 우리를 자랑스럽게 생각하셨죠. 또 어머니에 대해서도 마찬가지였어요. 두 분은 모든 것을 같이하셨

는데, 와인을 이해하기 위해 '위대한 마에스트로'들이 있는 프랑스에도 같이 가셨어요. 모든 것을 함께하는 모습에는 로맨틱한 면도 있었어요. 두 분은 서로 보완이 되었고 의견 충돌이 있어도 늘 건설적이었죠. 아버지는 현실적이었고, 어머니는 문화를 더 사랑했어요. 어머니가 꼼꼼한 반면 아버지는 그 자리에서 결정을 내리는 분이었고요.

두 사람 모두 키아라의 어린 시절을 이야기한다.

오스카 1962년부터 오늘날까지 회사는 지속해서 성장했나요?

키아라 네, 그런 편이에요. 수출에 힘입은 바가 큰데, 1960년대 후반부터 바로 시작했어요.

오스카 이 회사가 여러분한테도 첫 직장이었나요? 맞죠?

테레사 맞아요, 나는 양조장에서 밑바닥부터 일을 했어요! 최초로 포도 수확을 한 것은 1979년이었죠. 당시에는 밤 10시까지 일했는데 배우기 위해서도 그랬고, 내 능력을 증명하고 싶기도 했어요. 양조장 내에 여자가 있으니까(우리 회사에서는 내가 첫 여자였는데) 모든 것에 질서가 잡히더군요.

오스카 당시 몇 병이나 생산했죠?

테레사 1979년에 100만 병정도요. 양조장에는 사람이 몇 명 없었는데 모두 대단한 경험의 사람뿐이었어요. 다소 새로운 생각을 가진 내가 그 안에서 자리를 잡는다는 건 엄청난 도전이었죠!

오스카 그리고 생산량이 어떻게 증가하나요?

키아라 1990년대 초까지 한 12년 동안은 생산량이 멈춰 있었어요. 그런 후에 일련의 혁신이 시작되었죠. 나도 새로운 생각을 접목해봤어요. 특히 밭에서요. 포도원에 묘목 심는 방법을 바꾸고 가지치기 기술도 손보고 새로운 땅도 사들였죠. 그 이후 지금까지 생산량이 2배로 늘었어요.

나는 더는 참지 못하고 테레사를 향해 말했다.

오스카 키아라는 치마 입은 조르조 같아요!

테레사가 부드럽게 웃으면서 그렇다는 듯 고개를 끄덕였다. 시게루 또한 동의한다. 그 말에 키아라가 반기를 들었지만 오히려 그것이 내 생각을 확인해주는 행동이 되어버렸다.

키아라 내가요? 무슨 말씀이세요! 내가 얼마나 상냥하고 친절하고 순한데요!

위협적인 시선으로 날 쳐다보며 위압적인 어조로 말하는데, 미소 띤 눈가에 살짝 어린 즐거움만이 그녀를 좀 부드러워 보이게 만들어줄 뿐이었다. 그렇다. 키아라는 조르조 룬가로티와 똑같다.

우리에게 익숙한 맛은 '마들렌'이에요

오스카 그런데 당신들이 사랑했던 특별한 남자 조르조는 당신들과 회사 중 무엇을 더 사랑했나요?

그들이 생각하는 데 시간이 조금 걸릴 줄 알았고 두 사람의 대답이 작은 어조에서라도 차이가 난다면 그것만으로도 흥미로울 뻔했는데 둘 다 한목소리로 대답한다.

키아라, 테레사 차이를 안 두셨어요!

차이를 안 두었다는 말은 둘의 중요도가 똑같았다는 말이기도 하지만, 그의 눈에는 회사가 곧 테레사와 키아라였다는 말도 된다. 그가 하는 모든 일이 결국은 그녀들을 위한 일이었을 테니 그래서 차이를 안 둔 것이다.

2막이다. 시게루가 두 번째 와인에 대해 이야기하기 위해 다시 무대에 오른다. 오늘은 혼자 알아서 다 한다. 오늘 공연할 희극은 자신이 잘 알고 있는 것이기에, 노트에 적은 줄거리를 훔쳐보며 즉흥 연기를 하고 있다. 그는 오늘 온 관객의 관심을 독차지하는 배우로서 어조 또한 강하고 확신에 차 있다. 집 같은 편안함을 누릴 줄 아는 사람은 자신이 세계의 어디쯤 있는지 아는 사람이고, 일종의 내적 평화를 누리는 사람이다. 이것은 타인과의 인간관계에서도 이롭다. 오늘의 시게루가 그렇다.

시게루 이 와인은 알바에 있는 카스텔로 디 산타 비토리아 와이너리에서 만든 '아르누스 2011'입니다. 란게 아르네이스 와인이기 때문에 아르네이스 품종이 최소한 85퍼센트는 들어가야 하고 나머지는 샤르도네죠. 오스카의 와인입니다. 색은 초록빛이 감도는 짙은 볏짚색이고 후각적으로는 배, 풋사과, 파인애플과 같은 과일 향과 야생 허브가 느껴집니다. 입안에서는 드라이하고 아로마틱하며 풍미가 있습니다. 여운이 아주 기분 좋습니다. 다양한 자리와 다양한 사람들에게 다 잘 어울리기 때문에 아주 민주적인 와인이죠. 해산물 샐러드에 제노베제 페스토를 곁들이거나, 카탈루냐식 랍스터, 쌀 식초에 절인 고등어에 와사비와 간장을 곁들이면 잘 어울립니다. 식전주 와인으로도 좋고, 식사 내내 함께 마시기에도 좋습니다. 이 와인을 일본에서 아주 많이 팔고 있어요.

오스카 오늘 시게루 자네 컨디션이 아주 좋은가 봐! 자네가 이야기하는 동안 다들 반해서 조용히 듣고 있는 것을 느꼈나? 이봐, 이 자리에 계신 분들을 더 잘 아니까 평도 더 잘하는 것 아닌가?

시게루는 그냥 미소만 짓고 키아라가 그를 구해주었다.

키아라 아니요, 하야시 씨는 처음 뵈었을 때부터 늘 전문가다운 모습만 보여주셨어요. 제가 아는 최고의 미각을 지닌 분 중 한 분이죠.

오스카 동의합니다. 그래서 저와 함께 이 자리에 온 거죠. 그런데 오늘은 평소 실력을 특별히 더 능가하는 것 같아서요.

다시 룬가로티 이야기로 돌아간다.

오스카 지금은 두 사람 중 누가 와인을 만들죠? 양조 전문가가 따로 있나요?

이번에는 테레사가 더 빨랐다. 두 사람이 서로 보완하며 함께 만든다고 한다.

테레사 우리가 만드는 와인의 맛은 조르조가 우리를 길들인 바로 그 맛과 똑같아요. 그 와인의 맛을 우리가 아주 잘 기억하거든요, 우리의 마들렌이랍니다…….

오스카 프루스트의 마들렌처럼! 프루스트는 위대한 직관력으로 후각과 미각이 기억을 되살리는 데 중요한 역할을 한다는 것을 알려줬죠. 후각과 미각은 감각 중 유일하게 해마와 직접 연결된 것이거든요. 우연히도 해마는 장기 기억을 관장하는 중추죠. 그러니까 머릿속에 조르조가 만든 와인의 맛을 기억하고 있고, 지금 만드는 와인에도 그 스타일을 똑같이 담을 수 있다는 말이죠, 맞나요?

테레사 네, 그래요. 우리 둘 다 전문 기술과 역량이 있기 때문에 우리의 특성을 와인에 담을 줄 알죠. 팀과의 작업을 조율하고, 그들에게 무엇을 요구하고 어떻게 요구해야 하는지도 알아요. 양조장에 맞는 언어를 사용해서요. 현재 우리 와인은 한쪽 눈으로는 과거인 마들렌을, 다른 쪽 눈으로는 미래를 보면서 만들어요. 오늘날의 연구와 과학이 우리를 아주 많이 도와주죠.

키아라 맞아요. 아버지의 위대한 비전은 아직도 존재해요. 혁신에 대해 열려 있기 때문이죠.

오스카 조르조가 당신들 두 사람이 해내지 못할지도 모른다는 의심은 안 하셨을까요?

키아라 모르겠어요…….

테레사 나도요! 어머니에게 여쭤봐야 할 것 같아요.

오스카 당신 둘은 모르겠지만 나는 알 것 같아요. 두 사람은 함께 있을 때 강해요.

키아라 글쎄요, 그것에 대해 우리끼리 직접 이야기한 적은 없어요.

오스카 그것은 그냥 느낌으로 아는 거예요. 내 친구 벱페 리날디에 의하면 여자들한테는 말이 필요 없다던데요, 촉이 있기 때문에!

테레사는 역시나 부드럽게 웃는다.

키아라 아버지가 미래에 대해 어떻게 생각하셨는지 이해하는 데 도움이 될 이야기 하나를 해드릴게요. 돌아가시기 몇 년 전 호두나무 숲을 만들기로 결정하시죠. 호두나무는 30년이 지나야 자를 수 있는데 말이에요. 아버지는 항상 자기 나이는 생각 안 하고 계획을 세우셨어요.

물론 조르조 룬가로티는 자기 나이 생각은 안 했을 것이다. 대신, 세 여자에게 멋진 회사를 남기고 갈 생각을 했을 것이다. 그리고 그렇게 했다. 조르조와 마리아 그라치아에 대한 이야기도 놀랍지 않다. 우리 모두 커플 간의 화학 작용은 남들이 다 이해할 수 없으며, 여러모로 강력하고 장점만 있는 결코 끊을 수 없는 결속을 만든다는 것을 안다. 특히 이들은 회사 차원의 선택에서도 해당되었다. 조르조가 대단히 잘한 일은 그녀들의 능력에 크게 주목함으로써 일평생을 간직했던 남성우월주의조차 극복해낸 것이다. 물론 아이들에 대한 애정이 중요한 역할을 했겠지만, 신호를 잡아내고 가르침을 받아들이는 두 딸의 능력도 그의 선택에 영향을 주었을 것이다. 그러니 양쪽 모두에서 마음과 머리의 멋진 블렌딩이 이루어졌다고 할 수 있겠다.

회삿돈을 빼서 쓰느니 낡은 외투를 뒤집어 입는 것이 낫다

오스카 두 사람 다 엄마인데, 자식들은 커서 뭘 하게 될까요? 욕심이 있나요?

테레사 물론 누구나 자식들에 대해 욕심이 있죠. 가장 중요한 것은 그들이 인간으로서 행복하길 바라는 거예요. 자식이 셋 있는데, 첫째 프란체스코는 이미 회사에서 마케팅, 커뮤니케이션, 해외 사무소 일을 담당하고 있어요. 젬마는 예술사를 전공했고 현재는 해외에서 석사 과정을 하려고 생각 중이죠. 막내인 주디타는 이제 막 고등학교를 마쳤어요. 그 아이들의 길이 무엇이 될지 나는 모릅니다. 하지만 그들이 와인 일을 하게 될 것인지가 궁금해서 질문을 한 거라면 대답은 '그렇다'예요. 청년들에게 와인에 대해 이야기를 하려면 그에 맞는 말을 찾아내야 하죠. 교육은 필수고요. 최초의 음주는 가정에서 해야 하고, 아이들은 테이블 위에 와인 병을 보는 데 익숙해져야 합니다. 이탈리아에서 와인은 파스타나 피자처럼 우리 전통의 일부잖아요. 그리고 이런 말도 있어요. 금지된 열매가 더 맛있다고요. 그러니 금지해서는 안 됩니다. 아이들은 오감과 문화를 통해 와인을 음미하는 법을 배워야 합니다.

오스카 그 주제에 대해 책도 썼죠?

테레사 네, 《잔에 든 포도》예요. 내가 중요하게 생각하는 주제죠.

오스카 키아라 당신은 아이들에 대해 어떤 생각을 하고 있나요?

키아라 나한테는 6살 아들이 하나 있어요. 내가 아버지한테 배웠고 아이에게 가르치고 싶은 것은 삶에서 노동과 노고를 무시해서는 안 된다는 겁니다. 그 무엇을 하더라도 말이죠!

자, 똑같은 질문에 대한 두 답변을 비교해보시라. 두 자매는 그만큼 서로 다르고, 또 그만큼 서로를 보완해줄 수 있다.

마음을 완전히 열어놓고 대화하며 때로는 옆으로 살짝 엇나가기도 했다. 테레사와 키아라 모두 자식과 남편으로 인해 무척이나 행복하며, 가족은 충만감만을 준다고 한다. 키아라가 짓궂게 한 마디 추가했다.

키아라 이 책은 남편도 읽을 테니까요…….

그렇네!

키아라에게 아들에 대해 어떤 생각을 하고 있는지 이야기해달라고 고집을 부렸다.

오스카 아직 아들이 어린데, 크면 무엇을 할까요?

키아라 원하는 일을 할 거예요…… 룬가로티의 일이기만 하면요!

명답이다. 포드도 이렇게 말했다.

"원하는 색은 뭐든 다 맞춰드릴 수 있습니다. 검은색이기만 하다면요."

이탈리아 와인 판매량에 대해 이야기한다.

오스카 이탈리아의 모든 지방이 자기 지역 와인만 마시는 것에 대해 어떻게 생각하나요? 피에몬테에서는 피에몬테 와인만 마시는데…… 여기도 그런가요?

키아라 네, 우리 와인도 움브리아에서 아주 많이 팔리고 있고 그것에 대해 만족합니다. 우리 지방 사람들이 다른 지방 와인을 별로 궁금해하지 않는다는 것도 사실이에요. 예를 들어 우리 와인은 대형 유통업체 내에서는 판매하지 않고 있습니다.

오스카 나는 반대로, 바로 그 대규모 유통업체들이 다양한 지역의 와인들을 더 잘 유통시키고 보통 사람들이 질 좋은 와인을 쉽게 만날 수 있는 역할을 해야 한다고 생각합니다. 더 전문화된 와인 가게를 만들어야 하고 능력 있는 직원들을 둬야 해요. 우리 생산자들도 이런 과정에서 유통업체들을 도와줄 수 있을 겁니다. 하지만 이탈리아에는 대형 유통업체들을 좀 얕보는 태도의 생산자들과 와인 가게, 레스토랑 경영자들이 많죠. 경제 위기가 많은 이들의 생각을 바꾸어놓을 거라고 생각해요. 어쩌면 무엇이 옳고 무엇이 그른지에 대해 우리가 갖고 있는 확신을 좀 깨는 데 이 위기가 도움이 될 수도 있을 겁니다.

키아라 그것은 옳고 그름의 문제가 아니에요. 제품 시장 중에는 하나의 유통 채널을 택하면 다른 것을 포기해야 하는 경우도 있고 양쪽의 유통 채널이 완벽하게 공존하는 경우도 있죠. 우리도 어떤 나라에서는 대형 유통업체들이 최고의 고객이지만 어떤 나라에서는 전문 가게에서만 판매하고 있어요.

그녀를 이해시키지 못한 것은 확실한 것 같다.

이제 성장이라는 주제로 넘어간다. 이 질문을 하면서 늘 대단한 비법을 듣고 싶은 욕심이 있지만, 답변이 주제를 벗어난 적이 여러 번이다. 질을 추구하는 생산자들에게 미래와 과거는 융합되어 있다. 전통과 미래에 대한 기대는 서로 뒤섞인다. 그래서 난 이렇게 질문했다.

오스카 생산량을 늘리는 걸 목표로 삼을 건가요?

키아라 우리 아버지에게 배운 것은—'나의'라고 해야 할 텐데 '우리'라고 한다—수익은 늘 재투자해야 한다는 것이에요. 아버지는 회삿돈을 빼서 쓰느니 낡은 외투를 뒤집어 또 입는 편을 택하셨죠. 우리도 마찬가지예요!

테레사 오스카, 우리가 사는 곳은 움브리아예요. 이곳은 산 프란체스코의 땅이라고요. 그가 이렇게 설교했다죠. '기쁨과 열정만 있다면 그밖에 생존을 위해 필요한 건 별로 없다.'

키아라 예를 들어 몬테팔코 땅은 아버지가 돌아가신 다음에 인수했어요. 우리가 움브리아에 투자하는 것은 고향을 보다 더 가까이에서 경험하기 위해서예요. 우리 핏줄의 부름에 응하는 거죠. 지금은 그곳에서 총 육칠 만 병을 생산하지만 처음에는 엄청난 투자였어요.

두 여인은 고향에 푹 빠져 있으며 아버지의 발자취를 따라가고 있다. 두 사람이 함께라면 이 지역 최고의 행정가가 될 것 같다. 그녀들이 시장이 된 모습을 상상해보니 정말 잘 굴러갈 것 같다.

오스카 투표했나요?

그동안 시게루는 브란디니의 바르베라 와인을 잔에 따랐지만 두 사람 모두 아르누스를 한 잔 더 마시는 데 관심이 있었다. 이 와인을 좋아해서 무척 기쁘다! 아르누스에 관심이 쏠려 내 질문에는 대답도 잘 하지 않는다. 먼저 테레사가 대답했다.

테레사 나는 경선투표 선거인단에 등록을 했었는데 결국은 투표를 안 했어요. 날 화나게 하는 문제들이 너무 많았어요…….

키아라 나는 무효표를 냈어요.

다시 한 번 시계루가 밀리미터 단위까지 정확한 시점에 치고 들어왔다. 그녀들이 반가워하지 않는 주제에 대해 이야기를 나누어야 하는 당혹감에서 우리를 구해주었다.

시계루 세 번째 와인을 음미해볼 차례입니다. 이 와인은 브란디니의 '바르베라 달바 수페리오레 로케 델 산토 2011'로서 보랏빛이 감도는 밀도 있는 루비색을 지녔고, 후각적으로는 제비꽃, 와일드베리에 약간의 카카오, 바닐라, 감초 향도 느껴집니다. 입안에서는 부드럽고 벨벳과 같습니다. 콩이 들어간 피에몬테 요리인 파니사[73]와 잘 어울리고 겨울에는 바냐 카우다[74], 로비올라 디 로카베라노 치즈와도 잘 맞고, 간장을 곁들인 전골 요리도 좋아요.

오스카 라 모라 언덕에서 나오는 유기농 와인이라는 말도 해야 하지 않겠나? 와인이 정말 훌륭한걸.

시계루 오스카, 나도 브란디니의 와인을 무척 좋아하지만 그렇다고 자네처럼 바르베라 마니아는 아니라네.

오늘 시계루는 평소보다 권위도 더 있고 말도 많이 한다.

막내 지방의 맏이 자매

오스카 지금 상황이 걱정스럽나요?

73 Panissa. 롬바르디아와 피에몬테 지방의 리소토로, 각 지역 콩이 들어간다. 보를로티라고 하는 강낭콩을 가장 흔히 사용한다.

74 Bagna cauda. 가을과 겨울에 주로 먹는 피에몬테의 전통 음식. 마늘, 올리브유, 안초비를 주재료로 하는 소스를 뭉근히 끓여 크림소스로 만든 다음 여러 가지 야채를 찍어 먹는다.

키아라 이탈리아에서의 매출만 놓고 본다면 그래요. 해외시장은 아직 갈 수 있는 공간이 더 있으니 걱정이 덜해요. 소매를 걷어붙이고 앞으로 나아가야죠.

오스카 그럼 미래를 어떻게 보나요? 생산량을 늘릴 건가요?

키아라 나의 목표는 계속해서 더 좋은 와인을 만들고 수출 비중을 늘려 전 세계에 판매하는 겁니다. 하지만 너무 과하지는 않게요.

오스카 움브리아를 세계에 소개하고자 하는군요.

키아라 맞아요. 움브리아는 풍광, 역사, 문화, 전통에서 진주와도 같은 곳이에요. 우리 와인을 세계에 알리고 그로 인해서 관광객이 유입될 수 있게 하는 게 우리가 할 일이죠.

오스카 물론이에요, 와인도 음식과 마찬가지로 지역의 매개체가 될 수 있죠. 마샬 맥루한이 그렇게 말했죠.

테레사 그리고 방문객들을 위해 룬가로티 재단의 박물관도 있어요. 박물관은 우리가 토르자노와 움브리아에 주는 선물입니다.

오스카 당신의 미래 계획은 무엇인가요?

테레사 기존에 한 노력이 결실을 보도록 하는 것과 조르조와 엄마가 시작한 일을 계속 이끌고 나가는 것이에요.

두 사람 모두 동일한 것을 원한다. 즉, 작은 지방으로 취급되는 움브리아에 새로운 도약의 기회를 주는 것 말이다. 그들은 미래를 현재의 연장선에서 생각한다. 미래에도 지금 하는 일을 계속하겠지만 연륜과 열정은 지금보다 더해져 있을 것이다. 움브리아와 미래에 대해 이야기하다 보니 에너지 절약에 대한 주제에까지 도달했다. 몇 년 전부터 룬가로티는 포도원의 가지치기를 통해 열에너지를 생산하는데, 그것으로 전기 수요의 약 70퍼센트를 해결한다. 그것은 회사가 양조 시 포도 머스트를 냉각하는 데 필요한 냉각수와 병의 소독 과정에 쓰이는 증기 및 위생 온수 생산, 여름 냉방에 쓰이는 전기의 대부분을 자체 조달할 수 있다는 것을 의미한다.

키아라가 기운 넘치게 설명하는 것을 보니 에너지 절약과 결합된 환경 존중과 지속 가능성이라는 주제가 이들이 특별히 중요시하는 가치인 것 같다.

이번에도 시게루가 속도를 조절한다. 우리의 대화가 너무 멀리까지 날아오르자 무게 추를 달아주었다. 모두의 잔에 아름다운 색의 레드 와인을 이미 따라놓고 설명을 하려고 기다리고 있다. 그의 말에 앞서, 나는 우리의 두 손님에게 이 와인의 생산자가 누구인지 맞춰보라고 하고 싶었다.

오스카 55살의 나이에 엄마가 된 한 여성이 만드는 와인이에요, 토스카나 토박이고요. 누구인지 알겠어요?

그들도 게임에 참여해 생각해보지만 어떤 이름도 나오지 않는다. 힌트가 충분하지 않았나 보다.

오스카 아주 유명한, 록 가수예요, 이탈리아 유일의 여자 로커일지도 몰라요. 이렇게까지 했으면 알아맞혀야죠!

테레사 잔나 난니니?

오스카 맞았습니다!

테레사 맙소사! 아베토네 스키 경기장에서 그녀를 우연히 알게 되어 친해졌는데, 그 후 여름 테니스장에서도 계속 마주쳤죠. 여러 해에 걸쳐 편지를 주고받고 그녀의 노래 가사도 받아봤어요. 완전히 정신 나간 반항아지만, 너무나 매력적이에요! 여기 토르자노에도 여러 번 왔는데, 페루자-아시시 평화 행진에도 참가하러 이 지방에 왔다가 여기까지 들르곤 했거든요. 와인을 만드는 데 성공했다니 기쁘네요, 그녀의 소원이었거든요! 잔나도 우리처럼 1954년생인 줄로 아는데, 우리 모두가 와인으로 하나가 되었군요!

오스카 시게루도 1954년생이죠! 1954년생들이 와인을 좋아하는군요! 나는 와인 덕분에 잔나와 친해졌어요. 최근에는 폰타나프레다에 있는 미라피오레 재단에도 손님으로 왔는데 그곳을 무척 좋아했죠.

테레사 멋지군요, 그녀의 와인을 마셔볼 수 있다니 무척 행복해요! 이 기회에 다시 그녀에게 연락해봐야겠어요.

이 와인을 선택한 나의 선견지명과 놀라운 행운에 기뻐하며 체르토사 디 벨리과르도의 '로소 디 클라우수라 2009'에 후각과 미각의 신경을 집중했다.

시게루 이 와인에서는 소량의 메를로에 의해 좀 누그러진 산조베세 토스카노의 특징이 느껴지는군요. 밀도 있는 루비색에 석류석 빛깔이 감돕니다. 후각적으로는 제비꽃, 농익은 자두, 이끼, 야생 허브의 향이 느껴집니다. 입안에서는 풍미와 함께 지속성 있는 미네랄리티의 맛이 느껴져요. 둥글고 매끄러운 와인입니다. 팬에 구운 소고기 안심에 흑후추로 맛을 내거나, 그릴에 구운 고기에 겨자와 핑크 페퍼콘을 곁들이면 잘 어울리겠습니다. 피오렌티나 스테이크와 마셔도 완벽하겠군요! 이 와인은 잔나 난니니의 와인 셀러에서 톱인 레드 와인입니다. 토스카나의 대지를 아주 멋지게 표현하고 있어요.

오스카 와인이 마음에 드나요? 시게루의 묘사에 동의하나요?

키아라 네, 하야시 씨는 음식 페어링을 정말 잘하시죠. 점심을 걸러서 음식 얘기를 들으니 입안에 침이 고이네요.

오스카 우리에게 시음을 시켜줄 와인을 벌써 골랐나요? 이제 거의 끝나가네요.

테레사는 와인을 고를 사람이 키아라인 듯 그녀를 쳐다본다. 키아라는 '로소 디 토르자노 루베스코 2009'를 가져오게 한다. 라벨을 보니 저부조 이미지가 있다. 루베스코, 멋진 이름이다. 테레사에게 설명을 요청했다.

테레사 이름은 엄마가 선택하셨어요. 루베스케레는 라틴어로 '얼굴을 붉히다'라는 뜻이죠. 술을 마셔서 뺨이 붉어진 것을 연상시키기도 하고, 또 건강한 사람의 뺨에 보이는 홍조를 뜻하기도 해서 그 이름을 좋아하셨어요. 즐겁고 매력적인 이름이라며 좋아하셨죠.

키아라 그래서 아버지가 바로 브랜드를 등록하셨어요.

그들이 서로를 채워주는 모습이 다시 한 번 등장한다. 마개를 따 와인을 마시면서도 이야기를 그치지 않는데 시게루는 조용하게 와인에만 집중하고 있다. 준비가 되면 입을 열 것이다. 그동안 나는 와인을 음미하며 내 방식대로 평가한다.

오스카 훌륭하네요!

시게루 이 와인은 산조베세와 카나이올로 포도로 만들었고, 10퍼센트의 콜로리노도 들었군요. 색상은 밀도 있는 루비색이고 보랏빛이 감돕니다. 제비꽃과 와일드베리, 향신료, 커피, 카카오의 향이 두드러집니다. 입안에서는 매우 복합적이고 우아하며 아주 기분 좋은 발삼의 여운이 느껴지는군요. 실크 같고 길게 유지됩니다. 안심에 후추와 와사비를 곁들이면 이 와인과 잘 어울리겠군요. 비둘기 요리에 흑송로버섯을 곁들이거나 로스트비프에 와사비를 곁들여도 아주 좋겠고요. 이 루베스코는 즉각적이고 강렬한 것이 조르조 룬가로티의 개성을 지니고 있네요.

이제 끝났고 우리는 떠나야 한다. 시칠리아가 우리를 기다리고 있다.

잠시 더 머물며 와이너리의 큰 안뜰에서 이야기를 나누었다. 시게루와 룬가로티 자매는 오래 작별 인사를 나눈다. 서로를 무척 좋아한다.

이익과 너그러움

그들을 지켜보며 이 만남에 대해 무엇을 쓸지 생각해본다. 주요 주제는 2가지, 상보성과 움브리아다. 그리고 아직 그들 위를 덮고 있는 거대한 우산인 아버지 조르조. 설명하기 어려운 생각들이 무질서하게 떠오른다. 지도상에서 움브리아를 보면 꼭 이탈리아의 배꼽 같다. 아주 아름다운 땅이다. 룬가로티 가족이 고향에 대한 애정으로 많은 일을 하는 것을 보니 애틋함과 감탄이 우러난다. 그리고 키아라가 했던 말이 머릿속을 맴돈다. "회삿돈을 빼서 쓰느니 낡은 외투를 뒤집어 입는 것이 낫다." 이것을 룬가로티의 모토라고 부르리라.

두 자매는 두 딸에게 회사를 물려준 한 남성우월주의자에 대해서도 이야기했다. 나는 그것을 이렇게 해석한다. 조르조는 유산을 물려주고 회사와 이름을 보존하고자 했다. 그리고 머릿속에 그런 중대한 목표를 세우자 그의 시대의 유물이었던 남성우월주의자로서의 편견도 쉽사리 극복하고 성별을 뛰어넘어 비로소 두 딸의 장점을 바라볼 수 있었다고 말이다. 그리고 더 나아가서 테레사를 키아라만큼 사랑함으로써 혈연주의도 극복했다.

나는 이것을 더 일반화해서 말해보려 한다. 자기 땅의 포도로 와인을 만드는 와이너리들은 중요한 두 산업, 농업과 가공업의 장점들을 결합시킨다. 농사꾼의 정신을 지닌 사람은 말 그대로 땅에 집착하게 되지만, 어떤 경우에는 이것이 일종의 '탐욕'으로 발전해 더 많은 것, 더 좋은 것을 욕심내기도 한다. 하지만 땅 위에서 농사를 짓는 사람들은 자기 기업이 자연의 계획에 좌지우지되는 지붕 없는 기업이라는 것을 잘 알고 있다. 그 사실은 그들에게 이번 계절에 거두어들인 결실이 많았다고 해서 다음 계절에도 좋으리라는 법은 없다는 것을 가르쳐준다. 또 가공을 해야 한다면 그것이 수작업이든, 양산 설비를 통한 것이든, 효율과 혁신, 최적화된 유통의 중요성에도 관심을 기울일 수밖에 없다. 그런데 이 땅은 거추장스럽게 무겁기 때문에 가공을 멀리서 할 수는 없다. 와인은 포도를 수확하는 곳에서 만들어야 하기 때문이다. 그래서 암펠리오 부치의 말을 빌려 생산은 '현지'에서, 유통은 '글로벌'하게 해야 한다. 그것은 우리나라에 대한 큰 축복이다. 내가 방문한 모든 회사들이 그랬지만 룬가로티 가족도 내게 멋진 힌트를 주었고, 남쪽으로 내려가도 이와 동일한 가치를 발견할 수 있을 것이다. 와인 생산은 지역 발전을 촉진한다. 그것은 일자리를 창출하고, 이 경우처럼 문화와 역사를 전달하기도 한다. 심지어 사립 박물관을 만들고 다양한 문화 사업을 하기도 한다. 와인 사업은 수출 또한 촉진시킨다. 수백만 병의 와인을 팔아야 하는데 경제 위기 속의 나라에 살고 있다면 판로를 찾기 위해, 돈이 있는 곳을 찾기 위해 세계로 달려나갈 것이다.

와인 업계에서는 '탈지역화'라는 용어의 의미가 바뀐다는 사실도 재미

있다. 이 업계에서의 탈지역화란 다른 품종의 와인도 추가로 생산하기 위해 동일한 지방 안에서 몇 킬로미터 떨어진 다른 지역, 혹은 저쪽 언덕 위에 있는 포도밭이나 땅을 산다는 것을 의미한다. 어떤 와인 생산자들은 특정한 특징의 와인을 만들기 위해 새로운 포도밭마다 일부러 그곳만의 양조장을 만들기도 한다. 인건비가 낮은 곳에서 생산하기 위해 기존 장소의 이탈리아 근로자들을 실업자로 버려두고 옮겨가는 전통적인 제조업의 탈지역화와는 완전히 다르다.

이런 단순한 생각들만으로도 우리가 만난 많은 생산자들과 그 부모 세대가 공공의 영역에도 관심을 쏟는 이유를 이해할 수 있을 것이다. 포도농사꾼은 멀리 볼 줄 아는데, 공직자들이 지녀야 할 가장 큰 특징이 이것이다.

나는 수확을 많이 해본 사람이라면 세상사가 어떻게 돌아가는지 더 잘 이해할 것이라고 직관했고, 이번 기회를 통해 그것을 확인할 수 있기를 바랐다. 그리고 확인했다.

결론이다. 나는 와인 생산자들을 만났다. 그들은 돈을 벌 줄 알고, 그들이 선한 행동을 하는 것은 너무나 자연스러운, 막을 수 없는 행동이다. 이런 로맨틱한 특징이 셈을 할 줄 아는 구체적인 능력과 결합한 것을 보는 것이 나는 미치도록 좋다. 창조를 통해 혼자 힘으로 빵값을 벌 수 있는 능력에서 나오는 정직한 너그러움이 좋다. 와인을 만들면서 나오는 용기가 좋다. 나는 와인이 좋다.

시게루의 와인 시음 노트

테레사 세베리니, 키아라 룬가로티와 함께

알토 아디제 게뷔르츠트라미너 상트 발렌틴 2011(산 미켈레 아피아노)

Alto Adige Gewürztraminer Sanct Valentin 2011(San Michele Appiano)

종류	화이트 와인
포도 품종	게뷔르츠트라미너 100%
양조/숙성	바리크와 토노[75](1/3은 새 통에서, 2/3는 재사용 통에서) 11개월간 발효와 숙성, 6개월간 스틸 탱크에서 숙성
생산지	알토 아디제

초록빛이 도는 볏짚색이다. 배와 사과의 향이 펼쳐지고, 이어서 야생 허브, 부싯돌, 후추, 육두구의 향이 따른다. 맛은 드라이하고 풍미 있으며, 끝 맛은 섬세하게 쓰다.

석쇠에 구운 소금에 절인 생선, 버섯 샐러드, 식초에 절인 장어에 와사비를 곁들인 것과 어울린다. 완벽한 식전주이기도 하다.

내가 독일어를 알았더라면 와인을 만들기 위해 알토 아디제로 갔을 것이고 나의 모델은 산 미켈레 아피아노 와이너리가 되었을 것이다. 그들의 와인 중 최고가 무엇인지 묻지 말라. 모든 와인이 다 환상적이다. 이번에 우리가 시음한 와인은 가장 특징적인 와인이고, 어쩌면 '완벽한 화이트 와인'으로 술을 마시지 않는 사람들도 좋아할 수 있는 와인일 것이다.

75 Tonneaux. 500리터들이 나무통.

로에로 아르네이스 아르누스 2011(카스텔로 디 산타 비토리아)

Roero Arneis Arnus 2011(Castello di Santa Vittoria)

종류	화이트 와인
포도 품종	아르네이스 100%
양조/숙성	스틸 탱크에서 저온 발효(15일), 장시간 쉬르 리 숙성
생산지	피에몬테

옅은 초록빛을 띠는 짙은 볏짚색이다. 배, 풋사과, 파인애플, 야생 허브의 향이 강하다. 맛은 드라이하고, 살짝 아로마가 느껴지며 풍미가 있다.

제노바 페스토로 맛을 낸 해산물 샐러드, 카탈루냐식 랍스터와 잘 어울린다. 간장으로 간을 한 쌀 식초에 절인 고등어도 좋다. 식전주로도, 식사 내내 함께 마실 화이트 와인으로도 완벽하다.

별로 전형적이지 않은 아주 독특한 아르네이스 와인으로, 매우 복합적이고 강건하다. 마치 막강한 전사에게 승패를 예견할 수 없는 도전을 하는 사무라이들에 비유하고 싶다. 내가 보기에는 가장 훌륭한 아르네이스 와인을 만들겠다는 도전에서 승리한 것 같다.

바르베라 달바 수페리오레 로케 델 산토 2011(브란디니)

Barbera d'Alba Superiore Rocche del Santo 2011(Brandini)

종류	레드 와인
포도 품종	바르베라 100%
양조/숙성	스틸 탱크에서 제어된 온도로 숙성
생산지	피에몬테

짙은 루비색에 보랏빛이 감돈다. 제비꽃, 혼합된 베리, 블랙 체리의 분명하고 기분 좋은 향이 느껴지고 감초의 뉘앙스도 있다. 입안에서는 밀도 높고 부

드러우며 벨벳과 같은 레드 와인이 느껴진다. 아주 좋은 느낌의 와인이다.

파니사(콩이 들어간 리소토), 바냐 카우다 등 피에몬테 전통 요리들과 어울린다. 나는 로비올라 디 로카베라노 치즈와도 함께 마셔보고 싶다.

이 와인을 한 모금 마시면, 저절로 두 번째 모금을 원하게 된다! 정말 잘 만든, 아주 좋은 느낌의 바르베라 와인이다. 여름에 오키나와 해변에 가져가서 멋진 휴가를 즐기고 싶다.

로소 디 클라우수라 2009(체르토사 디 벨리과르도)

Rosso di Clausura 2009(Certosa di Belriguardo)

종류	레드 와인
포도 품종	산조베세와 메를로 약간
양조/숙성	제어된 온도에서 발효한 다음 작은 나무통에서 장시간 숙성
생산지	토스카나

짙은 루비색에 석류석 빛깔이 감돈다. 제비꽃, 농익은 자두, 이끼, 야생 허브 향이 느껴진다. 커피 향이 살짝 여운으로 남는다. 풍미 있고 바디감 있는 맛에 지속성 있는 미네랄의 뉘앙스가 느껴진다. 벨벳과 같은 둥글고 매끄러운 와인이다.

팬에 구워 흑후추로 맛을 낸 소고기 안심, 그릴에 구운 고기에 겨자와 핑크 페퍼콘을 곁들인 요리와 어울린다. 물론 피오렌티나 스테이크와도 완벽하게 어울린다! 최소 48개월 숙성시킨 파르미자노 레자노 치즈와도 함께 마셔보라.

나는 가수와 아티스트가 만든 와인을 좋아한다. 왜냐하면 그들의 예술 중 무언가가 와인 안에 담기는 것 같기 때문이다. 이 와인은 잔나 난니니 와이너리 최고의 레드 와인이다. 난 와인과 잔나 모두 무척 좋아한다. '불가능하지 않은, 아름다운'[76] 와인이다!

로소 디 토르자노 루베스코 2009(룬가로티)

Rosso di Torgiano Rubesco 2009(Lungarotti)

종류	레드 와인
포도 품종	산조베세 70%, 카나이올로 20%, 콜로리노 10%
양조/숙성	15일간 스틸 탱크에서 침용, 1년간 배럴에서 숙성, 1년간 병에서 숙성
생산지	움브리아

루비색에 보랏빛이 감돈다. 제비꽃, 야생 허브, 후추, 담배, 붉은 과일 마멀레이드의 향이 난다. 입안에서는 신선하고, 기분 좋은 벨벳의 느낌이다. 균형이 잡힌 여운이 남는다.

피오렌티나 스테이크, 피에몬테식 고기 모둠 튀김, 간과 레드 와인을 넣고 조리한 리소토와 어울린다.

즐거움과 축제의 와인, 그리고 와인명의 어원인 루베스케레가 '얼굴을 붉히다'라는 의미인 만큼 사랑의 와인이기도 하다. 멋진 구애를 할 때 이 와인을 잊지 마시라. 와인이 당신을 위해 얼굴을 붉힐 것이고 당신은 분명 당신의 여인을 얻을 수 있을 테니까!

76 〈Bello impossibile(불가능할 정도로 아름다운)〉은 잔나 난니니의 대표곡이다.

11장

와인의 노래

와인 명가: 돈나푸가타(Donnafugata)

대표: 조세 랄로(Josè Rallo)

도망 중인 여인

이 얼마나 멋진 발견인가! 돈나푸가타는 '도망쳐버린 여인'이라는 뜻이 아니라 '도망 중인 여인'이라는 뜻이었다. 그 둘은 엄연히 다르며 후자가 훨씬 낫다. 그 이름은 무엇보다도 오늘 우리의 손님인 조세 랄로를 위한 오마주다. 그녀는 두말하면 입 아픈 이곳의 주인장으로, 시칠리아의 아름다움을 가리려는 어두움으로부터 평생 도망 중이었다. 그러니까 그것은 과거가 아닌 현재와 관련된 속성이기도 하다. 그렇기 때문에 스스로에게 질문을 던지는 여인들의 마음과 머리에 스며드는 새로움과 혁신의 영감을 완벽하게 표현해준다. '도망 중'이라는 말은 동작, 열정, 변화의 뜻을 함축한 적극성을 띤 용어이고, 앞서간다는 의미도 들어 있다. 마치 페달을 더 열심히 돌리는 사이클 선수가 선두로 도망감으로써 다른 선수들이 더 박차를 가하여 그 뒤를 좇아오게 만드는 기적을 일으키는 것처럼. 그 도망 중인 사람들은 먼저 도착한다. 가장 먼저 도착하는 그룹의 선수들 중에서도 제일 먼저 도달하는 사람이 있다. 나 또한 평생 앞에서 도망하며 보냈다. 도망 중인 남자라는 이 역할이 미치도록 마음에 든다. 늘 이겼던 건 아니지만 중요치 않다. 늘 승리할 수는 없기 때문이다. 중요한 것은 선두로 도망가보려 노력하는 것이다.

나의 인터뷰도 도망 중이다. 조세 랄로에게 도착하자마자 그녀가 상황의 통제권을 쥐더니, 이 땅의 공기와 이곳의 아름다움에 익숙해지라고 우리를 마르살라 농장으로 데려갔기 때문이다. 위도에 비해 이곳 공기는 놀랄 만큼 선선하고, 태양광은 특별하게 빛난다. 북쪽에 있다가 여기로 내려오니 새롭다. 이곳의 야생풀과 나무도 거의 처음 보는 것들이다. "Kennst du das Land, wo die Zitronen bluehn?(레몬 꽃이 피는 나라를 아는가?)" 괴테가 이탈리아를 두고 한 말은 많지만, 이곳에는 이 문구가 잘 어울린다. 나무 위로 시트론만큼이나 커다란 레몬이 꽃과 함께 달려 있다. (그런데 꽃과 열매가 함께 자라다니? 우리 동네에서는 있을 수 없는 일인데.) 이 문구가 생각난 것은 내 침대 가까이 있는 책장에 상당히 낡은 괴테의《이탈리아 기행》이 한 권 꽂혀 있기 때문이다. 그 책에서는 배울 게 무척이나 많다. 우리는 우리나라의 경관과 광장과 예술품부터 다시 들여다보아야 한다. 괴테가 그랬듯이. 하지만 나는 괴테가 베네토에 도착한 부분까지만 읽어서 시칠리아에서 무엇을 보았는지 알려면 아직 한참은 더 읽어야 한다.

조세 랄로는 까무잡잡한 시칠리아 사람 특유의 특징을 지닌 멋진 여성이다. 바로 이곳 시칠리아에 사는 몬탈바노 경찰서장77과 바에 앉아 함께 있을 법한 여배우 같은 미인이다. 그녀를 보지 않고도 목소리만으로 그녀가 미소 짓고 있다는 것을 느낄 수 있다. 그리고 우리와 나누고 싶은 생각들이 산처럼 쌓여 있어서 숨도 쉬지 않고 끊임없이 이야기가 흘러나온다. 그래서 오늘 이 와이너리의 과거와 현재와 미래를 담아가는 것이 어렵지 않으리라는 걸 금방 짐작할 수 있었다.

조세 피트스톱부터 먼저 하고 달리죠!

오스카 피트스톱이라구요? 시칠리아에서 갑자기 웬 피트스톱 타령이죠?

조세 얼마 전에 승리한 페라리를 축하하는 의미에서요!

시음용 와인을 준비하기 위해 잠시 정차한다. 화이트 와인 두 종, 스푸만테 하나, 바롤로 하나, 조세의 와이너리에서 만든 와인 하나다. 그리고

77 코미사리오 몬탈바노(Commissario Montalbano). 이탈리아 소설가 안드레아 카밀레리(Andrea Camilleri)의 소설 속 주인공이자 TV 시리즈의 제목.

다시 한 바퀴를 돈다. 먼저 돈나푸가타의 입구에 커다랗게 달려 있는 '시칠리아가 없는 이탈리아는 영혼에 아무런 이미지도 남기지 못한다. 이곳에서 모든 것이 시작된다'라는 괴테의 문구 앞에 멈춰 서서 그에 대해 이야기를 했다(대단한 우연이다. 맹세하는데 앞에서 괴테 이야기를 할 때는 절대 이 사실을 몰랐다). 그래, 이제 괴테가 시칠리아에서 무엇을 봤는지 알았다. 괴테의 눈동자가 돌아가기 시작한 것은 시칠리아를 보았을 때부터였다. 그런 선물을 괴테로부터 받았다는 건 자랑스러워할 만한 일이다. 집 대문에 걸 만큼 사람들에게 자랑하고 싶을 만한 일이다!

조세 이 와이너리는 우리 조상님이 1851년 마르살라를 생산하기 위해 설립하셨어요. 와인 사업을 크게 일구어낸 영국인들을 보고 배우셨죠. 지금은 나와 남동생 안토니오가 5대째 와이너리를 운영하고 있고, 아버지가 원하셨던 대로 함께 대표를 맡고 있어요.

오스카 아들을 편애하지 않는 앞서가는 아버지셨군요. 의견은 잘 맞나요?

조세 적당히 맞아요.

오스카 안 맞는다는 건가요?

조세 우리는 서로 보완적인 관계지만 의견이 매우 잘 맞아요. 특히 어려운 문제가 닥쳤을 때 더 잘 맞는데, 지금처럼 경제 위기가 있을 때 그렇죠.

오스카 내수 시장에서만 너무 많이 팔아서 그런 거죠. 수출을 더 많이 해야 해요. 이탈리아 바깥에 99퍼센트의 세계인들이 산다는 걸 늘 생각해야 해요. 그들은 부러움에 차서 우릴 바라보고 있어요.

이탈리아 시장도 감당할 수가 없었다

조세 아버지도 수출을 해야 한다고 계속 말씀하셨지만 내수 시장에서 우리 와인을 너무 많이 찾았어요. 돈나푸가타가 나온 게 1983년인데 처음에는 시칠리아에서만 생산량의 70퍼센트가 팔렸어요.

오스카 그럼 1983년에 마르살라를 버리고 와인으로 넘어온 건가요?

조세 어머니 가브리엘라가 1974년에 외할아버지로부터 콘테사 엔텔리나 포도원을 상속받았는데 손볼 데가 많았어요. 영어 선생님이던 어머니는 그때부터 틈날 때마다 포도 재배에 시간을 쏟았고 나중에는 그 일을 제일 좋아하게 되었죠. 32살에 캘리포니아, 호주 등 세상을 여행했고 와인 컨설턴트나 농경학자들을 자주 만나셨어요. 그리고 적당한 시기에 교사 일을 그만두고 토착 품종과 국제 품종으로 와인을 만드는 혁명적인 와이너리를 설립하셨어요.

오스카 그때 당신도 여기에 있었나요?

조세 아니요, 나는 도망 중이었어요.

(드디어 이 말이 나왔다!)

조세 그때 내가 19살이었는데 시칠리아의 모든 게 다 너무 숨이 막혔죠. 여자들이 길을 가면 남자들이 휘파람을 불어대고 오토바이를 타고는 뒤쫓아왔어요. 마피아라는 단어는 꺼낼 수조차 없었고, 모두 미래에 자기 뒤를 밀어줄 사람을 찾았죠. 그런 상황에서 나는 독립을 하려 했어요. 모두에게 작별 인사를 하고 장학

금을 받아서 피사의 산타안나 대학에 갔어요. 물론 떠날 때 부모님과의 관계는 아주 좋았고요.

오스카 앞서가는 분들이셨네요. 돈나푸가타를 처음 생산하던 1983년에 당신은 피사로 가버렸다고요. 그럼 도망 중인 여인은 당신이었군요?

조세는 나의 찬사를 피하듯 크고 음악적인 웃음을 터뜨렸다. 그러고는 말했다.

조세 사실 도망 중인 여인은 옛 직업을 버린 우리 엄마일 거예요. 돈나푸가타는 우리 엄마예요.

오스카 이런 천재적인 이름은 도대체 누가 지은 건가요?

조세 우리 아버지와 어머니가 함께 지으셨어요. 뭔가를 떠올리게 하는 이름을 지으려던 중에 세계적으로 가장 많이 번역된 이탈리아 소설인《살쾡이》[78]와 그 영화를 떠올렸어요. 돈나푸가타는 살리나 공작가의 여름 궁전 이름이죠. 아주 성공적인 이름이 되었어요. '돈나(여인)'라는 말은 어디서나 관심과 호기심을 불러일으키니까요.

오스카 아주 멋진 이름이에요. 대단히 영리한 선택이에요. 그런데 당신은 도망가면서 다시 돌아와 와인을 만들 거라고 상상한 적 있나요?

조세 피사에 가서 첫 3년은 굉장히 고생했어요. 인문계 고등학교를 나왔기 때문에 경제무역학이 너무나 어려웠거든요. 4년째가 되

78 주세페 토마시 디 람페두사(Giuseppe Tomasi di Lampedusa)의 소설로 영화감독 비스콘티에 의해 영화화되었다. 영어 제목은《레오파드》다.

었을 때 공부는 포기하고 테니스, 재즈, 책 등 원래 좋아하던 것들로 돌아갔어요. 물론 시칠리아로는 절대 돌아가지 않겠다고 생각했죠.

오스카 그러고 나서요?

조세 다시 돌아왔어요. 시칠리아 남자와 사랑에 빠지고 말았거든요. 여름에 휴가 차 내려와 콘서트에 갔다가 한 밴드의 드럼 연주자를 보게 되었죠. 무대 위로 올라가서 돈나푸가타 와인을 건넸어요. 사랑이 피어났고 우리는 결혼하죠. 행복하게 살고 있고 아이도 둘 있어요.

오스카 보통 와인 병을 주는 건 남자인데 당신은 반대로 했군요.

조세 사실 내 목표는 밴드의 여가수였어요. 가수가 되고 싶었거든요. 그녀처럼 되려면 어떻게 해야 하는지 묻고 싶어서 연결 고리가 되어줄 사람이 필요했어요. 결국 그 고리가 내 남편이 되었네요.

오스카 그러니까 1983년에 어머니가 가진 능력과 포도밭, 그리고 아버지의 경험이 합쳐져 이 회사가 태어났군요.

조세 그리고 1989년에 아버지가 마르살라를 더는 생산하지 않기로 결정하죠.

오스카 지금 시장이었다면 훌륭한 마르살라에 대한 기대가 있었을 텐데요!

조세 물론이죠, 하지만 지금은 포도밭이 없어요. 그리고 우리 판텔레리아 와인에는 또 다른 멋진 이야기가 얽혀 있어요. 1989년에 아버지와 어머니가 짧은 휴가로 판텔레리아 섬에 가죠. 둘째 날 산책하러 나갔다 돌아왔을 때 이미 아버지는 포도밭과 양조장을 임대한 후였어요. 그리고 판텔레리아 와인을 생산하기 시작하죠. 지금 그곳에서 대단히 특별한 와인이 나와서 큰 기쁨을 누리고 있어요.

이제 시칠리아를 황금빛으로 그린 그림들 아래에 다다랐다. 시칠리아 뒤로는 황금빛 태양이 고개를 내밀고 있다. 포도로 가득한 바구니를 든 여인이 있고, 구석에는 황금빛 판텔레리아 섬이 있다. 꼭 아이가 그린 그림 같다.

오스카 누가 그렸죠?

조세 스테파노 비탈레라는 그림책 삽화가인데 우리 라벨의 대부분을 그렸죠.

양조장 안을 걷는 내내 이야기를 했다. 건물 한편은 아주 오래되었고 다른 한편은 새것이다. 열정적으로 우리를 안내해주던 조세를 독자 여러분도 봐야 하는데. 미소를 지은 채 손동작을 하며 말한다. 음악 같은 아름다운 목소리를 잘 조절해가며 말한다. 조세는 뛰어난 가수인데, 특히 재즈 음악과 브라질 음악을 잘한다고 들었다. 그녀에게 노래를 부탁하리라. 한 번 듣고 싶다. 어떻게 부탁할지 전략을 짠다. 그녀의 목소리에서 우리는 그녀의 가족사를 상상하고, 아버지와 어머니의 토론을 '보고', 이렇게 역동적이고 혁신적인 사람들은 어떻게 대화하는지 추리해본다.

그리고 커뮤니케이션의 중요한 역할에 대해 생각해본다. 오늘날 사용되는 '마케팅'이라는 용어는 와인 업계에서 당신의 와인을 원하는 가격에 팔기 위해 해야 하는 일을 묘사하기에는 적절치 않다. 당신이 해야 할 일은 뛰어난 와인에 담긴 무형의 가치를 전달하는 것이다. 그 무형의 가치는 계몽된 가족의 역사다. 번뜩이는 직관과 와인 업계 전체에 큰 족적을 남긴 변화의 역사다. 순수하게 이익만을 추구하는 비문화적이고 파괴적인 대량 생산으로부터 '도망 중'인 소수의 남자들과 여자들의 공로로 인한 와인

문화의 변천사다. 전통, 존중, 순수성, 진실로 향하는 도망이다. 근시안적인 관점을 뒤로하고 장기적인 시공간적 안목으로 미래뿐만 아니라 과거로도 향하는 도망이다. 우리는 5000년에서 6000년 동안 와인을 만들었고 아직도 완벽한 와인을 찾고 있다. 현재는 세계 인구의 소수만을 위해 와인을 만들고 있지만 이후 몇십 년 이내에 수십억의 사람이 와인 문화를 접할 것이며, 우리 이탈리아인들에게서 품질과 역사, 한마디로 아름다움을 찾아내려 할 것이다.

우리는 그것을 위해 일하고 있다. 바로 이것이 훌륭한 와인 집안들이 갖는 의미이며, 내 가족도 비록 가장 늦게 합류했고 수확도 몇 번 안 해봤지만 여기 동참하고 있다. 이것이 품질의 가치를 뒷받침하고 사람들이 인식할 수 있도록 우리가 와인 안에 담아야 할 무형적 가치의 본질이다.

이제 우리는 와이너리의 한가운데까지 왔다. 이곳은 1851년에 처음 지어졌고, 이후 새로운 종류의 와인을 만드는 데 필요한 개축 작업들이 이어졌다. 1983년에는 10만 병을 생산했다. 1986년의 메탄올 파동 이후에도 회사는 계속 성장해 현재의 생산량에 이른다. 오늘날 직접 소유 및 임차를 통틀어 콘테사 엔텔리나에 270헥타르, 판텔레리아에 68헥타르의 포도밭이 있다. 그리고 평균 230만 병을 생산한다. 가장 많이 팔리는 와인은 안틸리아 와인인데, 50퍼센트의 카타라토 토착 품종에 다른 국제 품종을 블렌딩한 것이다. 이밖에도 안소니카, 네로 다볼라, 그릴로 등의 토착 품종 와인도 생산한다.

오스카 그릴로 와인도 만드나요?

조세 네, 시작한 지는 얼마 안 되었는데 매우 시칠리아적인 와인이죠. 와인명은 그릴로의 고대 아랍어인 수르수르인데, 우리는 이 와인을 와인과 함께 떠나는 피크닉이라는 의미에서 '미식 피크닉'

와인이라고 소개하죠.

우리가 돌아보는 이곳은 전통 건축법으로 지어진 중요한 양조장으로, 시멘트와 스틸로 된 커다란 통들이 있다. 특히 내게 강한 인상을 남긴 것은 지하의 새로운 바리크 저장고로, 끝없이 이어진 기둥들이 아치를 떠받치고 있어 웅장한 사원처럼 보인다. 그 안에서 수백 통의 바리크가 휴식을 취하고 있다.

10년의 세월 동안 마음속으로 이 노래를 불렀답니다

정말 커다란 이 저장고를 한참이나 걸으며 가장 놀란 건 청결 상태와 질서정연함이었다. 내가 늘 하는 '꼭 북부에 있는 것 같네'라는 농담을 하지 않으려고 노력했다. 그 말은 풀리아의 바리 공항에 내려 시내로 들어가는 도로를 탔을 때 옆으로 보이는 질서 있게 가꾸어진 잔디를 보며 내가 늘 하는 말이다. 내가 이 때문에 남부에서는 바리에만 이탈리를 개점했다고 말하면 풀리아의 동료들은 늘 남부인들의 뛰어난 능력을 상기시키며 말로 나를 흠씬 두들겨 팬다. 나는 와인들에 대해 질문했다. 화이트 와인들은 안틸리아, 수르수르, 키아란다고 레드 와인은 앙겔리, 탄크레디, 천일야화를 뜻하는 '밀레 에 우나 노테'. 그런데 그때 조세가 '밀레 에 우나 노테'라고 말하더니, 갑자기 재즈 발라드를 부르기 시작했다. 우리는 그 자리에 못 박힌 듯 멈췄다. 1시간도 넘게 어떻게 노래를 청할지 머리를 굴리고 있었는데. 우리는 바리크 저장고의 한가운데, 높은 곳에 있는 통로에 서 있다. 마치 이 공연을 위해 일부러 만든 것 같다. 조세의 아름다운 목소리가 저장고의 환상적인 음향 효과로 인해 더욱 환상적으로 들린다. 이제는 이곳이 와인을 위해 있는지 그녀의 목소리를 위해 있는지 헷갈릴 지경이다. 그녀는 이 노래를 와이너리에서 개최한 행사에 초빙된 재즈 가수로부터 들었고 이후 10여 년간 계속 불렀다고 했다. 그 곡은 천하룻밤의 기쁨을 위해 태어나 와이너리의 족장에게 바쳐진 노래다. 시간이 흘러 새롭고 매력적인 특징을 드러내게 될 성숙한 남성과 좋은 와인을 노래하는 곡이기 때문이다. 조세의 아름다운 노래를 들으며 나는 그녀가 이 이벤트를 미리 계획했을지 아니면 갑자기 부르고 싶었을지 궁금했다. 후자이길 바라며 조세가 그만큼 이 시간을 즐기고 있다고 스스로를 칭찬한다. 계속 걷다가 특별한 사진과 마주쳤다. 조세의 아들인 페르디난도의 사진이다. 돌도 안 되었을 때 같은데, 신이 막 만들었을 때처럼 발가벗은 채 막 수확한 네로 다볼라 포도의 바다 위에 답삭 앉아 있다. 걸작이다. 포도(vite)와 생명(vita)의 만남, 그 신화적인 이미지가 떠오르는 사진이기에 조세에게 이미지를 보내달라고 부탁했다.

조세는 자랑스럽게 아이들 이야기를 했다. 하나는 아들, 하나는 딸이며 이미 삼촌과 엄마의 발자취를 따를 생각을 하고 있다. 도망 중인 여인. 그녀는 엄마이기도 하며 아직 젊은데도 벌써 장래를 이끌 랄로의 6대손들을 바라보고 있다. 그들의 성이 랄로는 아니겠지만, 그것은 중요하지 않다.

어머니는 내게 미소 짓는 법을 가르쳤죠

그녀가 들려주는 어렸을 적 이야기에서 열린 마음을 지닌 부모님 덕에 그녀가 얼마나 현대적인 교육을 받을 수 있었는지가 드러났다. 말을 시작할 때면 꼭 'maybe'라고 운을 띄우는 미국민의 관대함과 영어를 배우라고 8살인 딸을 달랑 혼자 미국에 보내기도 했다. 그동안 오래된 마르살라 와이너리는 거죽을 바꾸고, 재배법을 바꾸고, 포도를 바꾸고, 기술과 조직을 바꾼다. 조세는 학교 공부와 스포츠를 통해, 또 새로운 사람들과의 만남으로 시야를 넓힌다.

오스카 어머니에게는 뭘 배웠나요?

조세 언제 어디서나, 누구를 만나더라도 미소 짓는 법이요.

오스카 미소는 기분만 좋게 하는 게 아니라 제품 판매에도 도움이 돼요! 아버지는 뭘 가르쳐주셨죠?

조세 아버지가 지닌 에너지와 결단성을 배웠기를 바라요. 아버지는 장기적 안목으로 계획을 세우고 그것을 밀고 나갈 줄 아는 분이었죠. 하지만 그 장점을 내 것으로 하려면 시간이 필요해요. 미소 짓는 것을 배우는 것보다 훨씬 많이 걸리죠.

오스카 아버지가 보스인가요?

조세 물론이죠, 아버지가 리더예요. 하지만 2012년부터는 한 걸음 물러나서 나와 동생에게 결정권을 주셨어요. 아까도 말했다시피 우리가 대표가 되었거든요.

오스카 지금 할 질문에 대해 미리 사과할게요. 그런 분을 아버지로 둔 자식들에게 다 했던 질문이에요. 아버지가 당신들 두 형제와 회사 중 어느 쪽을 더 사랑한다고 생각하나요?

조세 당연히 우리죠!

오스카 그게 그렇게 당연한 일은 아니랍니다. 당신의 경우를 이야기하는 건 아니지만 일반적으로 자식들을 더 사랑한다고 말해도 실제로는 아닌 경우가 많거든요. 절대 일을 포기하지 않으면서 늘 회사에 머물고 자식들을 비판하고, '내가 젊었을 때는 말이야……'라는 말을 자주 하죠. 아버지가 한 걸음 물러났을 때 어떤 생각이 들던가요? 더 자율성을 갖게 되어서 기뻤나요?

조세 처음에는 어찌할 바를 모르겠더라고요. 마케팅과 경영 감사만 책임지다가 전반적으로 모든 책임을 져야 했으니까요. 그때 이후 회사 일 전체에 지속해서 관심을 두는 법과 무엇이 우선하는가를 바탕으로 결정하는 법을 배웠어요.

오스카 당신과 동생은 어떻게 일을 분담하죠?

조세 일상 업무에서는 우리가 이전에 했던 업무를 계속하고 있어요. 나는 마케팅을, 동생은 생산을 담당하죠. 영업과 경영 감사는 함께 맡고요.

오스카 가격 책정은 누가 하죠? 예를 들어 신규 와인의 시장 포지셔닝을 해야 할 때라면 누가 결정하나요?

조세 함께해요. 나는 좀 이상주의자고, 동생은 더 현실적이거든요.

오스카 가격을 책정하는 순간은 마술적인 순간이죠. 누구는 생산 비용으로부터 출발하고 누구는 자신이 전달하려는 가치로 원하는 가격을 책정해요.

아버지는 내가 아는 사람 중 최고의 페미니스트예요

시음을 위해 멋진 테이블 주변에 둘러앉았을 때, 조세는 자신이 아는 남자들 중에서 아버지가 가장 대단한 페미니스트라고 말했다.

오스카 믿기 힘드네요. 시칠리아 남잔데, 그게 가능한가요?

조세 아버지는 첫째로 아내, 그다음에는 딸, 그리고 회사 여직원들에 이르기까지 늘 여자들이 지닌 장점을 신뢰했어요. 맨 처음에 고용한 사람들도 다 여자였고요. 동생은 굉장히 각별히 대해요. 두 사람이 어깨동무를 하고 다니면 꼭 형제 같아요. 내게는 늘 많은 신뢰를 보여주었고요.

다시 내 앞에 있는 '도망 중인 여인'의 이야기로 돌아갔다. 그녀는 1983년에 떠났다가 피사에서 대학을 다니고 일하며 7년을 보낸 후 다시 돌아왔다. 1990년에는 시칠리아 섬을 떠난 적도 없고 떠날 생각도 없는 시칠리아 남자와 결혼하는 데 성공한다. 그렇게 하여 그녀는 자신의 관심을 끄는 유일한 시칠리아의 회사, 아버지와 어머니가 세운 바로 그 회사를 위해 일하기로 한다.

오스카 왜 결혼이 하고 싶었어요?

조세 그렇게 배웠거든요. 결혼으로 나 자신을 실현하고자 했어요.

오스카 자식들을 원했나요?

조세 네. 그리고 음악이나 여행 같은 주요 관심사를 함께 나눌 남자를 찾고 있었어요. 남편과 나는 많은 것을 공유해요.

오스카 사랑에 빠져서 그런 것도 있을 텐데요. 사랑 이야기는 안 했지만…….

조세 안 하기는요? 아까 처음에 무대 위에서 연주하는 그를 보고 사랑에 빠졌다고 말했잖아요!

일부러 그렇게 말했던 터라 나는 웃음을 터뜨렸다. 하지만 그럴 만했던 것이, 그녀가 다른 것은 다 직설적으로 말했는데 가장 개인적인 자신의 감정을 이야기할 때만 빙빙 돌려 했기 때문이다. 그래서 좀 찔러보았다. 동생은 자신과 달리 바로 회사를 선택했다고, 대학에서 전공을 선택할 때도 농학과를 갔다고 했다. (여기 팔레르모에서는 여자들만 도망갈 생각을 한다는 게 증명되었다.) 어쨌든 아버지는 포도밭과 양조장은 남동생에게, 경영 감사는 조세에게 전담시킨다. 그리고 이 주제와 관련해서 그녀는 경영 대학에서 쓰는, 경영 컨설턴트 용어를 펼쳐놓았다. 보통 경영 감사는 제3자를 통해서 하는 반면 이들은 소유주가 직접 경영 감사를 한다. 즉 자기 자신을 스스로 점검하는 것이다. 조세는 감사를 하며 매해 늘어나는 와인 병의 숫자를 세는 감동을 맛보고, 한 번도 적자를 낸 적 없는 회사의 수익을 분석하면서 그 성과를 인정하고 경탄한다. 이 모든 게 돈나푸가타를 만들고 7년 만에 시장에서 100만 병의 와인을 파는 수준까지 도달한, 에너지 넘치는 아버지 '파드레 파드로네'[79](여기서는 긍정적인 의미로 말하는 것이다!) 덕이다!

벌써 알아차렸겠지만 이런 이야기는 나를 맨드릴개코원숭이처럼 좋아 날뛰게 한다. 느림의 미학으로 인해 칭송받는(때로는 지나치게 칭송받는다) 이 일과 달리, 나는 스피드를 사랑한다. 와인은 제조업이나 소매점처럼 빠르게 움직일 수 없다는 것을 잘 안다. 중간에 땅이 버티고 있기 때문이다. 농업은 시간과 계절이 필요하다. 그럼에도 불구하고 돈나푸가타의 이 환상적인 이야기는 포도 재배자도 어느 정도의 리듬과 어느 정도의 속도로 일할 수 있다는 것을 증명한다.

이제 첫 번째 와인을 시음할 차례다. 두린 가문이 만드는 '리비에라 리구레 디 포넨테 브라이에 리세르바 2011'이다. 일부러 리구리아 주의 화이트 와인을 골랐다. 여기서 북쪽으로 1000킬로미터 떨어진 티레니아 해안가의 포도밭에서 자라고 만들어진 와인이다.

이 기회를 빌려서 우리가 방문하는 열두 와이너리의 와인을 제외한 나머지 48개 와이너리의 48개 와인을 어떤 기준으로 선정했는지 이야기하겠다. 먼저, 슬로푸드의 창설자 카를로 페트리니의 3요소를 충족시켜야 한

79 Padre padrone. '아버지이자 주인'이라는 뜻으로 언어학자 가비노 레다의 자전소설 제목이다. 가부장제의 억압을 의미하며 영화화되기도 했다.

다. 즉 맛, 순수함, 적절함이 기본이다. 거기에 나는 생산자가 특징 있고 호감 가는 사람이어야 한다는 요소를 추가했다. 나는 와인을 설계한 사람의 무형적 가치가 와인 안에도 전달되며, 그 가치는 시음할 때 알아챌 수 있고, 순위를 매길 수는 없지만 분명하게 구별할 수 있는 느낌으로 바뀐다고 확신한다.

오스카 이 피가토 와인이 마음에 드나요?

조세 굉장히 매력적이네요! 향은 아주 신선하고 맛이 오래 지속돼요! 바다의 와인이군요.

내가 목표한 바다.
이제 시게루의 차례다.

시게루 색상은 금빛이 감도는 볏짚색이에요. 복숭아나 배처럼 노란 과육을 지닌 과일의 폭넓은 향을 지녔고 미네랄리티도 높으며, 입 안에서는 풍미 있고 부드럽고 풀 바디하군요. 함께 조합할 음식으로 리구리아 전통 요리 카폰 마그로[80], 레몬을 곁들인 스칼로피네, 덜 숙성한 페코리노 토스카노 치즈를 권합니다. 또 나라면 소금과 레몬을 곁들인 생선 초밥, 와사비를 곁들인 성게 회와도 먹어보겠어요.

오스카 시게루, 자네 대단하군. 카폰 마그로는 훌륭한 리구리아 음식이지만 많이 알려지지 않았는데, 그 요리를 어떻게 아나? 모르는 게 없군! 조세, 우리가 빌라 부치 리세르바 와인 시음을 준비하는 동안 시칠리아 이야기 좀 해주시죠. 이렇게 감동적일 정도로

80 Cappon magro. 생선과 채소가 베이스인 리구리아식 샐러드.

아름다운 경관과 이곳 사람들 사이에서 어떤 대조를 느꼈다고 했잖아요, 어떤 점을 좋아하지 않았죠?

조세 시칠리아인들은 정치 상황이나 일자리 부족에 대해 그냥 체념한 것처럼 보였어요. 그리고 여자들은 제대로 가치를 인정받지도 못했죠. 게다가 마피아, 마피아와의 전쟁 문제도 있었는데 거의 무시하거나 감추다시피 했죠.

오스카 어느 시기를 말하는 건가요?

조세 나는 1990년부터 1994년까지 팔레르모에 살았어요. 그 당시 무슨 일이 있었는지 알죠? 그러니까 나는 팔레르모 시민들이 불의에 항거하던 바로 시절에 그곳에 산 거예요. 그것이 대단히 자랑스러워요. 그래서 머물겠다고 결정을 내렸죠. 자부심 때문에요. 물론, 가족의 회사를 위해 남은 것도 있고요.

오스카 고향 땅에 대한 긍지를 되찾은 건가요?

조세 맞아요, 시칠리아인들이 항거했기 때문이에요. 오랜 여행에서 돌아와보니 시칠리아가 더 아름다워 보였죠.

오스카 하지만 사람들의 체념이나 안 좋은 정치 상황, 일자리 부족은 지금도 그대로예요. 게다가 지금도 시칠리아는 밑 빠진 독처럼 더는 방도가 없을 정도로 자원을 다 소모하고 있잖아요.

조세 그건 순전히 표를 대가로 복지를 퍼주기 때문이에요. 하지만 무엇인가 바뀌었어요. 질 좋은 식품을 생산하는 신생 영농 기업이 많이 생겼고 관광 업계, 심지어 첨단기술 분야에서도 신생 기업들이 생겼어요. 여자들은 가족과 일을 병행하는 것도 가능해졌고요. 최근 10년간 여성 해방이 중요한 진전을 했어요. 물론 아직 충분하지는 않아요.

나는 조세를 비롯한 시칠리아 여인들이 느낄 좌절을 그들의 입장에서 느껴보려 노력한다. 진보적이고 혁신적인 가족 내에서 자란 그녀의 개인사를 볼 때, 아직 뒤처진 이 섬의 상황과 매일 맞부딪치기는 쉽지 않을 것이다. 자연의 아름다움은 비견할 데 없고, 풍요로운 건축 유산은 양식적으로나 역사적으로나 유일무이한 특성을 자랑하며, 매혹적이고 풍부한 역사는 가장 세련된 고대 문명들과의 혼합을 통해 탄생했고, 기후마저 삶과 행복을 축복하는 듯하다. 하지만 사회 공동체를 아직도 완전히 민주적이라고 할 수 없는 방식으로 인식하는 구시대의 유물도 남아 있다. 세계에서도 찾아보기 힘든 독특한 아름다움이 혼합된 이 섬은 아직도 삶의 질, 즐거움, 존중을 위한 사회를 완전히 발전시키지 못한 것이다. 안타깝게도 어떤 경우 이 사회는 가장 보호받지 못하는 약자들에게 등을 돌림으로써 잔인한 몇몇 사람이 극악무도한 범죄를 저지르는 기회를 제공하기도 했다. 이곳의 삶과 일의 구석구석을 모두 파고드는 조직 범죄자들의 세력에 대해서는 이미 알려진 사실보다 나은 이야기를 찾아내기 힘들 것이다. 하지만 조세가 몇 년 사이에 신생 기업과 새로운 일자리와 평등의 열기를 목격했다고 했으니 여기서도 미래를 낙관하고 싶다. 정직한 사람들의 정치가 이 약한 희망에 꽉 매달려야 하고, 눈을 들어 꿈과 유토피아를 바라보아야 하며, 그것에 구체성의 옷을 입혀야 한다. 할 수 있고, 벌써 시작되었다. 정치계를 비롯하여 일부 정직한 사람들이 이미 그 일을 하기 시작했다.

다른 지방의 많은 와인 생산자들이 그렇듯이, 시칠리아에서도 대지와 전통과 노하우와는 멀어진 채 수십 년 동안 그저 그런 와인만 생산해오던 상황을 뛰어넘어, 생명력 넘치는 회사들이 40년도 안 되는 사이에 꽃봉오리를 틔우고 세계적인 경쟁력을 갖추게 되었다.

가치 있고 혁신적인 여정을 날마다 건설해 나간다면, 시칠리아를 비롯한 이탈리아 전체가 도전을 두려워하지 않는 리더가 될 거라 확신한다. 우리 모두가 용기를 내고, 좀 더 정직한 정치만 동반된다면 10년이면 충분할 것이다. 결국에는 이전과는 다른, 훨씬 더 재미있고 활력 넘치는 나라를 발견하게 될 것이다. 모든 사람에게 동일한 기회와 삶의 질을 제공할 수 있을 것이다. 마르살라를 만들던 랄로 가문에도 노력과 용기가 부족하지 않았다.

우리가 시음할 빌라 부치의 베르디키오 와인은 2008년산으로, 자신의 뿌리가 부르는 소리를 들은 남자가 무엇을 할 수 있는지를 멋지게 보여주는 와인이다. 그는 자신이 이룬 성공의 길을 버리지 않고도 예시의 구릉 위에 있는 자신의 작은 마을로 돌아가 이탈리아에서 가장 훌륭한 화이트 와인 중 하나를 만들고 있다. 바로 직전에 방문한 암펠리오 부치의 이야기다. 나는 암펠리오의 원만함에 대해 이야기를 늘어놓았고 조세는 대단히 관심 있게 들었다. 함께 암펠리오의 2008년산 와인을 시음했다. 시게루에 의하면 이 와인은 밝은 초록빛이 감도는 볏짚색, 살구와 배의 농익은 과일 향을 지녔다. 그리고 세이지, 감귤류의 꽃 향, 아로마 허브, 암석과 미네랄이 느껴진다. 입안에서는 풍미 있으며 풀 바디하고 둥글고 미네랄리티가 많이 느껴진다. 매우 우아한 와인으로서 마늘과 버터를 넣은 홍합 수프, 간장과 쌀 식초를 곁들인 랍스터 구이, 여러 종류의 어묵튀김과 잘 어울리고, 참치 타르타르와 망고에 와사비를 곁들인다면 완벽해질 것이다. 나는 이 베르디키오와 매치하라고 제안하는 요리들이 전부 너무 비싼 것들이라 소수의 사람들이나 그렇게 먹을 수 있을 거라고 시게루를 놀렸다. 하지만 실제로는 그렇지 않다. 사람들이 음식에 관해 폭넓게 생각하도록 교육해야 한다. 매우 대중적인 즉석 음식들을 계산해보면 질 좋은 재료들로 집에서 직접 만든 특별식보다 훨씬 비싸다. 이탈리에서는 아이들이 제대로 된 지식을 갖고 영양을 섭취하도록 교육하는 일에 진심으로 노력하고 있다. 제철 음식이 아닌 재료는 피하고, 제품의 라벨과 성분을 주의 깊게 읽고, 값비싸고 쓸데없고 쓰레기만 늘리는 포장도 피하라고 교육한다. 우리는 음식이라는 우리의 작은 세상에서, 이탈리아의 미래를 이끌 내일의 시민들이 대변화를 이룰 수 있도록 최선을 다해 준비시키고 있다.

조세는 노래하고, 자신의 비즈니스 모델을 다른 이들에게 보여준다.

오스카 당신은 시칠리아를 위해 최선을 다해서 일할 생각이 있습니까? 공적인 정치 영역에서 일할 생각이 있는지 묻는 겁니다.

이리저리 돌아도 오늘의 가장 중요한 질문은 바로 이것이다. 그리고 이에 대한 대화가 시작되었다. 조세는 공부하고 일하는 시칠리아인들을 위해 노래하는 일을 계속할 테지만 적극적인 의미의 정치는 원치 않는다. 그녀는 이런 길도 있다는 것을 알려주기 위해 자신의 회사 비즈니스 모델을 다른 이들에게 보여주고 싶어 한다.

조세 노래 덕에 대중 앞에서 일하는 실력도 늘었어요.

그 말을 믿기는 어렵지 않다. 대중 앞에서 말하는 것은 노래만큼이나, 아니 어쩌면 더 어렵다. 전달하고자 하는 메시지를 완벽하게 제어해야 하기 때문이다.

그녀는 정치 현실의 뻔뻔한 모습에 염증을 느끼는 모든 이탈리아인 중 하나로, 그로 인해 정치에 참여하고 싶어 하지 않는다. 어쩌면 다른 많은 사람들처럼 정치에 대해 부정적이라는 것을 보여주기 위해 총선에서 무효표를 던졌을지 모른다. 그렇다고 해도 놀랍지 않다. 나 또한 똑같이 고뇌

했기 때문이다. 소위 진보당이라고 하는 정당으로부터 진정한 변화의 말을 듣기가 어려웠고, 내 조국에서 이방인이 된 느낌을 받았다.

조세는 아래로부터 출발하기로 했다. 노래를 부르고, 좋은 의지를 지닌 사람들과 앞으로 나아가는 편을 택했으며, 사욕만 취하는 정치는 믿지 않는다. 정치는 다양한 방법으로 할 수 있다. 우리 기업인은 일자리를 창출하고 행동 모델을 만드는 것으로 정치를 한다. 어느덧 점심시간이 가까워지고 날도 더워진다. 잔에 '페를레 페라리 2006'을 따르면서 조세 또한 이 선물을 좋아할 거라 생각한다. 그냥 무작위로 고른 게 아니라 조세가 여성이라 선택했다.

시게루 금빛이 도는 볏짚색에, 향은 섬세하고 밀도 있네요. 풋사과, 빵 껍질, 향신료의 향도 느껴집니다. 입안에서는 신선하고 풍미 있고 길게 유지됩니다. 식전주로 마실 수도 있고, 혹은 프로슈토 햄과 멜론, 구운 빵에 닭 간 소스를 바른 전채 요리와 마셔도 좋겠습니다. 물소 젖 모차렐라에 안초비와 방울토마토, 레몬 잎을 곁들여도 좋을 거예요. 일본이라면 소금을 살짝 뿌린 튀긴 생선 뼈가 딱이겠네요.

이 와인과 어울리는 요리를 끝도 없이 읊어대다가 그가 훈제한 노르웨이 연어에 양젖 리코타를 곁들여서라고 말하자 조세가 소리를 질렀다.

조세 뭐요! 연어에 양젖 리코타라고요?!

하지만 조세가 소리친 것은 그런 조합에 반대해서가 아니라 그렇게 할 수 있는지 몰랐기 때문이다. 그리고 튀긴 생선 뼈라고 했을 때 다시 한 번 놀라 소리를 질렀다. 놀라운 노블레스 오블리주다. 이 경우에는 일본 요리가 우위에 있다는 것을 인정해야 한다. 조세 또한 얌전히 뒤로 물러나 자신의 아름다운 목소리를 낮춰 무채색의 절제된 시게루의 목소리를 누르지 않으려 했다. 그러다가 그녀는 여기 음악을 조합시키면 어떻겠냐고 제안한다. 바로 재즈 피아니스트 스테파노 볼라니가 연주하는 조지 거슈윈의 음악이다. 나는 이번 인터뷰 여행에서 이렇게 특별한 인물들로 블렌드를 만들 수 있었던 것에 대해, 시게루와 함께 시칠리아에 온 것에 대해 스스로 만족했다. 진정한 가치란 다름에 있고 외적 대조에 있기 때문이다. 시게루와 조세가 공유하는 것은 거의 없지만 이 테이블 앞에 함께 앉아 통합과 토론이 새로운 기회를 준다는 것을 증명해 보이고 있다. 만약 당신이 뛰어나다면, 당신을 따라 하면서 당신만큼 뛰어난 사람이 될 수도 있겠지만, 만약 내가 앞으로 도망할 기회를 얻는다면 당신을 추월할 수도 있는 것이다. 이 자리에 페라리 와이너리를 운영하는 젊은 친구들인 마테오, 마르첼로, 카밀라, 알레산드로도 함께 있으면 좋았을 것이다. 아직 무척 젊은데도 불구하고 이탈리아에서 메토도 클라시코로 스파클링 와인을 생산하는 가장 중요한 와이너리를 물려받았다. 이런 유산을 운영하기가 그리 쉽지 않을 텐데도 그들은 아주 잘 해냈다. '페를레 2006'이 그 증거다.

이익은 절대 분배하는 게 아니에요!

내 질문에 대해 단호하게 대답했다

오스카 왜요?

조세 왜냐하면 회사는 자기 자본에 의존해야지 제3자의 돈으로 확장되면 안 되니까요.

오스카 하지만 해외 수출량이 왜 그렇게 적은 거죠?

조세 내 계획은 중국에 가는 거예요. 사실 지금까지 이탈리아에서 엄청난 성공을 거두었기 때문에 수출에는 신경을 안 썼던 거 같아요.

오스카 이제 마실 와인은 와인의 왕 바롤로입니다. 피오 체사레의 바롤로 와인 '오르나토 2008'입니다. 체사레의 아들인 피오 보파가 내 동년배 친구죠. 그 또한 쉽지 않은 유산을 짊어졌지만 성공적으로 이 중요한 브랜드를 이끌고 있어요. 그가 늘 해외에 있어서 자주 만나지는 못해요. 수출을 많이 하는데, 확실치는 않지만 아마 반 이상 수출할 겁니다. 이건 최고의 희소성 있는 크뤼인 오르나토에서 나온 아주 훌륭한 바롤로예요. 란게에서도 이 빈티지는 정말 좋았죠. 바롤로에는 어떤 음악을 틀겠어요?

조세 쇼팽의 녹턴이요!

오스카 훌륭하네요, 잘 어울려요! 다시 당신의 국제화 프로젝트 이야기로 돌아갈까요.

조세 중국에 가고 싶어요. 이탈리아 와인 3가지를 가져가면 좋겠어요. 스푸만테, 피에몬테 와인, 시칠리아 와인이요. 가능하면 중국인 1명을 훈련시킨 다음 이삼 년 내에 이탈리아로부터 상당한 수출 물량을 보내는 거죠. 어쩌면 은행이 설비나 양조장에 들어가는 비용 말고 국제화에 필요한 자금도 빌려줄지 모르죠.

오스카 하지만 중국의 사회적, 정치적 상황에 대해서 생각해봤나요? 나는 중국이 공산주의와 자본주의의 최고 단점만을 모아놓은 곳이라고 생각해요. 그 때문에 여러 문제를 겪고 있죠. 어쩌면 나도 이탈리를 열 때 직접 하기보다는 프랜차이즈 방식을 쓸 것 같아요.

시게루 바롤로에 대한 의견을 말하죠. 훌륭한 구조를 지닌 와인이라는 것이 느껴지는군요. 색은 밀도 있는 루비색입니다. 장미, 담배, 감초, 미네랄, 타르의 향이 나요. 아주 조금 가죽도 느껴지는군요. 맛은 따뜻하고 농익은 과일 맛으로 충만하며 타닌은 부드럽게 농축되어 있어요. 산토끼 스튜, 소고기 스튜 등 피에몬테 요리와 함께 마시거나 브라 치즈, 숙성한 토마 치즈와 마시면 좋겠군요.

시칠리아는 와인의 대륙이죠

이제 조세가 고른 와인으로 넘어갈 차례라 우리의 시간도 다 끝나간다. 하지만 이 땅에 대해 아직도 이해해야 할 것이 있다.

오스카 당신은 시칠리아 와인에 대해 만족하나요?

조세 무척이요! 시칠리아는 와인의 대륙이에요. 품질과 연구에 대해서는 대단히 만족해요. 양에 대해서는 아직 만족하지 못하지만요. 아직 생산자도 많지 않고 병입 제품을 파는 회사도 많지 않아요. 시칠리아에서 생산된 와인의 40퍼센트만 병입되죠. 나머지는 벌크 상태로 늘 그렇듯 북쪽으로 팔려나가요. 관련 업종도 없어요. 마개, 병, 라벨, 종이상자 등을 전부 밖에서 들여오죠. 게다가 먼 곳에 있는 시장에서 활동하기 위해서는 생산자들이 함께 네트워크 구축하는 법을 배워서 어려움을 함께 해결해야 해요.

체계를 구축할 필요가 있다는 조세의 단언에 반대하지는 않지만, 이탈리아인들이 단체 행동에 약한 것은 사실이다. 이런 한계로 인해 우리가 큰 기회들을 잃어버리기에 많은 노력이 필요하다. 강력한 해결책과 비즈니스 반(反)모델도 필요하다. 그렇지 않으면 굳어진 이 나쁜 습관을 바꾸는 데 너무 많은 시간이 걸릴 것이다. 이 여행은 거의 마무리에 접어들었다. 조세의 노래에서 흘러나오는 시칠리아의 미래는 활력이 넘친다. 시칠리아가 자신이 생산하는 와인을 스스로 병에 담을 수 있게 되었을 때 우리는 목적에 도달할 수 있을 것이다. 이 꿈속에서 시칠리아는 자연이라는 세상의 멋진 친구다. 이 꿈속에서는 선두에서 '도망 중'인 생산자들이 그 누구도 방해하지 않고 환경을 오염시키지도 않는다. 일하는 사람들의 삶의 질을 악화시키지도 않으며 오히려 증진시킨다. 자연스럽고 예술적인 아름다움을 파괴하지도 않는다. 이 꿈속에서는 시칠리아의 GDP가 성장하고 세계 시장에서 자신의 와인을 계속해서 더 많이 판다. 이 꿈을 국가 차원으로 끌어올리면, 와인 업계와 똑같은 상황에 놓여 있고 대단한 잠재성을 지닌 다른 생산 영역에도 적용할 수 있는 리더십의 모델이 될 수 있다. 전반적인 농식품 영역뿐만 아니라 관광, 디자인, 패션, 모든 형태의 이탈리아 고전 미술과 현대 미술에 말이다.

이제 위대한 대단원이다. 예상치 못했을 질문 몇 개와 재미있는 답변이 이어진다.

오스카 회사가 계속 성장하길 바라나요?

조세 너무 크게 성장하는 건 바라지 않아요. 어쩌면 우리 브랜드를 사용해서 다른 예술의 형태로 영역을 다각화하는 것은 가능할 것 같네요. 예를 들어서 섬유 같은 것 말이에요.

오스카 집에서는 주부인가요?

조세 아니요, 엄마예요. 집에서는 도움을 받아요. 남편이 메뉴를 고르면 다른 사람이 요리를 하죠.

오스카 이제 악마의 선택을 해야 합니다. 미국의 큰 공연 회사가 솔로 가수로서의 환상적인 투어 기회를 준다고 칩시다. 그런데 1년 동안 와인 일은 포기하는 것이 조건입니다. 승낙하겠습니까?

조세 물론이죠, 남편도 같이 갈 수 있다면요. 그도 뮤지션이니까요. 물론 갈 거고 예명도 있어요. 돈나푸가타요!

오스카 와인을 놔두고 갈 수 있다니, 믿을 수 없는데요! 살아오면서 포도 수확을 몇 번 했나요?

조세 23번이요. 1990년부터 2013년까지 매년 했어요. 많지는 않지만 의미는 커요. 그리고 2012년 수확 때는 콘테사 엔텔리나에서 스트리밍으로 방송도 했어요. 8월 10일 밤에는 생방송으로 달빛 아래서 샤르도네를 수확하는 것을 방송했죠. 절대 잊을 수 없는 추억이에요!

자신의 회사에 대해 자부심을 느끼는 조세가 옳다. 시음용으로 어떤 와인을 선택하겠는지 물어보자 그녀는 그리 오래 생각도 하지 않고 외쳤다.

조세 벤 레(Ben Ryé)!

판텔레리아, 마법의 섬에서 탄생한 바람의 아들이다. 내 위장을 지탱해 줄 음식 없이 마신다는 사실만이 안타깝다. 대부분의 사람들은 시칠리아의 스위트 와인과 함께 신선한 리코타를 먹겠지만, 나는 허브가 들어간 치즈나 지방이 많은 신선한 간을 팬에다 익혀 함께 먹겠다. 몽상에 빠져 있는 동안 시게루가 말을 꺼낸다.

시게루 이 2010년산은 대단한 복합성을 지니고 있네요! 이 와인에 사용한 포도는 지비보(모스카토 비안코 달레산드리아) 품종인데 몇 년 전 판텔레리아에서 나무에 달린 이것을 직접 따 먹었을 때가 기억나는군요. 색상은 반짝이는 황금색에 호박빛이 감돌고, 후각적으로는 살구와 복숭아 같은 농익은 과일 향, 말린 무화과와 설탕 절임 한 감귤류가 느껴지는군요. 또 꿀과 미네랄도 느껴집니다. 입안에서는 부드러운 단맛에 아로마가 느껴지고 아주 신선합니다. 이 와인은 사색을 위한 와인처럼 혼자 마시겠어요.

이제는 정말 가야 한다. 회사를 나서서 태양이 내리쬐는 광장을 가로지른 후 작별 인사를 하고는 이 반나절의 기억을 가져간다. 처음에 조세는 우리를 맞이할 때 '돈나푸가타'를 대표하느라 약간은 절제된 모습을 지닌 전문직 여성으로서, 시칠리아 억양은 제어하고 영어로만 경영 용어들을 언급했다. 하지만 곧 세련되고 로맨틱한 간주곡으로 넘어가더니 나중에는 더 편안하게 섬의 억양을 드러내고 시칠리아 여인다운 열정으로 우리에게 인사하며 크레셴도로 마무리했다. 이 회사의 과거와 미래에 대해 잘 들었다. 이곳을 떠나며, 이 가족의 용기 이야기가 자신의 사업을 하기 원하는 모두에게 희망을 주고, 좋은 모델이 되어줄 것이라는 생각이 들었다.

시게루의 와인 시음 노트

조세 랄로와 함께

리비에라 리구레 디 포넨테 브라이에 2011(두린)

Riviera Ligure di Ponente Braie 2011(Durin)

종류	화이트 와인
포도 품종	피가토 100%
양조/숙성	스틸 탱크에서 저온 침용, 몇 달간 병에서 숙성
생산지	리구리아

금빛을 띤 볏짚색이다. 폭 넓은 과일(복숭아, 배) 향이 두드러진다. 꿀, 허브, 그리고 소금기도 살짝 느껴진다. 풍미 있고 부드러우며 풀 바디하고 즙이 많다.

리구리아식 카폰 마그로, 레몬을 곁들인 스칼로피네, 소금과 레몬을 곁들인 생선 초밥, 와사비를 곁들인 성게 회와 잘 맞는다. 숙성을 많이 시키지 않은 페코리노 토스카노 치즈와도 함께 마셔보고 싶다.

피가토와 베르멘티노는 이탈리아인들처럼 말하면 '같은 얼굴, 같은 과'이다. 실제로도 이 둘은 같은 과(科)에 속하는 포도다. 피가토라는 말은 리구리아 사투리로 '지중해 연안의 관목지대'를 가리키는 것이라고 들었다. 이 와인은 바다와 바람과 태양의 아들이다. 그렇기 때문에 내가 이리도 이 와인을 좋아하고, 또 아무리 마셔도 질리지 않는 것일까?

베르디키오 데이 카스텔리 디 예시 클라시코 리세르바 2008(빌라 부치)

Verdicchio dei Castelli di Jesi Classico Villa Bucci Riserva 2008(Villa Bucci)

종류	화이트 와인
포도 품종	베르디키오 100%
양조/숙성	18개월간 슬라보니아산 대형 오크 배럴에서 숙성, 이후 1년간 병 숙성
생산지	마르케

초록빛을 띤 볏짚색이다. 살구와 배의 농익은 과일 향을 지녔다. 또 세이지, 감귤류의 꽃 향, 아로마 허브, 암석, 기타 미네랄이 느껴진다. 풍미 있으며 풀바디하고 둥글다. 매우 우아하다.

마늘과 버터를 넣은 홍합 수프, 간장을 곁들인 랍스터 구이, 여러 종류의 튀김과 완벽한 궁합을 보일 것 같다.

암펠리오 부치는 나의 친구다. 이런 말을 할 수 있다는 것이 기쁘다! 그는 1980년대에 내가 밀라노 레스토랑에서 일할 때 거기 오곤 했었다. 그는 호기심이 많았고 일본 문화에 대해 알고 싶어 했으며 그것을 통해 일본 시장을 알고 싶어 했다. 우리는 지금도 서로 우정을 교환하고 있으며, 모두에게 빌라 부치 리세르바가 내가 가장 좋아하는 와인 중 하나라고 소개하고 있다.

트렌토 브뤼 페를레 2006(페라리)

Trento Brut Perlé 2006(Ferrari)

종류	스파클링 와인 메토도 클라시코
포도	샤르도네 100%
양조/숙성	자체 배양한 선별 효모로 최소 5년간 숙성
생산지	트렌티노

금빛을 띤 볏짚색이다. 기포가 풍부하고 정연하며 오래 유지된다. 풋사과,

빵 껍질, 향신료의 향이 섬세하고 밀도 있게 느껴진다. 입안을 풍부하게 채워주고 부드러우며 버터에 가까운 맛이 난다. 기분 좋은 맛이 길게 지속된다.

식전주로 마시거나 전채 요리와 함께 마실 수 있다. 내 생각에는 튀긴 생선뼈에 소금만 살짝 뿌리면 완벽할 것 같다. 물소 젖 모차렐라에 안초비와 방울토마토, 레몬 잎을 곁들여도 최고다. 다시 생각해보니 식사 내내 함께 마셔도 완벽하겠다!

페라리 자동차와 페라리 와인 중 하나를 골라야 한다면 페라리 와인을 고르겠다(그리고 페라리 차에 갖고 타겠다!). 샴페인에 비견할 수 있는 와인을 만드는 와이너리가 이탈리아에 두세 곳 있는데 페라리는 당연히 그중 하나다. 교토의 사무라이가 자신의 저명한 친구들을 불러 벚꽃 놀이를 할 때 마셨다면 좋아했을 것이다.

바롤로 오르나토 2008(피오 체사레)

Barolo Ornato 2008(Pio Cesare)

종류	레드 와인
포도 품종	네비올로 100%
양조/숙성	15일간 침용, 프랑스산 나무 배럴에서 38개월간 숙성(70%는 새 바리크에서, 30%는 25헥토리터들이 오크 배럴에서)
생산지	피에몬테

짙은 루비색에 석류석의 빛이 감돈다. 장미, 담배, 감초, 미네랄, 타르의 향이 느껴진다. 가죽 향도 살짝 여운으로 남는다. 맛은 따뜻하고 풀 바디하며 타닌은 부드러운 동시에 밀도감 있다. 구조감이 좋으며 지속성이 있고 조화롭다.

산토끼 스튜 등의 피에몬테 요리와 잘 어울린다. 소고기 스튜에 와사비를 곁들여도 최고다. 나라면 브라 치즈, 숙성한 토마 치즈와 함께 마셔보리라.

이 와이너리는 4대째 와인을 생산하고 있으며 알바 폼페이아(알바의 옛 라틴어 지명)의 옛 시가지에서 란게 최고의 포도밭들에서 나온 포도로 와인을 만든다. 특히 바롤로 오르나토는 세랄룬가에서 나오는데 많은 사람들이 바롤로 원산지 전체를 통틀어 그곳이 최고라고 믿는다(오스카도 그중 하나다!).

파시토 디 판텔레리아 벤 레 2010(돈나푸가타)

Passito di Pantelleria Ben Ryé 2010(Donnafugata)

종류	스트로 와인
포도 품종	지비보(모스카토 달레산드리아) 100%
양조/숙성	30일간 태양에 건조, 7개월간 스틸 조에서 숙성, 12개월간 병에서 숙성
생산지	시칠리아

호박빛을 띤 반짝이는 황금색이다. 살구, 말린 과일(특히 무화과), 꿀, 건포도의 향이 난다. 살짝 설탕 절임의 뉘앙스가 여운으로 남는다. 달콤하지만 질리지 않는 맛이다. 달콤함과 산도의 균형이 최고다. 부드럽고 둥글고 길게 유지된다.

사색용으로 좋은 최고의 와인이다. 하지만 디저트류와도 아주 잘 어울리는데 카놀리[81]와 카사타 등의 시칠리아 디저트와 함께 마시면 된다. 내 꿈은 초밥, 생선회와 함께 마셔보는 것인데, 환상적인 궁합을 자랑할 것 같다!

오래전에 안토니오 랄로와 함께 처음으로 판텔레리아에 간 적이 있다. 내게 가장 강렬한 인상을 남긴 것은 끊임없이 불어오는 센바람이었다. 이 와인은 바람과 태양의 아들이며, 와인을 잔에 따르면 마치 지중해의 빛과 열기를 마시는 것 같다. 기적의 와인이다!

81 Cannoli. 과일 절임과 피스타치오, 리코타 치즈로 속을 넣어 만든 이탈리아의 전통 과자.

12장

아름다운 곳에서 맛있는 와인이 만들어진다

와인 명가: 플라네타(Planeta)

대표: 프란체스카와 알레시오 플라네타 (Francesca · Alessio Planeta)

우리의 대지를 되살리려 노력합니다

우리는 천국에서 출발했고 다시 천국으로 돌아왔다. 이번에 우리를 맞아주는 곳은 시칠리아의 에덴동산이다. 어느 봄날 오후, 황금빛 태양이 기울기 시작한다. 우리는 벨리체의 아란초 호숫가에 와 있었다. 내게 이곳은 자연재해를 제대로 관리하지 못하는 무능한 정부에 대한 안 좋은 기억만 있다. 하지만 오늘 보니 그런 재해는 모두 옛일이 된 듯하다. 풍경이 피부와 코와 마음을 통해 내 속으로 들어온다. 눈도 물론 중요하지만 그 풍경을 온전히 즐기려면 눈만으로는 충분치 않다.

가는 동안 금빛 갈기를 바람에 나부끼며 자유롭게 달리는 말들을 봤다. 달리는 하얀 말들. 그중 한 마리가 혹시 이탈리아 광고 역사의 산증인인 백마 비달[82]이 아닐까 상상해본다. 늙지도 않고 어리석은 짓도 안 하며 돈도 얼마 안 들고 아름답다. 그 이야기를 동료들에게 하니 웃음을 터뜨린다. 정말 꿈속, 아니면 비달 광고 속에 들어와 있는 것 같다.

그 배경으로 펼쳐진 산 위에는 풍력발전기의 날개가 돌아간다. 말과 바람, 둘 모두 동력이다. 이것들도 역시 자연이 준다. 자연이 다 주었으니 가끔은 다시 가져갈 수도 있다. 풍력발전기에 대해서 누군가는 그것이 경관을 망치고 발전기가 제 가치를 못 한다고 말한다. 경제적으로 얼마나 효용성이 있는지는 모르겠지만, 경관에 대해서라면 나는 이탈리아의 젊은 건축가들이 이 문제를 해결할 수 있으리라 믿는다. 이탈리아의 풍력발전기 날개는 달라져야 한다. 나라면 하늘과 구름 색으로 만들겠다. 시칠리아의 자연은 놀라움으로 가득하다. 시칠리아는 자연뿐 아니라 예술과 문학에 있어서도 자신의 재능을 아끼지 않았다. 하지만 가장 섬세한 산출물인 인간에 대한 통제력은 좀 잃었다. 다른 많은 사람으로부터 조화와 복지와

82 이탈리아의 보디 샴푸 회사. 백마가 나오는 광고로 유명하다.

삶의 질을 앗아간 사람들 말이다. 다행인 건 그런 사람들의 비율은 낮다는 것이다. 그리고 플라네타의 사람들처럼 계속해서 자신들의 대지를 되살리려 노력하는 사람들이 나온다. 내가 그들을 선택한 것은, 그들이 한 것처럼 우리가 다 함께할 수 있는 길을 찾기 위해서다.

우리가 와 있는 이곳은 시칠리아 아그리젠토 현 삼부카의 울모 농장이다. 우리를 맞이하는 이들은 나도 잘 아는 프란체스카와 알레시오 사촌 남매다. 우리를 식탁으로 안내하며 묻는다. "파스타 드시겠어요?" 이보다 더 이탈리아적으로 손님을 맞이할 수 있을까? 세상 돌아가는 이야기를 하고 토론을 하는데 이보다 더 쉬운 방법을 아는가? 식탁에 앉아 먹고 마시면서 관심 있는 주제들 근방을 탐색하기 시작했다. 물론 우리가 있는 곳은 탁 트인 야외, 해가 드는 안뜰 한가운데의 시원한 정자 그늘 아래다.

이곳의 지배자는 '우리'다. 사촌들로 구성된 '우리'는 다양한 영역에서 무척이나 일을 잘 해내고 있다. 이들은 15명으로 이루어진 주주 공동체이며, 이 중 셋이 공동 경영자로서 일을 맡고 있다. 다른 6명은 여러 방식으로 운영에 참여하며, 운영을 위해서는 최소 두 세대가 함께 논의한다. 이들은 또한 지난 28년 동안 일군 성공에 대한 긍지와 기쁨으로 충만한 '우리 시칠리아인'들이다.

박하 향 나는 야채 파스타는 단연코 최고다. 샐러드는 깨끗한 맛으로 가득하고 딸기는 이곳 정원에서 키운 것이다. 이들이 만든 와인도 아주 맛있다. 이것이 내가 사랑하는 이탈리아다.

플라네타사의 역사는 한 가주의 행복한 직관의 역사다. 그는 이 집안의 조부이며 프란체스카의 아버지인 디에고로서, 1940년생이다. 그는 신화다.

프란체스카는 아주 말끔한 미인이다. 금발에 푸른 눈동자를 지녔는데 엄마가 영국인이라고 한다. 오늘은 부츠를 신고 있다. 나는 오늘 아침 10시부터 와서 자리를 차지하고 있는 노르웨이 고객들에게 아양을 떨어 혼을 빼놓으려고 그러는 것 아니냐고 농담을 했다. 화장은 안 했고 머리는 좀 헝클어졌다. 억양에는 살짝 시칠리아 억양이 섞여 있으며 조용조용 이야기한다. 사촌 알레시오의 사투리 억양이 더 세다.

할아버지는 시칠리아의 남작이셨어요

알레시오는 할아버지가 시칠리아의 남작이라고 했다. 그것을 강조하지도 겸손한 척하지도 않았으며 다만 이렇게 말했다.

알레시오 특이한 남작이었죠. 삼부카에서 영농 기업을 경영했으니까요.

할아버지 이야기를 더 해달라고 했다. 그는 시칠리아가 도적 떼로 몸살을 앓고 시골도 안전하지 않던, 빈곤과 말라리아가 들끓던 시대에 근대적인 영농인으로 살았다. 20세기 초 그는 멘피에 협동조합인 세테솔리 와이너리를 설립한다. 지금 조합에는 2000명의 회원과 6000헥타르의 포도원이 속해 있다. 이 지역에서는 농업이 잘 굴러간다.

알레시오는 프란체스카보다 말을 더 많이 한다. 디에고에 대한 말을 꺼낸 것도 그다. 하지만 프란체스카도 그의 말에 완전히 동감한다는 것을 느낄 수 있다. 오늘날 세테솔리는 전 세계에 수출하는 거인 기업으로 성장했다. 하지만 디에고의 아버지인 할아버지는 가문을 위해 또 다른 설계를 하고 있었다. 그에게는 아들 셋, 딸 넷의 총 7명의 자식이 있었는데, 재산을 일곱으로 배분하는 대신 하나의 주식회사를 만들고 그들이 회사의 주주가 되게 했다. 1980년대 중반만 해도 가족은 세테솔리에 속해 있었으나 알레시오와 프란체스카가 속한 세 번째 세대에 사촌들을 모두 합쳐 15명이 되자 조합으로부터 독립한다. 그리고 자체적으로 와인을 만든다. 회사는 잘 굴러갔고 지금도 잘 굴러간다. 그것은 이 가족이 정말로 구닥다리이기 때문이다. 항상 함께 뭉치고 기쁨과 고통을 함께 나누고 휴일과 휴가를 같이 보낸다. 나는 이번 여행을 하면서 가족 협동조합을 만드는 정말 다양한 형태가 있다는 것을 알게 되었다. 어느 곳에나 가족의 가치관과 후손들이 보여주는 능력에 따라 가주가 결정을 내린다. 가주의 학문적 성취와 지식과 생각이 다 달라서 각자가 택하는 해결책도 모두 다르다. 이런 성공 사례들에는 모두 사회적으로, 경제적으로, 그리고 인류학적으로 장기적 안목을 지닌 아버지가 있었다. 기업은 제품으로부터 출발한다. 기업가는 자기 계획의 목적이 무엇인지 잘 알아야 하며, 그 목적에 모험을 함께하는 동료들과 공유할 수 있는 가치와 본질과 형태를 부여해야 한다. 일단 기업의 목표가 무엇인지 규명한 다음에는 일하는 사람들을 평가할 줄 알아야 한다. 사람이 없다면 한 사람 한 사람 찾으러 다녀야 한다. 왜냐하면 회사의 삶과 죽음을 결정하는 것은 사람이기 때문이다. 가족회사도 마찬가지다. 제대로 경영되고 있는 가족회사들은 모두 가주가 적절한 회사의 형태를 찾아냈고 가족 내에서 후계자를 선택하고 역할을 잘 분담시켰다. 그렇지 않은 회사들은 모두 사라졌다.

시칠리아는 시장에서 몇 광년은 떨어져 있다

알레시오 플라네타 프로젝트는 디에고 삼촌의 추진 하에 1985년에 탄생했습니다. 처음에는 이 주변 50헥타르의 땅에 포도를 심는 것으로 출발했죠. 몇 년 후 우리 셋 다 공부를 모두 마쳤어요. 프란체스카는 커뮤니케이션을, 제 동생은 경제무역을, 저는 농학과를 졸업하고 회사에 들어올 준비를 마친 겁니다. 기억하는지 모르겠지만, 1980년에 시칠리아의 생산량은 정점에 이르러요. 18만 헥타르의 포도밭에서 1000만 헥토리터의 와인이 생산되니까요. 하지만 시장에서는 몇 광년은 떨어져 있었습니다. 모든 와인을 협동조합으로 보내면 조합이 벌크 상태로 판매하고 남은 것으로는 증류주를 만들었거든요. 자신이 만든 와인을 직접 판매하는 와이너리는 거의 없었어요. 1986년이 되면 메탄올 파동으로 인해 소비가 떨어지고, 포도 농장들이 와인을 생산하고 협동조합을 통해 판매하도록 이끌었던 일련의 과정도 끝이 납니다. 저는 1966년생, 프란체스카는 1971년생인데, 디에고 삼촌의 지휘로 이 실험 농장에 참여하게 되었어요.

오스카 디에고는 정말 멋진 분이었군요!
알레시오, 프란체스카 지금도 그래요!

사촌으로 태어나서 형제가 된다. 그것은 그들의 천성 덕이기도 하지만 분명 디에고의 카리스마와 형제들의 너그러움, 그리고 생각의 공유 때문일 것이다.

그러니까 역사는 올곧은 군인으로서 마피아의 병폐에 면역되어 있던 한 할아버지로부터 시작한다. 시칠리아는 농업과 포도 재배에 적합한 땅이었지만, 시장으로부터는 멀리 떨어져 있었다. 19세기 시칠리아에는 이미 33만 헥타르의 포도밭이 있었다. 20세기 초 시칠리아에는 와인이 무척 많았지만 그것들에는 이름도 역사도 없었다. 그리고 메탄올 스캔들이 터진 후 이탈리아가 무능력의 바닥을 쳤을 때 생산량이 크게 감소한다. 그 시절에 디에고는 모든 것을 다 배웠다. 그는 행동을 잘못해 학교에서 쫓겨났지만 열정적인 여행가였고, 주머니에 돈도 별로 없으면서 사교계에서 외국인을 비롯하여 부유한 사람들을 친구로 사귄다. 또 스페인에 가서는 영국 여인과 사귀어 결혼하는 저돌적인 청년으로 묘사된다. 우리는 그들의 이야기에서 '위대한 유산, 적은 수입 그러니 적은 현금'의 개념을 엿보았다. 하지만 다른 한편으로, 2차 세계대전 전과 직후에는 부자와 가난한 자가 모두 동일한 방식으로 교육받았다. 접시에 음식을 남기거나 버리면 절대로 안 되고, 옷과 신발도 다 낡기 전에는 버리면 안 된다. 부자와 가난한 자를 구분하는 것은 유산이었지 지갑 사정이 아니었다.

알레시오 디에고 삼촌은 1985년 준비를 마치죠. 새로운 가족 기업을 만들고 프란체스카와 조카들을 들어오게 해요. 그러고는 포도와 와인을 위한 주립 기관을 설립하고 회장이 돼요. 공적 자금을 받아서 연구와 혁신을 위해 사용하고, 컨설팅을 받기 위해 양조 전문가 자코모 타키스, 아틸리오 시엔차 같은 유명 학자들을 시칠리아로 모셔와요.

오스카 자코모 타키스, 아틸리오 시엔차는 이탈리아 와인사를 썼군. 그 두 사람의 이름을 훌륭한 생산자들에게서 정말 많이 들었다네.

알레시오 맞아요. 그렇게 해서 세테솔리 조합이 6000헥타르 포도밭에서 50만 헥토리터의 와인을 생산하는 거인이 될 수 있었던 거예요. 시칠리아의 이 지역 사람들은 돈을 많이 벌지는 못했지만 농업에 적합한 곳이기 때문에 생활비는 감당할 수 있었죠. 이곳은 시칠리아의 끔찍스러운 악습으로부터 늘 거리를 두는 곳이었어요.

프란체스카가 뒤를 이었다.

프란체스카 1985년까지만 해도 이 지역에서는 주로 두 포도 품종을 재배했어요. 트레비아노와 카타라토였죠. 플라네타의 실험농장이 문을 열면서 토착 품종과 국제 품종을 통틀어 35개 품종까지 재배하게 돼요.

알레시오 멘피에서 세테솔리는 토리노의 피아트[83]나 마찬가지예요. 당시 양조 전문가가 알바의 토렌고에서 온 피에몬테 분이었는데, 멘피에서는 양조 전문가가 본당 신부님과 시장님과 약사를 다 합친 만큼의 대우를 받았어요. 당시 우리는 아직 조합에 속해 있었지만 독립할 준비를 하고 있었죠. 뭐 하나 알려드릴까요. 당시 우리가 90헥타르의 땅에서 아티초크를 재배하고 있었어요. 말도 안 되는 엄청난 양을요!

바로 이 정확한 시점에 식탁 위에 샐러드가 놓이고 호기심은 와인에서 오일로 옮겨간다. 플라네타는 아주 훌륭한 엑스트라 버진 오일을 만든다. 하지만 올리브유 이야기를 하려면 책을 한 권 더 써야 한다. 오일도 와인과 마찬가지로 땅을 하늘과 연결시키는 매개체이기 때문이다.

알레시오 그때 바다 바로 앞에 땅이 있었어요. 그 땅에 나란히 늘어선 빌라를 짓고 싶다는 유혹이 있었다는 걸 능히 상상할 수 있겠죠. 하지만 우리는 그 100헥타르의 땅에 올리브를 심고 중간에는 착유소를 만들었어요. 우리 오일은 거기서 만든답니다.

이것이 바로 용기의 일례다. 즉각적이고 쉬운 수입원을 포기하고 미래에 투자하는 것 말이다. 나는 시칠리아 오일과 채소와 감귤이 대단히 궁금

83 이탈리아의 최대 자동차 회사. 페라리, 마세라티 등의 계열사가 있다.

하지만, 여기서 딴 길로 샐 수는 없다.

오스카 지금 매출이 얼마지?

알레시오 1300만 유로요.

오스카 많군. 0에서 시작했는데 자네들이 무척 잘 해냈군!

알레시오 우리가 잘한 것은 혁신을 위해 새로운 프로젝트를 많이 시도했던 거예요.

오스카 수익도 많은가?

프란체스카 네, 하지만 전부 다 재투자해요.

오스카 배당금은 주지 않나?

프란체스카 우리 봉급을 지불하기 위한 최소한의 꼭 필요한 돈만요. 다른 돈은 재투자해요. 지분이 있는 친척, 삼촌, 고모 모두 검소하게 살아요. 여기 이 천국에서 살면서 누리는 진정한 특권은 여기 살기만 해도 모든 것이 다 주어진다는 거예요! 생활비도 덜 들고 훨씬 더 큰 가치를 누리며 살 수 있죠!

오스카 올해 상반기는 어땠지?

알레시오 이탈리아에서는 작년과 동일했어요. 그것만 해도 기적이죠. 해외에서는 30퍼센트가 성장했지만 이 리듬이 1년 내내 지속되리라고는 생각하지 않아요.

주의 깊게 그들의 말을 들으며 테이블에 올려진 오일들을 맛봤다. 정말로 맛있다. 그린 토마토 맛이 난다. 그중에서 특히 울모 오일이 내 마음에 든다. 입안에서 마치 황소의 심장이라고 불리는 토마토에 오일을 부어 먹는 느낌이다. 그러다가 알바인에 대한 이야기가 내 관심을 끌었다.

알레시오 1989년에 나이가 지긋한 양조 전문가가 우리를 떠나 당신의 고향이기도 한 알바로 돌아가기로 결정해요. 그 당시 디에고 삼촌은 호주를 여행 중이었는데, 호주에서 만난 아주 특별한 양조 전문가를 이탈리아로 돌아오도록 설득합니다. 그의 이름은 카를로 코리노이고, 믿을 수 없겠지만 알바 태생이었어요.

오스카 그 사람도! 호주에서 찾았다고! 멋지군. 우리 알바 사람들은 꼭 파슬리처럼 사방팔방 다 가 있다니까. 그리고 무슨 일이 일어나나?

알레시오 코리노의 이야기도 너무 멋집니다. 그는 세계를 돌아다니며 일했는데 처음에는 에티오피아, 다음에는 호주로 가죠. 1940년생인데 가야, 안티노리, 디에고와 같은 세대예요. 플라네타에 꼭 맞는 경험을 갖고 있었어요. 피에몬테 사람의 전형적 특징인 와인에 대한 존중에, 남반구에 있는 호주에서 쌓은 경험을 결합시킬 수 있는 분이었거든요. 또 그분의 아버지인 마리아노 씨는 16세기 보치의 라틴어 저서인《와인의 자연사》를 이탈리아어로 번역하는 데 일생을 바친 분이었어요.

오스카 믿을 수가 없군. 이탈리아에서 가장 큰 성공을 거둔 와이너리 중 하나인 플라네타의 행운이 두 사람의 알바 사람 덕분이었다니! 정말 자랑스러워!

우리, 노토에 있는 회사를 하나 사면 어떨까?

두 사촌 남매는 번갈아가며 자신들의 성공 원인을 이야기했다.

프란체스카 서로의 관계를 적절히 유지하고 각자의 역할을 존중하면서 세대가 바뀌는 과정을 잘 조정했어요.

오스카 자네들 가족은 완벽해 보여서 거의 믿기 힘들 지경이야. 어떻게 그럴 수 있나? 아이 때부터 교육을 시키나? 가족 간의 결속을 중요시하다 보니 그냥 자연스럽게 그렇게 된 건가?

알레시오 우리는 이렇게 해요. 우리가 결정을 하기보다는 모든 친척 주주들에게 결정을 맡기는 거죠. 우리가 노토에 회사를 샀을 때도 그 회사를 사도 괜찮은지 친척들에게 물어봤어요. 그들은 "계획이 있어? 그럼 좋아!"라고 대답했죠!

빠르고 신뢰가 있다. 마음에 든다.

오스카 역사에 대해서 좀 더 이야기해주게.

프란체스카 1995년에 탄생한 첫 와이너리에 우리 농장의 매출액과 동일한 금액을 투자해요. 그렇게 용기를 냈던 대가는 지불 받아요. 그리고 이름을 지을 때도 "플라네타 어때?" "좋아, 그런데 앞에 작위 명을 붙여서?" "없이!" 하는 대화가 오갔을 뿐이에요.

오스카 잘했군. 격식은 없지만 권위는 있어. 자네들이 내린 결정은 자네들이 삶에 대해 생각하는 방식이나 다른 이들과의 관계를 반영한다네. 시칠리아인들이 그런 결정을 내리다니 이상하군. 보통은 과도한 긍지가 스며들어 있는데. 와인 라벨에 가문의 문장을 포기한다는 것은 절제된 자긍심을 의미하지. 그런데 자네들 모두가 다 동의한 것인가, 아니면 아버지가 그렇게 시킨 건가?

프란체스카에게 물었다.

프란체스카 모두 동의했어요. 내가 제일 먼저 찬성했고요. 당시 저는 20살이었는데 빨리 커뮤니케이션 일을 맡고 싶어서 미칠 지경이었어요. 가문의 문장 따위는 아무 상관 없었어요. 와인에 대해 말하고 싶었거든요.

오스카 왜 다른 농식품도 많은데 와인을 골랐지?

알레시오 키카, 내가 답변해도 될까? 왜냐하면 와인이 늘 우리 가족의 핏속을 흐르고 있었기 때문이에요. 비록 당시에는 라벨 없이 벌크 와인으로 팔긴 했지만, 그래도 우리 사업의 중심축이었죠.

빚 없이는 크고자 하는 자극도 없다

융자와 투자의 역사, 프란체스카의 행복한 직관에 대해서도 이야기했다. (이때부터 알레시오는 프란체스카를 키카라고 부른다). 그녀는 22살에 인턴십을 위해 토리노에 갔다가 콘티넨테(가로시 그룹에서 운영하는 대형 유통업체)의 책임자를 만났고, 그와 알레시오가 농장에서 상점으로 직접 가져간 시칠리아 오렌지에 플라네타 브랜드 라벨을 붙여 직판을 시작했다. 그것은 큰 성공을 거두었고 이후 4년간 지속된다.

오스카 그러니까 플라네타는 와인보다 오렌지를 먼저 팔았군. 하지만 오렌지를 짠다고 해서 그 커다란 와이너리를 운영하는 데 필요한 자금이 분출하지는 않았을 것 같은데?

프란체스카 맞아요. 적극적으로 일했지만 오렌지만으로는 충분하지 않았죠. 하지만 그 덕에 빚을 덜 졌어요.

그 오렌지가 아마도 톤 단위의 상당한 양이었나 보다. 우리가 이야기하는 그 시기는 1993년이다. 당시 나는 39살로 토리노에서 일하고 있었으니 틀림없이 그 오렌지를 먹었을 것이다. 플라네타의 역사에 피에몬테가 긍정적인 역할을 한 것이 이번으로 세 번째다. 그들은 계속해서 회사 지표들을 말해주었다. 두 사촌 남매는 머뭇거리지 않는다. 완벽하게 다 기억하고 있다. 1996년에는 10만 병, 1997년에는 12만 병, 그런 식으로 계속 늘어나서 2012년에는 220만 병에 이른다. 45퍼센트는 이탈리아에, 55퍼센트는 해외에 판다.

프란체스카 샴페인 마개처럼 단숨에 솟구쳐 오르죠! 1998년에는 감베로 로소에 의해 그해의 와이너리로 뽑혀요.

계산해보니 16년간 연속해서 20퍼센트의 성장세를 유지하면 10만 병에서 200만 병이 된다. 물론 성장세가 그렇게 일정하지는 않겠지만 평균이 이렇다.

오스카 자네 둘 간의 업무 분담은?

알레시오 저는 양조를 담당하고 있어요. 왜냐하면 그사이에 코리노 씨가 컨설턴트로만 일하기로 하고 자리에서 물러났거든요. 이곳을 떠나 토스카나로 이사했죠.

프란체스카 저는 시칠리아 와인에 대한 이미지가 좋지 않았던 시절에 와인을 팔러 돌아다녔어요. 그때는 네로 다볼라가 인기가 없었기 때문에 우리 와인에는 네로 다볼라보다 메를로가 더 많이 들어 있다고 할 수밖에 없었죠. 아시잖아요, 그 유명한 선의의 거짓말이요!

나는 밀라노의 패셔너블한 여성들처럼 손톱을 기르지 않아요

알레시오 그리고 시칠리아 동부에만 머물지 않기로 하고 1996년부터 계속 확장해요. 처음에는 비토리아, 그리고 1998년에 노토, 2006년에 에트나, 2010년에는 밀라초로요.

오스카 포도원을 산 건가?

프란체스카 아니요, 땅을 샀어요. 우리는 전부 스스로 하는 것을 좋아해요. 손으로 직접 땅을 파는 것을 좋아해요. 제 손톱 좀 보세요. 밀라노 여성들의 손톱과는 거리가 멀죠!

이 정자 아래에 있으니 무척 좋다. 벌써 플라네타의 와인 두 병을 마셨다. 그중 하나는 에트나 로소 와인인데, 어찌나 맛있던지 귀가 씰룩거린다. 우리의 과제를 빼먹지 않기 위해 가져온 4병의 와인을 꺼내서 준비한다. 이것이 우리의 마지막 방문이다. 정말 내일부터는 금주하겠다고 맹세한다. 적어도 일주일간은 와인을 절대 안 마시겠다. 이번에 이탈리아를 돌면서 어찌나 잘 마셨던지 이 모든 와인들을 잘 기억해놓고 싶다.

첫 번째 와인명은 '피에트라칼다'로 페우디 디 산 그레고리오의 피아노 100퍼센트 와인이다. 나는 이 와인들을 선택한 이유를 설명하고 블라인드 테스트에 대한 나의 반대 의견을 개진했다. 무엇을 마시는지 알고 마시는 것이 중요하다. 왜냐하면 생산자가 와인 안에 녹여낸 무형의 가치도 중요하기 때문이다.

알레시오는 피아노 품종의 전문가이며, 그들의 와이너리를 포함한 시칠리아에서도 이 품종을 재배한다. 그는 피아노 품종은 경작지가 바다 근처 점토질 땅이냐 캄파니아 주처럼 화산 바위들 사이냐에 따라 그 결과가 완전히 달라지지만 이후 20년간 세계에 많이 확산될 아주 중요한 품종이라고 강조했다. 프란체스카는 자신이 화이트 와인 전문가라고 자부하면서 와인을 시음하더니 대단한 능력을 보여주었다. 시게루의 판결을 기다리는 동안 비토리아와 노토에 있는 포도원에서 토종 품종을 연구했던 이야기를 해달라고 했다.

땅을 사기 전에 50번은 방문합니다

알레시오 멘피에서는 혁신을 추구했지만 다른 지역에서는 전통을 따랐습니다. 현지 품종만 사용했거든요. 비토리아에서는 체라수올로 디 비토리아만을 재배하는데, 그 지방의 유일한 시칠리아 DOCG 와인입니다. 처음으로 우리 집에서 떨어져 있는 땅을 산 거였어요. 차분하게 포도나무를 심고 와인을 만들었죠. 비토리아 다음에는 시칠리아의 가장 남쪽 모퉁이에 있는 노토에 땅을 샀어요. 네로 다볼라의 원산지죠.

프란체스카 내가 회사에 요청한 것과 완전히 반대로 했더라고요. 아무도 네로 다볼라를 원하지 않아서 나는 샤르도네와 메를로를 심어달라고 했는데 회사 사람들이 네로 다볼라를 심은 거예요. 하지만 결론적으로는 더 잘된 일이었어요!

오스카 이탈리아 생물 다양성에 기여한 공로로 자연이 상을 주리라는 것을 알았겠지!

알레시오 사실 우리는 시칠리아라는 거대한 와인 대륙을 탐험하러 간 거였어요. 노토에는 1960년대까지만 해도 포도밭이 양탄자처럼 쫙 깔렸었죠. 그러다 포도 재배지가 다 사라졌는데, 그곳에 협동조합이 탄생하지 못했기 때문이었어요. 노토는 지금도 옛날 방식의 착즙장이 있는 유일한 곳이에요. 농부들이 자신의 포도를 가져와서 착즙을 한 다음, 몇 시간 후 머스트를 도로 가져갈 수 있는 곳이죠. 하룻밤을 기다려야 할 수도 있는데 그 또한 시칠리아의 전통이에요.

오스카 그런데 자네들 말이야, 네로 다볼라가 확산된 책임이 다 자네들한테 있다는 걸 알고나 있나? 우리 바롤로 만드는 사람들은 엄청 화가 나 있다네. 레스토랑에서 네로 다볼라를 주문하는 사람들이 너무 많아졌거든. 지금 가장 유행하는 와인이야. 그건 다 플라네타 탓이라고!

알레시오, 프란체스카 설마요! 그리고 바롤로와 네로 다볼라의 평균 가격은 비교할 수도 없어요! 네로 다볼라는 더 대중적이고 더 민주적이라고요.

이 시칠리아 귀족들이 파르티잔의 아들인 날 놀리기까지 한다.

그동안 시게루가 준비를 마쳤기에, 우리의 지방 대결은 사상자를 내지 않고 즉각 마무리되었다.

시게루 먼저 이 와인은 2011년산이고 원산지는 나폴리 근처이지만 지중해성 기후가 아닌 산지 기후에 더 가까운 장소라는 걸 알려주겠네. 색상은 밀도 있는 볏짚색이고, 후각적으로는 카밀러, 살구, 농익은 배가 느껴지네. 입안에서는 드라이하고 풍미 있고 신선하고 균형이 좋아. 이런 종류의 피아노는 그릴에 구운 갑각류, 팬에 구워 살사 베르데를 곁들인 포르치니 버섯, 올리브유와 백후추를 곁들인 신선한 물소 젖 모차렐라와 잘 어울리네.

모두 이 피아노 와인을 좋아한다. 오늘은 날이 더우니 해변에서 마셔도 좋을 것 같다.

오스카 다음 와인은 프리울라노 와인으로 나의 동업자인 미국인 조에 바스티아니치가 만든다네. 프리울리의 동쪽 언덕 위에서 만들지.

프란체스카가 조에 바스티아니치를 무척이나 좋아한다는 걸 알게 되었다. 그래서 좀 놀렸다.

오스카 그가 텔레비전 스타가 되어서 친구들한테 시간을 못 내니 질투가 나나?

웃음을 터뜨린다. 여기서도 알레시오는 프란체스카의 편을 들며 내 농담을 맞받아쳤다. 이들 사촌 남매의 우애는 깨뜨릴 수가 없나 보다.

시게루 이 와인도 프리울라노 한 품종으로만 만든 와인이라네. 이름은 '플루스'이고 2008년산이야. 14도 와인으로 사색을 위한 와인이라고 할 수 있겠어. 색상은 진한 황금색. 후각적으로는 농익은 과일 향과 익은 사과, 감귤류, 꿀이 표현되는군. 입안에서는 풀바디하고 구조감이 좋은데 우아하고 섬세하기도 하네. 힘 있는 와인이야. 이 와인은 밀라노식 리소토와 함께 마시면 좋을 것 같아. 일본 요리 중에는 흑돼지 샤브샤브에 참기름 소스를 곁들이면 잘 어울릴 거야. 식사와 같이 안 마시고 저녁 식사 후에 이것만 마셔도 완벽할 거야.

오스카 이 와인을 위해 조에가 아주 천재적인 생각을 해냈는데 그 이야기는 왜 안 하나?

시게루 아, 미안하네!

꼭 할복이라도 할 듯이 너무나도 겸손한 태도로 너무나도 일본인답게 사과를 한다.

시게루 포도의 일부는 건조를 시켰다네. 그렇게 함으로써 아마로네 생산과 유사한 과정으로 새로운 화이트 와인을 만들어냈어. 이렇게 와인을 만드는 사람은 바스티아니치밖에 없다네!

식사도 했고 와인도 마셨고 아주 가까운 친구가 되었어도, 대화는 때때로 매끄럽게 이어지지 않았다. 어쩌면 서로에게 이야기하고 싶은 게 너무 많아서 그럴 수도 있다. 나는 이 젊은 친구들이 시칠리아에서 포도밭을 확장하는 일에 열심인 이유를 알고 싶다. 그리고 그들은 내게 자신들이 모험을 추구하는 이유를 전달하고자 노력했다.

알레시오 나는 계획 세우는 일을 정말 좋아합니다!

프란체스카 품종을 다양화하는 것도 너무 멋진 일이죠. 어떤 와인도 다른 와인을 쓸어버리는 일 없이 포도 농사를 짓는 일 말이에요!

분명한 것은 이 두 사람이 미치도록 성장하고 싶어 한다는 것이다. 그래서 의심의 씨앗 몇 개를 심고 싶은 충동이 생겼다.

오스카 행복한 탈성장에 대해서는 어떻게 생각하나?

하지만 그 질문을 하면서 나는 이미 그것이 잘못된 장소에서 잘못 던진 질문이라는 것을 깨달았다. 아니나 다를까, 아무도 대답을 안 한다. 침묵이 답변이다. 여기서는 성장할 수 있다. 아무것도 안 심긴 땅이 많고 경관은 환상적인데도 아직 관광이 너무 뒤처져 있다. 전반적으로 자원이 제대로 사용되지 않고 있다. 그러니 아직 탈성장을 논할 때가 아니다. 건전하고 의식 있는 성장이라면 모를까…… 그리고 모두들 행복한 탈성장이란 헛소리라는 것을 알고 있는 것 같다. 있을 수가 없다. 탈성장이란 항상 불행하다. 왜냐하면 이 사회에서는 항상 돈 없는 계급에게 충격이 가해지기 때문이다. 여기서 알레시오가 아주 강력한 한마디를 해서 대화를 제자리로 돌려놓았다.

알레시오 우리는 우리의 대지를 살리려 노력하고 있어요! 그렇게 해야 하고, 할 수 있어요! 우리에게는 그것이 진정한 성장입니다.

이 낙관주의적인 야망을 갖고 플라네타는 시칠리아 섬 전체를 바라보고 있으며 토종 품종들의 제 가치를 찾아주면서 어디에든 포도밭과 양조장을 만들고 있다. 비토리아에는 체라수올로 품종을, 노토에는 네로 다볼라를, 에트나에는 에트나의 화이트와 레드 품종을, 가장 최근 프로젝트로서 아직 완성되지 않은 밀라초에는 마메르티노를 심는다. 마메르티노는 율리우스 카이사르의 와인이다. 그들 또한 '도망 중'이다. 페달을 아주 크게 굴려서 처음에는 비토리아로, 그다음에는 노토로 가더니, 다시 에트나의 거친 오르막길을 올라갔고, 이번에는 밀라초로 향하는 내리막길을 아주 빨리 달려가기 위해 준비하고 있다.

아름다운 곳에서 맛있는 와인을 만든다

에트나에 대해 이야기하는 동안 프란체스카가 아주 멋진 말로 우리를 감탄시켰다.

프란체스카 아름다운 곳에서 맛있는 와인을 만들죠.

고대 로마의 수호신이 그녀에게 이 땅에 속해 있다는 자부심을 불어넣었나 보다. 모험심을 발휘하여 사업을 벌이고, 혁신을 일으키고, 역사에 기록되고 싶은 소망을 심어놓았나 보다. 풍경, 포도, 라벨, 병마개, 병, 상자에서 아름다움을 추구한다. 그 안에 담긴 와인 또한 아름다워야 한다. 맛있는 와인은 아름다운 곳에서 만들어진다니! 맞는 말이다. 나도 그렇게 생각하고 란게가 바로 그 증거다. 그나저나 에트나 로소 품종은 네비올로와 매우 비슷하다. 파스타와 함께 나왔는데 무척 훌륭했다. 샐러드를 눈앞에 두고 내가 시칠리아는 토마토를 먹어보기 위해서라도 반드시 와야 하는 곳이라 했더니, 프란체스카가 플라네타 가문 사람들이 비토리아에서 재배하는 특별한 토마토가 있다고 이야기했다.

프란체스카 토마토 이름은 카마리노예요. 작지만 파키노 품종과는 다르죠. 달고 약간 소금기도 있어요. 죽을 만큼 맛있고 화학비료도 전혀 안 써요.

누군가에게 전화를 해서 토마토를 좀 가져오라고 부탁하는 것 같다. 나는 그때부터 토마토 생각을 계속하고 있다. 토마토가 왜 안 올까……. 나는 식탐 많기로 유명하다. 누군가 식재료에 대해서 맛있다고 칭찬하면 꼭 그것을 먹어보고 싶다는 생각을 계속해서 한다. 그것은 식탐 이상이다. 탐식에 가깝다. 교회에서 7대 대죄 가운데 탐식을 넣었는데 나는 거기 동의할 수 없다. 프란체스카가 토마토를 맛보게 해주려고 최선을 다하는 것을 보고, 나는 토마토를 기다리며 내가 좋아하는 다른 것으로 시간을 보내기로 했다. 바로 숫자다.

오스카 자자, 플라네타라는 행성을 잘 이해할 수 있도록 숫자들을 좀 대보게. 그런데 머리에서 나오는 숫자 말고 마음에서 나오는 수치들을 대보라고.

그들이 좋아할 만한 제안을 했다. 알레시오가 바로 대답한다. 프란체스카는 전화를 확 끊고 다시 돌아왔다. 토마토가 안 오는 건 아닐지 걱정된다.

알레시오, 프란체스카 사촌은 15명, 직원은 120명, 370헥타르의 포도밭, 회사는 6개, 양조장은 5개, 220만 병의 와인, 55퍼센트는 70개국에 수출, 1년에 휴가 10일(하지만 이런 곳에 사는 사람은 늘 휴가 중인 것이나 마찬가지라는 못된 생각을 한다), 1년에 각각의 자가용으로 달리는 거리 6만 5000킬로미터, 제품을 팔기 위해 해외에서 보내는 연간 일수 100일.

시게루는 입을 쩍 벌리고, 시모나는 숫자를 놓칠까 봐 미친 듯 메모한다. 나는 즐기고 있다. 내게 숫자는 화음이다. 게다가 그들이 불러주는 숫자는 내 귀에 음악처럼 들린다. 하도 숫자에 몰입한 나머지 무대 위에 토마토가 등장한 것도 모르고 있었다.

오스카 멋지고 대단한 수치들이로군! 그런데 수치는 둘째 치고 자네들이 그 수를 나열한 순서와 재빠름이 더 마음에 들었네. 자네들이 회사 지표를 아주 잘 알고 있다는 뜻이지 않나.

그러고는 회사의 수치들을 머리와 마음으로 인식하는 것의 중요성에 대해서, 수학의 중요성에 대해서 이러니저러니 잡소리를 늘어놓았다. 하지만 그들은 열심히 듣고 있다. 발터 마사는 자기에게 융자를 해준 은행 숫자도 말했다고 했더니 웃음을 터뜨린다.

오스카 내가 이 토마토를 좀 먹어봐도 되겠나? 아니면 꿈만 꾸고 있어야 하나?

프란체스카 알아서 하세요. 1시간째 토마토 타령이더니, 막상 가져다 놓으니까 본체만체했잖아요?

식탁 중앙에 누군가 놓아둔 바구니가 황홀한 붉은색으로 꽉 차 있다. 말을 멈추고 하나 집어 사과를 먹듯 이빨로 꽉 깨문다. 소금도 오일도 없이. 어머니 시칠리아가 만든 그대로, 생으로 2개를 먹었다.

오스카 살면서 먹은 것 중 가장 맛있군!

내 친구 하나는 내가 뭘 먹어도 매번 그 소리를 한다고 그러지만 농담이 아니라 이 카마리노는 정말 믿을 수 없을 정도로 맛있다. 달콤함 속에는 태양이 담겼고, 식욕을 돋우는 짭짤함 속에는 바다와 가까운 좋은 토양이 담겼다.

오스카 시게루, 이 토마토와 무엇을 마시면 좋겠나?

시게루 이번에 마실 것이 자네 친구 벱페 카비올라가 만든 '브릭 두 루브, 바르베라 달바 2007'이라네.

다행히도 나는 이 바르베라 와인을 아주 잘 안다. 품질이 아주 높은 고도에 도달한 와인이다. 벱페 카비올라는 자기 와인도 만들지만 나를 위해 와이너리 4곳의 컨설팅도 해준다. 대단한 인물이다.

시게루 루비색에 보랏빛이 감돌고, 후각적으로는 제비꽃, 자두, 블랙 커런트, 레드 커런트가 느껴지네. 입안에서는 풍부하게 감싸 안고, 산도는 적절하군. 이 와인은 바냐 카우다, 일본 감자와 잘 어울려. 오븐에 구운 돼지고기에 올리브유와 간장을 곁들여도 완벽하고. 그리고 페코리노 토스카노나 경질의 브라 치즈처럼 숙성한 치즈 종류와는 모두 잘 어울리네.

오스카 플라네타의 카마리노 토마토하고도 아주 잘 어울리는군. 그 얘기도 빼먹지 말고, 한번 먹어봐!

다시 숫자 이야기로 돌아간다.

오스카 수확은 몇 번이나 했나?

알레시오 1991년부터 했으니까 23번이군요. 하지만 여기서는 수확을 100일 동안 해요. 8월 초부터 10월 말까지요.

프란체스카 전 19번이요. 둘이 합하면 42번이네요.

오스카 안젤로 가야와 똑같군. 두 사람을 합치면 가야의 숫자와 똑같아. 이봐, 자네들 아주 환상적인 곳에서 사는군. 나도 시칠리아에 푹 빠졌다네. 시칠리아를 사랑하지만 생각을 하면 화가 난다네. 시칠리아 주가 자치주인데(내 생각에 자치주 제도는 다 없애야 한다) 산림 감시원이 3만 명이나 되고 빚은 하늘에 닿을 만큼 쌓여 있어. 표를 받고 복지를 퍼주는 곳이라니까…….

공격한다.

알레시오 우리의 모험은 시칠리아가 가장 안 좋을 때 시작했어요. 그때 이후로 포도 재배와 와인 시장의 성장만이 이 지방의 유일한 긍정적 성과라고 할 수 있죠. 우리 섬의 이미지에 산소를 공급해 준 유일한 일이었어요.

오스카 시칠리아 주지사인 크로체타는 좋아하나? 시칠리아가 이런 상황을 극복할 수 있을까?

프란체스카 크로체타를 좋아해요. 주지사가 되기 전에는 젤라의 시장이었는데 도시 이미지를 정말로 바꾸어놓았어요.

알레시오 크로체타와 함께 일하는 주 의원의 대부분이 괜찮은 사람들이에요. 시칠리아는 해낼 겁니다.

오스카 그래, 나도 그렇게 생각하네!

그동안 시게루는 또 다른 레드 와인을 우리의 잔에 따르고 시음을 마친 다음 언제 자신이 말을 시작하면 좋을지 적절한 순간을 기다리고 있었다. 그래서 나는 벱페의 바르베라에서 그가 따라놓은 와인으로…….

오스카 아니, 시게루, 지금 프랑스 와인을 마시는 건가?

시게루 그래. 그게 아니라, 아니야! 이 와인이 100퍼센트 메를로이긴 하지만 이것을 만드는 이는 카스텔로 디 아마로, 토스카나에서 가장 멋진 와이너리 중 하나야. 와인명은 '라파리타'이고 2006년 산이지. 색상은 짙은 루비색, 그리고 체리, 와일드베리의 향이 나고, 커피, 카카오, 다크 초콜릿도 느껴지는군. 입안에서는 풍부하고 풀 바디하고 따뜻하네. 이 메를로는 이 포도 품종이 어떤 와인이 될 수 있는지를 보여주는 최고의 예라네. 그리고 이것이 나오는 크뤼는 진정 보석 같은 곳이지. 내가 거기 갔었거든! 고베 소고기 스테이크에 그린 페퍼콘을 곁들이면 아주 잘 어울리고 60개월 이상 숙성시킨 파르미자노 레자노와도 잘 어울려.

오스카 나도 그곳에 마르코와 로렌차 팔란테를 만나러 간 적이 있지. 아름다운 곳이고 와인도 맛있어. 그들은 또 예술을 아주 사랑해서 와이너리가 미술 갤러리나 다름없지. 아름다운 경치와 맛 좋은 와인과 예술의 아름다움이 그런 식으로 농축된 곳은 처음 봤다네.

이탈리를 위한 에트나 로소? 할 수 있어요

만약 시칠리아가 해내기만 한다면 나도 여기 들어오고 싶다! 시칠리아의 와인이라면 모두 사랑하지만 특히 네비올로 맛이 나는 에트나 로소에 매혹되었다. 사랑에 빠졌다. 사랑에 빠질 마음의 준비도 하고 있었다.

오스카 우리 함께 에트나 로소를 만들어서 이탈리를 통해 유통하는 것이 어떻겠나? 나는 모든 종류의 해법에 열려 있다네. 하지만 내가 원하는 것은 함께 회사를 하나 설립해 포도원과 와이너리를 운영하는 거야. 자네들이 만들면 내가 유통을 하지. 모두에게 괜찮은 제안 같지 않은가? 나는 또 와인 판매를 위해 새로운 유통 채널도 찾고 싶다네. 벌써 서점에서 와인을 팔기 시작했어. 서점은 멋진 세상이고 사람들도 멋지다네! 서점을 다시 살리고 고객들의 방문율을 높이려면 유쾌한 곳이 되어야 해. 와인은 아주 좋은 매개체가 될 수 있지. 나는 우리가 함께한다면 모두에게 최고의 유익이 될 방법을 찾을 수 있을 거라고 확신하네. 그리고 또 하나 비밀을 털어놓자면 말이야, 가야, 그래 바로 그 신화적 인물인 안젤로 가야 말이야. 그가 나와 함께라면 기꺼이 무언가를 하겠다고 했다네. "자네가 제안해주기를 기다리겠네"라고 했지. 자네들이 괜찮다면 그 또한 이 사업에 함께할 수 있을 거야. 안젤로가 우리와 함께한다면 엄청난 가치가 얹어지는 거라네.

알레시오 아저씨가 원한다면 해요! 약속하죠!

그리고 프란체스카도 그 계획을 수락하며 미소 지었다. 가야의 이름을 듣더니 눈에서 총기가 반짝인다.

이제 마지막 와인만이 남았다. 프란체스카와 알레시오는 '산타 체칠리아 2009'를 선택했다. 네로 다볼라만 들어간 와인으로 그들은 그것에 대해 매우 자랑스러워한다. 이 와인이 자신들의 것 중 최고라고 했다. 나는 프란체스카가 화이트 와인 중 하나를 맛보게 할 줄 알았다. 우리가 여기 도착했을 때 시모나가 아란초 호수 주변에 노란 꽃이 피어 있는 덤불의 이름이 무엇인지 물어봤고 그녀가 "알라스트로, 우리 와인과 이름이 같아요!" 라고 대답하면서 자신이 화이트 와인을 무척이나 좋아한다고 했기 때문이다. 그래서 나는 속으로 화이트 와인을 기다렸는데, 그들은 최고의 와인이라는 가장 고전적인 선택을 했다.

시게루가 시음을 마치려면 몇 분이 더 걸린다. 나는 그사이 이 사촌 남매의 결속과 강하고 솔직한 가족 간의 애정이 이 회사의 특징이라고 생각했다. 그리고 그 생각을 소리 내어 말하며 덧붙였다.

오스카 내가 낭만주의자라서 이 말을 하는 게 아니라 경제 효과 때문에 말하는 거라네. 기업에 있어서 성공의 열쇠는 어떻게 조화를 이루어낼 것이냐네. 성공적인 회사는 일을 창출하지. 사람들의 올바른 연합, 창조성과 조직력의 올바른 조합, 전통을 잊지 않은 혁신에 대한 적절한 탐구, 윤리적 가치를 무시하지 않은 소득에 대한 관심 등 이런 많은 요소 간의 균형을 잡는 것이 바로 조화라네.

프란체스카 우리들은 서로에게 애정을 품고 있어요!

오스카 바로 그거야. 자네들의 와인에서도 그것이 느껴지네. 그러니까 앞서 자네가 했던 그 멋진 말에 내가 한마디를 추가하지. '맛있는 와인은 서로 사랑하는 사람들에게서 나온다.'

알레시오 하야시 씨가 우리 네로 다볼라에 대해 어떻게 생각하시는지 알고 싶은데요…….

시게루 물론, 준비되었네! 색상은 밀도 있는 루비색에 보랏빛이 감돌고, 후각적으로는 자두, 블랙 체리, 감귤류, 감초가 느껴지는군. 입안에서는 구조감이 좋고, 힘이 있지만 또 벨벳과 같아. 좋은 밸런스를 갖춘 기분 좋은 와인이고 여운이 매우 길군. 더 젊게 느껴지는 와인이야. 나는 이 와인에 맞는 음식으로 고기 쿠스쿠스, 그릴에 구운 양고기에 와사비를 곁들인 것, 소고기 스테이크 슬라이스에 간장을 곁들인 것을 권하겠네. 네로 다볼라는 정말 특별한 품종으로 이탈리아 최고의 레드 품종 중 하나지!

오스카 너무 가는 거 아닌가! '특별한 품종'이라니…… 그런 말들은 네비올로만을 위해 아껴둬야 하는 거라고!

하마터면 이마에 카마리노를 맞을 뻔했다. 프란체스카가 토마토를 꽉 잡더니 던지는 시늉을 했기 때문이다…… 하지만 웃는다. 알레시오는 언제나처럼 점잖다.

알레시오 물론 예상했겠지만, 전 시게루 씨의 말에 동의합니다. 2009년산 이 와인을 드릴 테니 와인 셀러에 넣어두고 잊어버렸다가 오륙 년이 지난 후에 드세요. 2019년에 전화 주길 기다리고 있을게요.

한 낙원에서 다른 낙원으로

알레시오, 그 전에 내가 연락을 할 테니 두고 보게나. 에트나 와인에 대해 했던 제안을 그냥 흘려듣지 말라고. 이 말을 소리 내서 하지는 않았지만 생각은 했다. 책을 위해 시작한 이 여행에서 새로운 사업의 아이디어가 나왔다는 사실이 무척 기분 좋다.

여기서 여행은 끝을 맺는다. 발레다오스타의 천국에서 시작해서 이탈리아 8개 주에 있는 천국들을 거친 후, 시칠리아의 에덴동산에서 막을 내린다. 하나하나의 천국이 모두 놀라웠다. 여행을 마무리하며 드는 생각은 매우 많지만 그중에서도 특히 내 마음을 채우는 건, 이탈리아인 모두가 갖고 있는 가장 중요한 마음인 동업자에 대한 감사다. 그 파트너는 대지다. 경관, 자연, 토양, 바다, 그리고 그 위에서 발전한 예술, 역사, 문명 모두를 포함한다. 이 파트너가 얼마나 많은 분야에 다양하게 투자해놓았는지 모른다. 하지만 오늘날 이 파트너는 자신의 투자에 대한 대가에 만족하지 못하고 있다. 어떤 경우에는 우리가 오염시켰고, 경관을 망쳐버렸고, 박물관과 교회와 성벽은 잊히도록 했으며, 귀한 땅을 내버려두었다. 우리의 식문화 전통은 잊고 그 가치를 되찾지도 못한다. 관광객을 맞이하는 능력도 우리가 지닌 아름다움에는 못 미친다. 좋은 정치를 통해 이러한 부족함을 채우기 위해 엉킨 실타래의 시작점을 찾아내야 한다. 우리의 파트너가 우리의 자산 위에서 일할 수 있도록 말이다. 그가 원하는 것은 오로지 하나, 이 나라가 지닌 본연의 가치가 성장하는 것을 보는 것이다.

하지만 정치만으로는 충분하지 않다. 나는 오히려 정치가 너무 과도한 역할을 맡지 않는 것이 좋다고 생각한다. 개개인의 잠재성이 자유롭게 펼쳐질 수 있도록 조건만 마련해주면 된다. 소매를 걷어 올리는 건 우리 기업인들이어야 한다. 우리 기업인들과 노동자 모두 말이다. 불평만 하는 것, 누군가 우리를 구해주기만 바라는 것, '비가 오잖아, 이건 모두 도둑놈의 정부 때문이야!'라고 외치는 것은 이제 그만둬야 한다. 나를 비롯한 우리 모두가 더 열심히 일하고 더 용기 내야 한다. 그런 날이 올 거라고 나는 확신한다. 우리의 파트너인 대지가 우리의 용기를 북돋울 적절한 말을 찾아낼 것이다. 그리고 우리가 무(無)에서 시작하는 것도 아니다. 이 여행을 통해 우리 땅에 용기로 가득한 사람들이 있다는 것을 증명해 보였다. 고개를 들고 앞을 향해 걸어가는 그들은, 우리가 어디서 왔는지 기억하기 위해 가끔 뒤를 돌아본다.

시게루의 와인 시음 노트

프란체스카, 알레시오 플라네타와 함께

피아노 디 아벨리노 피에트라칼다 2011(페우디 디 산 그레고리오)

Fiano di Avellino Pietracalda 2011 Feudi di San Gregorio

종류	화이트 와인
포도 품종	피아노 100%
양조/숙성	제어된 온도에서 발효, 스틸 탱크에서 자체 효모로 4~5개월간 숙성
생산지	캄파니아

짙은 볏짚색이다. 카밀러, 살구, 농익은 배, 야생 허브의 향이 난다. 기분 좋은 미네랄의 뉘앙스도 있다. 맛은 드라이하고 풍미 있고 신선하고 균형이 좋다.

석쇠에 구운 갑각류같이 따뜻한 해산물 요리와 조합할 수 있다. 팬에 구워 살사 베르데를 곁들인 포르치니 버섯과도 잘 맞는다. 또 신선한 물소 젖 모차렐라에 올리브유와 백후추를 곁들여 함께 들어보라.

이 와인은 너무 멋지고 그 역사도 무척 멋지다! 고대 로마인들도 이미 이 와인을 잘 알고 있었다. 실제로 피아노는 라틴어 '아피아눔', 즉 '벌'에서 파생한 말이다. 포도가 대단히 달아서 벌레들도 좋아하기 때문이다!

나폴리 시에서 40분밖에 안 떨어져 있지만 마치 산 위에 올라와 있는 것 같다. 지중해성 기후와 동떨어져 있어서 화이트 와인이 알토 아디제의 것과 거의 유사한, 아주 훌륭한 산도를 갖고 있다.

플루스 바스티아니치 2008

Plus Bastianich 2008

종류	화이트 와인
포도 품종	프리울라노 100%
양조/숙성	과일 노트와 아로마를 농축시키기 위해 포도송이의 10%를 일정 기간 건조
생산지	프리울리 베네치아 줄리아

빛나는 황금색이다. 농익은 과일, 익은 사과, 감귤류, 꿀의 향이 표현된다. 멋진 아몬드 향이 여운으로 남는다. 풀 바디하고 구조감 있으며, 힘 있으면서도 동시에 우아하고 섬세한 맛이다. 끝 맛이 길다.

소고기 골수가 들어간 밀라노식 리소토와 함께 마신다. 나라면 흑돼지 샤브샤브에 참기름 소스를 곁들여 함께 마셔보겠다. 쿨라텔로 디 지벨로, 경질 치즈와도 완벽한 궁합을 자랑할 것이다. 이 와인만 단독으로 마셔도 좋다.

아주 멋진 토카이 와인이다(물론 이제는 토카이란 말은 쓸 수 없다). 포도의 일부를 말릴 생각을 한 조에의 아이디어는 천재적이다. 그렇게 함으로써 '화이트 아마로네'를 창조해냈다. 내가 아는 한 사색에 적당한 화이트 와인은 이것이 유일하다.

바르베라 달바 브릭 두 루브 2007(카 비올라)

Barbera d'Alba Bric du Luv 2007(Ca' Viola)

종류	레드 와인
포도 품종	바르베라 100%
양조/숙성	15~18일간 제어된 온도에서 침용, 16~17개월간 바리크에서 숙성
생산지	피에몬테

루비색에 보랏빛이 감돈다. 가장 먼저 느껴지는 향은 제비꽃, 자두, 블랙 커

런트, 레드 커런트다. 이어서 살짝 화이트 초콜릿의 향이 여운으로 남는다. 입안을 풍부하게 감싸주며, 산도는 적절하고 둥글며 지속성이 있다.

이 와인은 바냐 카우다, 고구마와 잘 어울린다. 오븐에 구운 돼지고기에 올리브유와 간장을 곁들여도 완벽하다. 그리고 페코리노 토스카노 같은 숙성 치즈와 잘 어울린다.

벱페 카비올라는 이탈리아에서 가장 유명하고 가장 뛰어난 양조 전문가 중 하나로서(일본에서도 유명하다), 양조 전문가가 된 덕분에 최고의 와인을 만드는데 도움이 되었다고 늘 말한다! 브릭 두 루브는 직접적이고 부드럽고 섬세한 현대적인 바르베라다.

라파리타 2006(카스텔로 디 아마)

L'Apparita 2006(Castello di Ama)

종류	레드 와인
포도 품종	메를로 100%
양조/숙성	4주간 포도 껍질과 함께 침용, 18개월간 바리크에서 숙성(절반은 새 바리크에서, 절반은 2차 사용 바리크에서)
생산지	토스카나

짙은 루비색이다. 체리, 와일드베리, 야생 버찌, 커피, 카카오, 다크 초콜릿의 향이 느껴진다. 맛은 풍부하고 풀 바디하고 따뜻하다. 입안을 감싸주는 끝맛이 있다.

각종 고기 튀김이나 포르치니 버섯과 잘 어울린다. 고베 소고기 스테이크에 그린 페퍼콘을 곁들여도 좋고 60개월 이상 숙성시킨 파르미자노 레자노와도 잘 어울린다.

이탈리아에서 가장 유명하고 인기가 많은 (또 비싸기도 한) 메를로 와인이다. 메를로 품종을 사랑하는 이에게는 보석과도 같은 와인이다. 카스텔로 디 아마

와이너리는 토스카나에 키안티만 있는 것이 아니라고 세상에 외치고자 했으며, 키안티의 중심부에서 그 소리가 밖으로 퍼져나가게 하는 데 성공했다.

노토 산타 체칠리아 2009(플라네타)

Noto Santa Cecilia 2009(Planeta)

종류	레드 와인
포도 품종	네로 다볼라 100%
양조/숙성	12일간 포도 껍질과 함께 침용, 2차와 3차로 사용한 알리에산 바리크에서 14개월간 숙성
생산지	시칠리아

짙은 루비색에 보랏빛이 감돈다. 자두, 블랙 체리, 감귤류, 감초, 흑연 향이 난다. 입안에서 느껴지는 구조감이 좋고, 힘이 있지만 벨벳과도 같으며 기분 좋은 맛이다. 타닌은 신선하고 여운이 길다.

고기 쿠스쿠스, 와사비를 곁들인 석쇠에 구운 양고기, 혹은 간장을 곁들인 소고기 스테이크 슬라이스와 조합한다. 중간 정도 숙성한 치즈와도 완벽하게 어울린다.

위대한 시칠리아의 레드 와인이다! 이 잊을 수 없는 와인 안에 네로 다볼라의 온 영혼이 들어 있다. 대지와 바다와 역사의 맛이 난다. 나는 이렇게 말하리. "네비올로와 산조베세, 네로 다볼라는 이탈리아에서 가장 위대한 적포도 품종이다"라고.

부록

요약

이 책에 나온 기억할 만한 문구들

끝으로, 내게 용기를 주는 여섯 명의 사람들

시음한 와인 및 맥주 목록

요약

'요약'을 향한 나의 사랑은 어찌해도 억제가 안 된다. 요약하는 행위는 어느덧 나의 약점이 되어버렸다. 앞에서도 말한 바 있듯이, 내가 학교에 다닐 당시에는 대부분의 과목 모두에서 '족집게 노트'를 만들어 열심히 들여다보곤 했다. 시험 때가 되면 그 요약 노트만 들고 공부한 적도 있다. 시험 결과도 나쁘지 않았다. 매번 회의가 끝난 다음 흰 종이에 회의 내용을 요약하는 것은 나도 제어할 수 없는 어쩔 수 없는 일이다. 좋은 요약본의 가장 중요한 요소는 다음과 같다. 먼저 중요도에 따라, 아니면 실행 순서에 따라, 아니면 이해나 기억에 필요한 순서 등 논리적 순서에 따라 정리한다. 그리고 결정된 내용을 실행한다. 요약본은 짧고 단순해야 한다. 이제 책을 완성하는 시점에 이른 나는 또다시 요약을 하지 않을 수 없다(그런데 여러분은 앞의 내용을 모두 읽고 가장 나중에 이 부분을 읽겠다고 꼭 약속해야 한다!). 좋은 요약본의 특징을 따라 짧고 단순하고 질서 있게 쓸 것이다. 총 10개 항목인데 먼저 1부터 9의 항목까지 나열한 다음…… 0이 올 것이다.

1. **와인**: 여행을 떠나기 전보다 지금이 훨씬 더 중요해졌다. 내 삶에 꼭 필요한 일부가 되었다. 그리고 이탈리아의 미래와 정체성과 성공에서도 와인은 필수적이라고 확신한다.

2. **용기**: 내가 만난 와인 생산자들은 이탈리아를 위해 무언가 해야 한다는 의무감을 느끼는 아름다운 사람들이었다. 그들은 너그럽고 비전이 있다. 그들은 아름다움으로 향하는 경로에 얽힌 신비한 법칙을 이해하고 있으며, 이탈리아를 새로운 르네상스로 이끌어줄 추진기가 될 수 있는 사람들이다. 그들이 우리에게 들려준 용기 이야기는 그 시작점도 상황도 다 달랐다. 그렇기 때문에 우리 모두가 용기 내는 방법을 배우는 데 무척 유용할 것이다. 용기는 전염성이 있기 때문이다.

3. **대지**: 우리의 진정한 동반자시다. 우리는 세계에서 가장 아름다운 곳에서 태어나는 행운을 누렸다. 이제 이 행운에 대해 용서를 구해야 한다. 우리의 동반자에게 경의를 표해야 한다. 대지가 우리에게 말하는 것에 귀 기울이자. 이 땅에 대해 자부심을 갖고 이 땅을 세계에 알리자.

4. **긍지**: 내가 목격한 긍지는 너무나 매혹적이었다. 그것은 우리에게 새겨진 문명과 역사의 가치로부터 탄생한 것이다. 올바른 긍지는 갈 길이 무엇인지 이해할 수 있는 능력을 선물한다. 그것은 또한 고개를 들고, 우리가 지닌 아름다운 것들로 무장한 채, 미래를 향해 갈 수 있는 능력이다.

5. **광기**: 나는 시(詩)의 미학을 발견했다. 처음에 그것은 광기처럼 보이지만 사실은 시다. 그래도 우리는 그것을 그냥 광기라 부르자. 와인을 만들도록 이끄는 원초적이고 활짝 열린 그 비전 속에는 역사에 뿌리를 둔 훌륭한 인문주의 문화의 소산이 숫자에 대한 지식과 공존하고 있다. 표면적으로는 상반되어 보이는 이 두 요소로 이루어진 정체성을 바로 온 세계가 사랑하는 것이다.

6. **세대**: 아들과 딸이 아버지와 어머니가 되고, 할아버지와 할머니가 된다. 그동안 와인의 품질도 성장한다. 서로 다른 상황 속에서 태어나고 성장한 세대 간의 관계는 좋기도 하고 어렵기도 하다. 그리고 그들의 목표는 완벽한 와인을 만드는 것이다. 완벽한 와인을 만드는 순간은 늘 내년이 될 것이다. 2008년은 1982년의 자식이고, 1982년은 1961년의 자식이니 그 또한 세대교체의 산물이다.

7. **정치**: 와인의 마에스트로들은 정치에도 주의를 기울이고 있다. 그들은 국가의 정체성을 상징하는 제품을 만들어 세계를 돌아다니며 제품을 팔고, 이탈리아에 관한 이야기를 들려줌으로써 이미 자신의 방식으로 정치를 하고 있으며 그 사실을 자각하고 있다. 내 생각에 그들 중 일부는 포도뿐만 아니라 나라 전체를 위해서도 자신의 능력과 경험을 바칠 준비가 되어 있다.

8. **과거**: 과거에 대한 건강하고 심도 깊은 이해 없이는 미래도 없다. 과거는 소박한 생각과 경험이 담긴 무한한 유산으로서 미래를 위해 사용되어야 한다.

9. **미래**: 낙관주의가 있다. 희망이 있다. 미래는 세계가 될 것이라는 인식이 있다. 70억 인구는 이탈리아의 독특한 아름다움을 누리기 위해 채비 중이다. 질 높은 이탈리아 와인 생산자들은 미래를 위한 모델이다.

……하지만 그 무엇보다

0. **사랑**: 질 좋은 와인을 만드는 이에게는 사랑이 많다. 그것은 대지와 아버지와 어머니와 자식을 향한 강력한 사랑이다. 너무나 위대한 그 사랑은 나로 하여금 이 말을 할 수밖에 없도록 만든다. "나는 와인을 사랑한다."

이 책에 나온 기억할 만한 문구들

"나는 거울 앞에서 양조 전문가가 되었답니다."
- 코스탄티노 샤레레

"하는 것, 할 줄 아는 것, 남이 하게 할 줄 아는 것, 남이 알게 하는 것."
- 클로틸데 레이 가야

"코끼리와 각다귀는 사랑을 나눌 수 없다네."
- 안젤로 가야

"품질의 바탕에는 희소성이 있다네."
- 벱페 리날디

"와인은 광기를 넘어선 균형이지."
- 발터 마사

"땅은 늘리지 못하는 유일한 자산이니까요."
- 마릴리사 알레그리니

"자연은 우리에게 모든 것을 준다네. 그러니 때로는 다시 가져갈 권리도 있어."
- 요스코 그라브너

"재미를 느끼는 한, 계속 일할 것입니다."
- 피에로 안티노리

"나의 희망은 리보와 같은 말을 찾아내는 겁니다!"
- 니콜로 인치사 델라 로케타

"생각은 현지 지식으로, 행동은 글로벌하게 해야 한다네."
- 암펠리오 부치

"그 와인의 맛을 우리가 아주 잘 기억하거든요, 우리의 마들렌이니까요."
- 테레사 세베리니

"회사 돈을 빼서 쓰느니 낡은 외투를 뒤집어 입는 것이 낫다."
- 키아라 룬가로티

"엄마는 내게 미소 짓는 법을 가르치셨죠."
- 조세 랄로

"우리의 대지를 되살리려 노력합니다."
- 알레시오 플라네타

"아름다운 곳에서 맛있는 와인을 만드니까요."
- 프란체스카 플라네타

끝으로, 내게 용기를 주는 여섯 명의 사람들

"용기로 인한 고통은 가장 멋진 질병이다."
- 싱어송라이터 레나토 제로(Renato Zero)

"널 데려갈 거야.
세상을 뒤집어 놓자."
- 싱어송라이터 로렌조 조바노티(Lorenzo Jovanotti)

"우리 중 소수만이 사랑을 하고
거기 온 마음을 바치지.
당신 거기 있으니
내 남은 삶 동안 당신을 원하리라"
- 싱어송라이터 잔나 난니니(Gianna Nannini)

"특정한 이념적 준거들을 끝내려면 그것을 말할 용기가 있어야 한다."
- 이탈리아의 전 총리 마테오 렌지(Matteo Renzi)

"앞을 향해 똑바르고 단호하게 걸어가던 사람이 있었다. 그런데 그는 때때로 머리를 뒤로 돌린다. 그에게 이유를 묻자 이렇게 답했다. '만약 뒤를 돌아보지 않으면 정확한 방향으로 갈 수가 없으니까요.'"
- 시인 토니노 구에라(Tonino Guerra)

"우리를 구원해주는 것은, 우리가 아까워하며 시간으로부터 보호한 것이 아니라, 변화하도록 그냥 내버려둠으로써 그 자체로 새로운 시대가 된 것이다."
- 작가 알레산드로 바리코(Alessandro Baricco)

시음한 와인 및 맥주 목록

Alta Langa Contessa Rosa Brut Riserva 2008 Fontanafredda
Alto Adige Gewürztraminer Sanct Valentin 2011 San Michele Appiano
Amarone della Valpolicella Classico 2008 Allegrini
Baladin Terre 2010
Barbaresco 2008 Gaja
Barbaresco Santo Stefano 2004 Castello di Neive
Barbera d'Alba Bric du Luv 2007 Ca' Viola
Barbera d'Alba Superiore Rocche del Santo 2011 Brandini
Barolo Cannubi San Lorenzo-Ravera 2009 Giuseppe Rinaldi
Barolo Casa E. di Mirafiore Riserva 2004
Barolo La Rosa 2008 Fontanafredda
Barolo Ornato 2008 Pio Cesare
Barolo Riserva 1961 Borgogno
Barolo Riserva 1967 Borgogno
Barolo Riserva 1978 Borgogno
Barolo Riserva 1982 Borgogno
Bolgheri Sassicaia 2010 Tenuta San Guido
Bolgheri Vermentino Solosole 2007 Poggio al Tesoro
Breg Anfora 2005 Gravner
Brunello di Montalcino 2007 Mastrojanni
Castel del Monte Chiancarosa 2011 Agricola del Sole
Chardonnay 2009 Planeta
Civitella Rosso 2010 Sergio Mottura
Contessa Entellina Mille e una notte 2007 Donnafugata
Costa del Vento 2006 Vigneti Massa
Dolcetto di Dogliani Vigna del Pilone 2010 San Romano

Fiano di Avellino Pietracalda 2011 Feudi di San Gregorio
Franciacorta Brut Cabochon 2008 Monte Rossa
Friulano Vigne 50 anni 2008 Le Vigne di Zamò
Gavi del Comune di Gavi Monterotondo 2009 Villa Sparina
L'Apparita 2006 Castello di Ama
L'Equilibrista Vintage 2011 Birra del Borgo
Lambrusco PM Horonable 2011 Cleto Chiarli
Langhe Nebbiolo SorìTildin 2004 Gaja
Lune Riserva Teo Musso 2010 Baladin
Montello e Colli Asolani Il Rosso dell'Abazia 2006 Serafini & Vidotto
Montepulciano d'Abruzzo Marina Cvetic 2008 Masciarell
Noto Santa Cecilia 2009 Planeta
Otello Nerodilambrusco Cantine Ceci
Passito di Pantelleria Ben Ryé 2010 Donnafugata
Plus Bastianich 2008
Ribolla Gialla Anfora 2006 Gravner
Riviera Ligure di Ponente Braie 2011 Durin
Roero Arneis Arnus 2011 Castello di Santa Vittoria
Rosso di Clausura 2009 Certosa di Belriguardo
Rosso di Torgiano Rubesco 2009 Lungarotti
Roycello Fiano 2010 Tormaresca
Sagrantino di Montefalco 25 Anni 1999 Arnaldo Caprai4
Solaia 2009 Marchesi Antinori
Sterpi 2009 Vigneti Massa
Tignanello 2009 Marchesi Antinori
Torgiano Rosso Rubesco Vigna Monticchio Riserva 2005 Lungarotti
Trento Brut Perlé 2006 Ferrari
Valle d'Aosta Chardonnay Cuvée Bois 2009 Les Crêtes
Valle d'Aosta Fumin 2008 Les Crêtes
Verdicchio dei Castelli di Jesi Classico Superiore 2011 Fulvia Tombolini
Verdicchio dei Castelli di Jesi Classico Villa Bucci Riserva 2004
Verdicchio dei Castelli di Jesi Classico Villa Bucci Riserva 2008
Vermentino di Sardegna Opale 2011 Mesa
Viognier 2011 Calatrasi e Micciché

내가 만난 와인 생산자들은 이탈리아를 위해 무언가 해야 한다는 의무감을 느끼는 아름다운 사람들이다. 그들은 너그럽고 비전이 있다. 그들은 아름다움으로 향하는 경로에 얽힌 신비한 법칙을 이해하고 있으며, 이탈리아를 새로운 르네상스로 이끌어 줄 추진기가 될 수 있는 사람들이다. 그들이 우리에게 들려준 용기 이야기는 그 시작점도 상황도 다 달랐다. 그렇기 때문에 우리 모두가 용기 내는 방법을 배우는 데 무척 유용할 것이다. 용기는 전염성이 있으니까.

오스카 파리네티 Oscar Farinetti

1954년 이탈리아 알바에서 태어났다. 토리노 대학에서 경제무역학을 공부했다. 가업을 잇기 위해 학업을 중단하고 1978년부터 10년간 가족이 운영하는 슈퍼마켓 체인에서 식품을 담당했다. 1989년 가전 및 전자 제품을 취급하는 '우니에우로(Unieuro)' 체인을 설립해 운영했다. 2004년 양질의 식음료 생산 업체들의 지분 참여 시스템으로 운영하는 '이탈리(Eataly)'를 설립해 현재까지 가족과 함께 운영하고 있다. 마케팅 관련 저서인《꼬꼬텍》(2009),《이탈리아를 위한 7개의 움직임》(2011),《시민수업》(2012)을 출간했다. 파리네티의 전기로는 안나 사르토리오가 집필한《유토피아의 상인》(2009)이 있다.

시게루 하야시 Shigeru Hayashi

1954년 일본 시즈오카현에서 태어났다. 1978년 사이타마 국립대학에서 경제무역학을 공부했다. 대학 졸업 후 일본의 산토리(Suntory)사에 입사했고, 1982년 밀라노에 파견되어 일했다. 2005년 와인 식품 사업 컨설팅 회사인 '솔로이탈리아(SoloItalia)'를 설립했다. 이탈리아 와인과 식문화의 최고 전문가로, 2009년부터 '이탈리(Eataly) 재팬'의 회장을 맡아 이탈리아와 일본을 오가며 활동하고 있다.

시모나 밀보 Simona Milvo

1978년 이탈리아 토리노에서 태어났다. 토리노 대학에서 교육학을 공부했다. 2006 토리노 동계 올림픽 조직위원회에서 근무했으며, 2007년부터 '이탈리'에서 홍보를 담당하는 동시에 '어린이를 위한 식품 교육' 프로젝트 운영 책임자로 일하고 있다.

옮긴이 **조원정** Wonjung Cho

한국외국어대학교에서 독문학 수학 후 한국방송통신대학교에서 영문학을 공부했다. 이탈리아에서 섬유디자인을 전공하고 현재 전문 통번역사로 활동하고 있다. 옮긴 책으로는《유럽의 꿈인가? 악몽인가?》(2015)가 있다.

비노, 아이 러브 유

초판 인쇄 2018년 6월 10일
초판 발행 2018년 7월 27일

지은이 | 오스카 파리네티 · 시게루 하야시

옮긴이 | 조원정
편 집 | 김잔섭
디자인 | 이보아
인 쇄 | 갑우문화사

발행처 | 본북스
발행인 | 정란기
출판등록 | 2015년 9월 9일 (제2017-000081호)
전화 | 02-575-3670
팩스 | 02-575-3666
홈페이지 | www.buonbooks.com
전자우편 | italiabook@naver.com

ISBN 979-11-87401-10-0 03590